学風嚴謹　崇尚實踐

Vigorous in Learning & Researches Venerating Practice

北京科技大学

YEARBOOK OF UNIVERSITY OF SCIENCE AND TECHNOLOGY BEIJING

北京科技大学年鉴

2004

《北京科技大学年鉴》编辑委员会

中国大百科全书出版社

总编辑:徐惟诚　　社　长:田胜立

图书在版编目(CIP)数据

北京科技大学年鉴·2004/《北京科技大学年鉴》编辑委员会编.—北京:中国大百科全书出版社,2004.7

ISBN 7－5000－7107－8

Ⅰ.北…　Ⅱ.北…　Ⅲ.北京科技大学－2004－年鉴　Ⅳ.G649.285－54

中国版本图书馆CIP数据核字(2004)第059625号

书　　名:北京科技大学年鉴·2004
编　　者:《北京科技大学年鉴》编辑委员会
责任编辑:李　静　余　会　周　茵
责任印刷:乌　灵　李　静
标准书号:ISBN　7－5000－7107－8/Z·162
出　　版:中国大百科全书出版社
地　　址:北京阜成门北大街17号　邮编:100037
网　　址:http://www.ecph.com.cn　Tel:88390795
印　　刷:高等教育出版社印刷厂
印　　数:1—800
印　　张:21.75
开　　本:787毫米×1092毫米　1/16　476千字
版　　次:2004年7月第1版　2004年7月第1次印刷
定　　价:80.00元

4月29日，教育部周济部长（左一）来校视查。

11月6日，教育部党组成员、人事司司长李卫红等到校考察

12月21–23日，教育部直属高校发展规划专家组来校考察指导工作

摄影：田 实

致北京科技大学留学人员创业园 贺　信

北京科大留学人员创业园：

欣闻北京科大留学人员创业园将于6月29日隆重举行开园仪式，这是首都科技产业界的喜事，也是海外留学归国人员的喜事。我谨代表中共北京市委、市人民政府表示热烈的祝贺！

近两个多月来，在党中央、国务院的坚强领导下，在全市各级党委、政府和广大干部群众、医务工作者、首都高校师生的共同努力下，依靠科学，依靠群众，众志成城，和衷共济，夺取了北京市抗击“非典”斗争阶段性的重大胜利。目前，世界卫生组织已宣布对北京的“双解除”。我们要以此为新的起点，继续坚持两手抓，一手抓防治非典工作不放松，巩固成果，防止反弹；一手抓经济建设这个中心不动摇，迎难而上促发展，加快首都经济和各项事业的发展。在这样一个新的起点上，中关村科技园区和北京科技大学开展全面合作，共建北京科大留学人员创业园，具有十分重要的意义。

面对全球范围内科学技术突飞猛进的新形势，面对首都现代化建设的繁重任务，必须坚持以“三个代表”重要思想为指导，牢固树立“科学技术是第一生产力”、“人才资源是第一资源”的思想，大力发展先进生产力，不断推进知识创新、科技创新，实现社会生产力的新解放和大发展。衷心希望北京科技大学和中关村科技园区密切合作，整合资源，发挥优势，互惠多赢，争创一流。希望你们认真细致地做好创业园的各项工作，进一步优化发展环境，完善知识产权保护制度，形成促进科技创新和创业的资本运作和人才汇集机制，搭建有竞争力和亲和力的创业平台，吸引更多的海外留学人员回国安家创业，加速科技成果向现实生产力转化，为早日把科大创业园建设成为功能齐全、设施先进、环境优美、服务优质、特色鲜明的国内一流留学人员创业园，为进一步推动中关村科技园区的建设和发展，为促进首都经济发展和社会全面进步作出积极贡献。

祝你们身体健康、工作顺利、创业成功！

中共中央政治局委员、北京市委书记：刘淇

二〇〇三年六月二十六日

6月29日，北京科大留学人员创业园举行开园仪式，中央政治局委员、北京市委书记刘淇同志致信祝贺

11月8日，高效轧制国家工程研究中心通过国家发改委、教育部专家组验收

8月29日，外国语学院成立

9月15日，诺贝尔经济学奖获得者罗伯特蒙代尔教授来校讲学并受聘为北科大名誉教授

11月10日，举行中国材料名师讲坛开讲仪式，两院院士师昌绪作第一讲

8月21日，国际柔道联合会官员BESSON先生来校就学校2008北京奥运会场馆筹建工作进行考察

11月8日，台北科技大学校长张天津博士受聘为北科大名誉教授

6月27日，举行国家"863"项目"巨磁致伸缩稀土超磁致伸缩材料"产业化合作签字仪式

7月10日，与石家庄钢铁公司签署合作协议，共建汽车用钢研究中心

9月15日，与唐山港陆钢铁公司签定1250热连轧三电控制系统技术合同

9月16日，举行"863"项目"金属粉末注射成形技术"产业化合作签字仪式

北科大与青海大学的交流与合作深入开展，12月2日，双方举行互派管理人员挂职交流协议书签字仪式

12月13日，与邯郸纵横钢铁有限公司建立全面合作关系

12月19日，与中国工商银行北京市分行签订银校合作协议

9月22日，举行2003级新生开学典礼

7月1日，举行2003届本科生毕业典礼暨学位授予仪式

深入学习贯彻“三个代表”重要思想

9月10日，召开庆祝2003年教师节暨表彰先进大会

5月27—30日，北科大采取电话、视讯、网络视频等方式进行研究生招生复试工作

12 月 20 日，举行北科大共青团成立 50 周年庆祝活动

11 月 1 日，举行毕业二十周年校友返校活动

11 月 3 日，北科大代表队获得第二届“红河杯”全国大学生机器人电视大赛冠军

12月17日，学生艺术团在国家图书馆音乐厅举行 2004 年新年音乐会

9月19日，新学生公寓（一期）落成投入使用

2003年底竣工的土木环境楼

10月15日，学生公寓（二期）工程开工

校园风光

校园风光

《北京科技大学年鉴》（2004）编辑委员会

《北京科技大学年鉴》（2004）编辑部

编辑说明

《北京科技大学年鉴》(2004)全面反映了北京科技大学2003年度在学科建设、教学改革、科学研究、人才培养、对外交流、校园建设等各方面的发展进程和最新成就。

《北京科技大学年鉴》(2004)以文章和条目为基本体裁。全书分《特载》、《学校概况》、《机构与干部》、《院系情况》、《教育教学与学科建设》、《科学研究与产业开发》、《重点实验室与工程研究中心》、《管理与服务》、《党建与思想政治工作》、《人物》、《2003年党发校发文件目录》、《2003年大事记》、《2003年毕业生名录》、《附录》等基本栏目。

本年鉴选题的基本范围为2003年1月1日~2003年12月31日,根据实际情况,部分内容在时限上前后略有延伸。

2003年,学校经过广泛调研、反复论证,制定了学校总体发展战略规划、学科与队伍建设规划、校园建设规划,确定了学校建设"国内一流、国际著名的高水平研究型大学",建设"国内一流的新型工业化教育科研中心和世界冶金、材料教育科研中心"的发展目标,以及实现发展目标的"三步走"战略。规划的制定,对学校今后的建设和发展具有重要的战略意义,本年鉴为此设置《特载》一栏加以记述。特载部分还记录了2003年春夏之交学校全体师生员工同心同德、同舟共济,取得防控非典的重大胜利,以及海淀区人大代表换届选举等特别事项。

本年鉴收录的各学院的资料基本上按照概况、学科建设、科研活动、党建与学生工作等条目编写。收录的各职能部处、直属单位的资料根据各自工作性质和特点,条目及内容安排相对灵活。本年鉴有关统计资料附在相关内容之后。

本年鉴所刊内容由各单位确定专人负责提供,并经本单位负责人审定。

《北京科技大学年鉴》(2004)由北京科技大学党委办公室、校长办公室组织编写。在编写过程中得到了学校领导和全校教职员工的大力支持,在此谨表衷心感谢。

《北京科技大学年鉴》编辑部

2004年3月

特　　载

学校概况

机构与干部

院系情况

教育教学与学科建设

科学研究与产业开发

重点实验室和工程研究中心

管理与服务

党建与思想政治工作

人　物

2003 年党发校发文件目录

2003 年大事记

2003 年毕业生名录

附　　录

Contents

Specials

USTB Survey

Organization and Leadership

Schools and Departments

Teaching and Disciplinary Buildup

Academic Research and Enterprise Development

Key Research Labs and Engineering Centers

Administration and Service

The CCP Construction and Ideology Education

Profiles

Party Documents and School Documents in USTB in 2003

Events Chronicles in 2003

Lists of Graduates in 2003

Appendix

特　　载

制定实施学校发展规划

综　述

“凡事预则立，不预则废”。党的“十六大”对中国教育事业提出了新的目标和要求，也为高校带来了新的机遇和挑战。以“十六大”精神为指导、努力践行“三个代表”重要思想，规划发展、谋划未来是2003年学校工作的重中之重。一年来在校党委、校行政的领导下，全校上下集思广益、共同努力，制定了学校《总体发展战略规划》、《学科与队伍建设规划》、《校园建设规划》。各学院（校区）、职能部门也制定了各自规划。经过不断地修改、补充、细化、完善，使得学校的规划目标明确、特色鲜明、重点突出，可操作、易实施。

一、精心组织安排，群策群力制定学校发展规划

规划工作开展伊始，学校高度重视，上上下下做了精心组织和认真安排。根据部署，学校组织力量深入开展调查研究，认真分析学校在学科、科研、师资等各方面的优势及存在的问题，年初形成了学校总体发展战略规划、学科与队伍建设规划、校园建设规划的初稿。规划初稿经学校寒假常委扩大会、暑期党委扩大会、教代会、校务委员会、学术委员会等多次会议讨论，并广泛征求离退休干部、教师代表、党外人士等各方意见和建议，进行了反复的修改和不断细化、充实、完善。与此同时有关职能部门、各学院（校区）、系（所）、学科的规划制定工作也紧锣密鼓地开展，根据各方意见不断修改、完善并与学校三个规划相互呼应、协调。年底，教育部领导及专家组对学校的发展规划进行了咨询性考察，对规划制定工作给予了充分的肯定，并提出了一些建设性意见。根据教育部专家组的意见，学校对规划进行了进一步的修改和完善，年底三个规划基本定稿，确定了学校建设“国内一流、国际著名的高水平研究型大学”，建设“国内一流的新型工业化教育科研中心和世界冶金、材料教育科研中心”两个中心的发展目标，以及实现发展目标的“三步走”战略。

二、紧紧围绕学校定位与目标，确定学校总体发展战略

经过反复研究论证，学校规划最终确定总体战略目标为：“把北京科技大学建设成为以工为主，工、理、管、文、经、法等多学科协调发展，规模适度，特色突出，国内一流，国际著名的高水平研究型大学。”规划同时明确，学校发展战略的重点是学科建设和队伍建设，以此带动学校教育改革、人才培养、科学研究、办学条件建设等各项工作全面展开；学校的主要办学特色是以构筑国际著名的高水平人才培养和科学技术研究基地为核心，建成“国内一流的新型工业化教育科研中心和世界冶金、材料教育科研中心”。

为实现学校的总体目标，规划明确学校要

实行三步走发展战略，分阶段实现发展目标：

第一阶段：至 2007 年，学科整体实力全面加强，初步形成以工为主，工、理、管、文、经、法等多学科协调发展的学科体系，具有学校自身特色、适应经济建设和社会发展需要的研究型大学人才培养体系，以及知识创新、技术创新和创新人才培养三者协调发展的科研开发体系。学校的规模和结构更加合理，质量和效率明显提高，自我发展能力显著增强，为把北京科技大学建设成为国际著名的高水平研究型大学打下良好基础。

第二阶段：至 2020 年，建成适应 21 世纪经济建设和社会发展的高水平学科专业体系、人才培养体系和科技研究体系，建成一批国内高校一流的高水平研究型学院和研究院；学校的国内外影响和竞争力显著提高，成为国内一流的新型工业化教育科研中心和世界冶金、材料教育科研中心；成为工、理、管、文、经、法等多学科协调发展、国内一流、国际知名的高水平研究型大学。

第三阶段：至本世纪中叶建校 100 周年之际，北京科技大学力争跻身于特色突出、国际著名的高水平研究型大学行列。

三、构筑高水平研究型大学框架，分批建设高水平研究型学院

为实现建设高水平研究型大学的发展目标，学校明确提出了建设若干个在国内高校中处于一流水平的高水平研究型学院，以此作为高水平研究型大学的支撑和核心推动力。

研究型学院应该有明确的定位、特色和办学思路，并制定分阶段目标及实施举措；研究型学院应该推出原创性、先导性创新科研成果，不断推出相当数量的科研获奖（尤其是国家奖）和有影响力的论文；研究型学院要格外重视教学工作（尤其是本科教学工作），教学、科研要有适当比例；研究型学院应该有相当充足的科研开发经费，基础研究、应用基础研究经费一般不低于开发经费；研究型学院应该建立高质量人才培养体系，本科生考研率、就业率、研究生与木科生比例保持较高水平，研究生培养质量（尤其是百篇优秀博士学位论文和 SCI、EI 论文数量等）和留学生培养质量较高；研究型学院应该拥有一流的师资队伍，有培养学术大师的环境，不断推出国内外取得高水平学术地位的创新人才。

研究型大学应该有若干个高水平的研究型学院，但并不是每个学院都要办成研究型学院。要在建设研究型大学的整体框架下，分批建成高水平研究型学院。根据学校的总体设想，材料科学与工程学院、冶金与生态工程学院率先建成高水平研究型学院；机械工程学院、土木与环境工程学院由研究教学型学院逐步建成研究型学院；信息工程学院、管理学院由教学研究型学院逐步建成研究教学型学院；应用科学学院、文法学院、外国语学院由教学型学院逐步办成高水平的教学研究型学院。管庄校区则建成以普通本科为主的教育基地。

在建设研究型学院的同时，还要积极筹建高水平的研究院。2003 年底、2004 年初学校正在抓紧筹建材料研究院，并将进一步整合材料科学与工程学院、冶金学院、国家重点实验室、国家工程中心等现有资源，积极申报现代钢铁冶金工程中心和国家实验室，使学校的科研水平和整体实力上一个新的台阶。

四、以重点学科和博士授权点建设为核心，加强学科建设

2003 年下半年以来，学校以多种形式深入研讨、细化学科建设规划，确定了以重点学科建设和博士学位授权点建设为核心的学科发展战略。

学校除重点建设已有的 7 个国家重点学科和 4 个北京市重点学科外，拟按照国家和北京市重点学科的标准建设一批新的重点学科。确定工程力学、有色冶金、科学技术史、管理科学与工程、机械制造及其自动化、计算机应用技术、凝聚态物理等一批学科作为下一批北京市重点学科申报的重点和突破口。确定工程力学、有色冶金、科学技术史、安全技术及工程（或矿物加工工程）、热能工程、机械电子工程、控制理论与控制工程、管理科学与工程等一批学科作为下一批全国重点学科申报的重点和突破口，尽快使学校的全国重点学科超过10个。

学校明确了近年博士学位授权点的建设和申报计划。确定环境工程、结构工程（或减灾防灾与防护工程）、企业管理、工程热物理、教育经济与管理、检测技术及自动化装置（或模式识别与智能系统）、固体力学、地质工程、应用化学、马克思主义理论与思想政治教育、计算机系统结构（或计算机软件与理论）、物流工程等学科为2004年重点申报二级博士授权点学科。确定生态学、制冷及低温工程、物理电子学、应用数学、设计艺术学等学科为2006年重点建设和申报二级博士授权点学科。2004年初学校自主设置的机电测试技术、物流工程、矿业环境工程、科技与教育管理四个二级博士授权点已获国务院学位办批准。针对申报学科均不同程度存在师资队伍规模小、主要学术方向带头人少、一级博士学位授权点覆盖下已有的二级博士学位授权点少的问题，学校上下达成共识，提出加强人才引进力度和学术带头人培养的措施，争取在未来5年内，学校的一级、二级博士学位授权点数量均有较大幅度增长。

根据教育部本科生发展规模计划并结合学校实际，学校提出了本科专业建设的指导性意见。根据学校学科建设的重点，淡化本科新专业增设，重视规模效益，适度控制本科专业设置数量，努力拓宽专业面和专业空间，逐步实现按类招生、宽口径培养。

五、树立人才强校观念，加强师资队伍建设

人才问题是关系党和国家事业发展的关键问题，在人才强国的整体战略下，建设高水平研究型大学，必须充分认识人才强校的极端重要性，将师资队伍建设规划的制定和实施重点放在解决“人才总量不足，结构不尽合理，缺少拔尖人才”的核心问题上。

根据学校总体规划，至2007年全校专任教师争取增至1 350人。考虑总量减少和需求增加的因素，目前专任教师总量缺编，在符合师资队伍建设规律的前提下要加快队伍补充步伐。根据学科建设规划确定各学科队伍规模，突出重点，明确层次，对已有和待建的国家及北京市重点学科、待建的博士授权点学科、新增的硕士点学科和本科专业要保证队伍的质量和数量。按人才市场需求的特点，积极储备，加大人才引进力度，采用多种形式引进人才。加大分配机制改革的力度，适当改变考核办法，超前补充教师，稳定基础课的教师队伍，保证教学秩序正常进行，采取切实措施加强实验技术人员队伍力量。同时加快流动编制教师的聘任工作，扩大博士后队伍，增设助研、助教、助管岗位，力争达到2007年全校流动编制300～400人的目标。

根据教育部提出的中国高校教师学历结构“863”的目标，结合学校特点，规划具有硕士以上学位授权学科点的学院到2007年专任教师学历结构要达到“973”的目标。在规划制定、实施过程中，还要充分考虑基础学科、亟待发展学科、新建学科（专业）教师队伍的学科结构，努力使学缘结构、年龄结构更趋合理。

为实现学校师资队伍建设目标，2003年学校出台了“高层次人才引进工作实施办法”、“高水平人才培养与资助实施办法”、“高层次创新人才基金管理办法”等文件，并启动了“422高层次创新人才工程”，决定今后几年内每年投入600万元，用于引进和培养中青年学科带头人和骨干教师，特别是院士、长江学者、国家杰出青年基金获得者、跨世纪人才以及“863”、“973”专家等拔尖人才。

六、完善规划与布局，加快校园基本建设步伐

校园建设是学校分阶段实现特色突出、国内一流、国际著名的高水平研究型大学总体战略发展目标的依托和基础。在学校用地的总体布局上，保持和延续学校原有规划格局，增加教学、科研实验、体育设施和学生生活用地，逐步减少教职工住宅用地，补充和完善校园内教学科研实验区、体育设施区、学生生活区、教职工生活区、附属设施区、城市绿化隔离带等六大功能分区的功能，基本实现校园功能分区的总体布局。

未来几年力争高标准高质量完成一批教学和科研设施、公共服务设施、基础设施和科技产业基地建设。力争使重点建设学科（群）及所在学院拥有自己相对独立的教学、科研、办公场所。拟通过适当拆除危旧平房以提高土地利用率，置换部分家属住宅，缓解校园用地供需矛盾突出的问题。通过建设进一步提高教室、宿舍等生均建筑指标，使其达到或超过国家、教育部标准，并为学校进一步发展预留一定空间。对现有校园进行有计划的校园网扩建、绿化、美化和文化景观建设，建造浓郁的校园文化氛围。

学校一方面完善规划，另一方面加快规划的实施、加快基本建设步伐，规划建设的学生公寓一期、土木环境楼已竣工投入使用。规划建设的学生公寓二、三期工程、学生食堂一期工程、信息机电楼已相继开工。方兴大厦二期、奥运比赛馆、学生食堂二期、学生活动中心等也即将开工。近年学校还将规划兴建科技园大厦等建筑，同时规划完成管庄校区必要的办学基础设施改造。

附　录

北京科技大学总体发展战略规划

21世纪前半叶，尤其是前20年，对学校来说是一个必须紧紧抓住并且可以大有作为的重要战略机遇期。为早日把北京科技大学建成特色突出、国际著名的高水平研究型大学，必须切实做好学校总体发展战略规划工作。为此，在邓小平理论和“三个代表”重要思想的指引下，根据党的“十六大”“发展要有新思路，改革要有新突破，开放要有新局面，各项工作要有新举措”和“教育是发展科学技术和培养人才的基础，在现代化建设中具有先导性全局性作用，必须摆在优先发展的战略地位”的要求以及党中央、国务院、教育部关于深化高等教育改革的一系列文件精神和学校实际，制定本战略规划。

一、基础与现状

建校50年来，经过几代人的艰苦奋斗，北京科技大学为国家和北京的经济建设与社会发展做出了重大贡献，学校办学实力不断增强，尤其在教育与工业生产相结合、为国家基础工业和支柱产业发展服务方面，形成了鲜明的特色，特别是冶金与材料等学科综合优势居国内领先地位，在国际上有较大影响，是全国首批建立研究生院和进行“211 工程”建设的重点大学。学校已培养各类高层次人才7万余人，其中大部分已成为国家政治、经济、科技、教育等领域尤其是冶金、材料工业的栋梁和骨干，并有30位校友当选为中国科学院和中国工程院院士，北京科技大学因此被誉为“钢铁摇篮”。

近年来，学校坚持以邓小平理论为指导，坚持社会主义办学方向，认真落实“科教兴国”战略，深化教学、科研、内部管理体制和后勤改革，使学校各方面工作都取得了较大进展，为学校下一步的快速发展奠定了坚实的基础。

（一）学科建设获重大进展

近年来，学校以重点学科建设为核心，适当调整了学科结构，积极扶持社会、经济发展急需的新兴学科和交叉学科，学科布局结构趋于合理，学科建设整体水平得到大幅度提高。截至2003年10月，学校有国家重点学科7个，北京市重点学科4个，一级和二级学科博士学位授权点分别为6个和22个，硕士学科点62个，本科专业36个，博士后流动站7个，并拥有工商管理硕士（MBA，含 EMBA）、公共管理硕士（MPA）和14个工程领域工程硕士等专业学位授予权，工、理、管、文、经、法等多学科协调发展的体系正在形成。除原有新金属国家重点实验室和一批省部级重点实验室外，学校又建成高效轧制国家级工程研究中心、国家科委“863 计划”材料设计虚拟实验室、教育部金属电子信息材料工程研究中心、北京市表面纳米技术工程研究中心和北京市“先进粉末冶金材料和技术”重点实验室、“腐蚀—磨蚀与表面技术”重点实验室和北京市大学科技园等一批重要学科基地，保证了学校冶金、材料、机械等国家重点学科群体继续保持国内领先地位和突出特色，材料学科接近或达到国际先进水平，并使各重点学科的内涵与结构得到新的拓展。

（二）队伍建设成果显著

通过“九五”和“十五”前两年的努力，学校师资队伍的学历、专业技术职务和年龄结构有很大改观。截至2003年10月，全校职工总数为2 579人，其中专任教师1 063人。具有硕士及以上学位和具有博士学位的专任教师比例已由1996年的53.2%和15.5%分别上升至65.7%和28.8%，具有高级专业技术职称的达50%以上。

师资队伍的整体素质有较大提高。学校有中国科学院与中国工程院院士10人，国家有突出贡献的中青年专家16人，“长江学者奖励计划”特聘教授5人，国家杰出青年科学基金获得者3人，教育部跨世纪优秀人才10人。全校共建立了145个学术梯队，其中1/3以上的学术梯队负责人为45岁以下中青年学科带头人。同时，学校通过减员增效，为今后人才引进和师资队伍结构的进一步优化提供了较大空间。

（三）人才培养成绩喜人

学生规模稳步扩大。截至2003年10月，校本部在校生15 331人，其中本科生9 661人，各类研究生5 589人（含博士研究生1 140人，硕士研究生3 080人，专业学位研究生1 369人），留学生81人；管庄校区在校生8 820人，其中高职生1 317人，成人本专科生7 503人。

在规模稳步扩大、确保培养质量的同时，学校教学改革不断深入，近年来获得一系列标志性成果。“‘大材料’试点班专业人才培养方案及教学内容课程体系改革的研究与实践”获2001年国家教育成果一等奖，在全国产生了很大影响。学校与清华大学牵头的工程硕士专业学位的研究和论证成果对于中国设立工程硕士专业学位起到了重要作用。经国家教育部批准与美国得克萨斯大学阿灵顿商学院和比利时鲁汶理工学院举办的学位研究生教育合作项目启动后运行良好。“九五”期间学校被教育部授予“全国普通高等学校优秀教务处”和“全国学位与研究生教育管理工作先进单位”等称号。

学生全面素质培养工作获得累累硕果。在“全国大学生科技作品大赛”中学校两度捧得“优胜杯”；在首届和第二届全国大学生机器人大赛中分别获得季军和冠军；学校连续17年被评为“社会实践全国先进单位”。“学风严谨，崇尚实践”的校训在广大学生身上得到充分体现。

（四）科技工作发展迅速

学校整体科研实力得到进一步增强，科研条件继续得到改善。2002年学校科技经费总额达2.3亿元，人均科研经费17万元，位居全国高校前列。同年学校获省部级奖励23项；申请专利62项，授权21项；科研专著30部；期刊论文1 504篇，其中“SCI”、“EI”、“ISTP”收录379篇。2001年“EI”在全国高校排名第16，“SCIE”排名第23。新建成北京市大学科技园及教育部金属电子信息材料工程研究中心等一批省部级科研基地。国际科技合作亦获得可喜成果。例如，德国阿亨大学著名教授科普博士与北京科技大学在材料加工的计算机控制领域的长期合作取得重要成果，荣获2000年度北京市国际合作的最高奖“长城奖”和国家外国专家局的“友谊奖”。

（五）办学条件较大改善

近年来，学校加大了对本科教学的投入力度，通过世行贷款“高教发展”项目、中央修购专项和学校本科教学评优项目，重点建设了一批自然科学基础和工程训练中心、基础课教学实验室，全部达到北京市合格实验室的要求。文科实验室开始启动建设；建成了20多个多媒体教室,学校教学实验室环境得到了较大改善。“九五”“211 工程”建设项目已开始发挥效益。2002 年底学校各类仪器设备总数已达 2.31 万台套,价值近 2.6 亿元。其中教学科研用大型仪器设备 286 台套,价值 1.06 亿元。

基础设施建设方面,近几年完成了科技楼、图书馆西楼、逸夫教学楼、住宅楼、青年公寓、学生公寓、筒子楼改造等 16 万多平方米的建设任务,统购教工住宅建筑面积 2.47 万平方米。通过外购教职工住房,置换办学面积 100 亩。

(六)内部管理体制改革继续深化

1996 年结合学科规划进行了大规模院系调整,组建了 8 大学院(至 2003 年学校下属有校本部九个学院及由 1998 年并入学校的冶金管理干部学院为主组建的管庄校区);1999 年进行机构和人事分配制度改革;2001 年和 2002 年再次进行人事分配制度改革;初步完成了后勤管理体制改制,效果显著。

(七)“211 工程”建设项目进展顺利

北京科技大学“九五”“211 工程”建设项目已按计划高质量、高水平地实现了建设目标,于 2001 年 6 月通过专家组验收,其中所有 3 个重点学科建设项目均被评为“优秀”。学校“十五”“211 工程”建设项目计划投入建设资金总额为 15 500 万元,已完成“十五”“211 工程”建设项目可行性研究报告编制和立项审核。

党的“十六大”提出的“全面建设小康社会”为高等教育的发展提供了难得的历史机遇,“走新型工业化道路,大力实施科教兴国战略和可持续发展战略”对高等教育提出了艰巨的历史任务和更加紧迫的跨越式发展要求,学校成为教育部直属高校后为学校展现了更加广阔的发展空间,“九五”建设的成就为学校今后更长一段时期的发展奠定了坚实的基础。但也应该看到,还存在着若干制约学校跨越式发展的因素:学科覆盖面偏窄,重点学科缺乏新的增长点;教师队伍结构不够合理、总量不足、整体素质与建设一流师资队伍尚有差距;研究型大学人才培养体系尚待健全与完善;缺乏新兴科研生长点,以北京科技大学为主体的国家级大型科研项目偏少;基础设施老化;更重要的是,我们的办学模式和管理水平,尤其是办学思路、观念上等诸多方面不能适应学校跨越式发展的要求。我们更应该认识到,国内高等教育近年来的历史性大发展使高校之间就优秀生源、优秀师资、科研项目与办学经费等各种教育资源的竞争更趋激烈;中国加入 WTO 和国外教育抢滩中国教育市场将不可避免地将学校置身于高等教育领域国际化激烈竞争之中。面临如此严峻的挑战,我们更应励精图治,加快学校的改革与发展。

二、学校总体建设指导思想、目标与要点

北京科技大学总体发展战略的指导思想是:

在邓小平理论和“三个代表”重要思想的指引下,根据党的“十六大”关于发展中国高等教育和深化高等教育改革的要求,结合学校实际,积极贯彻落实科教兴国战略,坚持教育“面向现代化、面向世界、面向未来”,以转变观念为先导,以学科建设为主线,以人才质量为根本,以深化改革为动力,以队伍建设为关键,以发展为第一要务;解放思想,开拓创新;发挥优势,拓宽面向;突出重点,整体推进;以人为本,加强管理。调动一切可以调动的积极因素,利用一切可以利用的办学资源,与时俱进,实现教育教学质量、科研水平、办学条件和办学效益的全面提高,不断开创教育改革与发展的新局面。

改革和发展的总体目标是:

把北京科技大学建设成为以工为主,工、理、管、文、经、法等多学科协调发展,规模适度,特色突出,国内一流,国际著名的高水平研究型大学。

在本世纪上半叶,学校决定实行“三步走”发展战略。学校改革和发展的各阶段目标为:

第一阶段:至 2007 年,学科整体实力获得全面加强,初步形成以工为主,工、理、管、文、经、法等多学科协调发展的学科体系,具有学校自身特色、适应经济建设和社会发展需要的研究型大学人才培养体系，以及知识创新、技术创新和创新人才培养三者协调发展的科研开发体系。学校的规模和结构更加合理，质量和效率明显提高，自我发展能力显著增强，为把北京科技大学建设成为国际著名的高水平研究型大学打下良好基础。

第二阶段：至2020年，建成适应21世纪经济建设和社会发展高水平的学科专业体系、人才培养体系和科技研究体系，建成一批国内高校一流的高水平研究型学院和研究院；学校的国内外影响和竞争力显著提高，成为国内一流的新型工业化教育科研中心和世界冶金、材料教育科研中心；成为工、理、管、文、经、法等多学科协调发展，国内一流、国际知名的高水平研究型大学。

第三阶段：至本世纪中叶建校100周年之际，北京科技大学力争跻身于特色突出、国际著名的高水平研究型大学行列。

为了尽早实现学校总体发展目标，当前尤要重视：

1. 明确学校定位和发展思路，走特色发展之路、改革创新之路、集成式发展之路、跨越式发展之路

抓住时代跳动的脉搏，主动适应中国经济结构战略性调整、新型工业化、人才市场需求和提高国际竞争力的需要，解放思想，与时俱进，进一步明确学校总体定位和战略重点，实现办学思想和意识的根本性转变，形成有本校特色的办学思想和教育理念，更充分利用社会资源、进一步拓展学校发展空间。

规划明确学校目标定位是把北京科技大学建设成为特色突出、国际著名的研究型大学。明确学校发展战略重点是学科建设和队伍建设，以此带动学校教育改革、人才培养、科学技术研究、办学条件建设等各项工作全面展开。明确学校的主要办学特色是以构筑国际著名的高水平人才培养和科学技术研究基地为核心；建成国内一流的新型工业化教育科研中心和世界冶金、材料教育科研中心。

为此，必须认真借鉴和吸收国内外一流大学与一流学科建设的成功经验，紧紧围绕学校定位，走特色发展之路、改革创新之路、集成式发展之路、跨越式发展之路，突出办学特色，形成办学优势，不断增强学校在国内外的竞争力和影响力。

2. 举校体制狠抓实施，把学校总体发展战略规划落到实处，高效率、高标准实现学校总体战略目标

北京科技大学以“学风严谨，崇尚实践”为校训。言出必践，学校总体发展战略规划必须落到实处。以举校体制，团结一致，狠抓实施，分层次落实、分阶段实施学校总体发展战略规划，是高效率、高质量完成学校战略任务的关键。

在科学制定学校总体发展战略规划的同时，制定学校的《学科与队伍建设规划》、《校园建设规划》、学校各专项工作的发展规划、各学院以及各学科的发展规划，科学分解和落实学校总体规划指标，做到科学论证，措施有力，举校体制，协同作战，责权分明。

实行“三步走”发展战略，是把北京科技大学建设成为特色突出、国际著名的研究型大学的重要举措。其时间节点分别选为2007年、2020年和至本世纪中叶，依次对应于本届中央政府任期、“十六大”提出的“必须紧紧抓住并且可以大有作为的重要战略机遇期”和北京科技大学建校100周年，对学校发展战略目标的制定和实现极为有利。必须紧紧抓住机遇，充分利用国家支持和校内外、国内外一切可用办学资源，依法自主办学，与时俱进，不断提升学校的办学水平和影响力、竞争力。应及时评估、总结和改进学校发展战略规划的执行情况，确保学校总体发展战略各阶段目标的实现。

三、学校近期具体发展目标及主要措施

学校“三阶段”战略中的第一阶段，即今后的五年，是学校开拓创新，与时俱进，向国内一流、国际著名的高水平研究型大学快速迈进的关键时期。根据前述“三阶段”发展战略第一

阶段的学校整体改革和发展目标，制定学校近期具体发展目标和主要措施如下：

（一）学科建设

近期发展目标：至2007年，力争使学校学位授权一级学科数目达到10个左右，博士学位授权学科点达到25～30个，国家重点学科和达到国家重点学科水平的学科数目有较大增加，形成以工为主，工、理、管、文、经、法等多学科协调发展，博士、硕士学位授权学科点和本科专业较为完整、协调，能较好适应社会需求和学校自身发展的学科、专业体系，为把学校建成世界冶金、材料教育科研中心和中国新型工业化教育科研中心打好学科基础。其中，冶金学科整体接近或达到国际先进水平；材料学科若干领域达到国际领先水平，学科整体达到国际一流水平；机械学科主体达到国际先进水平；矿业学科达到国内一流水平、并在国际上有重要影响；信息和计算机、管理、环境等新兴学科尽快达到国内先进水平。

主要措施：主动适应国家经济结构战略调整、新型工业化、人才市场需求和提高国际竞争力的需要，全面进行学校学科专业结构优化调整，加强学科尤其是重点学科建设，注重凝练学科方向，汇聚学科队伍，构筑学科基地，走特色发展之路、集成式发展之路、跨越式发展之路。

2002～2005年期间，投资8 300万元重点建设“现代冶金工程”、“先进材料与制备科学”、“大型工业机械装备与控制”、“现代矿产资源开发技术与工程”和“计算机软硬件及应用技术”5个学科群体。通过“十五”“211工程”建设、学院调整和组建跨学院研究中心等措施，积极推进学科间的交叉、渗透、协作和融合，带动学校学科整体建设快速发展。2006～2007年期间，拟再筹资4 000～6 000万元用于学科建设。

实行“巩固已有重点学科和优势特色学科，改造提升传统学科，着重发展新兴、交叉学科和高技术学科”的学科发展战略，和“发扬优势、突出重点；鼓励交叉、促进融合；优化结构、拓宽门类；明确层次、分类建设；适应需求、积极发展”的建设原则。在按照国家重点学科和北京市重点学科水平进行重点建设18个左右学科的同时，积极扶持和发展环境工程等20余个高新技术类骨干学科和新兴学科，并努力办好一批社会需求大、能够支撑上述两类学科的建设及发展的基础学科、经济管理学科和人文学科，发展一批新的博士、硕士学位授权学科点。控制本科专业设置数量，鼓励拓宽本科专业面和发展空间，逐步实现本科按类招生、宽口径培养。建成学校本科专业与研究生学科基本配套、适应需求且可持续发展的学科体系，以实现学校的优势学科从国内领先水平到国际先进水平的转变，传统学科向交叉学科和高新技术学科的转变，以工科为主的学科结构向具有工科特色，工、理、管、文、经、法等多学科协调发展的结构的转变。

（二）队伍建设

近期发展目标：在用人观念和用人制度上实现新的突破，通过“开放、竞争、流动”，形成和完善能够吸引、汇聚和孕育一批学术大师与高水平学术带头人的环境和机制，不断加大一流师资队伍和实验技术人员队伍的建设力度。至2007年，全校专任教师争取增至1 350人，具有研究生学历者将达到90%以上，具有博士学位者达到40%左右。固定编制中60%以上的教师具备较高的教学科研水平并聘任在高级专业技术职务岗位上。流动教师编制300～400人。形成一支结构合理、在国内外具有重要影响的、适应学校跨越式发展需求的教师队伍和实验技术人员队伍，初步实现“一流学校要有一流师资”的宏伟目标。

主要措施：在2003～2007年期间，拟投资3 000万元，实施“高水平人才培养与资助体系建设工程”和“高层次创新人才引进工程”建设。完善以学术梯队为核心的人才培养与资助体系；建立多渠道、多层次的人才培养基金，设立高层次人才引进基金；做好师资队伍和实验技术人员队伍规划，促进高级教师和高级实验技术人员职务岗位资源的合理使用等措施；

建立更加完善的、重点建设项目和领域优先的高水平人才遴选、引进、培养和使用机制，营造有利于创新人才成长的良好环境。采取超常规措施，下大力气从国内外遴选和引进优秀的学科带头人，尤其注意积极引进优秀学术团队，培养和造就一支拔尖的中青年教学、科研队伍，实现学校以培养中青年学科带头人和骨干教师为重点的“422 高层次创新人才工程”目标。即到 2007 年，形成一支 40 名左右在国内外有影响的高水平学科带头人队伍，一支 200 名左右在本学科领域有较高学术造诣的中青年学术带头人队伍，一支 200 名左右具有创新精神的优秀青年骨干教师队伍，为重点建设学科达到国际先进水平或国内领先水平、获得有显示度的标志性成果，为实现学校的第一、二阶段发展目标，提供必要的人才支持。在大力选拔、引进一线固定教师的同时，大力改革用人制度，在部分岗位设立流动教师编制，采取“不求为我所有，但求为我所用”的方针，根据国家政策和学校需求，建立起一支以固定人员为主、固定和流动人员协调配合的教师队伍，力争使学校流动教师的聘用比例达到 300 人以上，对于以科研为主的专职科研队伍考虑按 1:4 配备固定编制与流动编制人员。

（三）人才培养

近期发展目标：至 2007 年，在校普通本科生稳定在 12 000 ~ 15 000 人（含留学生和港澳台学生），在校研究生总数达到 6 500 ~ 8 000 人。实施全面素质教育，突出创新创业人才的培养；在学生规模适度扩大的同时，不断提高人才培养质量和就业率。结合教育部教学评估和研究生优秀学位论文评选等活动，使学生培养质量提高到一个新的水平。其中本科生教育质量继续保持国内先进水平，力争在教育部普通高等学校本科教学工作评估中获得优秀成绩。重点建设学科培养的研究生特别是博士生培养质量达到国际水平，研究型大学人才培养体系初步形成。

主要措施：高层次高水平人才培养是建设高水平研究型大学的根本任务。要全面构建研究型大学人才培养体系，积极推动教学改革，努力培养基础扎实、知识面宽、能力强、素质高、具有创新精神、适应国民经济、科学技术发展需要的高级专门人才和高素质拔尖创新人才。紧扣高水平研究型大学这一学校定位，尽可能挖掘已有办学资源潜力和争取新的办学资源，积极发展研究生教育，适度发展本科生教育，办好继续教育。在今后的五年里，研究生培养规模将以较大幅度递增，本科生规模亦有适当增长。围绕建立终身学习的学习型社会，进一步调整继续教育的层次结构，不断提高质量。

紧密结合知识创新和技术创新，制定创新型人才培养方案，建立完善的教育教学体系，不断提高研究生教育质量。结合“211 工程”建设和科研基地建设，为研究生创新教育提供更加良好的学习和研究环境；不断提高研究生学位论文中重大科技项目和紧密结合高新技术发展和国民经济支柱产业技术改造的选题比例，使研究生一进入课程学习与论文工作就尽快接触学科前沿和工程技术领域的主战场。大力加强研究生指导教师队伍建设和师生的科技道德观教育，通过言传身教，使学生在提高业务水平的同时不断完善和提高个人修养和整体素质。规范教学过程管理，加强课程及教材建设，积极采用现代教学及管理手段，进一步改革研究生培养方案，把创新意识与创新能力的培养作为研究生培养工作的核心。积极进行招生改革，吸引优秀生源。继续加强产、学、研合作教育，在扩大工程硕士规模的同时进一步提高培养质量，争取在复合型人才培养方面实现新的突破。设立研究生研究基金，支持基础学科、新兴学科和交叉学科创新性或原创性选题的研究，培育全国优秀博士学位论文。

本科教育要注重基础，强化创新，建立基础课程教学平台，按照新的学科专业体系和宽口径培养思路重组课程体系，优化知识结构，重视文化素质培养，加强创新实践，注重工程教育，培养团队精神，提高学生的综合能力和全面素质。认真总结“大材料”试点班经验,以点带面,全面推进教学改革。积极开发和应用现代教育技术,基础课、专业基础课和主要专业课要积极推进多媒体教学和双语教学,增加课堂教学的信息量,拓宽学生知识面,提高学生自学能力和动手能力。以学生为本,改革考试方法,推进学分制的完善。加强重点课程的改革、建设和评估工作。在未来5年内,重点改革和建设好一批面向本科一、二年级的基础课程、专业基础课程和研究生优质课程;建设一批校级优秀课程和若干门教育部“精品课程”。重新编写一批具有学校特色的新教材,使课程体系、教学内容和教学方法改革、研究成果得到有效应用。建立和完善校、院二级本科教学质量监控系统,教学工作评价系统、本科毕业设计(论文)质量评价系统、实习工作质量评价系统和课堂教学质量评价系统,以及研究生培养评价系统。加强与大中型企业教学质量反馈点的合作,对毕业生的整体素质,特别是创新能力进行动态监测。有计划地推进综合教务管理系统在校园网上运行。加快近几年新设专业的实验室建设和办学条件建设;进一步完善校内实习和实践教学基地的建设。

充分发挥管庄校区在人才培养中的重要作用。明确管庄校区的发展定位,将其建成学校本科教育的一个基地。

(四)科技工作

近期发展目标:加强科学研究和技术开发,在知识创新、技术创新上取得历史性突破,为高新技术行业的发展和国民经济支柱产业的技术改造做出重大贡献,学校的科技综合实力跻身于全国高校前列,成为国家知识创新和技术创新的重要基地。力争2007年科技经费总额达4亿元。取得一批国内和国际领先的标志性科研成果,增大其中原创性科研成果比例。SCI、EI、ISTP三大检索系统收录论文数排名位于全国高校前列;专利年申请数争取超过百项,专利申请和授权专利数位居全国高校前列。提高国家、部门奖励的申报力度和命中率,使学校重大科技成果获奖继续保持在全国高校的前列。同时,校办产业经过改制能够迈上新的台阶,年产值至2007年超过5亿元。力争尽快建设国家大学科技园,积极申报国家实验室,同时建设国防科技重点实验室、军工科研生产基地、部门重点实验室、北京市重点实验室和工程技术研究院等若干个新的科研基地。

主要措施:科技创新是一所高水平研究型大学的生命力所在。科研工作要努力在知识创新、技术创新和创新人才培养方面同时取得新的进展。要做到基础研究面向国际前沿,应用研究要面向国家经济建设主战场。(1)紧密结合学校“十五”“211工程”等项目建设,尤其是重点学科建设和师资队伍建设,力求在知识创新和技术创新上均有大的突破,获得一批标志性的创造性成果,使学校在原有优势领域中继续保持领先地位。突出以人为本的项目组织方式,充分发挥学术带头人的作用,强化多学科的科研项目组织。发挥学校人才、学科综合优势和科技开发能力,争取承担更多的“973”、“863”、国家基金重点/重大项目、创新研究群体等国家重大项目,以及国防军工配套、总装军工预研项目等。面向企业,面向北京,以需求为导向,以服务求支持,以贡献求发展,积极为全国和首都的科技、工业与经济发展做更大贡献。(2)加大投入,加速建立科技创新体系,进一步加强科研基地和队伍建设。以国家重点实验室、国家工程研究中心、专业开放实验室、教育部和北京市重点实验室及“211工程”重点实验室为依托,大力加强应用基础研究和技术开发,突出高新集成技术的发展,建设好基础研究和应用基础研究两个基地,抓好基础研究和工程开发两支科研队伍建设。积极筹建工程技术研究院;积极与大型企业合建若干个企业研发中心,并与投资商合作积极筹建技术转移中心。(3)争取承担更多的国防军工任务。组建相关的军工科研基地和国防科技重点实验室,建设拥有从设计-研发-制备-应用为一体的军工材料研发基地。2003年组织质量认证工作,建立军工生产的质量保证体系。健全完善军工保密体系。(4)加强学术刊物、学术交流与成果申报工作。(5)进一步完善学校科技奖励体系，充分发挥其激励作用。

学校产业工作要坚定地走高科技产业化的道路。重点抓好体制创新、规范管理、完善政策和优化环境四方面工作。按照现代企业制度的要求，贯彻“两权分离，事企分开”的方针，积极稳妥地将现有经济实体逐步改制为有限责任公司，落实法人财产权，承担有限责任，自主经营，自负盈亏。以新材料技术为重点，孵化出若干个具有广泛市场前景的高新技术企业。依托学校的学科优势，组建3～5个专业化的工程公司，重点发展承接现代化工业工程的队伍和能力。到2007年，校办科技产业要形成以先进制造工艺为基础的工程公司和以新材料技术为特色的高科技产品公司两翼齐飞的格局，总产值达到5亿元左右，利税在1 000万元以上。

（五）条件建设

近期发展目标：至2007年，高标准高质量完成各重点学科群体的一批重点实验室和科研基地设施条件建设项目、校内公共服务设施建设项目和一批教学科研急需的实验教学服务设施项目，使学校教学科研条件得到显著改善，形成有利学生成长、为高水平科技成果的孕育创造有利条件的良好氛围和校园文化。力争重点建设学科（群）及所在学院拥有自己相对独立的教学、科研、办公场所。同时，教室、实验室生均使用面积达到普通高等学校建筑规划标准，学生住宿条件达到教育部规定标准。学生宿舍全部实现高水平的物业化管理；教职工的工作和生活条件得到进一步改善。优良的软硬件条件为实现学校“三步走”发展战略奠定坚实的基础。

主要措施：在“211工程”建设的基础上，力争使学校尽快进入教育部“985计划”，为学校发展创造政策和经费方面的更好条件。

依据本规划以及《北京市区中心地区控制性详细规则》、《中关村科技园园区控制性详细规划》、《普通高等学校建筑规划面积指标》、教育部关于高等学校学生宿舍建设的具体要求等，尽快完善学校校园建设的总体发展规划并付诸实施。重新调整校园的功能分区，增加教学、科研和公共设施，合理配置教育资源，加强校园文化建设，给北京科技大学一个意气风发的崭新风貌，以适应学校可持续发展需求，进一步提高办学效益。校园规划的预期目标是：校本部规划用地面积56.89公顷，管庄校区规划用地5.8公顷，总建筑面积达到96万平方米以上。规划后的各项生均建筑指标均达到国家标准，并在部分指标上为学校进一步发展预留一定空间。拟通过适当拆除危旧平房以提高土地利用率、置换部分家属住宅为教学用地等，缓解校园用地供需矛盾突出的问题；对现有校园进行有计划的校园网扩建、绿化、美化和文化景观建设，建造浓郁的校园文化氛围。另外，进一步拓宽渠道，多方多途径集资，进行研究生和本科教学与科研基地建设和基础设施建设。今后五年内，力争完成奥运比赛馆、土木环境楼、机电信息楼、学生公寓一至三期工程、学生餐饮中心一期工程等约25万平方米的基建工程；基本实现校园功能分区的总体布局；完成管庄校区必要的办学基础设施改造。其余校园建设规划的基础设施项目，在2007年以后陆续完成。

（六）国际合作、交流

要实现学校跨越式发展，适应经济全球化和中国进入WTO以后的新形势，必须确立面向世界的办学理念，积极参与国际竞争，扩大对外开放，加强国际合作、交流与宣传，积极引进国外高等教育和职业教育优质资源，加速学校办学的国际化进程，进一步提高学校在国际上的影响和竞争力。加强对国际合作与交流工作的组织领导，使校与部处、院与系所等各级领导及学科学术带头人高度重视国际及港澳台合作、交流与宣传在促进教学改革和学校发展中的作用，认真抓好重点项目的落实。进一步加强学校每年度国际及港澳台合作与交流工作的计划性、目标性和主动性。

争取至2007年,学校在校留学生规模有较大幅度增加,总人数达到300人;进一步加强国际化办学的力度,中外办学项目数和留学生人数大幅度增加,中外合作办学初具规模;国际及港澳台学生合作交流项目与规模稳步增加;与学校合作的国际及港澳台知名大学达到50所,每个学院、每个重点学科至少与一个以上的国外合作院校或单位开展实质性合作与交流。积极主办不同规模的国际会议;继续鼓励和支持教师出国讲学、科研合作、参加国际会议、学术访问,支持中青年教师或研究生出国攻读学位或进修;在聘请更多高水平外国及港澳台专家来校讲学或科研合作的同时,要特别重视邀请国际著名教育家和科学家长期来校工作。

(七)加强党的建设,创新管理体制

近期发展目标:进一步加强党的领导和自身建设,加强政治文明建设和精神文明建设,党员、干部的整体素质和工作水平进一步提高,党的基层组织真正成为坚强有力的战斗堡垒,教职工和学生思想政治工作得到进一步加强,从而保证学校各项改革发展措施的全面落实,使学校的党建和思想政治工作在北京市委的考核评估中达到优秀,并进入先进校行列。加强管理干部队伍建设,创新管理体制,不断提高领导班子的领导水平。创建科学规范的管理体系,建立符合学校实际、机构精简、职责明确、竞争有序、保障有力、效益一流的管理模式,建设一支国内一流水平的管理干部队伍;加强民主办学和依法治校,形成一整套科学的领导工作规范、部门职责规范、工作程序和管理规章,确保最广泛最充分地调动一切积极因素以实现学校发展规划各项目标。

主要措施:(1)认真组织全校师生特别是领导干部深入学习贯彻邓小平理论和党的“十六大”精神,按照“三个代表”重要思想的要求,全面加强党的建设和思想政治工作。(2)继续加强学校各级领导班子的思想建设、组织建设和作风建设,坚持全心全意为人民服务的根本宗旨,坚持和发扬密切联系群众的工作作风。做好班子的换届和调整,确保学校改革、发展和稳定大局。(3)以党建与政治思想工作基本标准考核评估为龙头,全面促进基层党组织建设。做好党员先进性教育,继续做好发展党员、特别是在青年教师骨干中发展党员的工作。(4)以贯彻落实《党政干部选拔任用条例》为核心,加强干部队伍建设。制定并实施具体办法,加大干部制度改革力度。(5)加强党对校园文化建设和学生工作的领导,努力营造严谨求实、宽松和谐、积极向上的学术和学习环境,大力促进学生各项素质的全面提高,把广大青年学生培养成中国先进生产力的开拓者、中国先进文化的弘扬者、中国最广大人民根本利益的维护者。(6)进一步落实《关于实行党风廉政建设责任制的规定》,加强校级干部和重点部门的廉政责任制,继续做好廉洁自律、查办案件和纠正不正之风三项工作格局中的各项工作,做好执法监察、效能监察工作。(7)要理顺办学机制,明确校机关与学院、校区的定位和职能。创新管理体制,建立科学的决策系统、执行系统和工作评估体系,形成一整套工作规范和管理规章制度,最大程度地提高办事效率和效益。(8)要进一步推行人事分配制度的改革,充分发挥其人才激励和导向作用。(9)为适应学科建设和发展的需求,及时进行资源重组、学院的战略性调整与建设。对于拟新建学院,成熟一个建设一个。另外,通过多种筹资方式,积极进行民办二级学院等办学体制的探索与改革。(10)实行党委领导下的校长负责制,不断提高依法治校、民主办学和依法自主办学水平,为学校的战略发展提供一个优秀平台。

四、学校中期发展目标及措施

“十六大”报告指出,中国要在本世纪头20年,集中力量,全面建设惠及十几亿人口的更高水平的小康社会,强调全民族的科学文化素质和人民受教育水平既是全面建设小康社会的重要目标和标志,也是全面建设小康社会的基础和必然要求。全面把握“十六大”关于教育改革发展的重要论述,把握“要坚持教育创新，深化教育改革，优化教育结构，合理配置教育资源，提高教育质量和管理水平，全面推进素质教育”和“深化科技和教育改革，加强科技教育同经济结合”等教育改革的方向和重点，是确定学校发展战略规划第二阶段建设目标及措施的重要依据。

学校确定“三步走”发展战略规划第二阶段的主要建设目标是：至2020年，建成一批国内高校一流的高水平研究型学院或研究院，成为国内一流的新型工业化教育科研中心和世界材料教育科研中心；成为国内一流、国际知名的高水平研究型大学。

实现学校总体发展战略规划中上述第二阶段建设目标的主要措施和标志包括：(1)通过进一步拓展学校学科发展空间，凝练学科方向，汇聚学科队伍，建成若干个国内高校一流的高水平研究型学院和研究院，将其构筑成适应国家经济结构战略性调整、新型工业化、人才市场需求和提高国际竞争力需要的、高度集成且富有竞争力的、国内一流、国际知名的优势学科基地，把学校建成中国新型工业化教育科研中心、世界材料教育科研中心。(2)进一步拓展博士学位授予学科，覆盖工、理、管、文、经、法等各学科门类。(3)进一步加强学校用人机制和制度改革的力度，不断提升师资队伍的整体水平和在国内外的影响力。尤其要做到学校主要优势学科均聘有国际著名和国内一流的科学家教育家在校执教。(4)通过教育改革、教学改革和十几年不懈的努力，获得一系列标志性教学成果，本科生教育和研究生教育人才培养的高质量获得国内外普遍认可，能吸引到国内最优秀的学生和相当数量的留学生来校学习，学生就业率在国内高校中位于前列；其中冶金、材料等学科本科生培养数量和质量世界领先，满足国内外对相应专业人才的持续需求，为中国从冶金大国向冶金强国和材料强国发展更好地服务。(5)获得一批国际领先和国际先进水平的科学技术研究成果，国际著名杂志发表论文和报道成果。(6)建成堪与国际知名大学媲美的学校公共服务设施和校园。(7)为使北京科技大学早日跻身世界著名大学行列打下坚实基础。

站在时代发展的高度，制定好学校的发展规划，仅是学校实现新的历史性、跨越性发展的第一步。发展规划的实施，需要全校师生的共同努力。让我们更加自觉地承担起历史性的责任，开拓创新，扎实工作，认真分步落实学校的总体发展战略规划，为使学校在今后5年、本世纪的前20年及建校后的第二个50年中不断实现跨越式发展，为使北京科技大学早日跻身特色突出、世界著名的高水平研究型大学行列而努力奋斗！

防控非典型性肺炎工作

综　述

2003年4～6月，在党中央、国务院的领导下，举国上下打响了一场没有硝烟的抗击非典的战争。在这场战争中，北京科技大学认真落实教育部、北京市委、市政府一系列重要指示精神，努力打好四月遭遇战、五月攻坚战和六月决战，取得了校内外学生、校内在职教职员工无一人患非典或疑似非典的优异战绩，维护了学校正常的秩序，促进了教学、科研、毕业生就业、校园管理等工作的开展。同时建立了防控非典的长效机制，保证了学校继续健康顺利发展。

一、四月“遭遇战”

4月中、下旬是非典防治工作的第一个阶段。在这个阶段，面对突发的、来势凶猛的疫情，学校紧急建立了防控工作体系，果断采取了多项措施。特别是4月26日，学校一退休教职工家保姆董某被确诊为非典疑似(后又确诊非典)。学校按照原定工作预案和相关流程及时划定“健康观察”* 人员范围，并组织实施了保卫、后勤保障等工作，有效地扼制了疫情的蔓延。

(一)加强统一领导，建立非典防控体系

疫情一出现，学校党委就高度重视非典防控工作。4月18日，学校印发了《关于加强非典型肺炎防治工作的意见》。要求全校师生员工充分认识非典防控工作的艰巨性，将非典防治工作作为学校当前的首要任务，各单位要做好防大疫的准备，以超常规的方式把防治工作做细、做实、做严。

为做好防控工作，在这一时期，学校建立了非典防控的三个体系：

1. 纵向到底的防控领导体系。

学校成立了以全体校领导为成员的非典型肺炎防治工作领导小组。领导小组下设办公室，统一负责组织、协调全校的非典防控工作。领导小组成立后，先后召开了12次会议，研究、部署学校非典防控工作。

学校克服困难，采取切实措施，将领导小组办公室(简称“防治办”)实体化。同时，学校各个二级单位均成立了防控工作小组，创造性地开展防控工作。

2. 横向到边的防控工作体系。

根据学校人员特点，构建了校本部学生、大运村学生、管庄校区、外籍教师和留学生、校园管理、外来务工人员、离退休人员及居民、后勤保障、督察等9个工作体系。各工作体系认真落实学校的各项工作部署，及时反映、解决工作中存在的问题，互相交流、沟通情况，形成了全方位的立体工作网络。

3. 逐渐完善的制度体系。

在这一时期，学校先后制订并逐步完善了《北京科技大学非典型肺炎防控工作方案》、《非典型肺炎疫情处理流程》、《发现疫情隔离工作预案》、《非典型肺炎医疗和诊断方案》、《后勤保障和物资供应方案》、《防控非典期间校园管理规定》、《防控非典期间本科生及研究生教学方案》等一系列涵盖学校方方面面工作的文件，并依据这些文件制订了相应的实施细则，使各项防控工作有章可循、有据可依。

(二)采取果断措施，重点做好早预防、早隔离

这一时期，学校在充分分析疫情，充分估计困难的基础上，强调在贯彻、落实“早发现、早报告、早隔离、早治疗”方针的基础上，学校防治非典工作的关键是“早预防”和“早隔离”。

根据这一指导思想，学校先后采取了以下措施：

1. 实施校园封闭式管理。这一措施有效防止了人员特别是在校学生的流动，减少了交叉感染；保证了绝大部分学生都在校园内，使北京科技大学成为北京高校离校学生较少的学校之一，为教学秩序的恢复奠定了良好的基础。

2. 清理出租房屋和外来人员。共清理出租房屋近百间，清理出非学校人员2 000多人。

3. 减少公共场所人员密度。

4. 加强体温监测、消毒等工作。

5. 明确就医程序。

6. 规范防治工作。

7. 做好物资准备。学校在防治办内专门增设了物资组，负责非典防治物资的统一采购、储备。校医院准备了56个“留院观察”床位。学校先后将学生宿舍三斋、培训楼腾空，留做“健康观察”人员休息场所。

同时，学校重视“早隔离”。要求在医学指定隔离人员范围的基础上，明确所有发烧病人要在校医院“留院观察”；到校外医院就医、与

---

* “健康观察”是指在非典期间对与非典患者或疑似患者发生过接触而无任何发病症状人员采取的一种隔离措施，与“留院观察”(对发烧但未出现非典特征人员采取的一种隔离措施)、“校内隔离”(对北京市疾控中心认定与非典患者或疑似患者有过直接接触，必须暂时中断外界正常接触的人员采取的一种严格隔离措施)构成了学校三种层次的隔离机制。

持续发烧病人有密切接触、与非典疑似或确诊病人有可能接触的人员均要在指定休息区进行“健康观察”。“早隔离”政策的有效贯彻，保证了传染链被及时切断，保障了全校师生员工的健康安全。

（三）做好思想政治工作，建起抗击非典的坚强思想防线

这一时期，学校思想政治工作的重点是在抗击非典前线全面实践“三个代表”重要思想，加强师生的宣传教育，及时通报学校情况，赢得社会各界对学校非典防控工作的支持。

1. 充分发挥北科大党建和思想政治工作的优势，全校共产党员用自己的实际行动增强了全校师生战胜非典的信心，在全校构筑了众志成城、万众一心、空前团结、共抗非典的精神家园。

2. 成立防控非典工作宣传组，深入细致地做好宣传和思想引导工作。充分利用电视、广播、网络、电子屏幕、橱窗、校刊、专报等多种媒体，形成校园立体宣传和信息网络。

3. 加强与学生家长、教职工、院内居民、“健康观察”师生等不同人群的沟通、交流，争取全社会对学校非典防控工作的支持。校党委书记罗维东、校长杨天钧分别于4月19日、4月24日两次致信全校学生家长，向他们通报学校情况和采取的措施，希望他们对学校的工作予以理解和支持。上百名学生家长回信，对学校工作给予肯定和支持。学校还向校内家属区居民发放了《致校内居民的一封信》，向健康观察的教工和学生发放了《致健康观察师生的一封信》，希望他们从关爱自己、关爱他人、关爱社会的角度出发，理解、服从学校的各项防控要求，夺取抗击非典的最终胜利。

4. 领导深入基层，做好“防非”动员，检查工作开展情况。各级领导十分重视非典防治工作。4月29日，教育部部长周济来校检查非典防治工作。4月19日，北京市委教育工委副书记李明来校听取学校关于非典防治工作情况的汇报，并检查了食堂、图书馆、逸夫教学楼、一斋学生宿舍等地。校领导也深入基层，做好防治工作动员，检查工作措施落实情况。从4月17日到4月30日，学校领导先后10次到学生宿舍、教室、校医院、家属区、学生超市和农贸市场、管庄校区、建筑工地等与非典防治有关的单位、部位检查工作，看望坚守岗位的师生员工。

在这一时期，学校科技人员还在徐金梧副校长的带领下，加班加点，研制“防非”科技产品。利用纳米技术研制开发的消毒液发生器受到国务院、教育部、科技部、北京市有关领导和专家的高度评价和极大关注。

二、五月“攻坚战”

5月是非典防治工作的第二个阶段。在这个阶段，北科大认真贯彻落实胡锦涛总书记、温家宝总理关于防治非典的重要指示精神，狠抓落实，一手抓防控，一手抓发展，打好了五月攻坚战。这一阶段，学校的非典防治工作经受了两次考验，一次为5月6日学校职工家属吴某被确诊为非典疑似（后又确诊非典），一次为5月15日曾在校内滞留过的校外人员赵某被误诊为非典（5月30日被排除）。在这两次考验中，学校均按照工作预案，有条不紊地开展工作，对相关人员进行了“校内隔离”和“健康观察”。

（一）不断完善措施，及时堵塞漏洞，加强工作督察

根据疫情不断完善措施。在《北京科技大学非典型肺炎防治工作方案》和各项工作预案的基础上，根据不同阶段的工作重点，不断补充各项防控措施，先后下发了21份防控工作文件。5月4日，综合各项措施，学校印发了《北京科技大学防治非典型肺炎补充方案》。

针对问题及时堵塞漏洞。董某、吴某被确诊为非典，暴露出学校在加强家属、保姆、小时工、临时工的防控工作上尚有漏洞。学校举一反三，立即采取补救措施，下发了《关于清理租借房屋加强外来人员管理的通知》，建立外来人员租借房屋登记制度和进入校园报告制度，落实外来人员防控工作责任制，实行群众举报制度。同时，对建筑工地施工人员制订了专门

的防控工作方案，与建筑公司签订了责任书，将施工人员按照学生防控要求同样管理。这些措施出台后，外来人员防控工作得到明显增强，在校内的一千多名外来施工、务工、临时聘用人员再未发生一例非典或“疑似”。

加强督察促进工作落实。随着非典防控措施的逐渐完备，学校及时将工作转移到抓督察、抓落实上。5月14日，学校下发了《关于加强非典防治督察工作的通知》，学校成立了教学、后勤保障、校园管理和学生工作等4个督察组。督察组成立后，各组开展了行之有效的督察活动。5月份，共开展督察活动20多次。

(二)做好学生返校准备工作，逐步恢复教学工作

这一时期，学校工作突出“早”字，未雨绸缪，为学生返校、恢复正常工作秩序做好准备工作。

1. 学生返校准备工作

5月7日，学校着手准备学生返校工作，起草了《防治非典期间学生返校工作方案》，并于5月13日报北京市教委和教育部直属办审批。5月23日，北京市教委批复，同意学校于6月7日起组织应届毕业生(校外实习学生)分期分批返校，要求学校按照北京市委教育工委、市教委《关于做好应届毕业生返校工作的实施细则》做好工作，坚决防止因学生返校出现疫情扩散。5月29日，校非典防治工作领导小组讨论通过了《防治非典期间学生返校工作实施细则》。《细则》对学生返校顺序、流程、工作要求、各部门工作职责做了明确规定。根据返校批次安排，各学院向首批返校学生寄送了《返校通知书》，各部门按照自己的工作职责扎实细致地开展工作，为学生返校做好了充分的准备。

在做好学生返校准备工作的同时，学校分别向暂不返校的校外学生发出了《致暂不返校学生的一封信》，对暂不返校学生提出了坚持“停课不停学”，坚持测量体温，积极锻炼身体，主动配合当地政府关于非典防治的安排等要求。同时，明确他们的返校时间暂定为2003年暑期过后新学期开学。

管庄校区参照校本部方案也制订了详细的学生返校方案，并予以贯彻、实施。

2. 恢复教学工作

5月8日，学校召开中层正职以上干部会议，通报了非典防控工作情况，安排部署了学校近期工作，要求各单位要“一手抓非典防控，一手抓学校发展”。根据这一要求，学校在确保校园管理等措施严格实行的情况下，积极恢复学校工作特别是教学工作。学校下发了《关于本科教学工作最新安排的通知》和《关于研究生课程教学和论文答辩工作安排的通知》，要求本学期能正常进行的课程正常开课，各学院要采取可行、有效的措施完成本学期本科生毕业设计、研究生论文答辩工作。两份《通知》在强调教学活动正常开展的同时，也提出了有关在教学活动中防治非典的措施，如课程拆班教学等。

(三)一手抓防控，一手抓发展

这一时期，学校在各项工作围绕防控非典工作开展的同时，以防控非典为契机，化不利因素为有利因素，在工作方法、工作手段、工作内容上不断创新，推动学校工作的开展。

1. 不失时机地开展数字化校园建设

学校在恢复正常教学秩序的同时，在全校教师中积极推行教学方式改革，以电子课件、网络学习等方式弥补传统教学方式的不足，校园网上的学习课件增至200多个。实现了就业工作数字化，在多家门户网站上举办毕业生推介会，建立了毕业生就业网络视迅系统，先后召开了30多场网络视讯面试会，全力以赴做好毕业生就业工作。同时，在2003年研究生复试中，学校采用网络视讯系统、视频会议系统、电话系统对外埠的680多名考生进行了复试。

2. 加强学风和校园文化建设

以抗击非典的鲜活事例教育学生，帮助学生通过自我教育，进一步明确学习目标；按照“小型、分散、户外”的原则组织多样的文体活

动,营造健康向上的校园氛围。

3.集中学校优势学科,加强防非科技攻关

学校成立了防治非典科技攻关领导小组,集中力量,重点突破,成功研制了纳米晶氧化物涂层电极便携式含氯消毒液发生器、SARS患者专用电压吸附制氧机、隔离防护微空调器、室温蓄冷材料降温服,为北京乃至全国抗击非典作出了贡献。

同时,学校科技产业系统在自身工作受到非典很大影响的情况下,向学校捐赠了30万元支持非典防控工作。

(四)关心一线职工,关注特殊人群

由于学校疫情的及时有效控制,学校上下对战斗在防非一线的同志们的辛勤工作给予了肯定。从校领导到基层群众,从学校部门到民主党派多次到一线工作部门慰问、鼓励。

这一时期,学校特别关注"校内隔离"和"健康观察"人员。5月18日,50名因吴某而被"健康观察"的36栋2单元人员被解除集中休息。早上,防治办、宣传部、校团委为他们举行了主题为"深情的关爱、生命的祝福"的特别慰问活动。校心理咨询中心还对处于"健康观察"期的同学提供心理咨询。

(五)继续做好宣传和思想政治工作

针对疫情平稳后,师生中出现的松懈、麻痹思想,学校开展了针对性的思想政治工作。在校园网上开辟了非典防治专门网站,开展了广泛的反松懈、反麻痹专项宣传活动。

这一时期,学校还十分关注住在校外的离退休人员的身体健康。5月15日,学校领导和离退休干部处同志到西三旗看望学校离退休教职工,通报了学校非典防治工作的情况,并向他们发放了防护用品。

三、六月"决战"

6月是非典防治工作的第三个阶段。在这一阶段,学校按照教育部周济部长的讲话精神,在继续坚守非典防治阵地的同时,稳妥地做好战略转移,逐步恢复学校正常的秩序。

(一)按照学生返校工作方案,做好学生返校工作

6月7日、14日,毕业班学生426人分两批顺利返校。返校学生身体正常,经过"健康观察",进入毕业设计。对暑期实习的非毕业班学生也发出了返校通知书。

同时,为做好暂不返校学生的工作。6月4日,学校下发了《关于"非典"期间离校本科生的补课方案》,对他们的补课事宜、假期实习做了明确的规定,给他们吃了一颗定心丸。

(二)逐步调整学校防治措施,恢复学校正常秩序

6月份,北京市非典疫情得到有效控制,学校也连续一个多月没有出现疫情。为恢复学校正常的工作、生活秩序。学校按照"有利于恢复校园(尤其是教学区)秩序、有利于建立校园管理的长效机制"的原则,对非典防治措施进行了适当的调整。6月11日,学校对学生外出、教职工出差、校外人员入校、外来机动车入校、大型活动审批等规定做了调整。

6月24日,北京被世界卫生组织宣布"双解除"后,学校逐步进入常态管理,逐步恢复正常秩序。

(三)建立长效机制,实现学校长治久安

6月5日,教育部召开全国教育系统非典型肺炎及其他传染病预防与控制网络视频会议。教育部部长周济、卫生部副部长马晓伟、教育部副部长赵沁平出席会议并讲话。我校党委书记罗维东作了题为《众志成城,坚决打赢防控非典校园攻坚战》的工作汇报,对"建立防控长效机制,实现学校长治久安"做了总结。围绕建立长效机制,学校重点开展了以下两项工作:

一是将防控非典工作与其他疫情的控制工作结合起来。二是将防控非典工作与长远的学校发展工作结合起来。通过具体的措施,建立起学校长效防控机制,实现学校的长治久安。

四、战后工作

7月以后,学校非典防控工作主要做了以下几个方面的工作:

(一)抓紧做好学校正常秩序的恢复工作，至7月中旬，各方面秩序已恢复正常。

(二)按照北京市有关政策做好了因非典去世的居住校外的退休人员郭某的善后处理工作。

(三)采取切实措施，构建了学校防控长效机制。

校园管理方面，先后下发、实施了车辆管理、房屋管理、培训班管理等7个重要的文件。

非典防治工作方面，在总结抗击非典经验的基础上，结合具体情况，拟定了《北京科技大学防治传染性非典型肺炎应急预案》，并作为学校长期防治非典型肺炎的指导性文件予以颁布实施。同时，加强了校医院发烧门诊等基础性预防设施的建设，构建了学校的长效防控机制。

通过2003年的非典防治工作，学校建立起了重大事件应急反应机制，掌握了如何在短时间内建立一张覆盖全校、效率高效的工作网络，如何开展行之有效的防控工作。通过此次非典防治，学校师生员工团结一心、众志成城，凝聚力显著增强，为学校发展提供了强大的精神动力。通过此次非典防治，学校的数字化校园建设、校园管理等工作获得了难得的机遇，为学校下一步工作奠定了良好的基础。通过此次非典防治，学校多方面的工作在有影响的媒体上得到宣传和展示，树立了学校良好的形象。作为学校历史上的重要一页，2003年的非典防治工作将永远留在每一个师生员工的心里，激励着大家为学校的发展做出自己更大的贡献。

附　录

北京科技大学防控非典先进集体、个人名单

一、防控非典先进集体：

(1)北京市防治非典型肺炎工作先进基层党组织：学生工作党支部

首都防治非典型肺炎工作先进集体：保卫部(处)

北京市教育工会系统抗击非典先进集体：校工会

(2)北科大防控非典特殊贡献奖：校非典防治办公室(25人)

付晨光、蒋宏潮、邹华东、张文元、钱大益、毕惠芳、刘兴德、孟江、刘新军、倪赛力、曲雁、褚洪、高杰、王斌、林林、夏秀芹、郑安阳、张晓峰、谢昕、吕伟耀、吴磊、盛国家、孙伟、韩洪亮、许敦歌

(3)北京科技大学防控非典先进集体：

冶金与生态工程学院学生工作组

机械工程学院学院机关

应用科学学院数学力学系

管庄校区非典防治办公室

校医院

后勤集团

教务处

科技处

党委宣传部

保卫处

居委会

二、防控非典先进个人

(1)北京市防治非典型肺炎工作优秀共产党员：范普成

北京高校防治非典型肺炎工作优秀共产党员：范普成、蒋宏潮、柴晋梅、姚红

首都防治非典型肺炎工作先进个人：王立、王景春、孟江、金仁东、李帅

北京市统战系统防治非典型肺炎工作先进个人：孟惠民

(2)北京科技大学防控非典先进个人

土木与环境工程学院：张涛

冶金与生态工程学院：薛庆国

机械工程学院：洪亮

材料科学与工程学院：孟惠民、陈雨来、李帅

信息工程学院网络中心：陶丽红

管理学院：王建辉

文法学院：柴晋梅、赵伟

应用科学学院：范玉妹

管庄校区：刘健、刘淑娥、孟兆磊

后勤集团党委：朱洁、张绍霞、吴秀珍、赵智杰、吴安山、海兴华、王增荣、张怀明、黄建英、赵敬东、周建礼、冯雨新、庞东利、刘东、陆子茂、王景伟、秦连峰

机关三总支：王春义、孙玉珍、张卫东、宁晓钧、王志军、段海涛

机关四总支：何进、徐景泉、李宵、郑聿洁、陈捷、田实、郭惠敏、王文刚、白进启、徐秋平、贾秀芳、张秀华、胡其敏、陈树荣、王宇同、孙长林、柴永红、张渝玲、刘江山

海淀区人大代表换届选举工作

按照北京市海淀区选举委员会关于区人大代表换届选举的工作部署，海淀区第十三届人民代表大会代表的换届选举工作在2003年下半年进行，投票日为2003年12月10日。根据学院路地区的实际情况，学院路以东、四环路以北、志新西路以西、志新路以南地域内的单位（不含北京钢院附中、成府饭店、商业银行）组成学院路街道选举分会第二选区，北科大为这一选区的牵头单位。同时，学院路街道选举分会讨论、决定分配给第二选区3个人大代表名额。三个多月来，在学院路街道分会的领导和指导下，第二选区工作组、选举办以“三个代表”重要思想为指导，扎实认真工作，严格依法做好人大代表换届选举工作，确保选举工作顺利进行，投票选举获得一次成功。经过选民登记、复查审核，本选区共有选民17 746人，划分为235个选民小组。同时，设立16个选举站，一个流动票箱。经过选民十人以上联名推荐，本选区共产生初步代表候选人313名。在此基础上，经过选民充分酝酿、讨论，反复民主协商，本选区确定左鹏、孙维约、鲍展萍、臧勇（按姓氏笔划）4人为正式代表候选人。12月10日，广大选民踊跃参加投票选举，参加投票的选民17 013人，占登记选民人数的95.87%，实投选票16 976张。经过统计，左鹏、孙维约、鲍展萍得票数超过投票选民总数的一半且得票数较多，当选海淀区第十三届人大代表。

整个选举工作分四个阶段进行。9月26日至10月10日为选举工作的第一阶段，即准备阶段。在这一阶段，第二选区建立了工作机构，成立了以北科大党委副书记、学院路街道选举分会副主席陈世禄为组长，党、校办副主任蒋宏潮为副组长，选区内有关单位负责人为成员的选区工作组，并从学校有关部门抽调了9名工作人员组建了选举办公室。同时，向选区各单位印发了《选区工作计划》、《宣传工作计划》，对选举工作进行了全面部署；开展了核实选区单位、初步统计选民人数等工作。经初步统计，应列入本选区选民登记范围人员约18 500人。

10月11日至11月19日为选举工作第二阶段，即宣传和选民登记阶段。在这一阶段，第二选区工作组和选举办采取多种形式加强宣传工作，积极引导广大选民参加本次选举。同时，从实从细做好选民登记工作，11月18日对外公布了本选区17 755名选民名单。但选民复查、核对工作一直持续到投票前，经过认真核查，至投票前夕核准在本选区投票的选民实有17 746人。

11月20日至12月4日为选举工作第三阶段，即推荐、酝酿、讨论候选人阶段。在这一阶段，第二选区工作组和选举办严格按照法定程序，加强工作指导，加强代表构成的引导。经过选民广泛提名，充分酝酿、讨论，选区工作组与各个方面反复民主协商，先后召开三场民

主协商会，最后于12月1日确定产生左鹏、孙维约、鲍展萍、臧勇（姓氏笔划为序）4名正式代表候选人。此后，选区工作组、选举办召开了正式代表候选人与选民见面会，向各选民小组下发了四位正式代表候选人简历，在学校闭路电视、大屏幕、学生食堂视频系统上循环播放了见面会实况录相，对正式代表候选人进行了广泛宣传。

在产生正式代表候选人工作中，第二选区工作组提出了“充分尊重选民意愿、广泛进行民主协商”的工作要求和“四上四下”的工作程序。“第一轮上下”，即十名以上选民联名推荐出313名初步代表候选人，其中50名以上（含50名）选民推荐的初步候选人68名。选举办将以上两份名单分别下发各选民小组。“第二轮上下”，即各选民小组召开选民小组会，在68名人选、但又不限于68名人选的范围内进行酝酿推荐，共提出112名人大代表候选人人选，其中有9个选民小组、400名以上选民推荐的候选人有20人。经过选区工作组研究，按照选举工作要求，在这20名人大代表候选人的范围内，分别召开各选举单位负责人、选民小组组长代表、选民代表会议，各民主党派、侨联组织、港澳台办负责人、无党派人士及其他各方面代表参加的会议，民主协商正式代表候选人。“第三轮上下”，即综合参加民主协商会各方面代表的意愿，考虑人大代表候选人应具备的素质和条件、人大代表候选人构成等因素，选区工作组提出了4名正式代表候选人人选，印发选区内各选民小组听取意见。“第四轮上下”，即选区工作组于12月1日认真汇总各选民小组的意见，最后确定4名代表候选人人选，作为北科大选区人大代表正式候选人，上报学院路街道选举分会审核后，于12月2日在全选区予以公告。

12月5日至12月9日为选举工作第四阶段，即投票选举阶段。在这一阶段，第二选区工作组和选举办对16个选举站工作人员和流动票箱工作人员进行了培训，指导、检查、督促了各选举站的准备、布置。广大选民准时参加了投票，3名人大代表顺利选举产生。

学校概况

北京科技大学概况

1952年，为适应国民经济发展和重工业建设的需要，在全国高校院系调整中，由北洋大学、唐山铁道学院、华北大学工学院、西北工学院、山西大学五所高校的矿冶、机械等系科组建成立了北京钢铁工业学院。1960年更名为北京钢铁学院。1988年更名为北京科技大学。1997年学校首批进入国家“211工程”建设行列。学校原隶属冶金工业部，1998年9月1日成为教育部直属高校。经过50多年的建设和发展，北京科技大学现已发展成为一所以工为主，工、理、管、文、经、法相结合的多科性全国重点大学，是全国正式成立研究生院的31所高等学校之一。

建校50多年来，学校逐步形成了“学风严谨，崇尚实践”的优良传统，为社会培养各类高层次人才8万多人，大部分已成为国家政治、经济、科技、教育等领域尤其是冶金、材料工业的栋梁和骨干。党和国家领导人罗干、刘淇、徐匡迪、黄孟复曾在校学习，另有30名在校学习、工作过的校友当选为中国科学院或中国工程院院士，北京科技大学因此被誉为“钢铁摇篮”。

学校由九个学院及研究生院、体育部、管庄校区、延庆分校组成。2003年有36个本科专业，4个第二学士学位专业，62个硕士学科点，另有MBA(含EMBA)、MPA和14个领域的工程硕士专业学位授予权，22个博士学科点，6个博士、硕士学位授权一级学科，7个博士后科研流动站。学校在冶金、材料、机械、矿业等领域的7个全国重点学科学术水平蜚声中外；管理、科技史等学科享有盛誉；控制、热能、力学等学科具有雄厚实力；一批新兴学科，如计算机、电子信息、环境工程、土木工程等焕发出勃勃生机。

学校现有2个国家级重点(专业)实验室，1个国家工程研究中心，4个部委级开放实验室。现有2个国家一级学会、22个二级学会、19个三级学会。图书馆藏书100万册，订有中外期刊2 150种。定期出版《北京科技大学学报》、《Journal of University of Science and Technology》、《Rare Metals》、《物流技术与应用》等学术刊物。

2003年12月，在校各类学生总数2.4万人，其中本专科生10 875人，各类研究生5 490人(其中博士生1 140人、硕士生3 056人、专业学位研究生1 294人)，在站博士后35人，外国留学生83人，成人教育学院学生7 000余人。已形成研究生教育，全日制本科、专科、高职教育，成人教育、继续教育和远程教育多层次、较完整的人才培养体系。

学校拥有一支治学严谨的师资队伍。共有专任教师1 000余人，其中中国科学院院士7人，中国工程院院士3人，国务院学位委员会委员1人，国家学科评议组成员4人，国家级有突出贡献专家16人，部级有突出贡献专家13人，教育部“跨世纪优秀人才培养计划”入选10人，国家“百千万人才工程”第一二层次入选3人，国家杰出青年基金获得者3人，“长江计划”特聘教授5人,教授255人,副教授360人。跨世纪人才梯队正在壮大,一大批中青年学者脱颖而出。

学校的科研实力十分雄厚。1978年以来,共有1218项科研成果获国家、省、部委级等各种奖励,其中国家级奖111项(2003年获得国家科技进步奖5项);申请专利576项,已授权314项。学校重视科技成果的转化,“九五”期间应用成果平均转化率达到72.8%,授权专利实施率达到55%,为社会创造直接经济效益30多亿元,其中7项科研成果创造了亿元以上社会经济效益。1991年至1993年学校获国家自然科学奖居全国高校第6名;获国家科技进步奖居全国高校第4名,获国家科技发明奖居全国高校第15名;1995年至1996年学校获国家三大奖在全国高校中名列第8。1999年教育部编辑的《中国高等学校科技50年·高校获奖重大成果一览表》中收录北京科技大学12项重大科研成果,在全国高校中名列前茅。据最新公布数据,2002年学校师生发表论文被“EI”、“SCI”收录数目在全国高校中均排名第22位。

学校先后与18个国家和地区的38所大学建立了校际合作关系,并于1996年5月建立了校董会,努力探索面向世界、面向社会的开放办学机制,为培养高层次专门人才,开展高水平科研工作创造有利条件。

以培养社会主义现代化事业的建设者和接班人为根本任务,学校注重学生综合素质的培养和提高,学校学生在历年国家及北京市的各种竞赛中多次获得殊荣,特别是学校学生代表队在全国大学生首届机器人电视大赛中获得季军,在第二届机器人电视大赛中获得冠军。学校同时高度重视学生思想品德教育,努力营造培养学生爱国主义、集体主义和社会主义精神的校园文化氛围,先后被授予“北京市文明校园”和“北京市党建和思想政治工作先进普通高校”光荣称号。

学校的体育竞技水平和群众性体育活动在北京乃至全国享有盛誉。学生田径代表队在全国及北京市高校竞赛中数度摘桂;女篮代表队在北京市高校联赛中连续12次夺冠;涌现了一批以李敏宽、楼大鹏为代表的国家优秀运动员、教练员和体育官员。学校目前拥有约7万平方米的现代化体育场地,并获得了2008年奥运会柔道、跆拳道比赛场馆的建设权。

面向新世纪,学校的发展目标是:把北京科技大学建设成为以工为主,工、理、管、文、经、法等多学科协调发展,规模适度,特色突出,国内一流,国际著名的高水平研究型大学。

附 录

2003年主要工作

2003年是学校改革发展进程中十分重要的一年。一年中,全校师生员工认真学习贯彻党的“十六大”精神,深入学习实践“三个代表”重要思想,同心同德,开拓进取,取得了抗击非典校园保卫战的重大胜利,制定了具有战略意义的学校发展规划,并在学科与队伍建设、校园建设、人才培养、科学研究和党的建设等各方面工作中取得了较好的成绩。

一、同心同德、同舟共济,夺取抗击非典校园保卫战的重大胜利

2003年上半年,突如其来的非典影响了我们正常的生活和工作秩序,举国上下打响了一场没有硝烟的抗击非典的战争。

面对疫情,学校从讲政治的高度出发,以对全校师生员工生命安全极端负责的态度,及时成立了纵向到底、横向到边的防控工作体系,建立健全了各项防控工作体系,采取了校园封闭式管理、清理出租房屋和外来人员、加强体温监测、严格消毒等切实有效的措施,并成立督察组,加强督察,确保了各项防控工作的顺利开展。同时,学校认真、细致地做好宣传和思想工作,充分利用多种宣传媒体,使广大师生及时了解全国、北京市非典疫情动态及学校的最新措施,缓解大家的紧张情绪。学校党委还非常

注意发挥基层党组织的战斗堡垒作用和党员的先锋模范作用，号召全体党员在“抗非”前线实践“三个代表”重要思想，以实际行动抗击非典。正是依靠全体师生员工的同心同德、同心协力、同舟共济，学校取得了校内外学生、校内在职教职员工无一人患非典或疑似非典的优异战绩，维护了学校的正常秩序，并受到了上级的多次表彰。

同时，学校以防控非典为契机，在校园管理、教学方式、招生宣传、研究生复试、学生管理等各方面不断改革创新，推动了学校工作的信息化、制度化和规范化。在依靠科技防控非典方面，成功研制了纳米晶氧化物涂层电极便携式含氯消毒液发生器、SARS患者专用电压吸附制氧机、隔离防护微空调器、室温蓄冷材料降温服，为北京乃至全国抗击非典作出了贡献。在取得防控非典工作阶段性胜利之后，学校认真总结经验，努力研究并建立起了处理突发事件、实现长治久安的长效机制。

二、集思广益、群策群力，认真制定学校发展规划

研究制定发展规划是2003年学校的一项重要工作。一年中，学校组织力量进行了深入而广泛的调研，深入分析学校在学科、科研、师资等各方面的优势及存在的问题，年初形成了学校总体发展战略规划、学科与队伍建设规划、校园建设规划的初稿。规划初稿经学校寒假常委扩大会、暑期党委扩大会、教代会、校务委员会、学术委员会多次讨论，并广泛征求了老干部、教师代表、民主党派和党外代表人士等各方意见和建议，将规划进行了反复修改、细化、充实、完善。年底，教育部领导及专家组对学校的发展规划进行了咨询性考察，对规划制定工作给予了充分的肯定，并提出了一些建设性意见。学校根据教育部专家组的意见，对规划进行了进一步的修改和完善，年底三个规划基本定稿，从而确定了学校建设“国内一流，国际著名的高水平研究型大学，成为国内一流的新型工业化教育科研中心和世界冶金、材料教育科研中心”的发展目标和实现发展目标的“三步走”战略。

依据学校发展规划，各学院、有关部处也结合自身实际情况制定了本单位的发展规划，为学校规划的贯彻实施提供了保证。

三、以“十五”“211工程”建设为重点，大力加强学科及师资队伍建设

2003年，按照上级部署，学校对“十五”“211工程”子项目和拟购设备进行了细化论证。年内，“十五”“211工程”建设项目及可研报告顺利通过了国家发改委和教育部委托中国国际投资公司的评估。同时，学校加强对建设项目的管理，健全了各项管理制度，制定了“建设项目管理办法”、“资金管理办法”、“仪器设备购置及管理办法”等文件，为项目的启动实施提供了保证。根据学校教学及科研的需要，经充分论证，在国家发改委对“十五”“211工程”建设项目未作批复之前，学校预支400万元资金先行启动了公共服务体系建设项目下的“电教多媒体教学中心”和“研究生教学实验中心”两个三级项目。

以“211工程”重点学科建设为核心，学校加快学科建设整体发展步伐。2003年，学校新增凝聚态物理、计算机应用技术、岩土工程3个博士学位授权学科，自主设置机械装备及控制1个博士学位授权学科；新增防灾减灾工程及防护工程等16个硕士学位授权学科；新设力学、动力工程及工程热物理、控制科学与工程3个博士后流动站。认真组织矿业工程等四个一级学科参加了全国一级学科整体水平评估。截至2003年底，学校共有博士学位授权学科22个，硕士学位授权学科62个，博士后流动站7个。年内还新增了金融工程等5个本科专业，使学校本科专业达到了36个。同时为理顺管理体制，促进外语学科专业发展，8月份学校组建了外国语学院。

在师资队伍建设方面，注重人才引进和现有教师培养提高相结合，努力实施“高层次创新人才引进工程”和“高水平人才培养与资助体系建设工程”，启动了以培养、引进中青年学科带头人和骨干教师为重点的

"422高层次创新人才工程"。学校继续深化人事分配制度改革,进一步完善合同化管理,扩大教师队伍中流动人员聘用比例和人事代理制度的实施范围。以"坚持标准、加强梯队,全面考核、按岗评聘"为方针,做好专业技术职务聘任工作。为加强师德建设,制订了考核办法,并于2003年首次与岗位年度考核相结合进行师德综合评定。年内,学校还按照国家有关规定调整了校内教职工的工资和岗位津贴标准,并提高了离退休人员生活补贴,进一步改善了教职工的待遇和条件。截至2003年12月31日,学校在职教职工总数为2 575人,其中专任教师992人。教师结构进一步改善:教授255人,占教师总数的25.7%,副教授360人,占教师总数的36.3%;45岁以下的教师730人,占教师总数的73.6%;具有博士学位的教师318人,占教师总数的32.1%。

四、深化教育教学改革,扎实推进素质教育

本科教育教学方面,学校继续贯彻落实教育部《关于加强高等学校本科教学工作提高教学质量的若干意见》,进一步做好教学研究工作,学校的第四批教改项目已结题验收。为进行99版本科教学计划的调整,制订了《关于修订2003级本科培养计划的方案》,完成了5个新增本科专业的教学计划制订和实验室建设工作。完成了35个本科专业2003级执行计划的修订工作。年内还组织了校级优秀课程建设和评审,2002年立项建设的14门校级优秀课程中11门通过了评审。组织申报了教学名师奖,余永宁、郗安民教授获北京市教学名师奖,余永宁教授获全国教学名师奖。组织了精品课程申报工作,其中《材料科学与工程基础》获北京市精品课程称号。圆满完成了41名学生的转专业试点工作。此外,上半年开通"本科教学网",进一步推进了本科教学的自动化和信息化建设。根据本科教学质量观测,学生英语四、六级通过率、各种竞赛获奖和考研率都比往年有新的提高。

研究生培养方面,按照学校"研究生教育工作会议"精神,提出了一系列改进研究生教育工作的措施,促进了研究生工作的发展。修订了《北京科技大学选聘博士生指导教师实施细则》,新增了36位博士生指导教师,充实了博士生导师队伍。完成了研究生教育基金的首次申报和评审工作。进行了研究生招生制度改革,并创造性地完成了非典时期的博士招生及硕士生复试工作。2003年学校陈国良院士指导的材料学专业边赞的学位论文被评为全国优秀博士学位论文,另有2名研究生获全国百篇优秀博士论文提名。

对外合作办学和留学生培养方面,全年共招收外国留学生63人,年底在校外国留学生总数为83人。年内,与比利时鲁汶技术学院合作举办的"多媒体技术与虚拟现实"研究生班第二期45位学员顺利完成学业。2004年开始,该研究生班改名为"电子媒体工程",第一批学员67人已顺利入学。与美国阿灵顿得克萨斯大学合作举办的EMBA班第二期学员57人顺利入学,截止2003年底EMBA班共两期115名学员在读。同时,学校加强与国外及港澳台地区多所大学开展深入的实质性合作,与多所国外大学续签了合同并达成了新的合作意向。学校继续做好智力引进及管理工作,积极申报教育部直属高校聘请外国专家项目,共计获得引智经费117万元;全年来校讲学、科研合作和访问的外国及港澳台专家107人次,学生136人次,聘请外籍教师29名。同时学校积极创造条件,共组团55个,131人次到国外参加国际会议、讲学和学术交流。

管庄校区继续以高职和继续教育为主,不断深化教学改革和管理体制改革,加强专业建设、教材建设和学术交流,多元化办学稳步发展。年内,新增1个高职专业,新增和调整4个成人专升本脱产专业;远程教育在原有5个专业的基础上,增设了冶金工程、机电工程2个专业,校外学习中心由去年12个省市区的14个增至18个省市区的23个,在籍生由去年的900余人增至3 000余人。积极开展冶金高新技术领域继续工程教育,召开了冶金技术与管理科学继续教育工作会议。圆满完成了首批高职优秀应届毕业生的“专接本“试点工作。

体育教学方面，继续发扬学校体育工作的优良传统，使学校体育工作向健康教育和终身教育发展。一年来，学校成立了多个单项体育协会，提高了学校群体活动的广度和层次；成功举办了“三好杯”篮球赛、“社团杯”定向越野赛、“一二·九”冬季长跑等一系列体育活动，组织参加了全国和北京市的多项群众体育项目，掀起了学生健身运动的新高潮。同时，学校不断加强运动队的训练和管理，组织参加了北京市高校篮球甲级联赛、CUBA北京地区预选赛、北京市高校第41届学生田径运动会，并取得了较好的成绩。

五、大力推进科技创新，加快科学研究和成果转化步伐

一年来，学校不断强化多学科的交叉与融合，发挥人才、学科综合优势，在重视科研项目培育的同时加强过程管理，组织承担了一大批国家重大项目，使学校的科技工作保持了良好的发展势头。2003年，学校科技经费总额达到3.4亿元。科研经费达到1.37亿元。在研各类国家、省部级课题共413项，申报各类课题422项，其中新增课题221项。同时，学校自主创新的科技成果数量增加，水平提高，全年申请专利123项，授权专利41项，首次申请成功国外专利1项。学校各种奖项稳步提高，全年共有26个科研项目获得国家及省、部级奖励29项，其中国家科技进步奖5项。据EI、SCI最新统计，2002年学校师生发表论文被EI收录数目在全国高校排名第22位，SCI排名第22位。学术期刊在国内外影响力进一步扩大，《北京科技大学学报(中文)》、《北京科技大学学报(英文)》、《稀有金属》全部被EI收录，《北京科技大学学报》还被评为第二届国家期刊奖百种重点期刊。

在实验室建设方面，全年学校新增各类仪器设备2 631台/套，价值3 947.22万元。至年底，学校共计拥有各种仪器设备26 174台/套，总价值34 344.86万元(其中教学科研仪器设备11 982台/套，价值26 958.47万元)，共有各类实验室41个，实验室总使用面积44 163平方米。年内，新金属材料国家重点实验室和高效轧制国家工程研究中心顺利通过国家发改委和教育部组织的专家验收，并得到了较高的评价。新增了“金属矿山高效开展与安全”教育部重点实验室。中央级高校修购计划项目，完成了2002年度10个项目的建设任务，并陆续启动了2003年度实施的10个建设项目。世行贷款“中国高教发展”项目建设取得了较好的进展，在完成二标设备到位运行的基础上，组织完成了项目设备尾款的编制工作和图书资料三标采购计划。

学校继续稳步推进校办企业的改制改组工作，组建了科技产业集团，对部分校办企业进行了转制、撤销或合并，平稳转岗分流149人，并完善了相关的制度。利用企业改组、改制的机会，清理欠款290万元。非典期间产业系统向学校捐赠人民币30万元，向北京市中小学捐赠消毒液发生器100台。为加强科技园建设，年初完成了北京科大科技园有限公司的工商注册登记，并进一步加强规范管理，完善组织机构，建立规章制度，科技园全年新增入孵企业20家，新增入孵项目9家。上半年还成立了北京科技大学留学人员创业园，并已吸纳留学人员创业企业9家。“信息获取及对抗用巨磁致伸缩/稀土超磁致伸缩材料”、“金属粉末注射成形技术”、“各项异性粘结磁体钕铁硼技术”等多项科研项目实现了产业化，在国民经济建设中发挥了重要作用。2003年科技产业总合同额近5亿元，销售额3亿元，净利润3 600万元，所有者权益增加4 000余万元，创造了学校产业历史的最好成绩。

六、加强校园建设和管理，做好后勤保障工作

2003年，学生公寓一期、土木环境楼相继竣工并投入使用，改善了学生住宿条件和部分学院的教学、科研及办公条件。完成了1、2、3、6、7斋、学生三食堂、学生活动中心和信息机电楼前期的拆迁工作。学生公寓二期、学生食堂一期、信息机电楼建设项目相继启动。供电系统、给排水系统等基础设施进一步得到了改善。2003年还启动了2008奥运比赛场馆的设计和前期准备工作。

年内,学校对后勤集团固定资产进行了清查,并开始着手制定一系列关于后勤服务集团占用学校各类资产的管理办法。后勤集团进一步加强内部管理,完善管理制度和管理体系,规范经营行为,开展了“优质文明服务月”活动,为广大师生提供了优质满意的服务。同时,后勤集团积极拓展服务范围,建立了北科大邮电局,为师生提供了便利。

学校进一步加强校园治安管理和防范,年内组织了多次消防安全检查,消除安全隐患,同时积极做好消防安全宣传教育与培训工作,通过举办消防疏散演习等活动,增强了同学们的消防安全意识。校园综合治理方面,进一步清理出租房屋、整顿商业网点、强化外来人口管理,同时加强车辆及交通管理,使校园秩序和各种车辆管理大有改观。加强保密工作,建立健全规章制度,认真开展保密安全检查,完成了重点保密部门、部位的确定及定密工作,为保密资格认证工作做好了准备。建立了长效机制,积极推进“四个纳入”,做好“法轮功”练习者已转化人员的帮教工作,巩固了转化成果,2003年学校再次被评为北京市同法轮功邪教组织斗争先进单位。根据新形势下安全保卫工作的需要,学校抓紧启动实施科技创安工程,并已做了初步规划。

2003年学校继续认真贯彻和落实国家现行的房改政策,相继出台了《北京科技大学住房制度改革实施方案》、《北京科技大学住房未达标教职工差额补贴实施细则》等文件。基本完成了职工无房补贴工作,无房职工的一次性国家补贴、新职工(1999年1月1日后进校)的月房补贴也均已到位。为了做好离退休职工差额补贴工作,对非售区住房建筑面积44 742平方米进行了测绘,为操作房补提供了基本计算依据。进一步推进住房置换工作,在做好嘉铭园合作建房入住工作的同时,落实房源,采用团购的方式在清河地区首批定购宝盛北里小区156套住房。

七、开源节流,增强学校经济实力;加强管理,创造良好经济秩序

2003年,学校通过积极争取政府支持,多渠道筹集资金,努力回收经费等办法,为学校各项事业的顺利进行提供了强有力的资金保证。

学校继续坚持“全面预算、收支平衡、保证重点、兼顾均衡”的预算原则,严格预算程序,加强预算管理,合理安排预算。在财务管理方面,学校不断加强制度建设,年内相继出台了“北京科技大学关于经济分配政策制定的暂行规定”、“北京科技大学实行‘政府采购’暂行办法(货物部分)”、“北京科技大学关于违反财经制度的处罚规定(试行)”等一系列规章制度,修订了“北京科技大学财经法规制度汇编(下册)”,努力规范校内经济行为,建立良好的经济秩序。根据上级部门关于治理教育乱收费的文件精神,年内对各单位的收费情况进行了检查,对不规范的收费行为进行了整改。鉴于水电费的支出在学校的总支出中所占比重逐年增加,在广泛调研的基础上,年内学校还研究拟定了新的水电费回收方案。

八、加强对学生的教育和管理,进一步做好招生和就业工作

学校继续发挥“两课”教学的主渠道作用,做好邓小平理论和“三个代表”重要思想进课堂、进教材、进学生头脑工作。以学生业余党校为阵地,以活动为载体,引导学生深入学习、实践“十六大”精神和“三个代表”重要思想,营造浓厚的理论学习氛围;抓住防控非典的特殊时期和“神舟五号”载人飞行等有利契机,以学生党团员先进性和爱国主义教育为重点,不断加强学生的思想政治工作。通过开展党团校培训、毕业教育、新生教育、形势与政策教育、诚信教育、成才教育、心理健康教育,积极营造校园育人氛围;通过举办学风建设研讨会、学风宣讲等活动,加强学风建设。

2003年,学校团学组织全面实施“大学生素质拓展计划”,开创性地开展了丰富多彩的课外科技、体育、文化活动,活跃了校园科学技术氛围,推进了艺术教育和社团文化、网

络文化建设,提升了校园文化的品位和层次,同时为上半年的防控非典作出了积极的贡献。特别是在第二届全国大学生机器人电视大赛中,学校代表队获得了冠军。在第八届"挑战杯"全国大学生课外学术科技作品竞赛中,获得二等奖一名、三等奖五名的好成绩。学校进一步弘扬"学风严谨,崇尚实践"的优良传统,引导大学生积极参加社会实践和青年志愿服务行动,在实践中"受教育、长才干、作贡献",服务人民、奉献社会。2003年,学校再次被评为"全国社会实践先进单位"、"首都高校社会实践优秀单位",并被授予"首都贡献奖"。

在学生管理方面,学校本着"学生为本、强化服务、规范管理、寓教于管"的宗旨,努力拓宽工作思路,积极探索工作途径,不断推进学生管理的制度化、规范化和信息化建设。继续做好奖学金评定、先进班集体、先进个人评比等工作。通过办理国家助学贷款、增设勤工助学岗位、发放临时性补助等加大对经济困难学生的资助。积极探索少数民族学生教育、管理的有效途径,主动关心少数民族学生的学习和生活,配备专职干部,加强了对新疆"民考民"学生的教育和管理。

在招生就业工作方面,学校不断强化招生宣传,改进录取方式,2003年本科生和高职生在全国各省市实现了远程网上录取。根据教育部有关文件精神,年内学校成立了招生工作领导小组及招生督察办公室,加强了对招生工作的指导和监督。2003年,学校招收本科生2 598人,专科生500人。毕业本科生1 953人,授予学位1 715人;毕业专科生199人。在校本、专科生10 875人。招收硕士研究生1 350人,博士研究生400人,专业学位研究生523人,招收博士后11人。全年授予硕士学位739人,授予博士学位105人,博士后出站8人。在校研究生总数5 490人。学校充分认识学生就业工作在学校工作中的极端重要性,年内召开了"就业工作会",提出了做好就业工作的对策及建议,落实了就业工作的经费、场地和人员等条件。针对2003届毕业生就业的严峻形势,学校主动研究市场需求,积极拓展就业渠道,采取"早规划、早准备、早动员"的方针,促进了毕业生的"早定位、早决策"。特别是非典期间,学校拓宽思路搞创新,利用电话、网络视频、视讯系统,加强学生与用人单位的联系,并适时组织部分单位来校召开了多场小型"露天"招聘会,保证了2003届毕业生顺利就业。2003年学校应届博士生、硕士生、本科生就业率分别为:100%、97.7%和93.49%。

九、大力兴起学习贯彻"三个代表"重要思想的新高潮,切实加强学校党的建设和思想政治工作

为深入学习贯彻"十六大"精神,努力兴起学习贯彻"三个代表"重要思想新高潮,学校党委研究制定了《关于在全校兴起学习贯彻"三个代表"新高潮的安排意见》,向全校师生印发了《"三个代表"重要思想学习纲要》等学习书籍和材料。为把学习贯彻落到实处,学校区分五个层次、确定四个重点,采取自学、听报告、调研、交流研讨等多种方式。通过学习,使大家把思想和行动进一步统一到"三个代表"重要思想和"十六大"精神上来,将力量凝聚到实现"十六大"提出的目标、任务和北京科技大学改革发展上来。特别是在2003年9月到12月,校党委统一举办了校、处级干部"三个代表"重要思想学习班,分党群、教学、科研、行政和学生工作五个小组,进行了为期三个月的学习和深入调研,并开展了成果交流,对推动学校的各项工作起到了积极的作用。

学校按照"两个务必"和"八个坚持、八个反对"的要求,进一步加强校、处两级领导班子的思想作风建设。坚持抓好校、院两级理论中心组学习,努力提高领导干部思想理论水平。以建设高素质干部队伍为目标,进一步推进干部制度改革,加大干部考核力度,并以考核为重点,加强对干部的教育、管理和监督。起草了《北京科技大学处级干部选拔任用工作规定》,严格干部任免的组织程序,扩大群众对干部任免的知情权和监督权。加强党的建设和思想政治工作,年内对照北京市委教育工委下发的《北京普通高等学校党建和思想政治工作基本标准》，各学院和机关进行了自查，针对工作中的不足提出了加强和改进措施。以党建自评工作为重点，积极稳妥地推进基层党组织建设，认真开展党员先进性教育、党员干部培训、党员发展和管理等工作，顺利完成了部分学院的组织机构调整。

继续落实党风廉政建设责任制，组织召开了全校党风廉政建设工作会议。制定了《北京科技大学2003年党风廉政建设和反腐败工作主要任务分工》，将党风廉政建设责任制继续向三级单位延伸。抓好领导干部廉洁自律工作，坚持领导干部个人重大事项报告制度和收入申报制度，组织召开了校、处级党员领导干部民主生活会。加大从源头上预防和解决腐败的工作力度，进一步贯彻落实“收支两条线”、“经济责任制”，加强了对招生、教育性收费、基建项目招投标和设备采购等工作的监督。认真进行了财务、干部经济责任、基建和修缮工程以及校办产业改制中的审计工作。在抗击非典斗争中，及时制定了严明党纪、确保抗非斗争顺利进行的文件，组织开展了以“如何发挥党员干部特别是党员领导干部的模范带头作用，自觉维护党的纪律，努力实践‘三个代表’重要思想，保持先进性”为主题的党风廉政建设宣传教育月活动，收到了良好的效果。

统战工作继续贯彻落实校党委《关于进一步加强和改进统战工作的意见》，组织开好双月座谈会、情况通报会，坚持大团结、大联合，调动统战系统积极性，参与学校的中心工作，同时充分发挥民主党派、侨联和党外人士在校内民主管理、民主监督等方面的作用。继续认真落实民族政策，做好少数民族学生工作。加强与港澳台学生的联系，注意做好港澳台学生人心回归工作。年内学校还指导进行了校侨联换届工作；协助民主党派开展换届工作和组织发展工作；做好全国、北京市和海淀区政协换届有关材料组织及上报工作；认真进行了华夏英才基金支持党外专家、学者出版学术著作推荐及评审工作等。

工会工作方面，年初召开了第十三届工会会员暨第五届教职工代表大会第五次会议，对《北京科技大学总体发展战略规划》和《北京科技大学加强师德建设工作意见》进行了讨论，在此基础上，制定并实施了《关于加强师德建设工作的意见》。为促进学校二级建家工作，上半年认真修订了《北京科技大学建家考核评估办法》，信息学院被评为“全国模范职工小家”。11月份组织考评小组对各学院、管庄校区、后勤集团等二级建家工作进行了全面考核评估，评定了“建家”等级。12月份，作为北京市三所试点高校之一，学校还成功开展了教代会民主评议领导干部工作。

学校认真贯彻落实《北京市老干部工作责任制》，通过定期组织老干部学习、阅读文件，及时向老同志通报学校发展及财务情况，坚持每月一次组织活动制度和老同志接待日制度等在政治上关心老同志。不断改善老干部活动站的条件，添购各种娱乐设备，增加活动经费，组织各种健身、旅游和娱乐活动，在生活上关心老同志。2003年，学校还对在校内领取离退休费的离退休人员增加了生活补贴，平均增资额度为147.83元/人。

此外，2003年下半年，按照北京市海淀区选举委员会关于区人大代表换届选举的工作部署，根据学院路地区的实际情况，学校作为牵头单位圆满完成了学院路以东、四环路以北、志新西路以西、志新路以南地域内单位的海淀区人大代表换届选举工作。

十、2003年工作中存在的不足

2003年，学校一手抓抗击非典，一手抓改革发展，各方面工作都取得了长足的进步，但仍然存在一些问题与不足。表现在：1. 优势学科的新增长点以及新兴学科的发展步伐较慢，学科建设亟待进一步加强；2. 高层次创新人才的引进和培养有待加强；3. 社科类学科科研工作薄弱；4. 学校的办学条件虽然得到了明显改善，但还不能很好地满足学校长远发展的需要；5. 学校的财力不足，自筹经费的能力有待提高。

机构与干部

学校领导

党委书记 罗维东
校　　长 杨天钧
党委副书记 李宝林 王民忠 陈世禄
副 校 长 徐金梧 孙祖庆 权良柱
纪委书记 陈世禄(兼)
校长助理 翁海珊 武德昆 谢　辉

中共北京科技大学第八届委员会常务委员会委员名单

罗维东 杨天钧 李宝林 王民忠 陈世禄 徐金梧 权良柱

中共北京科技大学第八届委员会委员名单

(按姓氏笔画排序)

王民忠 王新华 付晨光 刘国权 权良柱 许　放 许纪倩 孙　铁 余达太 李　岩
李宝林 杨天钧 罗维东 陈世禄 段凤英 徐金梧 翁海珊 谢　辉 蔡嗣经 臧　勇

中共北京科技大学纪律检查委员会组成人员名单

书　记 陈世禄
副书记 刘　凯(2003年9月退休) 汪九万
委　员 王　立 王玉印 包成铭 吕京生 刘月娥 李　民 祝利克 鲍展萍

北京科技大学工会第十三届委员会组成人员名单

主　席　李宝林

副主席　何柏芝(常务)　鲍展萍　成国光(兼)　赵利晶(兼)

委　员　申凤霞　孙　铁　成国光　刘　云　刘通生　李宝林　李明英　何柏芝　何晓前　吴并臻　温厚斌　张丽英　赵利晶　袁俊芳　钱　靖　曹　勇　鲍展萍　郎晓芳

工会经费审查委员会主任　成国光

工会经费审查委员会委员　王　琨　成国光　汪九万

共青团北京科技大学第二十届委员会组成人员名单

书　记　章东辉

副书记　王　斌　黄武南　梁治国

常　委　章东辉　王　斌　黄武南　梁治国　张百年　丁煦生　马永春　洪　亮　任玉霞　吴　磊　王萍辉

学校党委系统组织机构及负责人

序　号	单　位	正　职	副　职
1	党委办公室	谢　辉	周永源　蒋宏潮
2	党校办公室	李　军	
3	组织部	付晨光	刘新军
4	宣传部	张牧风	倪赛力
5	统战部	谢　辉	李　民(常务)
6	学生工作部、研究生工作部	赵　锋	何　进　邹华东
	武装部		曲　涛
7	保卫部	贾水库	马赶年　刘兴德 王文刚(综合治理办公室副主任)
8	土木与环境工程学院党委	张文明	袁俊芳
9	冶金与生态工程学院党委	薛庆国	张武军
10	材料科学与工程学院党委	孙景宏	万发荣
11	机械工程学院党委	许纪倩	王　立
12	信息工程学院党委	祝利克	狄　涛
13	管理学院党委	曹　勇	张　颖　王建辉(2003年5月任)
14	文法学院党委	王维才(兼)	石新明
15	应用科学学院党委	石　岩	
16	外国语学院党总支	彭　漪	张秋曼(2003年12月任)
17	后勤党委	周　雄	赵利晶　张文平

续表

序号	单位	正职	副职
18	机关第二党总支		申凤霞
19	机关第三党总支	邵倩臻	
20	机关第四党总支	李　军	王维才
21	机关第五党总支	段凤英	赵文志　刘越生
22	管庄校区党委	李　岩	

学校行政机构及负责人

序号	单位	正职	副职
1	校长办公室	谢　辉	周永源　蒋宏潮
2	发展规划 “211工程” 办公室	刘国权	林　林
3	人事处	王维才	钱大益　隋延力 陆炳飞(人才交流中心主任)
4	教务处	蔡嗣经	杨　鹏　郭景文　马龙海
5	科技处	孙冬柏	杨玲莉　张卫冬 刘月娥(知识产权管理服务中心副主任)
6	研究生院	孙祖庆(兼)	张　跃(常务)李仲学　李　文
7	财务处	何民庆	孙亚东　高　杰
8	监察室 审计室 合署	王玉印	曲　雁
		汪九万	迟长亮
9	学生处	赵　锋	何　进　邹华东
10	招生就业处	韩　经	张俊燕
11	外事处	刘永才	毕惠芳
12	保卫处	贾水库	马赶年　刘兴德
	校园综合治理办公室		王文刚(2003年5月任)
13	后勤基建管理处	涂纪明	张文平　刘　伟
14	实验室管理处	刘　云	孟　江
15	房产管理处	汪分田	刘桂兰　褚　洪
16	离退休干部处	段凤英	李惠珍
17	体育部	吴铁桥	王瑞平　杨子良　周振平
18	独立学院筹建办公室	张文明(兼)	王　斌(兼)　林　林(兼)

学校直属机构及负责人

序号	单位	正职	副职
1	新金属材料国家重点实验室	孙祖庆(兼)	张济山
2	高效轧制国家工程研究中心	徐金梧(兼)	唐　获　刘文仲　杨　荃　陈雨来
3	后勤服务集团	赵　雨	周　雄(兼)　金仁东　孟祥国 张　林(2003年7月任)

续表

序号	单位	正职	副职
4	图书馆	陈先霖	季淑娟(常务) 向晓阳
5	校医院	王景春	廉晋津
6	中国教育经济信息网管理中心	武德昆(兼)	高学东 苏立萍
7	科技园管委会办公室	王会中	刘 临(2003年6月任)
8	居民管理委员会	张文元	郭惠敏
9	网络中心		刘鸿涛
10	电教中心		牛长山

学院行政机构及负责人

单位	院长	教学副院长	科研副院长	研究生副院长	实验室副院长	行政副院长	学生工作副院长
土木与环境工程学院	蔡美峰	纪洪广	张文明	倪 文		袁俊芳	
冶金与生态工程学院	王新华	卢惠民	朱 荣	王福明		张武军	沈 崴
材料科学与工程学院	谢建新	强文江	曲选辉	吴春京	李晓刚	马桂珍	丁煦生
机械工程学院	张欣欣	于晓红	张 杰	王 立	郗安民	王万瑜	
信息工程学院	尹怡欣	刘贺平	王 沁	郑雪峰	刘贺平	杨树杰	
管理学院	张 群	高俊山	戴淑芬	高俊山	曹 勇	张 颖	
文法学院	许 放	王爱红(2003.7免) 左 鹏(2003.7任)	周湘斌(2003.7免) 张北根(2003.7任)	张敬源(2003.7免)		李同宪	
应用科学学院	鲁毅强(2003.12免) 邱 宏(2003.12任)	申亚男	邱 宏(兼)		罗 胜(2003.12免) 弓爱军(2003.12任)	何淑兰	张百年
外国语学院	彭 漪	张敬源	刘亚明			张秋曼(2003.12任)	
管庄校区	余元冠	包成铭(常务) 纪永先 李海荣 伏瑞龙(2003.5月任) 张 健(2003.5月任)					

学院系、所、中心设置及负责人

学院	系、所、中心	正职	副职
土木与环境工程学院	资源工程系	胡乃联	陈广平 徐九华
	土木工程系	乔 兰	王金安 牟在根
	环境工程系	宋存义	孙体昌 王化军
	设备工程系(车辆工程研究所)	刘 立	石博强 马 飞
	环境(水处理)工程中心	杨天钧(兼)	张文明(兼) 宋存义

续表

学院	系、所、中心	正职	副职
冶金与生态工程学院	钢铁冶金系	张建良	程素森　成国光
	物理化学系	邢献然	郭兴敏　项长祥
	有色冶金系	朱鸿民	邹　兴
	生态科学与工程系	苍大强	李　宏
	冶金研究中心	包燕平	李京社　杨世山
	冶金与材料史研究所	孙淑云	李秀辉
材料科学与工程学院	材料学系	刘国权(兼)	龙　毅　董建新　李长荣
	材料加工与控制工程系	康永林	刘雅政　毛卫民
	无机非金属材料系	孙加林	曹文斌　仇卫华
	材料物理与化学系	王燕斌	尚成嘉　何业东　杨善武
	粉末冶金研究所	曲选辉(兼)	果世驹　郭志猛
	功能材料研究所	吕反修	唐伟忠　邱　宏(兼)
	腐蚀与防护中心	何业东	孟惠民　路民旭
	实验测试中心	李晓刚	孙建林　曹　林　边建华
	教育部金属电子信息材料工程研究中心	谢建新(兼)	曲选辉　赵志毅　吕反修
	固体电解质冶金测试国家专业实验室	张　跃(兼)	赵海雷　张波萍
机械工程学院	机械工学系	李　威	尹常治
	机械电子工程系	朱超甫	刘鸿飞　许万凌
	机械装备及控制工程系	臧　勇	秦　勤　卞致瑞
	机械制造及自动化系	郗安民(兼)	刘北英　贾志新
	物流工程系	张　杰(兼)	冯爱兰　董绍华
	热能工程系	温　治	冯俊小　夏德宏
	工业设计系	陈　键	陶　晋　刘　德
	工程训练中心	郗安民(兼)	曲开宏
	零件轧制中心	胡正寰	张康生　王宝雨
	机械实验中心	崔兴山	张晓丽　范　云
信息工程学院	自动化系	穆志纯	付冬梅　徐正光　刘冀伟
	电子信息工程系	王志良	董　平　周贤伟
	计算机科学与技术系	曾广平	王昭顺　张晓彤　桂玮珍
	计算机教学实验中心	刘贺平(兼)	李宾江(常务)　牟世堂　黄全福
	测控技术与仪器系	吴并臻	林　颖　李朝晖
	自动控制研究所	童朝南	杨卫东
	信息专业与电子教学实验中心	刘贺平(兼)	牟世堂
管理学院	管理科学与工程系	高学东	
	工商管理系	裴利芳	殷焕武
	经济贸易系	贾建华	胡　波　刘　澄
	财务与会计系	樊彩霞	高　峰
	电子商务研究所	李铁克	
	实验中心	王立民	
	MBA 办公室	高俊山(兼)	
	管理科学研究所	张　群(兼)	

续表

学院	系、所、中心	正职	副职
文法学院	人文社会科学系	陆宁	张北根(兼)
	公共管理系	汪大海	何晓前
	社会学与政治学系	陆俊	左鹏(兼)
	法律系	杜晓智	邹平平
	教育管理研究所	毛祖桓	
	艺术教育中心	王列生	张健
应用科学学院	数学力学系	廖福成	汪飞星　尚新春
	物理系	潘礼庆	吴平　马星桥
	化学系	温美娟	李文军　弓爱君(兼)
	现代物理研究中心	邱宏(兼)	潘礼庆　于广华
	生物科学与技术系	弓爱君	时国庆
	应用物理研究所	陈难先	申江
	化学分析中心		张藏淑
外国语学院	一系	杨英军	
	二系	张虹	张怡　葛岚
	三系	赵纬	
	四系	庄凤英	
	培训中心	孙浩	
	实验室中心	吴决	
管庄校区	经济管理系	马铁民	张满银
	信息工程系	徐新华	许学东　台方
	外语与文法系	徐屹	王玉杰　周守语
	中日经济技术学院	杨勇	
	职业技术学院	佘元冠	
	成人教育学院	佘元冠	
	培训中心	毛纪陵	王万栓

学校各工作委员会、领导小组

（委员按姓氏笔画排序）

一、校务委员会

主任委员　罗维东

副主任委员　杨天钧　柯俊　王润　徐金梧

秘书长　谢辉

委员　王润　王民忠　王维才　孙铁　孙一康　孙祖庆　孙维约　权良柱　余永宁　张跃　李静波　杨天钧　肖纪美　陈先霖　陈国良　陈难先　罗维东　周国治　武德昆　柯俊　祖天启　胡正寰　赵续生　钟廷珍　倪学梓　徐宝升　徐金梧　涂序彦　顾正秋　高庆狮　高颂烈　戚以新　章东辉　章守华　符荣　葛昌纯　谢辉　蔡嗣经　魏寿昆

二、党风廉政建设领导小组

组　长　罗维东
副组长　杨天钧　陈世禄　徐金梧
成　员　王玉印　王维才　付晨光　刘　凯　张牧风　汪九万　谢　辉
办公室(设在纪委)主任　刘　凯

三、第七届学位评定委员会

主　席　杨天钧
副主席　孙祖庆　徐金梧　柯　俊
委　员　尹怡欣　王新华　孙祖庆　许　放　佘元冠　张　跃　张　群　张欣欣　李仲学
　　　　杨天钧　陈先霖　柯　俊　徐金梧　翁海珊　谢建新　鲁毅强　蔡美峰　蔡嗣经
秘书长　张　跃(兼)

四、第六届学术委员会

主　席　杨天钧
副主席　孙祖庆　徐金梧　柯　俊
委　员　尹怡欣　王维才　王新华　刘国权　孙冬柏　孙祖庆　许　放　佘元冠　张　跃
　　　　张　群　张欣欣　李仲学　杨天钧　陈先霖　柯　俊　徐金梧　翁海珊　谢建新
　　　　鲁毅强　蔡美峰　蔡嗣经
秘书长　刘国权(兼)

五、教师职务评审委员会

主　任　杨天钧
副主任　罗维东　徐金梧　孙祖庆
委　员　尹怡欣　王长松　王维才　王新华　王福明　王燕斌　刘国权　孙冬柏　孙祖庆
　　　　许　放　佘元冠　余达太　张　跃　张　群　张欣欣　杨天钧　罗　胜　罗维东
　　　　徐金梧　彭　漪　谢建新　鲁毅强　廖福成　蔡美峰　蔡嗣经
秘书长　钱大益
秘　书　隋延力

六、专业技术职务评审委员会

主　任　罗维东
副主任　杨天钧　徐金梧　李宝林
委　员　王民忠　王会中　王维才　包成铭　付晨光　刘　云　刘永才　孙冬柏　孙金贵
　　　　孙祖庆　权良柱　李宝林　牟世堂　张　跃　张济山　李仲学　杨天钧　陈世禄
　　　　罗维东　徐金梧　武德昆　涂纪明　翁海珊　蔡希亮　蔡嗣经
秘书长　隋延力
秘　书　钱大益

七、学科建设领导小组

组　长　杨天钧

副组长　孙祖庆　罗维东　徐金梧　王　润

成　员　尹怡欣　王维才　王新华　刘　云　孙冬柏　许　放　张　跃　张　群　张欣欣　翁海珊　谢建新　蔡美峰　蔡嗣经

八、“211工程”建设领导小组

组　长　杨天钧

副组长　孙祖庆　徐金梧　权良柱

成　员　王维才　刘　云　刘国权　孙冬柏　何民庆　张　跃　汪九万　涂纪明　翁海珊　郭景文　蒋宏潮　蔡嗣经

九、第三届教材建设委员会

主　任　翁海珊

副主任　杨　鹏　李仲学

委　员　于晓红　王爱红　卢惠民　申亚男　刘贺平　孙玉珍　纪永先　倪　文　高俊山　强文江　张敬源　蔡嗣经

十、教学研究会

主任委员　翁海珊

副主任委员　蔡嗣经　马龙海

委　　员　于晓红　毛祖桓　王爱红　卢惠民　申亚男　刘贺平　纪永先　张敬源　李仲学　杨　鹏　倪　文　郭景文　强文江　裴晶莹　戴淑芬

秘　　书　王常策

十一、精神文明建设领导小组

组　长　杨天钧

副组长　李宝林　王民忠　陈世禄　蔡希亮　权良柱

成　员　王玉印　付晨光　包成铭　刘　云　孙　铁　孙冬柏　许　放　张　跃　张文元　张牧风　武德昆　赵　锋　涂纪明　翁海珊　贾水库　章东辉　谢　辉　蔡嗣经

十二、文明校园建设领导小组

组　　长　杨天钧

副 组 长　李宝林　王民忠　陈世禄　权良柱　翁海珊

成　　员　包成铭　刘　云　何柏芝　张　跃　张文元　张牧风　章东辉　武德昆　赵　锋　贾水库　涂纪明　谢　辉　蔡嗣经

办公室主任　蒋宏潮

十三、德育工作指导委员会

主　任　杨天钧

副主任　孙祖庆　权良柱　王民忠

成　员　王维才　王景春　付晨光　刘　云　孙　铁　许　放　张　跃　张牧风　李　岩　武德昆　赵　锋　涂纪明　翁海珊　贾水库　章东辉　谢　辉　蔡嗣经

十四、党建思想政治工作研究会理事会

理事长　罗维东

副理事长　李宝林　王民忠　陈世禄

秘书长　付晨光

副秘书长　张牧风　何柏芝　赵　锋

理　事　王民忠　付晨光　刘　凯　刘向英　罗维东　许纪倩　何柏芝　张牧风　李　军　李　岩　李应强　李宝林　邵倩臻　陈世禄　周　雄　周永源　祝利克　赵　锋　章东辉　谢　辉

特聘理事　赵续生　陆国市

十五、党建和思想政治工作评估工作领导小组

组　长　罗维东

副组长　杨天钧　李宝林　王民忠　陈世禄　付晨光

成　员　王会中　石　岩　刘　凯　孙景宏　许纪倩　何柏芝　张文明　张牧风　李　军　李　岩　邵倩臻　周　雄　段凤英　祝利克　赵　锋　贾水库　曹　勇　章东辉　彭　漪　谢　辉　薛庆国

办公室(设在组织部)主任　付晨光(兼)

十六、图书情报委员会

主　任　孙祖庆

副主任　翁海珊　陈先霖

委　员　于晓红　王爱红　卢惠民　申亚男　刘　云　刘月娥　刘贺平　张敬源　李仲学　季淑娟　倪　文　高俊山　强文江　蔡嗣经

十七、科技园建设领导小组

组　长　杨天钧

副组长　罗维东　徐金梧　权良柱

成　员　谢　辉　武德昆

十八、科技园管理委员会

主　任　杨天钧

副主任　罗维东　徐金梧　权良柱

成　员　武德昆　谢　辉　王会中　孙冬柏　涂纪明　唐　荻

十九、北京科大留学人员创业园领导小组

组　长　杨天钧

副组长　戴　卫(中关村科技园管委会)　徐金梧　权良柱
成　员　初军威(中关村科技园管委会)　曾佳佳(中关村科技园管委会)　谢　辉　孙冬柏
　　　　王会中　涂纪明　黄钢汉

二十、第十二届体育运动委员会

主　任　王民忠
副主任　吴铁桥　蔡嗣经　鲍展萍
委　员　丁煦生　王建辉　王建冲　王景春　王瑞平　王民忠　石新明　洪　亮　何　进
　　　　吴铁桥　张牧风　张　涛　张　卫　沈　崴　狄　涛　何民庆　赵　锋　涂纪明
　　　　章东辉　谢　辉　鲍展萍　蔡嗣经

二十一、居民管理委员会

主　任　张文元
副主任　郭惠敏
委　员　付　英　李秀兰　盛兰香

二十二、信访工作领导小组

组　长　李宝林
副组长　权良柱
成　员　王玉印　王维才　付晨光　何柏芝　张文元　贾水库　涂纪明　谢　辉

二十三、大型设备评审委员会

主　　任　徐金梧
副 主 任　翁海珊　刘　云
委　　员　余　涛　张智民　景建中　耿小红
评审专家　毛卫民　牛长山　王长松　刘贺平　朱　荣　杨　扬　林均品　唐俊武　袁俊芳
　　　　　郭景文　康永林　鲁毅强

二十四、档案工作领导小组

组　长　徐金梧
副组长　童惠聪
成　员　马桂珍　王万瑜　刘　云　刘月娥　毕惠芳　何柏芝　何淑兰　张　跃　张　颖
　　　　张同录　张武军　张牧风　李　军　李同宪　李海荣　杨　鹏　杨树杰　周永源
　　　　武德昆　赵　锋　涂纪明　袁俊芳　贾水库

二十五、国家安全领导小组

主　　任　李宝林
副 主 任　权良柱　翁海珊　贾水库
委　　员　刘永才　孙冬柏　张　跃　张牧风　章东辉　钱大益　蒋宏潮　蔡嗣经
办公室主任　王叶波

二十六、保密委员会

主　任　李宝林
副主任　徐金梧　权良柱　谢　辉
委　员　王维才　付晨光　刘　云　刘月娥　刘永才　刘鸿涛　刘兴德　孙冬柏　何民庆
　　　　张牧风　张　跃　高学东　贾水库　童慧聪　韩　经　蔡嗣经
办公室(设在保卫处)主任　贾水库(兼)

二十七、防火委员会

主　　任　权良柱
副 主 任　贾水库
委　　员　刘　云　向晓阳　张文元　涂纪明　郭　俊　蒋宏潮　鲍展萍
办公室主任　马赶年
副 主 任　刘文秀

二十八、人民调解委员会

主　　任　权良柱
副 主 任　贾水库
委　　员　包成铭　孙　铁　张文元　邵倩臻　赵　锋　赵利晶　钱大益　蒋宏潮
办公室主任　刘兴德
副 主 任　白进启

二十九、计算机安全领导小组

主　　任　李宝林
副 主 任　谢　辉
委　　员　王福明　刘　云　刘月娥　刘贺平　何淑兰　张　杰　张　跃　杨　扬　贾水库
　　　　　倪　文　高俊山
办公室主任　贾水库

三十、校园(治安)综合治理委员会

主　　任　权良柱
委　　员　王会中　王维才　刘　云　何柏芝　何民庆　张文元　汪分田　赵　雨　赵　锋
　　　　　涂纪明　贾水库　谢　辉
办公室主任　贾水库

三十一、治保会

主　任　权良柱
副主任　贾水库
委　员　包成铭　张　跃　张文元　张牧风　武德昆　涂纪明　贾水库　谢　辉　鲍展萍

三十二、分房委员会

主　　任　权良柱
副 主 任　何柏芝　汪分田
常务委员　马桂珍　王万瑜　周永源　钱大益
委　　员　王自东　向晓阳　何淑兰　张　颖　张少军　张文元　张武军　李开元　李同宪
　　　　　杨树杰　段凤英　赵利晶　袁俊芳　郭　俊

三十三、房改领导小组

组　长　权良柱
副组长　汪分田　何柏芝
成　员　马桂珍　王万瑜　刘桂兰　周永源　武德昆　涂纪明　钱大益

三十四、公用房屋管理委员会

主　　任　杨天钧
副 主 任　权良柱
委　　员　王玉印　王维才　刘　云　刘桂兰　孙冬柏　张　跃　张同录　汪分田　武德昆
　　　　　涂纪明　贾水库　谢　辉　蔡嗣经
办公室主任　刘桂兰

三十五、学生宿舍管理委员会

主　　任　权良柱
副 主 任　贾水库　金仁东
委　　员　王建辉　刘新军　邢志卿　何　进　何民庆　张　跃　张俊燕　杨　鹏　沈　崴
　　　　　狄　涛　章东辉
办公室主任　邢志卿

三十六、环境保护委员会

主　任　权良柱
副主任　涂纪明　刘桂兰
委　员　马桂珍　王万瑜　刘　云　廉晋津　何淑兰　张牧风　杨树杰　苍大强　赵　雨
　　　　袁俊芳　郭　俊　蒋宏潮

三十七、放射领导小组

组　长　权良柱
副组长　刘桂兰　贾水库
成　员　万发荣　王景春　刘　云　朱　荣　何淑兰　林均品

三十八、公费医疗管理委员会

主　任　权良柱
副主任　何柏芝　王景春　武德昆

委　员　马桂珍　王万瑜　何柏芝　何淑兰　张　颖　张武军　张牧风　李同宪　李惠珍
　　　　杨树杰　邵倩臻　赵　锋　赵利晶　袁俊芳　廉晋津　蒋宏潮

三十九、计划生育领导小组

组　长　权良柱

副组长　廉晋津　王万瑜　何柏芝

成　员　张文元　张牧风　李　军　邵倩臻　武德昆　赵　锋　赵利晶

四十、交通安全委员会

主　　任　权良柱

副 主 任　贾水库　赵　雨　何　进

委　　员　王万瑜　王文刚　申凤霞　张文元　李开元　李德荣　杨树杰　姚广顺　郭　俊
　　　　　鲍展萍

办公室主任　王文刚

四十一、红十字会

会　长　权良柱

副会长　谢　辉　王景春

理　事　何　进　何柏芝　张牧风　武德昆　段凤英　赵利晶　涂纪明

秘书长　廉晋津

副秘书长　章东辉

四十二、爱国卫生运动委员会

主　任　权良柱

副主任　张文平　贾水库

委　员　马桂珍　王　杰　王万瑜　申凤霞　刘永才　邢志卿　何淑兰　张　颖　张文元
　　　　张武军　李开元　李同宪　杨树杰　邵倩臻　赵利晶　徐俊德　袁俊芳　贾水库
　　　　章东辉　廉晋津　鲍展萍

四十三、绿化委员会

主　任　权良柱

副主任　张文平

委　员　王　杰　杨　鹏　邵倩臻　孟祥国　武德昆　贾水库　蒋宏潮

四十四、校园规划领导小组

组　长　杨天钧

副组长　罗维东　徐金梧　权良柱

成　员　刘　云　张　跃　汪分田　孟祥国　武德昆　赵　锋　涂纪明　谢　辉　蔡嗣经

四十五、清产核资领导小组

组　长　杨天钧

副组长　蔡希亮　权良柱

成　员　王玉印　孙冬柏　张同录　汪九万　汪分田　孟　江　季淑娟　武德昆　涂纪明

四十六、校园网络信息资源管理领导小组

组　　长　陈世禄

副 组 长　徐金梧　权良柱

成　　员　刘　云　孙冬柏　许　放　张　跃　张牧风　杨　扬　武德昆　赵　锋　贾水库　蒋宏潮　蔡嗣经

办公室主任　张牧风

四十七、献血工作领导小组

组　长　权良柱

副组长　赵　锋　王景春

成　员　校办　校医院　学生处　后勤集团　教务处　财务处　宣传部　工会　团委　校红十字会负责人和有关人员

四十八、关心下一代工作委员会

主　任　李宝林

副主任　王民忠　陈世禄　陆国市

委　员　王维才　付晨光　孙　铁　刘越生　李惠珍　张牧风　张文元　赵　锋　段凤英　符　荣　章东辉　谢　辉　董玉兰　蔡嗣经　戴桂康

秘　书　李惠珍(兼)

四十九、岗位聘任委员会

主　任　杨天钧

副主任　徐金梧　王民忠　陈世禄　孙祖庆

委　员　王维才　付晨光　孙冬柏　张　跃　张晓丹　彭　漪　谢建新　蔡嗣经

五十、岗位聘任申诉受理委员会

主　任　陈世禄

副主任　李宝林

委　员　王化军　王玉印　刘　凯　孙　铁　张少军　杨树杰　钱大益　曹　勇

五十一、稳定工作领导小组

组　长　李宝林

副组长　王民忠　陈世禄　权良柱

成　员　刘　云　刘永才　刘鸿涛　孙　铁　张文元　张牧风　周　雄　段凤英　赵　锋　涂纪明　贾水库　章东辉　谢　辉

五十二、危险化学品安全管理工作领导小组

组　　长　权良柱
副 组 长　贾水库　刘桂兰
成　　员　马桂珍　何淑兰　张武军　李德荣　孟　江　袁俊芳
办公室主任　刘文秀　耿小红

五十三、军训工作领导小组

组　长　王民忠
副组长　谢　辉　赵　锋
成　员　曲　涛　何民庆　邹华东　金仁东　贾水库　郭景文　黄武南

五十四、征兵工作领导小组

组　长　王民忠
副组长　赵　锋　贾水库
成　员　曲　涛　纪永先　何民庆　邹华东　郭景文

五十五、学生评优工作领导小组

组　长　王民忠
副组长　赵　锋　章东辉
成　员　丁煦生　王玉印　王建辉　石新明　刘新军　何　进　何民庆　张百年　张俊燕
李仲学　沈　崴　狄　涛　邹华东　郭景文

院系情况

土木与环境工程学院

【概况】 2003年,土木与环境工程学院下设土木工程系、环境工程系、资源工程系、设备工程系四个系,矿业研究所和车辆工程研究所两个研究所。学院拥有面积200平方米的情报资料室,拥有特种文献5 000余种,各种专业核心期刊14 000册,参考书、工具书2 000册。

2003年,学院共招收本科生305人,普通硕士学位研究生225人,工程硕士学位研究生70人,博士学位研究生94人。有253名本科生毕业,44名普通硕士学位研究生毕业,其中46人获硕士学位(其中2人以同等学历获硕士学位),有30人获工程硕士学位;有21名博士学位研究生毕业,其中22人获得博士学位(其中1名以同等学历获博士学位)。在校学生总数1 917人,其中本科生1 117人,普通硕士生508人,博士生292人。在站博士后6名。

2003年12月,新的土木环境楼竣工交付使用。2004年学院将搬迁至新土木环境楼,届时学院的教学、科研、办公和学习条件将大为改善。

(袁俊芳)

【学科建设】 2003年,学院在原有矿物资源工程、土木工程、环境工程和建筑环境与设备工程四个本科专业的基础上,申报车辆工程专业并获得批准,该专业自2004年起开始招生。

在研究生教育和学科建设方面,2003年,学院成功申报了"金属矿山高效开采与安全"教育部重点实验室,并完成了建设实施方案的研究制定工作。成功申报了力学学科博士后流动站、岩土工程博士点以及"减灾防灾与防护工程"、"环境工程"和"环境科学"三个硕士点。

截至2003年底,学院有13个普通硕士学科点(工程力学、车辆工程、安全技术与工程、采矿工程、矿物加工工程、矿物学、矿产普查与勘探、岩土工程、结构工程、生物化工工程、减灾防灾与防护工程、环境工程、环境科学)。5个工程硕士授权领域(环境工程、车辆工程、矿业工程、建筑与土木工程、地质工程)。6个博士学科点(工程力学、岩土工程、车辆工程、安全技术与工程、采矿工程、矿物加工工程)和矿业工程、力学学科和机械工程三个博士后流动站。其中采矿工程学科为国家重点学科,安全技术与工程学科为北京市重点学科。金属矿山高效开采与安全实验室为教育部重点实验室。

(纪洪广)

【师资队伍建设】 学院现有在职教职工104人,其中教授(研究员)26人,副教授(副研究员)30人,博士生导师15人。学院还聘请了王淀佐院士、范维唐院士、汪旭光院士、刘宝琛院士、魏复盛院士、于润仓院士等20多名国内外著名专家担任学院兼职教授和兼职博士生导师。2003年王化军、王德胜、刘胜富、周志鸿4位同志晋升为教授(研究员),尚自端、王进强、王双红3位同志晋升为副教授(副研究员),黄重国晋升为高级工程师、孙金海晋升为高级实验师。

(袁俊芳)

【教学改革】 2003年,学院共开设本科生课程 95 门次。其中校级公共选修课 34 门次;普硕课程 102 门,其中学位课 28 门,选修课 74 门;工硕课程 25 门,其中学位课 8 门,选修课 17 门。

2003 年,学院所承担的 10 项校级第四批教改项目全部通过验收。全年学院共获得教学奖励 13 项。其中:孙体昌获 2003 年度本科教学优秀奖一等奖;金龙哲和谢玉玲获得二等奖;刘立、纪洪广获得第四届建龙教学奖;蔡美峰主编、王金安、李长洪、陈新万参编的《岩石力学与工程》和徐九华主编的《工程地质学》获得学校 2003 年度教材一等奖;孙体昌主编的《水处理技术》获得学校 2003 年度优秀讲义一等奖;林海主编的《环境工程微生物学》获得学校优秀讲义三等奖;王树和在"我爱我师"评比活动中被评为"我心目中最喜爱的老师";尚自端、申焱华、徐政获得学校青年教师基本功比赛三等奖。另外,土木工程系的岩石力学与工程课程被学校列入校级优秀课程建设计划,全院共设立院级优秀课程建设计划项目 5 项。

(纪洪广)

【科研活动】 2003 年学院共承担科研项目 127 项。其中国家自然科学基金 10 项,国家重点科技攻关项目 6 项,国家 863 项目 3 项,教育部博士点基金 4 项,教育部跨世纪优秀人才基金 1 项,北京市科技新星 A 人才培养项目 1 项,省部级科学研究项目 6 项,厂协项目 91 项。到位经费:纵向 310 万元,横向 845 万元。获得国家科技进步二等奖 2 项,省部级科技进步二等奖 1 项,完成科研鉴定项目 8 项。

自 1978 年以来,学院共完成科学研究项目 1 000 余项,其中国家科技攻关项目 60 余项,累计科研经费超过 1 亿元。获国家科技进步特等奖 1 项,一等奖 1 项、二等奖 4 项、三等奖 4 项,国家发明三等奖 1 项,省部级科技进步奖 140 余项。1990 年以来出版专著近 70 部,发表学术论文 2 800 多篇。

学院资料室新增专业期刊 640 册(原有 1 4000 册),新增研究生开题报告、学位论文 195 册(原有 1 640 册),新增专业参考书、工具书 168 册(原有 2 000 册)。

(李定一)

【合作与交流】 学院有 30 多位教师在国内外的学术机构中担任重要学术职务,如国际岩石力学局理事、国际岩石力学学会专业委员会委员、国务院学位委员会学科评议组成员、中国金属学会采矿学会理事长、中国岩石力学与工程学会教育委员会主任委员等。2003 年,挂靠在学院的国家二级学会有四个,即:中国金属学会采矿专业委员会、中国岩石力学与工程学会教育委员会、冶金自动化学会 CAD 与 CAM 学术委员会、中国硅酸盐学会工艺岩石学专业委员会;国际学会一个,即:亚洲太平洋国际流体包体学会。

2003 年共有 19 人出席国内学术会议,13 人出席国际学术会议。2003 年 9 月学院蔡美峰、高永涛、乔兰、李长洪作为由"中国岩石力学与工程学会"理事长钱七虎院士率领的中国岩石力学代表团成员,赴南非共和国约翰内斯堡参加了第十届国际岩石力学大会。2003 年 10 月张文明、宋存义、金龙哲、林海副等人参加了由德国斯图加特应用技术大学承办的"德国—中国—波兰"国际环境工程学术会议,金龙哲作为论文演讲者在会上发表了讲话,会议出版了论文专集,学院共有 8 篇论文被收录。

2003 年学院邀请英国、美国、澳大利亚、日本等国 5 位专家、2 位院士及若干位国内专家学者来校与教师、学生进行学术交流,共举行学术研讨、报告会 22 次。

(李定一)

【党建与学生工作】 2003 年,学院党建工作以"十六大"报告为指导,按照"三个代表"重要思想的要求,围绕学校和学院的中心工作,解放思想、实事求是、与时俱进、开拓创新、务实有效地开展工作。

学院党委认真做好学生和青年教职工积极分子的培养和发展党员工作。2003 年共有 3 名教职工、200 余名学生参加了党校培训。2002 年 12 月至 2003 年 11 月学院党委审批发展党员 141 人,其中发展教职工党员 3 人,学生党员 138 人。学院党委下设 27 个党支部,共有党员557人，其中教职工党支部5个，党员56人(不包括退休人员)，占教职工比例的53.8%，学生党支部22个，党员497人，占学生比例25.9%，其中本科生党员159人，占学生比例14.2%，研究生党员338人，占学生比例42.3%。

学院党委充分发挥政治核心作用。2003年4月采取多种方式，团结广大师生共同抗击非典。院党委致学院全体党员一封信，号召全体党员积极行动起来，为党旗增辉。各支部积极发挥战斗堡垒作用，开展形式多样的特色活动，增强师生战胜非典的信心。2003年孙体昌、王宝学两位同志被评为校先进个人，王化军、王金安两位同志被评为校师德先进个人。刘凤梅同志被北京市科学技术协会授予第十三届优秀青年工程师称号。

学院党委结合"三个代表"重要思想的学习，组织部分师生参观西柏坡，并开展了"听老红军讲党的优良传统"、"与希望工程小学手牵手"，"科技下乡"等主题党日活动；在七届二中全会旧址前，师生们重温了七届二中全会的重要思想，深刻领会"两个务必"的思想内涵和"三个代表"重要思想。

2003年学生工作继承和发扬"务实、创新"的优良传统，回顾总结，不断发展，注重学生党建和思想政治工作，加强学风建设，表彰先进，为学生成才服务。

2003年，环境022班被评为北京市先进班集体和优秀团支部称号；博02班被评为校先进班集体标兵和标兵团支部；土木022班、环境011班、环境012班、资源00班、环境003班被评为校先进班集体和优秀团支部；环境024班、环境003班、硕021班被评为校防治非典学生工作先进集体；冯春(土木022班)、刁钰(土木012班)、杨博(环境001班)被评为北京市三好学生；苗胜军(博02班)、刘丹(环境002班)、郭维一(土木014班)被评为北京市优秀学生干部；冯福璋(博02班)被评为校研究生学生干部标兵。

2003年，学生工作组被评为校学生就业工作先进集体，吴豪伟、李江峰被评为校学生工作先进个人；位鑫、曹宏辉被评为校防治非典学生工作先进个人。

2003年共有61人获得特种奖学金；8人获人民一等奖学金，28人获人民二等奖学金，121人获人民三等奖学金，121人获人民四等奖学金；40人获"校优秀三好学生"称号，81人获"校三好学生"称号。

2003年12月，土木工程专业组织两支队伍参加"北京市首届结构设计大赛"(全国挑战杯系列)均获得三等奖(前十名)；青年志愿者协会获"北京市学习雷锋志愿服务先进集体"、"北京市优秀志愿服务团体"、"北京市先进志愿者协会"称号。

(田素兰、张　涛)

【发展规划】 2003年，学院完成了2003至2007年学科发展规划的研究和制定工作。

总体发展目标：将土木与环境工程学院建设成为高水平研究型学院；成为全国土木、矿业工程教育科研中心和北京地区安全工程教育科研中心。

至2007年，学科整体实力将全面加强，形成以土木、矿业、环境为特色，在建筑、车辆、安全、地质、生化等方面多学科协调发展的学科体系；形成具有学院自身特色、适应社会发展需要的研究型学院人才培养体系；形成知识创新、技术创新和创新人才培养三者协调发展的科研体系。经过五年的建设和努力，把学院基本建设成为高水平研究型学院。

至2020年，基本建成适应21世纪社会发展的学科专业体系；使学院的实力在国内外影响力显著提高。把土木与环境工程学院建设成为全国的土木工程、矿业工程教育科研中心和北京地区安全工程教育科研中心，建设成为以土木、矿业、环境工程为特色，在建筑、车辆、交通、安全、地质、生化等多方面协调发展，规模适度、国内一流、在国际上具有一定影响的高水平研究型学院。

至本世纪中叶建校100周年之际，土木与环境工程学院将跻身于国际一流、特色突出的高水平研究型学院的行列。

学科建设规划：本科专业，5年内学院计划再建立2～4个本科专业，申报的先后次序为:城市规划、安全工程、环境科学、土地资源管理。硕士学科点,5年内学院计划申报5个硕士学科点,申报的先后次序为:市政工程、运载工具应用工程、桥隧工程、土地资源管理和供热、供燃气、通风与空调工程。博士学科点,5年内计划申报3个二级博士学位授权点,申报的先后次序为,环境工程、防灾减灾与防护工程(或结构工程)、矿物学岩石学矿床学;2个一级博士学位授权点,环境科学与工程、土木工程。博士后流动站,5年内计划申请1~2个博士点流动站,申报的先后次序为土木工程、环境科学与工程。国家重点学科,5年内按照国家重点学科的要求积极建设几个学科并力争申报成功1个国家重点学科。学科重点申报次序为:岩土工程、工程力学、安全技术及工程、矿物加工工程、车辆工程。

师资队伍建设:师资队伍建设与招生规模的发展同步。到2007年,学院教职工总数将达到165人,其中教师系列编制135人。教师系列人员具有博士学位比例达到70%,其余人员具有硕士学位。

根据学院的发展,5年内平均每年需培养和引进(含外聘)4~6名硕士生导师,3~5名博士生导师。到2007年学院计划培养或引进院士1人、长江学者特聘教授2人、青年科学基金获得者1~2人。

招生规模:到2007年,学院将有7~8个本科专业。本科生年招生规模规划为420人,在校本科生总数将达到1 500人左右。普通硕士生,到2007年将有15~18个普通硕士点,年招生规模将达到300人左右,在校硕士生总数预计将达到700~800人。博士研究生,到2007年有8~10个博士点,年招生规模将达到120~150人左右,在校博士生总数将达到300~400人。到2007年,学院的在校学生总数将达到2 600人左右。

(袁俊芳)

附 录

土木与环境工程学院2003年科学研究获奖项目

序号	项目名称	获奖人	获奖名称	等级	获奖时间
1	深部开采动力灾害预测及其危害性评价与防治研究	蔡美峰 纪洪广 乔兰 王金安 李长洪 王双红	国家科技进步奖	二	2003.11
2	公路工程灾害预防与治理综合技术研究及工程应用	高永涛 马飞 吴顺川 王金安	国家科技进步奖	二	2003.11
3	露天矿台阶炮孔微差爆破计算机自动设计与模拟系统研究	璩世杰 毛市龙 吕文生 王进强	冶金科技进步奖	二	2003

土木与环境工程学院2003年科学研究鉴定项目

序号	项目名称	负责人及主要参加人员	鉴定单位	鉴定水平
1	潞安煤用于高炉喷吹技术开发与应用	金龙哲	山西省科学技术厅	国内领先
2	SGA3550非公路自卸汽车的研制	张文明 王国彪 申焱华 石博强 冯雅丽	北京市科学技术委员会	国际先进
3	缓倾斜、深埋、破碎铁矿床高强度综合开采研究	宋卫东 明世祥	教育部	国际先进
4	松软难采矿体采场巷道动压规律与控制技术研究	明世祥 宋卫东	教育部	国际先进

续表

序号	项目名称	负责人及主要参加人员	鉴定单位	鉴定水平
5	建筑装饰用微晶玻璃技术研究	袁怀雨 李克庆 刘保顺 陈希廉	教育部	国内领先
6	应用渗透棒提高注水综合效果的研究与应用	金龙哲 谢振华	中国煤炭工业协会	国际领先
7	煤巷锚网支护设计人工智能专家系统	纪洪广 王金安	甘肃省煤炭工业管理局	国际先进
8	综放异型煤柱锚网支护沿空留巷矿压演化规律	王金安 纪洪广	甘肃省煤炭工业管理局	国际先进

土木与环境工程学院 2002 年科技论文检索与 2003 年科技论文统计

2002 年科技论文检索	篇 数	2003 年科技论文统计	篇 数
SCIE	11	国内期刊	222
EI	4	国际期刊	3
ISTP	2	国内会议	19
中 文	72	国际会议	10
合 计	89	合计	243
出版专著	1 本	出版专著	3 本
		组织学术报告会	22 次

（李定一）

冶金与生态工程学院

【概况】 2003 年 4 月 7 日，北京科技大学冶金学院正式更名为冶金与生态工程学院。为进一步加强学科建设，学院于 2003 年 9 月 2 日对钢铁冶金学科的人员、机构进行合理整合，以炼铁、炼钢、电冶金三个研究所原有人员为基础，成立冶金与生态工程学院“冶金研究中心”，同时取消原炼铁研究所、炼钢研究所和电冶金研究所，相应地对基层党支部也进行了调整。“冶金研究中心”目标是成为国内外知名的高水平研究机构。目前，冶金与生态工程学院下设 4 个系、2 个中心和 1 个研究所，即钢铁冶金系、物理化学系、有色金属冶金系、生态科学与工程系、冶金研究中心、学院实验技术中心和冶金与材料史研究所。

学院现有 32 个实验室，实验室管理人员 22 名，实验室面积 3 000 平方米。2003 年学院加快了生态学实验室的建设，以满足 2005 年生态学本科专业的实验需要。同时学院筹划有色金属冶金专业实验室建设。为满足学科建设的需要，学院对实验室的设置、实验室用房及实验室管理进行了调整，取得了初步成效。

2003 年，学院招收本科生 144 人、硕士研究生 105 人、博士研究生 64 人；毕业本科生 116 人、硕士生 54 人、博士生 9 人；在校生总数 934 人，其中本科生 501 人、硕士研究生 246 人、博士研究生 187 人。2003 年进站博士后 2 人，出站 2 人，在站博士后 6 人。

（成泽伟）

【学科建设】 学院设有冶金工程和生态学 2 个本科专业；科学技术史（工学）1 个研究生一级学科和钢铁冶金、冶金物理化学、有色金属冶金 3 个研究生二级学科。其中生态学本科专业 2003 年为第一次招生。2003 年，冶金与生态工程学院与材料科学与工程学院合作，分别在四家国内大型钢铁生产企业承办了工程硕士研究生班,即莱芜钢铁集团有限公司工硕班、石家庄钢铁有限责任公司工硕班、福建省三明钢铁厂工硕班和宣化钢铁集团有限责任公司工硕班,并在江阴兴澄钢铁有限公司承办一个研究生学位进修班。

（成泽伟）

【师资队伍建设】 2003年,学院有教职工105人,其中教授(研究员)33人,副教授(副研究员)27人,博士生导师26人。2003年聘任伦敦大学考古系Thilo Rehr教授、日本东北大学长板彻也教授和日本北海道大学毛利哲雄教授为客座教授,广州市花都区区长王中炳教授级高工为兼职教授。2003年成国光、程素森、王习东、宋波、李延祥5位同志晋升教授(研究员),潜伟和张梅同志晋升副教授(副研究员),新增吴铿、包燕平、李京社、王习东、宋波、李延祥和李文军7位博士生导师。

高层次人才引进是促进教师队伍建设和学科梯队建设的重要途径之一,是学院一项基础性、全局性和长期性的工作。学院通过学术交流和国际会议等多种形式积极在国内外搜集本学科优秀人才信息,建立优秀人才信息库,及时与人事处沟通,努力引进留学归国人才。2003年底一名杰出青年基金获得者正在办理调入手续,张立峰、谭鹏夫和薛济来等一批国际有名的冶金专家将到校商谈有关调入问题。

在做好高层次人才引进工作的同时,学院还注重推荐优秀的中青年教师到国外进修和科研合作,到2003年共有5名教师公派出国,其中1名在德国,3名在日本,1名在美国学习深造。

（张武军）

【教学工作】 2003年学院狠抓教学质量,加强教学过程管理。以学生为本,及时调整制订2003版冶金工程专业教学计划,建立稳定的讲课教师队伍,保证了教学质量;抓学风,强化学生管理,学生成绩显著提高,考研率达48.3%;与学生工作相结合,建立星期五下午主管院长本科生接待制度,及时了解学生的学习、生活、思想等情况和处理学生反映的问题;在非典期间,加强教学管理,保证学院良好的教学秩序,使99级学生毕业论文工作正常进行,没有受到非典影响;建立起教师教学档案,其中学生评价体系已经建立;与江苏沙钢集团有限公司签定实习基地合同,加强实习管理工作;并把大连钢铁集团有限责任公司、上海宝山钢铁(集团)公司、郑州中国长城铝业公司作为稳定的实习基地,确保实习质量。

2003年新建了"生态学"本科专业并且顺利招生,教学计划已经开始实施,并完成了建设生态学教学实验室的立项工作,启动了实验室建设,"冶金工程专业课程设置、内容总体优化及教学方法改革研究与实践"获北京市教育委员会批准改革立项,并且全面展开;完成学校第四批教学改革立项项目,冶金传输原理教学改革、生产实习、双语教学、本硕连读等一系列教学改革取得成果,2003年有6篇教学论文发表。

教材建设方面,2003年"冶金物理化学"获北京市教育委员会精品教材立项。学院编写的北京市精品教材"新世纪冶金工程教材丛书"由冶金工业出版社陆续出版。

（卢惠民）

【科学研究】 2003年学院承担科研项目总计126项,其中国家级项目18项,省部级项目3项,企事业单位委托项目105项,其他类课题项目2项;科研经费总计达3 235.167万元。2003年共获国家、省部级及其他科研奖励10项,获国内外专利授权10项,发表论文300多篇,组织国内外学术交流活动11次。

2003年学院与日本、德国、瑞典、美国、韩国等国家进行了多次技术交流及科研合作,在国际上有一定的知名度。

（朱 荣）

【合作与交流】 学院多年来一直十分重视对外合作与交流,根据学校建设世界冶金教育科研中心的发展目标,冶金与生态工程学院着力加强国际化建设,加强国际合作与交流,鼓励教师向国家外专局、教育部、国家自然科学基金委等部门申请交流合作基金;另外积极邀请外国专家来访与讲学。

2003年，学院邀请美国内陆钢铁公司高级研究员蔡焕堂博士、日本北海道大学毛利哲雄教授、德国亚琛工业大学古德诺教授、澳大利亚CSIRO高级研究员孙守义博士、美国波士顿大学PAL教授等20余名专家学者来我校访问与讲学；学院也有多名教授到美国、日本等参加学术会议。

学院冶金工程学科继续与德国亚琛工业大学钢铁冶金所开展密切合作，年轻教师与研究生仍定期派往亚琛工业大学钢铁冶金所学习，另外与澳大利亚Wollongang大学、美国密苏里－罗拉大学(University of Missouri-Rolla)的采矿与冶金学院、浦项工业大学冶金系的合作交流也在讨论中。

（王福明）

【党建与学生工作】 2003年学院分党委主要抓好四项工作：一是全面系统地学习、贯彻党的“十六大”精神，开展“优秀党日”活动；二是结合学校发展规划和学院总体发展规划，为进一步提高学院党建和思想政治工作的整体水平制定措施；三是落实学校非典防治措施，有效地开展防控非典工作；四是对学院2001～2003年党建和思想政治工作开展了自查和整改工作。

2003年学院分党委对党支部设置进行了调整，增设了钢铁冶金系党支部和冶金研究中心党支部。目前全院共有党支部16个，其中教职工党支部6个，本科生党支部3个，研究生党支部7个。全院现有党员274名，其中教职工党员57名，学生党员217名，本科生党员比例为12.7%，研究生党员比例为35.1%。全年共发展新党员58名，其中本科生党员29名，研究生党员28名，教工党员1名。

学院分党委不断推进党建工作规范化和科学化，编辑整理了《学生工作制度文件汇编》(第三版)，制定了《发展学生党员工作细则》、《学生党员发展程序》、《学生入党公示制度》等制度来规范党员发展工作，保证发展党员的质量。2003年10月～11月与机械工程学院联合承办学校第四十三期学生业余党校，共有103人参加学习。2003年11月举办了冶金与生态工程学院学生业余党校初级班，对新入校的本科生、研究生进行党的基础知识教育，共有127人参加学习。

班风、学风建设一直是学院学生工作的重点，2003年开展了“名誉班主任”、“学长顾问团”、“名师月谈”、“院长面对面”、“学术交流会”、“开题交流会”等活动，并通过设立“冶金学子标兵”、“明星学子”、“学习进步奖”等鼓励措施，促进学生养成科学认真、严谨求是的治学态度。2003年学院成立“钢铁摇篮奖助学基金”，旨在鼓励同学勤奋学习、拼搏向上。经过几年努力，学院学风建设已见成效，其中本科生2003级毕业生考取研究生的比例达到48.3%，居全校前列；本科生2001级外语四级通过率为75%，比2000级提高2个百分点。在学风建设中涌现出一批先进集体和先进个人：冶02－1班被评为“北京市先进班集体”、校首届“建龙最佳团队”一等奖；冶研02班、冶00－4班被评为“校标兵团支部、先进班集体”。2002～2003学年共有158人获得各类奖学金，其中33人获特种奖学金，18人获“校优秀三好学生”，36人获“校三好学生”，18人被评为“校优秀学生干部”，8人被评为“校优秀团干部”，15人被评为“校优秀团员”，21人被评为“院优秀学生干部”，14人被评为“校优秀三好研究生”，42人被评为“校三好研究生”，15人被评为“校优秀研究生干部”。

为了丰富学生的文化生活，创造良好的校园文化氛围，学院积极开展各项文体实践活动。举办了冶金与生态工程学院第九届学生综合运动会、“振冶杯”、“新生杯”三大球比赛、研究生体育文化节等活动。在2003年暑期社会实践活动中被评为“校暑期社会实践先进单位”，其中“E动青春”暑期社会实践团以总分第一名获“校暑期社会实践优秀团队”称号，冶01－3、冶02－1班荣获“校暑期社会实践先进班级”称号。学院青年志愿者服务队被评为“北京科技大学青年志愿服务优秀集体”。在校第三次科技大会中，学院被评为“学生科技工作先进院”。在2003年的非典防控工作中，学生工作干部化整为零地深入到同学中间开展工作，做好同学的思想稳定和非典防治工作，组织了“我们能为非典防治做什么”、“关爱健康、放飞心情”、“非典时期，我为学风建设做贡献”主题团日，举行了“五四”成人仪式及“爱在冶金”宣传活动。非典时期学院没有一名同学违纪，学院获得“北京科技大学非典防控工作先进集体”荣誉称号。另外，就业工作方面，学院成立了学生就业工作领导小组，制订了《冶金与生态工程学院就业工作规划》，建立了《毕业生就业情况动态统计表》，同时克服由于非典造成的不利影响，学院1999级毕业生一次就业率为81.03%，居全校前列。

（薛庆国、沈　崴）

【设立“钢铁摇篮”奖助学基金】 为了更好地在全院范围内树立良好的学风、班风，促进学生德、智、体全面发展，鼓励学生刻苦学习、奋发向上，2003年3月学院教代会期间经学院党政联席会议倡议，向学院广大教师发出在全院学生中间设立“钢铁摇篮”奖助学基金的号召，一方面激励学生发奋图强、努力学习，另一方面进一步加强冶金与生态工程学院教师与学生的联系交流。“钢铁摇篮”奖助学基金范围包括三个方面：①优秀生——冶金学子标兵奖学金；②进步生——学习进步奖；③特困生——特困助学金。2003年共得到学院30余位教师的热心参与和大力支持，共捐助二万余元。

（沈　崴）

【发展规划】 2003年，学院经过广泛调研和反复研究论证，制定了学院的发展规划。规划明确：学院的建设目标是2005年建设成“研究型”学院；2015年成为国际上有重要影响的高水平冶金教育科研中心。本科教育方面：2004年增招一个冶金工程专业班与一个生态学专业班；2007年增加一个新专业“过程工程专业”。研究生教育方面：2004年在冶金工程一级学科下自设一个二级学科博士点“电化学及其能源工程”；硕士研究生按冶金工程一级学科招生；生态学按博士学位授予点建设，2007年前申报博士学位授予权。重点学科建设方面：有色金属冶金专业按国家重点学科要求进行建设，2007年前申报国家重点学科；科学技术史一级学科继续保持国内先进水平，按国家重点学科要求建设，2007年前申报国家重点学科。人才培养方面：至2007年，学院的本科生规模每年招收300人（其中冶金工程学科为120人，生态学为120人，过程工程专业为60人）；各类研究生300人（其中博士生100人）；在学校的支持下，积极与企业、研究院合作办学；逐步招收留学生。在质量上，硕士研究生科研和论文水平要超过国外高水平冶金学科的硕士生水平；博士研究生的科研和论文水平总体上要与国外高水平冶金工程学科博士生水平相当，争取2篇“全国百篇优秀博士学位论文”。

（王福明）

附　录

冶金与生态工程学院2003年科学研究获奖统计表

序号	项　目　名　称	获奖名称及等级	学院负责人
1	钢的组织性能综合控制理论及应用－薄板坯连铸连轧工艺基础及材料	教育部科技进步一等奖	傅　杰　李　晶
2	电子材料精铝制备新工艺及成套设备研制-65kA精铝电解槽工业应用	教育部科技进步二等奖	卢惠民　马瑞新
3	珠钢电炉薄板坯连铸连轧技术应用创新研究	科技部科技进步二等奖	傅　杰　李　晶　许中波
4	方坯连铸轻压下技术	河北省冶金科学技术奖特等奖	李京社
5	高质量不锈钢工艺技术的研究与开发	冶金科学技术奖一等奖	包燕平　徐保美

续表

序号	项目名称	获奖名称及等级	学院负责人
6	链篦机－回转窑－环冷机法生产球团矿新工艺	北京市科学技术二等奖、冶金科学技术奖一等奖	孔令坛
7	高质量不锈钢板材技术开发	山西省科技进步一等奖	包燕平　徐保美
8	电弧炉炼钢综合节能技术开发	冶金科学技术奖一等奖	李士琦　刘润藻　孙彦辉　李京社
9	计算物理化学在熔体热物性、固态反应速率及铜转炉模拟研究中的应用	冶金科学技术奖三等奖	张家芸　刘建华
10	珠钢 CSP 工艺生产集装箱板技术研究	广州市科技进步一等奖	傅　杰　李　晶　许中波

冶金与生态工程学院 2003 年授权专利统计表

序号	项目名称	专利类型	学院主要设计人
1	生产工模具钢锻材的方法	发明专利	傅　杰
2	一种含铝、硼高强度微合金钢的生产工艺方法	发明专利	傅　杰　李　晶
3	一种无污染脱氧体	发明专利	周国治　李福新
4	一种短流程电弧炉钢厂	发明专利	周荣章　高征铠　孔令坛　张宗旺
5	一种埋入式储水器	实用新型专利	李　宏　王万军　张炯明　王新华　李景捷
6	单体式自身蓄热烧嘴	实用新型专利	朱　荣　郭汉杰　李士琦
7	一种烟气回流装置	实用新型专利	郭汉杰　朱　荣　李士琦
8	节能、无污染排放的工业炉窑	实用新型专利	朱　荣
9	一种铝电解槽	实用新型专利	卢惠民
10	合金钢淬透性快捷预测系统	软件著作	张家泉

（朱　荣）

材料科学与工程学院

【概况】 2003 年，材料科学与工程学院下设材料学系、材料加工与控制工程系、材料物理与化学系、无机非金属材料系、粉末冶金研究所、功能材料研究所、腐蚀与防护中心和实验测试中心。

学院有固体电解质冶金测试技术国家专业实验室、教育部环境断裂重点实验室、教育部金属电子信息材料工程研究中心、北京市先进粉末冶金材料与技术重点实验室、北京市腐蚀磨蚀与表面技术重点实验室、北京腐蚀与防护中心、环境材料实验室、高技术金属材料模拟实验室。依托于北京科技大学建设的新金属材料国家重点实验室、高效轧制国家工程研究中心为材料科学与工程学科发展提供了有力的支持。

学院现有中国科学院院士 3 名，中国工程院院士 1 名，国家学科评议组成员 1 人，国家级有突出贡献专家 6 人，部级有突出贡献专家 3 人，教授 57 人(其中博士生导师 43 人)，副教授 43 人。教育部长江学者奖励计划特聘教授 4 人，跨世纪人才基金获得者 7 人，国家杰出青年基金获得者 4 人，国家人事部百千万人才工程入选者 3 人，教育部青年骨干教师 15 人，北京市科技新星计划入选者 3 人，还聘有包括 2 名院士在内的国内外兼职教授 30 人。

2003 年，学院招收本科生 315 名，研究生 350 人。在院研究生853人，本科生1 292人。2003年毕业本科生274人，授予硕士学位201人，授予博士学位44人。

（邰永红）

【学科建设】 2003年，学院设有材料科学与工程、材料成型及控制工程、材料物理、无机非金属材料工程、材料化学5个本科专业；材料学、材料加工工程、材料物理与化学三个研究生二级学科。三个研究生二级学科均为国家重点学科和长江学者计划设岗学科，均设有硕士点、博士点和博士后流动站。学院有31个研究方向，材料学系：材料优化与设计、磁性材料及应用、先进材料基础及材料各向异性、高温材料及应用；材料加工与控制工程系：新材料制备与加工、材料成形过程控制与模拟仿真、塑性加工新工艺新技术、材料成型理论及组织控制、金属凝固与控制、晶体生长理论及控制技术、材料先进连接技术；材料物理与化学系：环境断裂、晶体缺陷与新一代结构材料、材料微结构与电子结构、材料的表面与界面、纳米材料与纳米技术；无机非金属材料系：先进陶瓷材料与技术、无机非金属功能材料、无机非金属结构材料；粉末冶金研究所：先进粉末冶金成型技术与复合材料、粉末冶金结构材料及零件、反应合成与纳米材料；功能材料研究所：稀土永磁材料、磁性功能材料、生物医用材料、微电子封装；腐蚀与防护中心：材料表面化学与技术、腐蚀控制系统工程、高分子材料化学、电化学工程与材料、材料损伤评估与腐蚀保护；实验测试中心：相结构与电子显微学。

（邰永红）

【科研活动】 “十五”期间，学院共承担各类国家级科研项目110余项，其中国家自然科学基金57项，“863”研究课题37项；申请专利44项，授权专利24项，学术交流报告46次。2001年以来发表的论文总数1 321篇，其中近50%被三大检索机构收录。

2003年，学院科研经费到款额达到4 636万元。新立项纵向课题75项，合同总额约2 700万元。其中国家自然科学基金19项（含重点项目2项，国家杰出青年科学基金1项），总经费874万元。申请发明专利52项，授权23项；获省部级科技成果奖2项；发表学术论文455篇，出版专著、译著、教材27部。2002年发表的论文被SCI、EI、ISTP收录544篇。经费到款额、专利申请和授权数、科技论文被SCI 、EI和ISTP的收录数均居学校各学院首位。

9月，由材料科学与工程学院发起、创办了“中国材料名师讲坛”，得到了科技部、教育部、国家自然科学基金委员会、北京有色金属研究总院、钢铁研究总院等单位的大力支持。11月10日由中国材料界著名专家师昌绪院士开讲，取得了很好的效果。

10月，学院申报的“深淬硬层高性能钢质焊接药筒筒底研制”等10项课题通过国防科工委组织的可行性论证，合同经费600余万元，在教育部高校中名列前茅。

（邰永红）

【教学改革】 由孙祖庆教授负责的“材料类专业人才培养模式的综合改革与实践”教育改革项目，由教育部于2000年正式批准实施，经过3年多来全院多名教师的积极参与和共同努力，于2003年7月顺利完成项目研究与实践工作。该项目通过“大材料”教改试点班（97、98级）继续完善了宽口径的材料科学与工程专业本科阶段的培养计划，完善了专业课程体系，特别是对少学时培养模式下的专业课程教学方式、方法开展了深入的研究与实践；对试点班教学改革成果的面上推广应用进行了探索；为“试点班”毕业生建立了与本科阶段教育模式相配套的硕士研究生的培养方案。该项目于2003年10月下旬通过学校主持的验收，得到了验收专家的高度评价。

（邰永红）

【党建与学生工作】 2003年学院党委以邓小平理论和“三个代表”重要思想为指导，紧密围绕学校、学院的中心工作，重点开展了研究生梯队党支部建设、本科高年级以班为单位建立党支部等各项工作。

学院现有党员652人，其中学生党员499人，教职工党员153人；有党支部60个，其中教职工党支部12个，学生党支部32个，研究生梯队党支部16个。2003年发展新党员200人，其中学生新党员198人，教职工新党员2人。

学院注重加强梯队党支部建设。2003年9月，经过一段时间的酝酿和筹备，学院在基层党建工作比较扎实、组织建设比较完备的梯队中增设了党支部，使梯队党支部的数目由原来的4个试点变为16个。同时，在支部中进行年轻教工担任支部书记的试点，取得了良好的效果。学院党委认真总结本科支部建设的经验，全面推进在本科高年级中设立党支部的新模式，并且试点以优秀研究生党员加入本科党支部的形式，目前已有31名研究生党员充实到本科党支部，实现了本科高年级以班级为单位设立党支部的构想；充分发挥了老党员的传、帮、带作用。

学院学生工作本着“严谨、求实、团结、进取”的精神，坚持以“学风建设”为特色，营造健康向上、积极进取的学习和科研氛围，引导学生全面成才。

2003年2月，响应学校党委号召，组织全院党员、团员开展“学习‘十六大’，感受身边变化”的征文活动，并精选优秀的文章印成《畅想明天——大学生心中的“十六大”》一书。2003年5月与11月，材料学院与信息学院合办了北京科技大学第41、47期学生业余党校，材料学院有315名学员结业。材料学院院报新版《材料风采》2003年第一期编辑出版发行，该报以宣传学院主要活动，解决同学们关注的重大问题为目的。年内，第二届研究生学术活动节隆重开幕，主要内容有：博士讲坛、功能材料研究所学术交流会、“研究生之路”系列座谈会、2002级硕士开题报告交流会、柯俊院士、葛昌纯院士专题讲座、金属凝固与控制梯队学术年会等。此外，年内材料学院还成功举办了第五届综合运动会、“飞扬的青春” 群众性体育文化月、爱普生印象馆摄影比赛等活动。

（柯红岩）

【发展规划】 根据学校“建设国内一流、国际知名的高水平研究型大学”的发展目标，以及材料科学与工程一级学科的特色与优势，学院将专业和学科方向建设、师资队伍建设、条件和基地建设作为建设的密不可分的三个支柱，以师资队伍建设为核心，加强条件建设，促进学科发展。

总体目标：2007年建设成为研究型学院。

本科教育：在基本保持现有人数规模（每届350人左右）的基础上，扩大本科专业范围，建设专业体系齐全、重点突出的本科生培养体系。2004年实现全学院按照材料科学与工程大学科招生。

研究生教育：至2007年，研究生（含博士研究生、硕士研究生、专业学位）招生规模达到500人（其中博士生150人、硕士生250人、工程硕士100人），在校总人数达到1 500人，研究生在校人数与本科生之比超过1:1。努力提高培养质量，5年内有1~2篇论文被评为“全国百篇优秀博士学位论文”。

学科建设：实现两个重要转变，即从以结构材料为主向结构材料与功能材料并重的转变，以应用基础研究为主向形成基础研究－高新技术开发－成果转化与应用的学科链的转变。3个二级学科继续保持国家重点学科地位，总体水平与综合实力名列国内前茅。重点建设微电子封装材料与工艺、生物医用材料、纳米材料与纳米技术、高分子功能材料、环境损伤评估与控制、材料先进连接技术等新的学科方向，至2007年研究水平进入国内先进行列。

师资队伍建设：到2007年专任教师队伍的规模达到180人，平均年龄在50岁以下、具有博士学位人员的比例达到75%~80%。6个新建学科方向达到每个方向3~5人规模的高水平的学术队伍。

科学研究与条件建设：通过高水平的研究促进一流创新型人才培养，建成国内一流、国际上有重要影响的研究开发与学术交流中心。整合相关资源，发挥整体优势，建设“新材料技术研究院”（学校组织实施、学院配合）。以国家级、省部级重点实验室、工程研究中心建设，“211工程”一期和二期建设，学院实验与测试中心建设为主体内容，建设一批高水平的实验室，提高科学研究和人才培养的条件和水平。与北京重点科研院所合作，利用社会资源，提高办学实力，联合申报国家“材料科学与工程国家联合实验室”。

（谢建新、孙景宏）

附 录

1996～2003 年度发表的论文总数及被各种检索机构收录情况

年 份	1996 年	1997 年	1998 年	1999 年	2000 年	2001 年	2002 年	2003 年	合计(篇)
发表论文总数	238	350	285	525	976	463	398	460	3 695
SCI 检索论文	24	32	44	33	52	79	173	未检索	437
EI 检索论文	56	59	77	60	110	91	98		551
ISTP 检索论文	65	32	17	16	27	224	27		408
国内核心期刊检索论文	205	188	141	282	418	315	246		1795

材料科学与工程学院 2003 年教学科研获奖情况

获奖项目名称	获 奖 者	获奖名称	级 别
化膜应力导致应力腐蚀的机理	高克玮 褚武阳 宿彦京 乔利杰 李金许 何健英	国家教育部自然科学奖	二等奖
钢的组织性能综合控制理论及应用－薄板坯连铸连轧工艺基础及材料	康永林 柳得橹 柯 俊 于 浩	国家教育部科技进步奖	一等奖
径轴向两用磁场注射成形机及其应用研究	曲选辉 郭志猛 谢建新	北京市人民政府	二等奖
	余永宁	2003 年度北京市高等学校教学名师奖	
《材料科学工程基础》	余永宁	北京市精品课程奖	

（邰永红）

机械工程学院

【概况】 2003 年，机械工程学院坚持“以提高学生素质为中心、以建设师资队伍为根本”的原则，贯彻“加强学科建设，深化教学改革，谋划学院发展，使学院成为高层次人才培养基地和知识创新与技术创新基地”的指导思想，认真做好教学、科研、实验室和学生管理等各项工作，并研究制定了学院发展规划。

2003 年学院晋升正高级职称 4 人，副高级职称 4 人，中级职称 3 人，初级职称 4 人。公派出国进修 2 人。新增博士生导师 5 人：韩建友、张康生、张清东、李苏建、郑连存（应用学院）。学院现有教授（研究员、教授级高级工程师）36 名，其中中国工程院院士 2 名，博士研究生指导教师 23 名（兼职 4 名），教育部“跨世纪人才”2 名，副教授 46 名。

2003 年，经学校批准，学院成立了“物流工程系”，该系是在原机械制造及自动化系的物流梯队基础上组建的。此外，对机械制造及自动化系和工程训练中心进行了重新整合，组建了新的机械制造及自动化系。目前，学院共有 7 个系，3 个中心，即机械装备与控制工程系、机械电子工程系、机械制造及自动化系、物流工程系、机械工学系、热能工程系和工业设计系、工程训练中心、实验中心和零件轧制研究中心。

2003年机械工程学院招收本科生425人,其中工业设计(艺术类)专业首批招生19人;招收硕士生165人,工硕生61人,博士生48人。毕业生中,本科生319人,硕士生78人,博士生16人。目前全院在读本科生1 603人,硕士生404人,工硕生213人,同等学力26人,博士生111人,机械工程博士后流动站在站博士后1人。

(苏兰海)

【学科建设】 学院设有"机械工程及自动化"、"热能与动力工程"、"工业工程"和"工业设计"四个本科专业,研究生学科有"机械工程"和"动力工程及工程热物理"两个一级学科。2003年在原有"机械设计及理论"、"机械电子工程"和"机械制造及自动化"三个二级学科以及相应的三个博士和硕士授权点的基础上,申报新增了"机械装备与控制工程"二级学科博士点、"流体机械与工程"、"动力机械与工程"、"物流工程"三个二级学科硕士点、"设计艺术"艺术类二级学科硕士点和"动力工程及工程热物理"博士后流动站。

(苏兰海)

【教学改革】 2003年,学院共有2部教材获学校优秀教材奖,其中窦忠强、陈键等编写的《MDT6实用教程》获一等奖;许纪倩、万静、杨皓编写的《画法几何及机械制图习题集》获二等奖;尹常治的"机械基础课堂教学与实践教学综合改革的研究与实践"课题获教育部资助。翁海珊的《机械原理与机械设计立体化实践教程》、尹常治的《机械设计制图》、贾志新、滕向阳的"现代制造技术训练的立体化教材建设"入选"高等教育百门课程教材建设计划"。学院十项教改课题全部通过"校级第四批教改基金项目"验收。《机械设计与制图》和《机械原理》通过了学校校级优秀课程立项建设(第一批)验收。2003年学院开设研究生课程50门,本科生课程142门,其中《机械制图设计》和《机械原理》被评为首批校级优秀课程称号,《工程材料及制造基础》和《工程流体力学》课程获"第二批校级优秀课程立项建设"资助。

《机械设计制图》课程在先进的教育教学观念指导下,形成了课堂教学、实践教学、工程技术的有机结合,教学内容的有机整合,教学环节的有机配合;课程的展开过程自始至终以设计为主导、以能力培养为目标,突显出研究型大学基础课程以着力培养学生创新能力等为特色的建设成果。

《机械原理》课程形成了以注重知识传授与能力培养相结合、课堂教学与实践结合、教材建设与课程改革结合、教学方法和手段及教育技术与课程整体建设紧密配合为特色的建设成果,使课程的整体水平位列全国同类课程的前列。

在总结2002年工作的基础上,2003年学院继续在机械工程及自动化专业的本科学生中开展毕业设计的选题工作。学生首先在第六学期根据教师提供的课题方向及课题内容进行自愿选题,然后根据课题进行生产实习和专业课的学习,这样便于学生更早地与导师接触,为毕业设计打下良好的基础。

(王新立)

【科研活动】 2003年,学院签订科研合同128项,其中纵向23项,横向105项。新增纵向科研课题8项,其中国家自然科学基金2项,军工、北京市共6项。实际科研经费1 364.7万元,其中横向经费1 158.14万元,实际到款992.6万元,纵向经费206.56万元。学院启动和批准纵向科研项目6项,其中启动项目3项,批准项目3项。申请专利11项,其中发明专利7项(含合作申请1项),实用新型4项。2003年,机械学院教职工在不同刊物和会议上发表论文共178篇,专著、教材11部,学术交流10次。

(苏兰海)

【合作与交流】 为了更好地营造学术气氛,加强学术交流,学院积极鼓励各系所开展对外交流。2003年3月7日,学院热能工程系邀请香港科技大学赵天寿教授做了关于"Heat Transfer in Microstructures"的学术报告。10月29日学院邀请华中科技大学副校长、机械制造及自动化专业委员会主任委员、国家 863/CIMS 主题专家组成员李培根教授做了“设备制造工程中的若干前沿问题”。9月28日~10月6日，学院工业设计系教师一行13人前往台湾进行为期近10天的学术交流，与台北科技大学、实践大学、成功大学、昆山科技大学就学科发展及合作等事宜进行了研讨。12月4日，学院邀请日本京都大学工学部精密计测与加工论研究室垣野義昭教授和茨木创一博士来北京科技大学作了题为“模具制造智能 CAM 系统的开发及其应用”的学术报告。

(刘瑞华)

【党建和学生工作】 2003年学院党支部建设工作继续实行以梯队为单位的管理发展模式。在已建立四个梯队党支部的基础上，又增加了三个梯队研究生党支部，分别为：陈先霖院士梯队、胡正寰院士梯队和郗安民教授梯队。同时，修定并完善了“关于在学术梯队中建立研究生党支部的试行办法”。2003年学院有135名同志加入中国共产党，其中教职工2名，学生133名。

2003年初，学院党委两次组织召开应届毕业本科生“就业工作”座谈会，总结学生就业工作的经验和教训，并提出了指导就业工作的意见。

2003年11月18~24日，在华南理工大学举办的第八届“挑战杯”全国大学生课外科技学术作品竞赛中，由机械学院张欣欣、夏德宏教授指导，张欣茹、应荣梁、王汇等同学设计创作的参赛作品《高效、节能、环保型工业炉窑用档位蓄热器》荣获二等奖。2003年11月3日由中央电视台主办，教育部、科技部、中国科协举办的“红河杯”第二届全国大学生机器人电视大赛上，机械学院有20名学生参加，郗安民、刘鸿飞等老师指导的校参赛队获得冠军。

2003年度机械工程学院有436名学生获国家奖学金、人民奖学金、宝钢奖学金、SONY奖学金、海天奖学金、建龙精英奖等近30种各类奖学金，占学生总数的18.5%。7名学生被评为北京市“三好学生”及“优秀学生干部”，研究生、本科生共有393名荣获学校各类荣誉称号，占学生总数的16.7%。24个班级被评为学校先进班集体、优秀团支部称号。

2003年张少军、范云、夏德宏3名教师被评为学校师德个人；王长松、王万瑜、丁文英、邹静4名同志被评为学校先进工作者；工程训练中心被评为校级先进集体。

(刘瑞华)

【支持学校防控非典工作】 防控“非典”期间，学院坚持依靠科技支持学校防控“非典”工作。王立教授的“医护人员隔离防护服降温排汗装置”、刘应书教授《SARS患者专用变压吸附制氧机微型化原理研究》已由国家自然科学基金委初步立项，机械装备和控制工程系杨海波和工业设计系刘德、洪华配合科技处完成了“消毒液发生器”的研制、产品外型及外包装设计等。辅导员范普成因为防控非典期间的优秀表现被评为“北京市防治非典型肺炎工作优秀共产党员”和“北京市优秀共产党员”。王立教授被评为“首都防治非典型肺炎工作先进个人”。

(刘瑞华)

【发展规划】 根据学校的统一部署，结合“十五”“211工程”建设的需要和学校制定发展战略规划、学科建设与师资队伍建设规划、校园建设规划的需要，制定了学院的战略发展规划。

建设目标：2005年建设成为研究教学型学院。

本科教育：2004年招收“艺术设计”本科专业学生；2005年“机械工程及自动化”和“热能与动力工程”专业按大机械类进行招生和培养。

研究生教育：计划建设的二级学科博士点有“工程热物理”(2005年)、“制冷及低温工程”(2007年)和“设计艺术学”(2009~2011年)；计划建设的新学科博士点为“物流工程”(2005年)；计划建设的一级学科博士点为“动力工程及工程热物理”(2005~2007年)。

重点学科建设：计划建设的国家重点学科有“机械电子工程”(2006~2007年)和“热能工程”(2006~2007年)；北京市重点学科有“机械制造及其自动化”(2006~2007年)、“工程热物理”(2006~2007年)和“物流工程”(2006~2007年)。

人才培养:到2005年,学院本科生招生规模计划达到540人(18个班/年),在校本科生人数达到2 160人。研究生规模将在11个二级学科招收硕士研究生238人,在5个二级学科招收博士研究生72人;到2007年,学院将在12个二级学科招收硕士研究生290人,在12个二级学科招收博士研究生130人。到2007年,学院本科生在校人数约为2 120人,硕士研究生在校人数约为725人,博士研究生在校人数约为455人。到2007年,学院在校学生当量总数为4 118人,按师生比约为1:25计算,教师岗位数为165人。学院计划从2005年起,每年争取招收20名博士后,作为流动岗位教师,所以教师总数为200人。

(苏兰海)

附 录

机械工程学院2003年科研项目获奖及鉴定

项目名称	负责人	授奖或鉴定部门	时间	鉴定水平或获奖等级
潞安煤用于高炉喷吹技术开发与应用	刘应书	山西省科技厅	2003.03	通过鉴定
青藏铁路沱沱河制表氧站研制与应用	刘应书	山西省科技厅	2003.10	通过鉴定
流射沸腾冷却强化多功能淬火系统研究开发	李谋渭 张少军	教育部	2003.01	二等奖
青藏铁路风火山隧道制氧供氧系统与应用	刘应书	第14届全国发明展览会	2003.10	银奖
大型空气分离装置操作仿真系统	王　立	教育部	2003.11	国际先进
热泵流化床谷物干燥装置	王　立	教育部	2003.11	国际先进
20 000Nm^3/h空分操作仿真系统	王　立	北京市科学技术委员会	2003.10	二等奖
20 000Nm^3/h空分操作仿真系统	王　立	中国金属学会冶金科学技术	2003.10	二等奖
20 000Nm^3/h空分操作仿真系统	王　立	山东省冶金总公司科技进步	2003.12	二等奖

机械工程学院2003年其他获奖情况

序号	奖励名称	获奖人	级别
1	第二届全国大学生机器人电视大赛冠军	指导教师: 郗安民　王志良　刘鸿飞	冠军
2	首届北京市高等学校教学名师奖	郗安民	
3	宝钢教育基金优秀教师奖	郗安民	
4	北科大第五届校优秀教材奖(《MDT6实用教程》)	窦忠强　陈　键	一等奖
5	北科大第五届优秀教材奖(《画法几何及机械制图习题集》)	许纪倩　万　静　杨　皓	二等奖
6	北科大建龙优秀教师奖	尹常治　刘应书　狄春良	
7	北科大2001~2003年度先进工作者	王长松　王万瑜　丁文英 邹　静	
8	北科大2001~2003年度师德先进个人	张少军　范　云　夏德宏	
9	北科大2001~2003年度先进集体	工程训练中心	
10	北科大第二届本科教学优秀奖	尹常治	标兵奖
11	北科大第二届本科教学优秀奖	李　威	一等奖
12	北科大第二届本科教学优秀奖	刘向军　贾志新	二等奖
13	北科大第四届青年教师教学基本功大赛	冯妍卉	一等奖
14	北科大第四届青年教师教学基本功大赛	魏　东	二等奖
15	北科大第四届青年教师教学基本功大赛	张锁梅	三等奖
16	北科大第四届“我爱我师——我心目中最优秀的老师”	许纪倩　曹　彤　温　治	

(苏兰海、刘瑞华)

信息工程学院

【概况】 2003年,信息工程学院在教学、科研以及实验教学机构上保持了原有的设置。全院现有教职工175人,其中具有博士学位的33人,具有硕士学位的54人。教授24人,副教授33人。

2003年学院招收本科生520名,硕士生244名,博士生53名。学院在读博士生、硕士生共760人、本科生1 923人。年内,与比利时鲁汶工程技术学院合作培养的电子媒体工程(MeMe)专业硕士研究生班招收学生70人。

(吴宗利)

【学科建设】 2003年,学院在原有自动化、电子信息工程、计算机科学与技术、测控技术与仪器和通信工程五个本科专业基础上,新增了信息安全本科专业。通信工程专业招收了2003年级第一届新生30人。年内,学院申报成功计算机应用技术博士学位授权点、控制科学与工程博士后流动站和通信与信息系统硕士学位授权点,使学院博士学位授权点达到2个、硕士学位授权点达到8个。

(尹怡欣)

【教学改革】 学院注重教学改革,开展教学思想、教学方法和教学手段的研究,研究成果应用于教学实践取得了良好效果。2003年,尹怡欣获学校第二届本科教学优秀奖一等奖,董平、曾树全获二等奖;王成耀获学校第五届优秀教材二等奖;王先梅、陈明、徐银梅、李秀兰获第九届优秀讲义三等奖;刘贺平、曾树全获学校第五届实验技术成果一等奖,王尚君、鲁亿方、孟庆元、刘贺平、徐银梅获二等奖,付冬梅、王尚君、李春雷、徐银梅、鲁亿方获三等奖;王志良、李擎、郑雪峰、杨光耀获建龙优秀教师奖;牟世堂获北京市大学生电子设计大赛优秀辅导教师奖。

(尹怡欣)

【科研活动】 2003年,学院科研合同经费达到1 700万元,到款额超过1 200万元。其中"鞍钢1 700薄板坯连铸连轧计算机控制系统(CNROLL)"项目获国家科技进步二等奖(孙一康、童朝南、高海);"流射沸腾冷却强化(FBCE)多功能淬火系统研究开发"项目获教育部科技进步二等奖(童朝南、彭开香)。取得各种科研专利5项,分别为:王志良教授的"一种数字式指南针"和"一种判别声音方向的电子装置";高庆狮院士的"一种防止非法入侵活体破坏和盗窃的计算机系统"、"电子读物制作和浏览的新方法、装置及系统"以及"句义表达式的生成方法、机器翻译及电子词典"。出版专著、教材共6部,分别为:《交流调速控制系统》(电子工业出版社,主编李华德、副主编李擎)、《Windows Server 2003计算机网络教程》(北京大学出版社,徐正光)、《汇编语言程序设计》(机械工业出版社,姚林、王成耀)、《带钢热连轧的模型与控制》(冶金工业出版社,孙一康)、《中文版Visual Foxpro 6.0应用及实例集锦》及《Access 2000应用及实例集锦》。2003年,学院教师在国内外中心期刊发表论文150多篇,组织各种学术报告会共计20余场。

(毛一心、李 擎)

【师资队伍建设】 学院重视教师队伍建设,在加强在编教师的培养和提高的同时,积极引进学科发展所需人才。2003年学院引进的人才有曾广平教授、刘庆文博士后、王志明、张兰博士,并准备在2004年引进张朝晖教授、胡长军教授等一批教授和博士后。

(尹怡欣)

【合作与交流】 10月,学院承办了"2003中韩智能系统学术研讨会",会议在广州举行,中韩双方30余名学者参加了会议。协办了中国人工智能学会第十届学术大会及承办了其中的智能控制与智能管理学术交流会。加强国际学术交流与合作,与日本室兰工业大学进行了建立两校友好学校关系的协商,并与澳大利亚沃仑冈大学、美国密西根大学等学校就学术交流和合作办学等事宜进行了联系。

(尹怡欣)

【管理年】 2003年,学院根据学科发展建设的要求和学校不断加强的人事聘任和分配制度的改革要求,在学术队伍建设和院机关行政管理两条线形成一整套管理办法,使学院和学科真正健康、有序、快速、稳定地发展。因此,将2003年定为学院"管理年",制定了《信息工程学院教师业绩评估体系》、《信息工程学院学科梯队建设和管理办法》和《信息工程学院房屋管理办法》等文件,并在学院第三届第二次教职工代表大会获得了通过,下半年对文件进行了修改和完善,并开始实施。

(尹怡欣)

【党建与学生工作】 2003年底,信息工程学院共有党支部37个,其中教职工支部7个,本科生支部7个,研究生支部23个。党员566人,其中教职工党员92人,本科生党员169人,研究生党员305人。2003年新发展党员143名。

2003年,学院党委根据"十六大"报告内容,结合当前国际、国内热点问题,精心设计了"十六大后的中国"系列报告。系列报告于2月24日拉开帷幕,包括"十六大后中国的外交策略"、"十六大后中国社会主义政治文明"等丰富内容。邀请中国社会科学院美国研究所的青年学者张国庆作了专题报告;组织全院教职工观看了中央党校周锡荣教授关于"当前党员干部学习'十六大'精神,贯彻'十六大'精神热点问题新报告"的录像;组织师生党员听取了中央社会主义学院副院长、博士生导师甄小英教授关于"领会三个代表重要思想精髓,把握教育教学实践脉搏"的报告。

为实践"三个代表"重要思想,10月18日,信息工程学院机关党支部前往河北省易县福岗乡双峰小学进行了一次特殊的党日活动。机关党支部向同学们赠送了文具、电脑等学习用品。11月22日,本科计仪02级学生党支部及入党积极分子一行六人又前往河北易县双峰小学,为老师们进行了计算机培训。

学院坚持以学风建设为重点做好学生工作。2003年11月开展了学风建设月活动,包括新生成才规划、英语学习、专业学习和成果展示四个专题,由学生互动参与,取得了较好的效果。学院加强学生创新能力的培养,开展各种科技创新竞赛活动,为学生参加各种校内外科技竞赛创造有利条件。一年来,近百名学生参加了各种竞赛并取得了优异成绩。由信息学院学生参与的CCTV全国大学生机器人第二届电视大赛荣获冠军;在全国大学生数学建模竞赛中,取得了国家一等奖、二等奖的好成绩;在全国大学生电子设计大赛中分获全国一等奖1名、北京市一等奖1名、二等奖1名、三等奖2名。

2003年,信息工程学院获"校学生工作先进集体"、"校学生科技活动先进院"称号;学生工作办公室获"校级先进集体"称号。2003年,学院自研021班和计003班被推荐为北京市先进班集体,并参加了"建龙"最佳团队挑战赛,自研021班获得建龙最佳团队二等奖。

2003年学院认真总结"以人为本,党政工共建职工之家"的工作经验,组织申报了"全国模范职工小家"的材料,9月,在中国工会第十四次全国代表大会上,信息工程学院部门工会被授予"全国模范职工小家"称号。

(祝利克、路春梅)

【发展规划】 2003年,信息工程学院经过深入调研和仔细论证,于学院第三届第二次教职工代表大会上通过了《北京科技大学信息工程学院总体发展战略规划》,到2020年学院的改革发展总体目标是:把信息工程学院建成在控制科学与工程、计算机科学与技术、信息与通信工程、智能科学与技术、仪器科学与技术、电子科学与技术、生物医学工程等学科领域富有特色、国内先进、国际知名的研究教学型学院。

根据《北京科技大学总体发展战略规划》的要求和安排,实行"两步走"的发展战略。学院和学科建设发展的各阶段总体目标依次为：

第一阶段：至 2007 年，形成控制和计算机学科两强、信息与通信和生物医学工程具有一定规模的学科体系框架；形成适应社会发展需求和紧跟信息学科发展的有特色的创新人才培养体系；形成学术水平高，学历、职称、年龄结构合理，分布于七个一级学科领域学术队伍；以人为本、以学院和学科建设发展为中心、科学高效的教师、实验、行政人员业绩评价、考核和管理体系。经过五年的建设，形成可持续高速发展的软硬件环境，为把信息工程学院建成高水平研究教学型学院打下良好基础。

第二阶段：至 2020 年，控制科学与工程、计算机科学与技术、信息与通信工程、智能科学与技术、电子科学与技术全部达到国家最高学科水平，其中的一些学科达到国际先进水平，仪器科学与技术和生物医学工程达到国内先进水平；建立一批信息相关新兴学科，学院的国际影响力显著提高，成为国内一流、国际上具有重要影响的高水平研究教学型学院。

（尹怡欣）

附　录

信息工程学院 2003 年院级表彰奖励情况

奖项名称	获 奖 人 姓 名	等　级
学科点申报贡献奖	高庆狮　涂序彦　余达太	一等奖
	穆志纯　李　擎　曾广平　周贤伟	二等奖
	王忠民　徐正光　张晓彤　王昭顺	三等奖
	魏媛媛　王振花　姚宣霞	四等奖
科研优秀奖	童朝南	
实验室建设贡献奖	曾树全　周贤伟　徐正光	
工会工作贡献奖	吴宗利	
学生工作优秀奖	李丽辉	
中比合作办学特殊贡献奖	杨　扬	
特殊荣誉奖	孙一康	
院长奖章	牟世堂　王志良　李　擎　张晓彤　穆志纯	

信息工程学院 2003 年新增国家、省部级项目

项目名称	负责人	课题来源	科研经费	完成时间
基于人工生命的智能控制系统研究及应用	尹怡欣	国家自然科学基金	24 万	2004.01 ~ 2006.12
计算机网络环境中的“虚拟机器人”——“软件人”	曾广平	国家自然科学基金	21 万	2004.01 ~ 2006.12
人耳识别技术的研究	穆志纯	国家自然科学基金	5 万	2004.01 ~ 2006.12
ICCKDSS 推广应用	杨炳儒	国家级科技成果重点推广计划项目	20 万	2004.01 ~ 2006.12
基于人工心理理论的情感机器人关键技术研究	王志良	教育部重点科研项目	12 万	2002.09 ~ 2003.12
基于细胞神经网络的生命及人工免疫理论研究和应用	闵乐泉　郑德玲	高等院校博士点专项基金项目	10 万	2004.01 ~ 2005.12
非线性自适应逆控制的交流电动机变频调速系统研究	李正熙　李华德	北京市教委重点项目	39 万	2004.01 ~ 2006.12
实用和高标准自动翻译率的机器翻译方法的探索	高庆狮	国家自然科学基金	24 万	2004.01 ~ 2006.12

（祝利克、吴宗利）

管理学院

【概况】 2003年,管理学院坚持以"三个代表"重要思想为指导,认真贯彻党的"十六大"精神,按照学校总体发展规划蓝图,制定了管理学院五年发展规划。

管理学院目前下设四系、两所、两办和一个中心,即管理科学与工程系、工商管理系、财务与会计系、经济贸易系;管理科学研究所、电子商务研究所;学院办公室(包括学院行政办公室与图书资料室)、MBA办公室和实验中心。学院现有在职教职工82人,其中教授14人(含博士生导师7人),副教授24人,讲师以下教师25人。

2003年,管理学院招收本科生266名,各类硕士生271名,博士生32名,全院在册学生达到1 940人。2003年学院毕业学生339人,其中研究生77人。为了进一步提高本科毕业生就业率,学院决定组建公共关系与就业指导办公室。

(张 群、张 颖、王建辉、王文武)

【学科建设】 2003年管理学院金融工程专业通过教育部审批,并首次招收金融工程专业本科生,金融工程实验室建设也已在学校正式立项。学院还成功申办了技术经济及管理、国际贸易学和金融管理工程3个硕士点,使学院硕士点达到8个,为多学科培养研究生奠定了基础。

(张 群)

【科学研究】 2003年管理学院教师共发表论文100多篇,其中以第一作者发表的属四大检索的论文2篇,核心期刊论文65篇,专业期刊37篇。2003年开展的科研课题21项,其中纵向8项、横向13项,合同经费达250万元。李铁克教授获得一项自然科学基金项目。到2003年11月底,到款经费165.69万元,其中纵向经费18.1万元,横向经费147.59万元。

(王道平、曹 勇)

【教学改革】 2003年,管理学院第四批校教改立项"辅修专业培养模式的研究与实践"及"学分制下弹性学制的探索与实践"已顺利结题;王立民副教授的"证券投资实验课开发建设"获得北京市教育委员会批准,作为北京市教改项目正式立项。

2003年管理学院惟一的一门校级课程"经济与管理"通过立项、建设、成果验收,正在申请参评校级优秀课程,两门院级课程管理信息系统与管理学原理也已被学校批准进入校级优秀课程建设。

到2003年底学院列入"十五"教材规划的教材已正式出版9本,完成了"十五"教材规划的90%,受到出版社和用书单位好评,已有7本签订再版合同。王宾容教授等编著的《经济法教程》获得北京科技大学第五届优秀教材二等奖。

2003年学院为研究生组织了学术活动十余次,包括诺贝尔奖获得者蒙代尔以及北大方正集团董事长魏新在内的专家讲座。召开了MBA教学研讨会,开办了研究生与MBA案例教学法培训班,使教师和研究生受益匪浅。

(戴淑芬、高俊山)

【师资队伍建设】 2003年,学院继续遵循"引进、优化和培养"的方针,着重从学科建设出发,积极引进人才。共引进和接收专业教师9人,其中具有博士学位的4人,高层次人才2人。在企业管理方向引进博士生导师何维达教授,为企业管理博士点的建设奠定了基础;在财务管理方向,从加拿大引进加籍华人张润明博士;在人力资源管理方向,引进了副教授张剑博士;在金融工程学科方向上,引进了证券分析师杨成义。同时,学院制定奖励政策,鼓励青年教师报考在职博士,进行优化培养。2003年学院还派出两位青年教师到国外学习进修。目前,学院有7名教师在职攻读博士学位。

(张 颖)

【国际交流与合作】 2003年，学院与美国得克萨斯大学阿灵顿商学院合作举办EMBA班项目继续进行。在向国务院学位办提交了中期汇报和继续合作办学的申请后，获得今后4年每年100人的招生指标。目前，第一期班的教学工作按正常进度进行，第二期班的招生工作顺利结束，已正式开课。

2003年，学院组织和参加了对美国得克萨斯大学阿灵顿商学院(UTA)等北美学校的访问，对有关合作事项进行了进一步协商；基本落实了2004年同台湾朝阳科技大学的互访安排。另外，关于选派教师赴UTA进修、从德国Freberg矿业技术大学合作引进MBA模块、与英国兰开斯特大学合作申请欧盟管理教育基金等项目的洽谈亦获得了一定进展。

（高俊山）

【党建与学生工作】 2003年，学院以“十六大”精神和“三个代表”重要思想为指导，紧密围绕学校和学院的中心工作，从党的基本知识教育、积极分子培养、党员发展、支部建设、组织生活五个方面开展党建工作。年内，学院举办了两期学生初级业余党校，共有360人参加了学习；为入党积极分子开设了入党积极分子培训班，还承办了北京科技大学第40、45期学生业余党校。2003年学院共发展新党员85人(其中教职工2名)，学生党员的比例达到了15.7%。同时学院还对学生党支部进行了调整，把2000年级党支部分为两个党支部，促使高年级党支部能够更好的做好入党积极分子的培养和发展工作。年内，学院还组织开展了考察、实践、征文等丰富多彩的组织生活，尤其是在非典期间，把组织生活网络化，开辟网上支部论坛，收到了良好的效果。11～12月份，学院开展了“三个代表”学习实践月活动，党员佩戴党徽，接受同学监督，党员的模范带头作用得到了发挥，党支部的凝聚力和战斗力都得到了加强。

2003年，学院学生工作突出“以人为本”的管理机制，以思想建设为基础，以学风建设为核心，以班风建设为保障，围绕学生健康成材和全面提高素质开展工作。学院有6个本科生班和1个研究生班被评为校级先进班集体，其中2个班为校优秀班集体标兵，并被推荐为北京市先进班集体。同时，国贸012班被学校推荐为全国五四红旗团支部标兵。企业管理02级研究生吴磊被评为全国优秀学生干部，还有3名同学荣获北京市三好学生称号。

2001级学生在大学英语四级考试中一次通过率在90%以上，居全校第一。其中，国贸012班的通过率为100%，国贸011班学生鲁晓获得满分。国贸012班学生丁宁获北京市大学生英语竞赛特等奖，管信011班学生杜玲获首届“外教社杯”全国大学生英语写作竞赛一等奖。

2003年，学院为了推进学生素质拓展工作的进一步开展，组织了一系列科技、文艺、体育活动。2003年学院启动了北京科技大学创业计划大赛，组队参加了国际企业管理挑战赛，举办了“管理论坛”、“博士生论坛”等一系列学术讲座，出版学生刊物《经济潮》第十五、十六期。学院青年志愿者服务队四年来坚持开展各项志愿者活动，义务支教、献爱心、为察右前旗贫困儿童募捐等活动，荣获学校“志愿行动先进学院”荣誉称号；开展社会实践工作，荣获学校“社会实践先进学院”荣誉称号；举办“管理杯”篮球赛、新生篮球赛、“一二·九”火炬接力赛等体育活动，并荣获学校“一二·九”火炬接力赛冠军，荣获2003年第四十二届学校运动会男子、女子、男女团体冠军、“三好杯”篮球赛冠军、运动会体育道德风尚奖、新生文艺汇演二等奖、“三好杯”排球赛第二名、拔河比赛第二名等优异成绩。在学校2003级新生文艺汇演中，管理学院两个节目获得了二等奖；鲁晓同学在全国“莫高杯”青年风采大赛中进入决赛；张梓琳同学荣获“新丝路”模特大赛北京赛区亚军，全国十佳称号。

（王建辉、张东平、曹　勇）

文法学院

【概况】 根据学校发展的需要,2003年6月文法学院进行了调整(应用外语系、公共外语系、外国语言学研究所、外语培训中心从文法学院分离组建成立了外国语学院)。调整后,文法学院设有5个系:法律系、行政管理系、社会学与政治学系、教育管理系、社会科学系;4个中心:艺术教育中心、对外汉语教学中心、MPA教学管理中心、文科实验中心;1个研究所:高等教育研究所。另外设有《北京科技大学学报(社会科学版)》、《思想教育研究》、《中国冶金教育》三种学术期刊编辑部。

2003年文法学院招收本科生146人,硕士生84人,MPA学位生98人,专转本93人。毕业生中,本科生157人,硕士生41人,专转本学生78人。目前全院在读本科生613人,硕士生168人,MPA学位生197人,专转本175人,共计1 153人。

(许　放、李同宪)

【学科建设】 2003年9月,学院申报新增了“民商法学”、“高等教育学”、“文艺学”硕士点。学院目前有本科专业4个:法学、行政管理、社会工作、思想政治教育;硕士点7个:马克思主义理论与思想政治教育、教育经济与管理、行政管理、民商法学、文艺学、高等教育学、公共管理(MPA)。以上专业涉及4个学科门类:文学、法学、教育学、管理学;6个一级学科:公共管理、法学、政治学、社会学、高等教育、中国语言文学。

(许　放、李同宪)

【师资队伍建设】 2003年,学院引进和接收专业教师5人,全部具有博士学位。其中包括文艺学博士后、教授王列生和社会学研究员、在读博士时立荣2位高层次人才。

学院现有哲学、史学、经济学、政治学、法学、文学、教育学、管理学等学科专任教师68人,其中教授11人、副教授29人、博士生导师1人。师资队伍的整体素质有较大提高,78%的教师具有硕士及以上学位,其中约20%的教师具有博士学位,约59%的教师具有高级专业技术职称。此外,学院目前有8名教师在职攻读博士学位。

(许　放、李同宪)

【科研活动】 2003年,学院教师共发表论文93篇,承担科研项目23项,其中:国家级1项,省部级9项,经费20.96万元。科研获奖4项,其中省部级奖1项。此外,多名教师在校级评选的各种奖励中获奖。

(徐芳莲)

【学术交流】 学院积极开展对外交流活动,2003年2月何晓前老师随全国MPA指导委员会组织的欧洲五国考察团进行了为期十五天的学术交流。10月10日英国斯特灵大学应用科学系副主任Cherry Rowlings教授来学院进行了为期两周的学术访问与讲学。

(许　放、李同宪)

【党建和学生工作】 2003年,学院学生工作在去年“一、二、三、四、五”工作格局的基础上,进一步优化和调整成为“一、二、四、八”的工作框架:一指的是以实施《文法学院大学生活战略规划手册》为载体,集中由院领导主持,每学期1~2次全年级大会,分散由辅导员安排,每班一次深度会谈,实践效果表明科学的大学生活战略规划是学风建设的重要途径之一。二指的是贯穿“学生党建”和“第二课堂”两条主线。“学生党建”贯穿“以组织为主导、以学生为主体”的学生党员培养模式,落实党建工作全员党校培训、思想汇报反馈、党课学习小组、自我培养卡、党员发展公示、预备党员佩戴党徽六项制度。“第二课堂”进一步对活动科目进行系统优化,2003年重点落实演讲年会、学术研究、宿舍卫生、社会实践等项目。四指的是不断加强民主、制度、信息、环境四项建设。八指的是每年举办“科技作品竞赛、颁奖晚会、院庆运动会、星期四人文讲座”四项全院性活动，以及“社工文化节、戏剧文化节、法律文化节、MPA 宣传周”四个专业性的节日。

2003 年，学生工作在三条战线上深入开展抗击“非典”的工作，并在四个方面进行了改革试点。学院学生抗击“非典”“三条战线”：第一战线是组织管理工作；第二战线是思想工作；第三战线是面向师生的服务工作。特别是非典期间，学院党委别开生面的组织了学生党员发展大会，吸收五名抗击非典志愿者光荣加入党组织，并举办了以“庆五四，抗非典”为主题的诗词朗诵会和“非典时期，非常说法”活动，都起到了良好的效果。学生工作四项改革包括：①利用 DV 技术，把 99 级学生大学期间的精彩镜头和毕业之前的相关活动录制成光盘，受到了毕业生的热烈欢迎。从 2003 级开始，每级新生入校就积累素材，把与学生有关的重大事件进行录制并在毕业时为学生制作光盘。②探索评价体系改革。学院新的学生评价体系的特点是：建立基础平台（奖学金和荣誉称号的评比建立在思想、学习、实践等基本合格即 60 分的基础上）；引入两个系列（奖学金分为一般系列和个性系列，一般系列主要根据成绩排名，个性系列重点参考在科技、文化、实践、社会工作等方面取得的突出成绩）；采取奖评分开（奖学金和荣誉称号分开，奖学金按照两个系列排队，荣誉称号从奖学金获得者中由各班选举产生）；设立多种荣誉（在传统三好学生等荣誉称号的基础上，设立学习进步奖等十多种单项奖，以及勤学楷模之家等四种优秀宿舍、班级奖）。③实施班级工作条例。每学期初班级干部要向全体同学进行述职，并根据条例的有关要求进行班级干部的改选，鼓励更多的同学在班级干部的岗位上锻炼和实践。④设立学生社科基金。学院在以前学生学术研究的基础上设立了学生社科基金（首批 3 500 元），资助了近 400 名学生参与的 50 多个项目，借鉴了国家社科基金的运作和管理模式，并探索以项目化的方式进行学术研究项目的管理，同学们开展了广泛的调研和实践，取得了丰富的研究成果。

（石新明）

【重要事项】 2003 年 6 月 23 日，校党委、组织部召开“成立外国语学院、文法学院调整大会”，文法学院原应用外语系、公共外语系、外国语言研究所、外语培训中心分出成立外国语学院。

2003 年 7 月 17 日校党委下发《关于文法学院调整及干部任免通知》，任命：许放任院长，王维才兼任党委书记，张北根、左鹏任副院长，李同宪任副院长兼院党委副书记，石新明任党委副书记。

（李同宪）

【发展规划】 2003 年，经过全院认真讨论，制定了文法学院的战略发展规划。以把学校建设成多学科研究型大学和为国家培养高层次社会科学人才为使命，以发展研究生教育为重点，以提高教学质量为关键，努力开拓和发展工科大学人文社会科学教育事业。近期争取使学院由以教学为主向教学与研究并重型迈进，最终把学院建设成为在国内工科院校中具有一定影响的文科学院。

1. 在学科建设方面：计划 2004 年申报文艺学、教育经济与管理、马克思主义理论与思想政治教育和科技与教育管理（自批）4 个博士点；政治学理论、科学哲学、社会学、经济法、中国古代文学、产业经济学 6 个硕士点和经济学 1 个本科专业。

2006 年申报行政管理学、科技哲学等 2～3 个博士点；教育技术学、劳动与社会保障、环境法、法律硕士等 3～5 个硕士点；政治学 1 个本科专业。

力争到 2007 年全院学科专业由目前的 7 个硕士点、4 个本科专业发展到 3 个博士点、15 个硕士点、6 个本科专业。

2. 人才培养方面：至 2007 年，本科生每年 6 个专业招生，年招生 350 人左右，全院在校生 1 400 人；硕士生每年 15 个专业招生，年招生 150 人左右，1 个专业硕士学位年招生 100 人，共计年招生 250 人左右，全院在校硕士生达到 750 人；博士生 3 个专业招生，在校博士生50人左右。

3. 师资队伍建设方面：从2002年起，学院每年招收具有博士学位的教师10名，引进教授以上职称的学科带头人2~3名。到2007年，学院共补充具有博士学位的各专业教师30~40名，学科带头人8~10人；学院教师总量将从现在的68人增至110人，其中具有博士学位的教师达到40%，具有硕士学位的教师达到50%；教师中有一批人成为学校的骨干教师，10名左右为在社会上有一定影响的学科带头人。

（许　放）

附　录

文法学院2003年科研项目统计表

序号	姓　名	课　题　名　称	课　题　来　源	经费(万元)
1	王爱红	中冶集团员工心理健康现状调查分析	中冶集团	0.66
2	陆　俊	《法轮功》批判	北京市	2
3	肖建国	中国民事强制执行法律制度	教育部优秀青年教师资助项目	4
4	孙雍君	科技团体创造力评估模型	国家自然科学基金	1
5	宋　莉	新疆教育发展战略研究	国家教育规划重点课题	6.4
6	张　兴	公民受教育发展战略研究	国家教育规划一般课题	1
7	毛祖桓	各级学生权益及维护途径研究	北京市教科院	1.1
8	汪大海	“十五”期间城乡就业冲突与政策调整研究	北京市	1.4
9	杨晓明	“温州模式”城乡教育转型研究	国家教育规划课题	1
10	杨晓明	我国中等教育教师状况分析	教育部	0.3
11	毛祖桓	21世纪初重点理工科大学教学模式改革	中国高教学会	0.15

（徐芳莲）

文法学院2003年科研获奖统计表

序号	姓　名	获奖作品	奖励名称	颁奖单位
1	许　放 陆　俊	唯物史观通论	北京市第七届哲学社会科学优秀成果二等奖	北京市委、市政府
2	张　梅	20世纪中国文学研究——先秦两汉文学研究	第四届北京市社科图书一等奖	北京市
3	刘静珠	科学美的意蕴	北京高教学会哲学研究会第十四届优秀论文二等奖	北京高教学会哲学研究会
4	邓双林	学音乐的孩子会怎样——音乐本质再思考	南方文坛2002年度优秀论文奖	南方文坛杂志社

（徐芳莲）

文法学院2003年获各项荣誉统计

序号	奖　励　名　称	获　奖　人	等 级
1	北科大第四届“我爱我师—我心目中最优秀的老师”	许　放　吕京生　陆　宁 李婉平　左　鹏	
2	北科大第二届本科教学优秀奖	左　鹏　吕京生	二等奖
3	北科大2001~2003年度先进工作者	陆　俊　许　放	
4	北科大2001~2003年度师德先进个人	吕京生	
5	宝钢教育基金优秀教师奖	陆　俊	

续表

序号	奖 励 名 称	获 奖 人	级 别
6	北科大建龙优秀教师奖	吕京生 陆 宁	
7	北科大第九届优秀讲义奖(《大学语文》)	王育杰	
8	北科大第四届青年教师教学基本功大赛	彭红英	最佳演示奖
9	北科大第四届青年教师教学基本功大赛	彭红英 左 鹏	二、三等奖

(李同宪)

应用科学学院

【概况】 2003年9月,应用科学学院生物科学与技术系正式成立。截至2003年底,学院设有数学力学系、应用物理系、应用化学系、生物科学与技术系、应用物理研究所、化学分析中心、现代物理技术研究中心。拥有凝聚态物理1个博士点;应用数学、系统工程、计算数学、运筹学与控制论、固体力学、凝聚态物理、物理电子学、应用化学、分析化学、生物化工(合办)、化学工程(工硕)11个硕士点和数学与应用数学、信息与计算科学、应用化学、生物技术、应用物理5个本科生专业。另外,学院还设有"国家科技部新材料模拟设计实验室"和"国家工科物理课程教学基地"。

2003年底,学院共有教职工149名,其中教授22人,副教授37人,高级工程师7人,具有博士学位的教师31人,博士生导师9人,硕士生导师48人,由国外学成归国的导师所占比例为31%。学院在校学生1 187名,其中研究生244人,本科生943人。2003年本科生招生243人、毕业144人,2003年研究生招生101人、毕业38人。

(石 岩、何淑兰)

【学科建设及科研工作】 2003年,学院申报成功凝聚态物理博士点及物理电子学、计算数学、运筹学与控制论三个硕士点,并开始培养研究生。2003年,学院共获得纵向、横向课题科研经费251万元;承担国家"973"计划项目一项,国家"863"计划项目2项,国家自然科学基金项目12项等纵向研究课题共19项,以及来自于企业的横向研究课题16项。学院在国内外重要学术期刊发表论文106篇。SCI和EI收录的论文数在学校排名第四,SCI收录论文数在学校排名第三。

(邱 宏)

【教学工作】 2003年,高等数学、线性代数、大学物理、物理实验、无机化学、无机化学实验、工程力学完成校级优秀课程答辩。其中高等数学、线性代数、物理实验首批获校优秀课程称号。概率论与数理统计,物理化学2门课程通过第二批校优秀课程的立项。学院教师指导的"全国大学生建模竞赛"获全国一、二等奖各一项。"全国大学生化学实验竞赛"获全国三等奖一项。加快国家工科物理课程教学基地的建设,基地的特色物理实验室正式开始向全校本科生开设物理实验课。学院2003年新进青年教师12人,学院组织了青年教师座谈会,对青年教师在教学上提要求,并为每位新来青年教师指定一名指导教师,在教学上对青年教师给予指导,帮助他们站好讲台。

(申亚男)

【实验室建设】 2003年,学院完成2002年度修购计划的200万元设备购置任务,并通过了校内专家验收。其中国家投资160万元,自筹资金40万元。

低维材料及物理电子学实验室完成全部设备采购任务,建成了"薄膜材料制备实验室",99级学生已使用所购设备进行毕业论文的实验工作,利用"211"工程及世行贷款投资建成"低维材料及物理电子学实验室"中的"薄膜材料制备”实验，给学生开设了“薄膜制备技术实验”。利用本次修购计划投资购买了“多功能阻抗仪”等仪器，通过配套组合，初步完成了“材料交直流伏安特性测试与分析”实验建设。已接收应用物理专业99级24名学生约800机时的毕业论文实验工作以及2000级部分学生的专业实验和暑期实习。通过相关实验的实践，训练学生利用所学基础理论，分析解决材料生长过程中的物理问题和技术问题，培养了学生运用所学知识独立进行技术开发的能力。该实验室的建设也为物理系申报新的“电子科学与技术”本科生专业做好了一定的准备，同时为物理系部分教师和研究生的科研工作提供了实验帮助。

现代化学分析实验室已完成使用“气相色谱/质谱联用仪”的《色谱分析实验》建设任务，化学系两名教师经Finnigan公司培训，已获使用仪器上岗证书；编写了实验讲义(《仪器分析实验讲义》，其中第一章“气相色谱实验”的实验五)，并为学校部分专业本科生(应用化学、生物技术、环境工程、材料化学等)及研究生开设近600人机时实验(以演示为主)。此外，一名研究生使用该仪器完成毕业论文。

数学实验室已完成全部设备购置任务，扩大了“数学实验室”面积，增加了原有上“数学实验课”的班数和教学内容。编写了“数学实验”教材，供学校和几个兄弟院校本科生使用。

力学实验室已完成设备购置和改造任务，改造后的高频疲劳机正进行实时考核。正在利用这些设备开发有关的综合性、设计性和研究型的教学实验。目前，以培养和提高学生的动手能力为目标，已经完成了设计性教学实验大纲和实施细则的编撰工作。学校已批准每年面向全校工科本科生开设的“材料力学设计性实验”选修课的申请，2004年春季学期开始编入全校公共选修课目录并开课。该课程预定为2学分，20学时。可在斜弯曲电测应力分析、薄壁结构受力分析、断裂与疲劳、高－低温冲击韧性测试等实验内容中灵活选择。

建成生物科学与技术实验室，用于新成立的生物科学与技术系的微生命学和细胞生物学实验工作。

(罗　胜)

【党建与学生工作】 学院高度重视党建与思想政治工作。贯彻“带出一支队伍”的思想，在各个层面加以落实。贯彻“创新唯存”的思想，推进党建工作的创新。不墨守陈规，抓住新情况、新问题，有针对性地加以解决。贯彻“可持续发展”的思想，为今后的进一步发展奠定良好的基础。

为做好支部建设工作，除规范的组织生活时间内容外，还要求采用研讨、小组辩论、参观考察、录像讨论等多种形式加强教育效果。院党委要求所属支部积极组织申报完成优秀主题党日活动，通过深入地、多角度地调查研究和研讨，掌握“三个代表”重要思想的内涵、历史地位和作用，探讨共产党员如何以实际行动贯彻落实这一思想。

按照《党员发展实施细则》规范做好发展的相关工作。教职工党员培养发展工作由院党委直接领导，党支部负责具体工作，教职工入党积极分子的两个培养人中须有一名院党委委员；召开发展大会时，须有至少两名院党委委员参加。学生党员培养发展工作由院党委统一领导，院学生工作委员会具体指导，党支部负责具体工作，学生入党积极分子的两个培养人中须有一名支部委员；召开发展大会时，原则上应有院党委委员参加。院党委委员每人联系一个学生党支部，定期参加支部活动，负责新发展党员谈话，在院党委讨论审批时介绍情况、提出意见。2003年发展教工党员1名，发展学生党员39名。党员比例研究生39.5%，本科生11.5%；教职工47.9%。

积极推进学生业余党校工作，加大积极分子培养力度。2003年与土木与环境工程学院、管理学院共同举办了北科大第45期学生业余党校。除了组织学生听专家的报告外，依托此次学生业余党校的平台，学院学工组还组织党校学员们以《路在何方》为主题进行“学员论坛“活动。根据学院多年来毕业生就业的实际状况和经验教训，为扭转被动局面，拓宽同学们就业方向，使同学们认清形势，多方面、多角度去思考，及早做好未来的职业规划，此次“党校论坛”以就业为题，以“三个代表”重要思想、“十六大”报告为指引，最终学员们以论坛的方式将自己的所思所得展开，论坛以新颖论题和开放形式使同学们易于入手和接近，不仅锻炼了大家的演讲、表现力等综合素质，更引导学员们去思索、去探讨，用一种更加积极、理性的方式了解就业现状，找准方向，发展自我。

学生工作组提出“全心全意服务学生，搭建素质拓展舞台”的工作原则。适时进行理论学习和工作研讨，与会人员有平等的发表意见的机会，可以对学院学生工作提出意见和建议。工作研讨每年不少于2次，由分党委拟定议题，负责组织与会人员。2003年主要议题有：学风建设、学生党建、就业工作。例如对于就业工作，经研讨达成如下共识：加强学科建设，使学科的发展符合社会发展的需要，为就业提供良好的基础和前提。就业指导贯穿大学始终，尤其是考研深造的意识，从一年级就开始灌输。关注考研率、考研录取率、一次就业率等指标，分析其变化的趋势和原因。

学院积极组织开展多种学科竞赛，为大学生能力的拓展提供了舞台。2003年由数学力学系、物理系组织的大学生建模比赛、物理竞赛分别获全国、北京市一等奖，数学、物理、化学竞赛激发了学生刻苦学习，勤奋钻研的热情。蓬勃开展的课外科技活动是学院的另一特色，在“摇篮杯”等学生业余科技活动的比赛中，学院学生获多项奖励。生动活泼、丰富多彩的课外活动，缓解了紧张的学习压力，篮球比赛、足球杯赛、羽毛球赛、趣味运动会等体育活动，为学生全面发展创造了条件。具有良好素质、扎实基础、强烈责任感和大局意识的应用学子受到用人单位的广泛好评。

（石　岩、张百年）

【学院行政领导班子调整】 2003年11月，根据学校党委指示精神，学院行政领导班子进行调整。12月30日召开全院教职工大会，校党委书记罗维东、校长杨天均、校党委副书记李宝林、组织部长付晨光参加大会。学院行政班子调整为：邱宏任院长，弓爱君任副院长，鲁毅强、罗胜不再担任院长及副院长，其他班子成员不做变动。

（石　岩）

【发展规划】 2003年，学院经过反复论证，并经多次会议讨论，最终确定了学院的发展规划。学院的总体发展目标为：有完备的学科体系——形成理科特色的学科群，开办特色应用科学专业；有精练的师资队伍——造就名师领衔、结构合理、技能优良、在本专业有影响的中青年学术骨干队伍；有适销对路的“产品”——构建完善的教育教学体系，保证学院培养的学生得到社会认可，满足市场需要。学院目标定位是：在教学和科研中有自己的特色、成为在国内具有影响力的教学研究型学院，进一步发展成在国际上具有影响力的研究教学型学院。

学科建设方面：①至2007年博士学位授权点增至3个（凝聚态物理、应用化学、应用数学），至2020年建成一级学科点。②在建立物理电子学、运筹学与控制论、计算数学三个硕士点的基础上，至2007年再增设生物技术、概率论与数理统计、生物工程（工 硕）三个硕士点。至2020年增设化学工程、光信息科学与技术两个硕士点。③至2007年建成电子科学与技术、理论与应用力学、光信息科学与技术和统计学四个本科生专业。至2020年建成化学工程本科生专业。④在近期内加快建设，准备条件申报教育部数学和化学工科教学基地。⑤至2007年申报教育部物理、化学和力学三个全国示范性实验室。⑥至2007年申报北京市应用数学、应用物理、应用化学重点学科。⑦至2020年将应用数学、凝聚态物理、应用化学建成国家重点学科。

科研工作方面：①至2007年纵向和横向课题经费每年达到150万元，被SCI、EI收录的论文数50篇/年，专利5项/年。②建立微电子研究中心。该中心将具有科学研究和新产品开发的能力。从材料设计、材料制备、功能器件加工到相关产品的制作,形成小规模的工艺生产能力。近期,该中心将以磁电阻和巨磁电阻薄膜材料的研究开发为基础,研究开发磁敏电阻芯片和相关的磁敏传感器。中心的研究开发方向将随着社会的需求为导向,本着从应用中提取出科学(理论)问题,再从中产生新的应用的方针,即应用——理论——新的应用的发展模式。建成国内知名的、有自己特色的微电子研究中心,成为学校的一个展示窗口,成为学校的一个吸引外部资金(国内和国际)的基地,成为学校的一个新的发展方向和增长点。2007 年以前将两个左右的成熟产品推向市场。③筹建学院物质性质分析测试中心。该中心将综合学院下属各系(中心)的物理测试、化学测试、力学测试的相关设备,为校内和社会的科研机关、企业提供物理性质、化学性质、力学性质、成份分析等服务。不断开发新的分析手段和方法,提高分析测试技能,办成有一定影响力的物质性质分析测试中心。④进一步扶植、支持环保技术、信息处理技术、生物技术、工程化学、高分子复合功能材料的研究和开发,加速成果转化,促进专业发展。⑤加强同国外大学、研究所和企业间的科研合作研究,建立一支具有国际水平的科研开发队伍。积极支持留学回国教师同他们在国外的研究单位保持合作关系,学院为这种合作提供最大的帮助。⑥培养出一批在各自科研领域中的国内、国外知名的专家和学者。

学院加强对数学、物理、化学、生物、力学等理科专业的建设,发挥“国家工科物理基础课程教学基地”、“国家科技部新材料模拟设计实验室”的带动作用,初步形成学校理科学科群的构架。建设高水平的学科梯队,开展高水平的科学研究,建设高水平的理科专业是当前主要工作。学院积极开展教学研究、提高教师自身素质和教学水平,改革完善教学方法、不断探索新的教学模式,培养学生扎实的理科基础、过硬的工科技术、高尚的人文素质。同时把科学研究的思维方式和方法、最新的科研成果、高新技术前沿领域的知识传授给学生,激发学生探索自然的激情、掌握探索自然的更加正确的方法,使他们进入社会后,能够用理学、工学、人文素质这三根支柱支撑起自己的事业平台。

教学和科学研究始终是学院十分重视的两项重要工作,是学院发展的两个支撑点。充分重视教学研究及科学研究,培养和引进具有高水平科学研究能力的师资队伍,建立高水平的学科梯队,使学院成为具有高水平的教学和高水平的科学研究的研究教学型学院,为学校建成特色突出、国际著名的研究型大学打下坚实基础。

(邱　宏、石　岩)

附　录

应用科学学院 2003 年科研项目统计表

序号	项　　目	来　　源	参与人员
1	中国科学院沈阳金属所“九七三”项目	国家“973”计划	陈难先
2	用于蓝光激光器衬底的 GaN 体单晶生长技术	国家“863”计划	袁文霞
3	高性能金属超细丝制备技术	国家“863”计划	廖福成
4	GaN 与助熔剂体系的热力学及相关氮化物合成	国家自然科学基金	袁文霞
5	纳米上转换荧光探针的制备及其表面结构研究	国家自然科学基金	范慧俐
6	基于细胞神经网络的病毒感染肿瘤生长现象	国家自然科学基金	闵乐泉
7	基于局部活动性原理非线性系统	国家自然科学基金	闵乐泉
8	基于细胞神经网络的生命及人工免疫理论研究	国家自然科学基金	闵乐泉
9	Bi2212 单晶和 T1-2223 薄膜 C 轴	国家自然科学基金	罗　胜

续表

序号	项　　目	来　　源	参与人员
10	利用高频电磁波复介电常数测量方法进行地质勘探	国家自然科学基金	田　跃
11	凝聚物理中玻色系统不稳定态	国家自然科学基金	冯　澎
12	复合材料中粘弹性波传播特性及材料定征	国家自然科学基金	魏培君
13	变尺度松散结构物质在多相化学反应条件下	国家自然科学基金	郑连存
14	纳米氮化硼合成、应用中的物理化学问题	国家自然科学基金	范慧俐
15	非线性弹性材料和结构中的一些动力学问题	国家自然科学基金	尚新春
16	熔渣为介质的无污染脱氧过程的基础研究	北京市自然科学基金	叶亚平
17	北京市科技新星 A 人才培养	北京市科技新星计划	袁文霞
18	北京市废铅酸电池流向和利用现状调查	北京市	路丽英
19	北京市废矿物油流向和处理现状调查	北京市	路丽英
20	TA 残渣的酯化研究	北京化工研究院	弓爱君
21	荧光灯粉红粉成份改进研究	北京方正东安稀土新材料科技有限公司	刘世香
22	水性涂料中卤代烃和苯系物的气相色谱分析研究	国家建筑材料测试中心	刘杰民
23	天然气轻烃形成机理研究	石油勘探研究院廊坊分院	温美娟
24	从粉煤灰中提取氧化铝的研究开发	拖克托云发电有限公司	鲁毅强
25	CCFL 荧光粉热力参数研究	北京有色金属研究院	袁文霞
26	含氟保护渣化学成分测定方法研究	河南巩义	李建强
27	定氧技术开发及应用	攀枝花市瑞泰公司	陈　望
28	印钞软磁油墨材料及检测传感器的研究	北京印钞厂	田　跃
29	导电聚苯胺薄膜的制备及结构和特性研究	北京纳盛通新材料科技有限公司	邱　宏
30	纳米中药粉制备技术研究	沈阳仁济医院	吴　平
31	球化处理过程中物理化学过程的计算机模拟	石家庄德瑞机电材料有限公司	张　禹
32	邯峰发电厂综合信息查询系统	河北邯峰发电厂有限责任公司	李安贵
33	土建工程计费支付与进度管理软件及服务系统	河南郑州西南饶城高速公路指挥部	李安贵
34	高速公路工程建设管理系统	河南洛阳高速公路建设指挥部	李安贵
35	板壳理论在管道分析研究	华电管道工程技术公司	尚新春

（邱　宏）

2003 年应用科学学院获奖情况

获奖名称	奖励等级	单位	主要获奖人
北科大第四届“我爱我师—我心目中最优秀的老师”		数力系	范玉姝　张志刚
		化学系	袁文霞
北科大 2001～2003 年度师德先进个人		数力系	申亚男
		物理系	尹　红
		化学系	管荻华
北科大防控非典先进个人		数力系	范玉姝
北科大防控非典先进集体		数力系	
北科大建龙优秀教师奖		化学系	袁文霞
		数力系	胡志兴
		物理系	邱　宏
北京市优秀青年工程师		数力系	艾冬梅
北科大园丁奖		物理系	尹　红
		数力系	胡志兴

续表

获奖名称	奖励等级	单位	主要获奖人
北科大青年教师多媒体教学基本功比赛	一等奖	化学系	袁文霞
	二等奖	数力系	朱 婧
	二等奖	数力系	苏永美
北科大第二届本科生教学优秀奖	标兵奖	数力系	范玉妹
北科大第二届本科教学优秀奖	一等奖	数力系	廖福成
	二等奖	化学系	范慧莉
北科大第二届本科教学优秀讲义奖	一等奖	物理系	吕金钟 刘柏松 尹 红
	二等奖	数力系	卢晋福 刘冬青 龚春秀
	三等奖	化学系	王丽华 弓爱君 刘杰民 温美娟

（何淑兰）

外国语学院

【发展概况】 北京科技大学于1985年成立外语系，同年开始招收英语语言文学专业研究生；1990年建立英语本科专业；1996年底外语系、社会科学系、高等教育研究所、德育教研室合并组建成立文法学院。2003年6月学校在原公共英语系、应用英语系、外国语言文学研究所、外语培训中心的基础上组建外国语学院，8月正式成立。

学院现有四系、一所、一个中心。四系分别是一系（英语语言文学）、二系（大学英语）、三系（研究生英语）、四系（日、俄、德、法语）；一所是指外国语言文学研究所；一个中心是指外语培训中心。学院有9个语音实验室，座位共366个；一个资料室，收藏图书3 165册。目前教职工80人，其中教师69人，教师中教授5人，副教授15人，讲师36人，助教13人。

学院承担着全校的英、日、俄、法、德等公共外语课教学及英语、日语专业教学任务，为提高大学生的综合素质发挥着重要作用，所培养的学生多次在大学生英语竞赛中获奖。学院坚持"特色鲜明、兼收并蓄"的办学方针，广泛开展国内外学术交流活动，经常派教师出国访问、进修，重视学生综合素质的培养，每年聘请多名外籍专家来院任教、讲学。

（徐景泉）

【学科建设与科学研究】 学院拥有英语与日语两个本科专业，外国语言学与应用语言学和英语语言文学两个专业硕士点，（其中日语本科专业和英语语言文学硕士点为2003年增设）。

学院的两个硕士点包括以下研究方向：外国语言学与应用语言学：外语教学理论与实践、英汉语言对比分析研究、翻译理论与实践研究、理论语言学及其应用；英语语言文学专业：英美现代文学、文学文体学和比较文学与翻译。

学院培养出的英语专业本科生可从事国际贸易、国际文化交流、科技情报翻译、外语教学及研究工作；日语专业本科生可从事教育科研、外事交流、对外贸易、企业管理、旅游、翻译等工作。2003年，学院教师共撰写并发表论文25篇，出版教材8部，编写著作8部，出版译著5部。

（徐景泉）

【教学改革】 外国语学院承担学校所有学生的公共外语教学任务。在"以学促用、边学边用"的思想指导下，学校的大学英语教学呈现出了蓬勃发展的局面。四级通过率从2000年的60.7%提高到2001年的64.7%、2002年的67.3%，2003年则达到了71.2%。同时，六级一次通过率也有了历史性的突破，从2001年的13.4%、2002年的20.2%，提高到2003年的70.3%。教师、学生在各级比赛中多次获奖，其中一名学生在"'外教社杯'首届全国大学英语写作大赛"中获得北京赛区一等奖，26名学生在全国大学生英语竞赛中获奖，一名学生在"21世纪杯"第八届全国英语演讲比赛中荣获三等奖。2003年，学院还按时完成了大学英语优质课程建设项目，及北京科技大学第四批教学改革项目《大学英语课程改革的研究与实践》。

（徐景泉）

【对外交流】 为了提高日语专业的整体水平，学院多次派教师参加各种研讨会，与其他院校进行学术交流。2003年11月，参加了日本国家基金北京事务所举办的"北京大学日语教师会"，12月参加了清华大学举办的"讲演比赛"，北京外国语大学举办的"全国日语专业教材与课程设置研讨会"及高等教育出版社主办的"全国大学日语研讨会"等。

（徐景泉）

【党建与学生工作】 2003年，学院党委以邓小平理论和"三个代表"重要思想为指导，紧密围绕学校、学院的中心工作，结合学院实际情况，重点开展了党组织的机构建制、加大党员发展力度及深入学习、实践"三个代表"重要思想等工作。

外国语学院现有党员77人，其中学生党员38人，教职工党员39人；其中有33人为2003年度发展入党，全部为学生党员。有党支部6个，其中教职工党支部2个，学生党支部4个。学院注重党支部建设，强调组织生活形式的多样化与内容的实效性。针对不同党支部的具体特点开展工作。如教工党支部积极组织教工党员参观地道战革命纪念地及燕京啤酒厂，并邀请学生参加党支部民主生活会，讲述他们"心目中的好老师"，与教工党员们进行交流。

在加大学生党员发展数量的基础上保证质量。2003年下半年外国语学院与文法学院共同举办了北京科技大学第44期学生业余党校，共有31名同学顺利结业，5名同学被评为优秀学员。此外，讨论制定了《外国语学院关于学生党员发展工作规范化管理实施细则》，并在英语01党支部进行了确定党员发展对象的百分制制度试点。

学院学生工作紧密围绕学校中心工作，深入学习"三个代表"重要思想，积极探索学习型组织在新学科中的应用和发展。在稳步开展各项工作的同时加强学生工作队伍建设及学生党建，依托学生党支部和学生社团，强调服务，并以服务育人的思想，加强工作的针对性和实效性，营造良好的育人氛围和学习环境，保证了学院、学校各项工作的顺利进行。

2003年，外国语学院围绕学风建设开展了一系列有益的活动：利用学院学生会、求是分会的宣讲优势，组织高年级优秀学生与低年级学生进行座谈，交流好的学习方法；2003年11月29日启动了"我爱学外语"主题活动月，征集学风建设方案，制定宿舍公约；2003年12月9日，组织了首届外文电影配音大赛；2003年12月中旬邀请英语专业优秀毕业生回校，与全院同学进行了交流。年内，学院还举办了"片假名书法大赛"和"英语广场"等活动。同时，学院积极组织或参加各种文体活动，丰富了学生的生活。

2003年，学院有9名同学获特种奖学金，53名同学获人民奖学金，23名同学获优秀三好学生、三好学生荣誉称号，10名同学获优秀学生干部荣誉称号，7名同学获优秀团员、团干部荣誉称号。英语012班夺得建龙"团队为王"挑战赛二等奖。另有两名同学获得了特种奖学金一等奖。

（徐景泉）

【发展规划】 2003年，外国语学院制定了学院发展规划。学院的总体发展目标为：把外国语学院建设成为具有较高教学水平和一定科研实力、基础教学与专业教学并重、规模适度的教学研究型学院，实现由过去的以教授全校公共外语为主的辅助型系科逐步发展为跻身于国内同类学科主流并具有一定地位和影响的研究型教学单位。

1. 学科发展方面：在办好

英语语言文学、外国语言学与应用语言学两个硕士点的基础上，计划在2004年申办英语教育硕士点，2005年申办日语专业硕士点，2006年建立德语专业。2. 人才培养方面：到2007年，学院计划本科学生人数达到1 000人左右，其中英语专业4个班，日语专业2个班，德语专业2个班，年招收学生240人；硕士研究生专业增至4个，年招生人数在100人左右，全院在校研究生300人左右。3. 队伍建设方面：努力建设好以下学术梯队：大学英语教学梯队、研究生英语教学梯队、日语语言教学梯队、俄、德、法语言教学梯队、英语语言学梯队、英语文学梯队；至2007年，争取达到外语教师中具有博士学位的占20%，硕士学位的占75%。一批教师成为在国内同类学科中具有一定地位和影响的骨干教师；至2007年，教师总量将达到140人左右；做好在岗教师轮训工作，分期分批到国内外著名高校培训。4. 科学研究方面：争取5年内能够获得北京科技大学基础课教改5～6个立项；在近几年内，增加在CSSCI及国内外语类核心期刊论文发表的数量；力争每年能够获得校级以上教学奖1～2项；加强高水平、高层次、高质量外语教材建设，争取2007年前在国家级出版社出版具有一定影响的教材3～5部。5. 教学设施建设方面：更新3个语音实验室；新建2～3个36座位多媒体语音实验室，2个150座位第二课堂教室（配备投影仪等设备），2个120～130个座位的单机多媒体自学中心；建立音像室、卫星接收室、同声传译室、多媒体计算机室；为英语、日语、德语专业学生配备专用教室。6. 党建与思想政治工作方面：通过建立完善党建工作各项制度、加大学生党员发展力度、接收党员新教师、充实优秀骨干教师到工会干部队伍中、增加对工会工作的投入等多种措施，争取到2007年教工党员比例达到55～60%，学生党员比例达到25～30%；把学院工会尽快建成“模范教职工小家”。

（徐景泉）

附　录

外国语学院教师获奖情况

奖　项	姓　名
北科大1995年度宝钢教育基金优秀教师奖	彭　漪
北科大2001年度建龙优秀教师奖	刘亚明
北科大2002年度宝钢教育基金优秀教师奖	张敬源
北科大2002年度建龙优秀教师奖	葛　岚
北科大2001～2003年度先进工作者	刘　瑞
北科大2001～2003年度师德先进个人	张　虹　郭侃俊
北京高校防治非典型肺炎工作优秀共产党员	柴晋梅
北科大防控非典先进个人	柴晋梅　赵　纬
北科大第二届本科教学优秀奖一等奖	刘亚明
北科大第二届本科教学优秀奖二等奖	王志欣
北科大青年教师基本功大赛一等奖	张　怡
北科大青年教师基本功大赛三等奖	王志欣
北科大2003年度建龙优秀教师奖	郭侃俊　赵　纬

（徐景泉）

管庄校区

【概况】 2003年,管庄校区继续承担普通高等职业教育、普通高等教育第二学士学位、成人学历教育、远程教育、各类培训、中外合作及高等教育自学考试等任务。校区内设北京科技大学职业技术学院、北京科技大学成人教育学院、北京科技大学中日经济技术学院、北京科技大学远程教育学院和北京科技大学培训中心,并设有经济管理系、信息工程系、外语与文法系等教学机构和相应的党政管理机构、后勤服务机构。

校区注重招生宣传和提高生源质量,高职新生报到率由2002年的79%增至98%。加强了对各函授站的管理与考核,新增5个函授站,停止7个函授站的招生。2003年在16个省市自治区共设33个函授站。远程教育得到稳步发展,校外学习中心由2002年的12个省市区共14个增至18个省市区共23个,其中稳定可招生的达20个。2003年底校区各类在籍生共10 433人,其中校区脱产生3 641人(成人本科生1 837人、高职生1 297人、管理二学位26人、成人专科481人),函授夜大生3 575人,远程学生3 217人(其中专升本学生1 171人,专科2 046人)。2003年共毕业学生3 015人,其中校区脱产生1 465人,函授生1 325人,夜大生225人。

(陆春兰)

【课程专业建设】 2003年,校区新增和调整了国际经济贸易、自动化、日语、房地产与物业管理、英语、电子商务(限函授、夜大形式)等6个成人专升本专业和物流管理(限函授、夜大形式)成人专科专业,并新增国际经济贸易高职专业和冶金工程、机电工程等2个远程教育特色专业。公共课初步实现统教统测,并加强对实践课的分类管理。年内,2项校级教研课题和17项校区教研课题通过验收。重视教材建设,注重选用近三年发行的新教材,并组织人员参编机械工业出版社高职高专系列教材。

(陆春兰)

【师资队伍建设】 2003年,校区进一步加强教风建设,评选、重奖了张峰荣、李佩珍、毕丽军、谢永红、姜维斌等5名教学标兵,侯宗谊、刘新华2名教师获校建龙优秀教师奖;积极帮助教职工拓宽视野,更新教育观念,组织新教师岗前培训,邀请专家作科研申报、远程教育概况等专题讲座,并支持教师到企业调研、参加学术会议等。鼓励有条件的教师开展科研工作,2003年教师发表论文15篇,参加学术研讨会13人次。鼓励教师一专多能,提高学历层次和业务水平,选送12名中青年教师攻读研究生。积极引进校区急需的优秀人才,接收的13名新教师全部是硕士研究生以上学历,其中硕士11人、硕博连读1人、博士1人;认真组织年度技术职称评定并报学校评审,10人通过职称评审,其中副高职3人、中级5人、初级2人。

(陆春兰)

【设施建设】 2003年,校区完成教学资源整合,将实验室、机房、多媒体教室、语音室等归口校区教育技术服务中心统一管理;筹资新建了4个多媒体教室,2个60座计算机机房,通过合并改造专业实验室,改建了3个机房;顺利通过校园网二期工程验收,完成两根10兆光纤的铺设工作。完成校区地下管网改造和路面恢复整修、食堂一层改造、办公楼2至8层装修粉刷、新打一口300多米深水井、新建两个小花园和远程教育演播室、部分家属楼(3号楼、4号楼)和校区内部分屋顶防水改造、锅炉大修、主楼配电柜更新改造等工程11项,按照合同金额计算,完成投资预算910多万元。进一步改善了工作条件和环境,更新了全部办公家具、部分办公用计算机,并增设部分体育活动器材等。

（陆春兰）

【合作与交流】 注重借鉴外国先进教育经验，努力扩大对外联系，与英国桑德兰大学和日本多个院校继续保持实质性的交流合作关系，包括从英、日聘请外教6人，并选送14名学生赴英、日有关学校学习。01、02级中日合作交流项目按计划正在顺利进行。开设了日语辅修专业并新建了“樱之间”日本文化室。积极拓宽中外合作办学渠道，注重加强与英、美、加拿大等国有关学校的联系与交流。

（陆春兰）

【高职“专接本”试点工作】 2002年教育部决定自2003年开始在普通高校开展高职优秀生进入本科阶段学习的试点工作。这是一项政策性强、社会高度关注、改革力度大的工作，对促进高等教育普职融通、上下衔接、激励高职生学习热情、提高学生综合素质有着十分重要的意义。校区高度重视，遵循标准量化、程序公开、公正的原则，及时完成首批高职“专接本”优秀生的选拔推荐和有关考试组织工作。2003年校区共推荐31名高职优秀生，30人参加考试，19人被录取。

（陆春兰）

【安全保卫工作】 2003年，校区加强了防火安全管理，及时维修更换了500个灭火器；进一步完善《校区防火安全管理规定》，加重违纪处罚；通过举办学生消防安全教育会、冬季消防知识普及讲座和消防演习等活动，增强师生消防安全意识和知识。加大安全管理制度执行力度，组织安全突击大检查，及时排除各种不安全隐患。重点整治了校园环境秩序，规范了校区内停车泊位。加强了日常的外来人口管理、重大节日、外事活动的安全保卫工作，有效维护了校区的安全与稳定。

（陆春兰）

【整理移交档案】 2003年7月开始，校区按照学校档案馆和人事处的要求，重新整理了文书档案和人事档案。将原北京冶金管理干部学院所有档案材料重新整理、立卷、装订；整理、补充校区人事档案，规范了教职工学历、工龄和工资项目，较好解决了人事工作中的一些历史遗留问题。2003年底已将原北京冶金管理干部学院所有文书档案和部分已整理好的人事档案移交学校档案馆，为下一步校区战略转型和与校本部完全融合打下良好基础。

（陆春兰）

【党建和学生工作】 2003年，校区组织党员干部认真学习胡锦涛“七一”讲话和参观“井冈山精神大型展”等活动。在抗击非典斗争中，校区党委发出《致各总支、支部和全体共产党员的一封信》，号召全体共产党员特别是党员干部站在抗非典斗争的最前列，履行共产党员的光荣职责。举办了第六期业余党校培训班，共有334名学员取得结业证书。2003年校区共有27名中共预备党员转正，25名积极分子光荣入党，其中教职工7名，学生18名。注重落实工会工作职能，4月16日召开了校区一届四次教代会；11月26日校区被评为校“模范职工之家”。

2003年校区学生工作转型比较成功，质量和效果明显提高。4月4日校区组织召开了第二届学生工作研讨会，总结了经验和不足，研讨了新形势下学生工作的新特点、新方法和新思路。以服务学生、提高素质为宗旨，加强辅导员队伍建设和勤工助学、就业指导工作，较好解决了部分困难学生的生活问题，全年共资助学生71人次，并通过组织招聘会、走访企业和网上招聘等加强就业指导，高职学生就业率达62.05%；加强学生日常管理，特别是大力开展以排除安全隐患为主的宣传教育和检查；及时清退、处理成绩不合格学生和其他违规违纪学生，通过开展学生综合素质测评、评选优秀学生宿舍和班级、举办“人人说英语”系列活动、大学生心理讲座、“亮点人生”系列讲座等活动，加强校园精神文明建设，营造良好学风；2003年全校区报考研究生、各类技能等级证书的学生增多，校区学风明显好转。

（陆春兰）

【防控非典】 非典期间，管庄校区积极贯彻、落实学校防治工作部署和要求，坚持“早预防、早发现、早报告、早隔离、早治疗”，建立了有效的领导体制和工作机制，成立了校区和系(院)两级非典防治工作领导小组，成立并明确信息组、联络组、医务组、文秘组、保卫组和后勤保障组等6个校区防治办实体化工作小组的工作职责；加大宣传引导力度，共编印非典防治工作专报52期；坚持“教师不停课，学生不停学”；加强学生管理和校园管理；制定了一系列有效措施防治非典，确保了师生的健康、安全，校区无一人感染非典。

（陆春兰）

【制定规划】 为增强管庄校区可持续发展实力，在学校党委的直接领导下，根据北京科技大学总体发展战略规划的部署、要求，2003年校区对教学、师资、设施等校区基本情况进行了认真的调查和摸底，经过反复论证，初步确定校区战略发展的总体目标为：“以举办全日制普通本科教育为主，成人教育、远程教育等各类继续教育和中外合作办学协调发展，管理严格、质量优良、设施配套、环境优美的国内一流办学基地”，并实施了部分准备工作。

（陆春兰）

附　录

2003年北京科技大学管庄校区专业设置一览表

系　别	专业名称	类　型	层　次
信息工程系	计算机科学与技术	成人教育	高中起点本科
信息工程系	计算机科学与技术	成人教育	专科起点本科
信息工程系	计算机信息管理	成人教育	专科
信息工程系	计算机及应用	成人教育	专科
信息工程系	网络技术应用	成人教育	专科
信息工程系	计算机与信息管理	职业教育	专科
信息工程系	计算机网络技术	职业教育	专科
信息工程系	机电工程	成人教育	专科
信息工程系	自动化	成人教育	高中起点本科
信息工程系	自动化	成人教育	专科起点本科
信息工程系	自动化	职业教育	专科
信息工程系	机电工程及自动化	成人教育	专科起点本科
信息工程系	矿物资源工程	成人教育	专科起点本科
信息工程系	矿物资源工程	成人教育	专科
信息工程系	冶金工程	成人教育	专科起点本科
信息工程系	冶金工程	成人教育	专科
信息工程系	冶金机械	成人教育	专科
信息工程系	金属压力加工	成人教育	专科
信息工程系	金属材料工程	成人教育	专科起点本科
经济管理系	市场营销	成人教育	高中起点本科
经济管理系	市场营销	职业教育	专科
经济管理系	工商管理	成人教育	高中起点本科
经济管理系	工商管理	成人教育	专科起点本科
经济管理系	工商管理(房地产与物业管理方向)	成人教育	专科起点本科
经济管理系	工商管理	成人教育	专科
经济管理系	国际经济与贸易	成人教育	高中起点本科
经济管理系	国际经济与贸易	成人教育	专科起点本科

续表

系别	专业名称	类型	层次
经济管理系	会计学	成人教育	高中起点本科
经济管理系	会计学	成人教育	专科起点本科
经济管理系	财务会计	成人教育	专科
经济管理系	会计与审计	成人教育	专科
经济管理系	财务会计	职业教育	专科
经济管理系	物业管理	成人教育	专科
经济管理系	旅游与酒店管理	成人教育	专科
经济管理系	旅游与酒店管理	职业教育	专科
经济管理系	金融	成人教育	专科起点本科
经济管理系	金融与保险	成人教育	专科
经济管理系	物流管理	成人教育	专科
经济管理系	电子商务	成人教育	专科起点本科
外语与文法系	新闻	成人教育	专科
外语与文法系	英语	成人教育	高中起点本科
外语与文法系	英语	成人教育	专科起点本科
外语与文法系	法学	成人教育	高中起点本科
外语与文法系	法学	成人教育	专科起点本科
中日经济技术学院	国际商务日语	成人教育	专科起点本科
中日经济技术学院	国际商务日语	职业教育	专科
中日经济技术学院	计算机与信息管理	职业教育	专科
中日经济技术学院	市场营销	职业教育	专科
中日经济技术学院	财务会计	职业教育	专科
中日经济技术学院	国际经济与贸易	职业教育	专科

（陆春兰）

延庆分校

【招生与就业】 2003年英语师资、商务英语、文秘与办公自动化(涉外和电子商务)、计算机及应用(数据库和网络)、建筑工程、工程造价与管理6个专业,在校生866名。计划招生400人,实际招收418人。

2003年,5个专业毕业生共计378名。就业指导中心加强毕业生教育,整合双选会、交流会、互联网等渠道,搭建就业平台,指导学生就业。目前,毕业生中298人就业,42人升入本科学习,就业率为99.54%,位于北京市属市管高校的第五位。

（徐留记）

【教学与教改】 分校深化对高职高专教育的认识,根据专业培养目标,优化课程设置,重建理论和实践相结合的教学体系,加强"双证书"的推广和认证工作,2003年涉外文秘证书中级考试取证率达到70%。

探索培养基本实践能力与操作技能、专业技能与应用能力、综合实践能力与综合技能有机结合的实践教学方法。在延庆县永宁中学、十一学校分别建立了英语师资专业实训基地,在校内建立了文秘专业实训基地。

规范教学管理,完善有关教育教学各方面的文件。分校同时加强教学反馈,定期召开学生和教师座谈会,听取对教学管理工作的意见和建议，并及时加以解决。

年内，分校还组织部分干部参加教育部高职高专教育教学工作培训会，听取高职名校办学经验；到北京轻工职业技术学院、北京联合大学、北京城市学院等几所办学有成效的高职院校参观、学习。

（徐留记）

【师资队伍建设】 为适应高职高专教育发展，分校组织教师学习高等职业教育理论和其他学校办学经验，以转变教育思想、教育观念为先导，树立以学生为中心的学生观和以人为本的人才观。着力培养学科带头人和骨干教师，构建"双师型"师资队伍。2003年引进2名硕士研究生、3名本科生充实到教师队伍。分校采取鼓励措施，加强教师培训，完善教师考核条件。

（徐留记）

【教学研工作】 2003年，分校两个重点研究课题《英语师资精品专业建设研究》、《学校高职建设和发展的思考》完成基本研究思路和提纲。与校本部合作的《市场定位下高职高专人才职业技能分析与全校教学设计与控制研究——知识结构与技能培养全程跟踪》已开始前期工作。

（徐留记）

【学生工作】 2003年，分校修订了《学生手册》、《大学生综合素质测评实施细则》、《千分赛评比实施细则》、《大学生违纪处罚条例》、《大学生评优奖励办法》；制订了《关于提高大学生综合素质实施意见》、《关于大学生思想政治工作实施意见》、《学生干部岗位职责》、《住宿生考评标准》、《住宿生离校、返校登记制度》和《晚自习制度》，加强了对学生的管理。

加强班主任工作管理。2003年，针对新上岗班主任较多的情况，加强岗前培训；召开班主任工作交流会5次，组织专题讨论。班主任工作收到成效，学生自律意识明显增强，上课和晚自习出勤率大大提高，就寝情况良好。

分校按照"业余、小型、灵活、多样"原则，精心组织学生活动，取得良好效果。如围绕"弘扬雷锋精神，参与志愿服务，建设精神文明"，开展主题为"勤俭节约的传统还要不要"的文化教育讨论；慰问延庆镇敬老院21位孤寡老人；在妫川广场组织大规模公益环保宣传活动；为02商务英语班患白血病的刘娟同学捐款、献爱心活动等。

（尤宝军）

【基础建设】 分校现有占地面积5.2公顷，建筑面积30 000m^2，绿地面积5 500m^2，图书馆藏书5万册。2003年再次被评为"首都精神文明建设先进单位"。2003年，分校投资新建一间48座语音教室，实施校园网改造，新购置计算机102台。安装校园照明路灯。完成新建教学楼(400m^2)前期准备工作。

（徐留记）

教育教学与学科建设

本科生教育

【概况】 2003年,学校共有本科专业36个。按学科分:工科21个、理科4个、管理4个、文科2个、经济2个、法学3个。按学院分:土木与环境工程学院4个、冶金与生态工程学院2个、材料科学与工程学院5个、机械工程学院4个、信息工程学院5个、管理学院5个、应用科学学院5个、文法学院4个、外国语学院2个。截至2003年10月,学校有本科生9 513人。根据学校定位,本科教学指导思想为:规模适度,质量一流,培养基础扎实、知识面宽、能力强、素质高、具有创新精神、适应国民经济和科学技术发展需要的高级专门人才。

(蔡嗣经)

【教育教学改革】 1.修订本科培养计划制订办法。2003年11月学校开始执行《北京科技大学本科培养计划制订办法(试行)》。培养计划是人才培养的总体方案和组织教学的依据,是学校教学工作最基本的文件。此次"本科培养计划制订办法",是在以前文件的基础上,更加明确了制订本科培养计划的依据和组织、工作程序及要求、审核和审批等环节,进一步规范了培养计划的制订工作。

2.修订教学计划、教学大纲。2003年,学校严格审定新专业的教学计划,调整99版本科教学计划,修订课程的教学大纲,形成了2003级的执行计划。①完成了2003年增设的金融工程、日语、材料化学、生态学、通信工程5个新专业的教学计划制订工作。②为保证新专业的教学质量,经专家论证开始建设本科专业实验室项目4个。③为进行99版本科教学计划的调整工作,制订了《关于修订2003级本科培养计划的方案》,要求调整选修课的分类,调整专业的课程设置和教学内容,增设、改进双语教学课程,规范开课单位,规范课程名称等。④修订了全部课程的教学大纲。

3.修订《北京科技大学本科生学籍管理办法》及与学籍管理相关办法,完善了学分制。拟订了《关于学生办理出国(境)手续的暂行规定》,其要点是:保护学生合法权益,规范学籍管理。修订《学生注册指南》,除集中报到注册外,考虑学生具体困难,定时接待学生注册。

4.修订《北京科技大学本科生学习成绩考核与管理办法》,体现目标管理与过程管理相结合的原则,提升学生就业竞争力。其改革要点是:①成绩考核分为"过程成绩"与"最高成绩";②考试及格但成绩不理想,可以重修。与上述办法配套,颁行《2003届学生学习成绩表制作规范及归档须知》。开发并投入使用基于校园网的选课系统,为进一步完善学分制,为学生提供优质服务打下基础。

(马龙海、郭景文)

【教学研究与教材建设】 2003年,学校承担的4项教育部面向21世纪教改项目通过验收。学校第四批教改项目结题验收;学校第五批教改和教研项目立项工作启动。

2003年,学校对"十五"教材建设规划进展情况进行了全面调查、总结和调整。学校“十五”教材建设规划 287 项，完成 153 项、待完成 89 项、取消 46 项。为满足教学需要，制定补充规划 79 种。2003 年度出版教材 16 种，编写讲义 33 种。目前，学校承担教育部“普通高等教育‘十五’国家级教材规划”10 种、北京市“高等教育精品教材建设工程”项目 13 种(其中重点资助项目 4 种，一般资助项目 9 种)、高等教育出版社“高等教育百门精品课程教材建设计划”项目 6 种(其中 2 项为二类立项研究项目，4 项为三类选题项目)。根据学校《优秀教材和讲义评奖办法》的规定，学校教材建设委员会于 2003 年度进行了北京科技大学第五届优秀教材和第九届优秀讲义的评奖工作，共评出优秀教材 7 种，优秀讲义 10 种。

(杨　鹏、孙玉珍)

【百门精品课程教材评审结果】 高等教育出版社于 2002 年 12 月启动的“高等教育百门精品课程教材建设计划”项目经过初审、初评和专家组终评，评审结果已经公布。学校积极组织申报项目 11 项，有 6 项通过评审。其中 2 项为二类立项研究项目，4 项为三类选题项目。对于一类、二类项目，高等教育出版社将给予经费支持，并将与各项目申请人签署有关项目启动合同；对于第三类项目，高教社将在项目申请人同意后列入其出版选题计划。

(孙玉珍)

【实践教学】 2003 年实习工作受非典影响较大，部分学生离校返校打乱了正常的教学秩序，放假时间延迟，许多原计划到外地企业的实习不能成行。各学院为完成学生实习工作，积极组织学生观看多媒体资料，参观校内设施与设备，请相关领域的专家开设专题讲座。以多种形式把较多的实习任务安排在校内进行，尽量把非典带给实习工作的损失减少到最小。有条件的学院和专业则继续努力联系校外实习。管理学院和材料学院及其他学院部分专业在北京“双解除”后，安排学生到校外进行现场实习。2003 年学校 2 000 级、2 001 级 4 000余名学生、245 位教师参与了实习工作，涉及 23 个专业，实践时间为 2～4 周。

(王常策)

【精品课程建设】 为全面提高教育教学质量更新教学内容，改革教学方式，进一步推进教授上讲台的工作，促进现代信息技术在教学中的应用，共享优质教学资源，根据市教委“北京地区高等学校精品课程建设工作实施意见”，2003 年 7 月 17 日至 8 月 20 日，学校组织了“北京市级精品课程”的申报工作。推出三门课程进行申报，其中《材料科学工程基础》被评为北京市级精品课程。

(杨　鹏)

【优秀课程建设】 继续贯彻落实教育部《关于加强高等学校本科教学工作提高教学质量的若干意见》，实施“高等学校教学质量与教学改革工程”。组织校级优秀课程评审，建设中的校级优秀课程有 22 门，其中 2002 年优秀课程立项建设的有 14 门；2003 年 12 月分两批全部通过了校级答辩，对第一批立项建设的课程提出继续建设的任务；第二批启动 8 门课程进行校级优秀课程立项建设。

根据课程受益面的大小及在培养计划中所处基础性程度等因素，本科课程划分为校、院、系三级。学校在进行课程建设时，本着“分层建设、以点带面、突出重点、全面提高”的原则，实行校院两级建设。为推进课程建设，学校启动了课程系列建设工作，目的在于通过校院两级的课程建设和校级精品课程等阶段的建设，形成一批教学效果优秀、特色鲜明、具有广泛示范性的课程。在此过程中，课程建设达到相应标准的，将授予相应的荣誉称号。

根据工作进程，校级优秀课程(第一批)立项建设验收暨校级精品课程建设立项答辩会于 2003 年 11 月 13、14 两日下午举行。为了考查立项课程的建设情况、遴选校级精品课程建设立项课程，组成了由校长助理翁海珊教授为组长、包括教务处、人事处、实验室管理处等职能部门在内的 15 人专家组。经评委会审阅课程建设材料和课程负责人会上介绍课程建设进展及答辩等环节，对立项建设的课程进行了全面的考查。参加答辩的 11 门课程基本完成了立项时的建设任务。

专家组对立项建设后达到一定水平的课程提出继续建设的目标。

（裴晶莹）

【教学数据统计】 按照市教委“关于开展北京高等学校教学质量调研工作的通知”要求，2003年，学校对2000～2001和2001～2002两学年的教授上课率、双语教学、多媒体教学、实验教学四方面情况进行了统计，统计结果为：两学年全校教授上本科课程的比例分别为55.7%和63.0%，副教授分别为88.8%和87.9%；使用外语教学课程门数分别为5门和24门，分别占开课总门数的0.6%和3.0%；采用多媒体教学的必修课门数分别为61门和93门，分别占必修课总门数的10.9%和17.7%；有综合性实验的课程门数分别为29门和30门，有设计性实验的课程门数分别为15门和16门。

（裴晶莹、冯瑞芳）

【课堂教学质量评价】 课堂评价工作主要分为评价体系、信息采集、数据处理和数据使用四个环节。学校在总结工作的基础上，2003年9月对该项工作做了进一步的改进和完善，组建了“信息员”队伍，加强“联系人”的工作，采用模式识别技术，进行数据处理，方便以后的信息反馈和评价量表存储与检索。为配合学校课堂教学评价工作，2003年10月15日，教务处对全校155人的本科课堂教学评价信息员进行了集中培训。

（裴晶莹）

【本科教学质量年度考查指标】 为促进学校本科教学质量的稳步提高，客观评估本科教学工作水平，2003年10月学校启动了“本科教学质量年度考查指标”的数据统计工作。“本科教学质量年度考查指标”是通过考查应届毕业生、英语教学、学生参加第二课堂、课堂教学状态及各种教学获奖的数据，评估一年来的本科教学工作。“考查指标”的数据统计从学院和学校两个层面进行。2003年以后该项工作将作为一项常规工作，于每年11月进行。

（裴晶莹）

【教学名师奖】 为保证大学本科教学水平，教育部启动了“质量工程”，设立国家“教学名师奖”。目的是奖励长期从事基础课教学、注重教学改革与实践、教学方法先进、教学经验丰富、教学水平高、教学效果好的教师。在首次评选工作中，北京科技大学材料学院余永宁教授荣获教育部首届“教学名师奖”；余永宁教授、机械学院郗安民教授荣获首届北京市高等学校“教学名师奖”。

（裴晶莹）

【本科教学网开通】 2003年6月16日，“本科教学网”正式开通，域名为：http://teach.ustb.edu.cn。“本科教学网”的主要服务对象是学校本科任课教师和本科生，工作目标是努力向全校师生提供及时、准确的信息服务。目前，教学网向本科任课教师提供的服务内容有：开课任务查询、学习名单下载、考试成绩录入、教学课件及自习提纲发布等。向学生提供的服务内容有：考试成绩查询、学习进度指导、网上选课、课表查询、自习教室查询等。

（尚新生）

【本科生第二专业】 为进一步丰富本科生的培养模式，为本科生创造更多的选择和发展机会，学校于2003年4月初下发《关于在本科生中开办第二专业的暂行办法》，决定从2001级开始在本科生中开办第二专业。第二专业的培养对象和条件、报名和审批、专业及课程设置、教学管理基本按《北京科技大学本科生修读双学位或辅修专业的管理办法（试行）》中双学位的有关规定执行。申请修读的第二专业与主修专业不得同属一个专业类别。

（任素美）

【本科生校内转专业】 学校制订了《北京科技大学本科生校内转专业办法（试行）》，允许不多于10%的学生在一年级学年结束时转换专业，为学生创造更加灵活、更有活力的学习环境。2003年在一年级学生中进行转换专业的试点工作。共有29个专业计划接收219名外专业学生，获准面试的有60人，其中41人被批准转入新专业学习。此次转专业工作进行平稳，特点是：①“办法”简明，组织严谨；②组织落实，实施认真；③公平、公正，公示全校；④学生比较理智。今后需进一步打通一年级课程设置，工作适当前移,使学生更早融入新专业。

(郭景文)

【高职生升本科】 根据北京市教委京教高【2002】42号文件精神,为深化高等教育改革,促进高等教育普职融通,激励高等职业教育学生的学习积极性,提高学生的综合素质,决定在普通高等学校中开展选拔高等职业教育(专科层次)优秀应届毕业生进入本科阶段学习的试点工作。2003年学校在对管庄校区应届高职毕业生进行德、智、体全面考查和通过各级考试的基础上,按照公正、公开、公平的原则,经北京市招生办批准,19名毕业生被录取到校本部的相关专业学习。

(李静洁)

【校企合作培养复合型人才】 2001年4月,学校与济南钢铁集团总公司签订了《济钢集团委托北京科技大学定向培养宽专业复合型人才(4+1模式)协议》,在学校三年级招聘定向培养的学生。签约学生在大学四年完成第一专业(第一学位)的学习后,继续留校学习一年,学习第二专业理论知识,获得双学士学位(或双专业证书),毕业后到济钢工作,成为具备知识面宽、两专多能的高级专业技术人才和高级专业技术管理人才。从2001年4月起,陆续有三批共16名学生与济钢签约,其中2003年有8名学生签约。

(任素美)

【教学督导】 1991年2月,学校开始组建面向本(专)科教学的调研、咨询性机构——“教学巡视组”。首届成员为:闵乔、高哲、程榕楠(后又聘请了肖兹生、李敉功)。后续几届成员有:周鹏里、惠风光、宋国明、赵绍铭、程春芳、戴桂康、杨志坚等。1996年该机构定名为“本、专科教学质量调研组”,以“通过提供教学信息、进行教学评价、研究有关教学问题,为改进教学工作、提高教学质量提供咨询服务”为职责;2001年更名为“教学督导组”,进一步明确了其对本科教学的监督、指导功能。随着工作的展开,“教学督导组”工作范围已逐渐由督教、督管,扩大到督学、督办,涉及到教育教学的方方面面。为适应现行工作,充分发挥“督导组”在本科教育质量监控体系中的重要作用,2003年“北京科技大学本科教学督导组”更名为“北京科技大学本科教育教学督导组”,新一届督导组成员由8位教授组成,罗圣国教授任组长,熊楚强教授任副组长,成员有:罗圣国、熊楚强、汤学忠、袁康、周筠清、方安详、管志安、王文才。任期两年。

2003年教育教学督导工作主要在对有关规章制度的完善和建设、对教学质量影响量大、面广的核心课程和教学环节的督学、督办等方面。从2月17日至11月9日督导组共听取了全校168门次本科课程。按其中108门次的统计,优良率为73.15%;采用多媒体教学的课程占59.3%;大多数学院和基础课、公共课的教学管理比较规范;专业课的教学状况和学风问题值得进一步关注和研究。年内,督导组还对99级毕业设计(论文)前期工作进行了抽查,共涉及4个学院,12个专业,论文的规范化状况较好;进行了6门专业(基础)课的试卷分析;抽查了6门非集中考试课程的考试状况,结果良好;完成了“课程平时成绩的评分状况”的专题调查;对“文法学院的课堂教学”进行了听课、分析(共18门课,33门次);参加完成了教务部门委托的校级课程建设立项评审、校教学优秀奖评审及教学名师候选人的推荐等工作。

为了及时交流和沟通督导信息,本科教育教学督导组和教学研究科不定期地推出本科教育教学督导简报。2003年共出版10期,其中第8期已被教育部高教司《高等学校理工教学指导委员会通讯》总第11期全文转载。

由于出色的工作,学校本科教育教学督导组被评为北京市2003年度“关心下一代先进集体”。

(裴晶莹、熊楚强)

【发展规划】 按照学校的总体发展规划,学校本科教育教学发展规划为:

1. 至2007年,建成较完善的、具有北京科技大学特色的、以学分制为基础的本科人才培养体系;教学质量有明显提高,全校应届毕业生考研率平均达到50%,其中研究型学院达到60%以上;本科生的综合素质和创新能力有明显提高。

2. 至2020年:建成特色突出、多学科协调发展的本科人才培养体系;教学质量进入全国重点大学前列,全校应届毕业生考研率平均达到70%。

3. 至2050年:建成与"特色突出、国际著名的高水平研究型大学"相适应的本科教学体制与人才培养体系。

(蔡嗣经)

附　录

2003~2004学年度本科生课程表

矿物资源工程专业

年　级	课　程　设　置
03级	基础外语,思想道德修养,体育,军事理论,计算机文化基础,高等数学A(I),普通化学 毛泽东思想概论,C语言程序设计,高等数学A(II),大学物理A,工程测量
02级	马克思主义哲学原理,基础外语,体育,线性代数,工程力学,大学物理A,工科物理实验,机械设计与制图 法律基础,工程力学,工科物理实验,地质学与矿物学,机械设计与制图,电工技术实验,电工技术
01级	马克思主义政治经济学原理,概率论与数理统计,数学实验,岩石力学与地下工程,工程流体力学,电子技术实验,电子技术,技术经济学,工程爆破(双语),应用地质学,资源开发与可持续发展概论,矿山运输系统与设计,工程机械,工业通风与防尘 经济与管理,邓小平理论和"三个代表"概论,物理化学基础,矿床开采工程(双语),结构力学,计算机应用,现代设计方法,工业与民用建筑概论,工业安全系统工程,工业固体废物资源化,矿产经济学
00级	微机原理与应用,资源开发系统工程(双语),资源法基础,矿物加工与利用,边坡工程,矿业工程新技术及发展方向,特殊采矿技术,工程概预算与招投标,岩土工程特殊施工法,岩矿现代测试技术

土木工程专业

年　级	课　程　设　置
03级	基础外语,思想道德修养,体育,军事理论,计算机文化基础,高等数学A(I),普通化学 毛泽东思想概论,C语言程序设计,高等数学A(II),大学物理A
02级	马克思主义哲学原理,基础外语,体育,线性代数,工程力学,大学物理A,工科物理实验,机械制图B 法律基础,工程力学,工科物理实验,电工技术实验,电工技术,土木工程概论,土木工程制图,工程测量,工程地质学
01级	马克思主义政治经济学原理,概率论与数理统计,数学实验,电子技术实验,电子技术,城市规划(双语),结构力学,建筑材料,工程流体力学 经济与管理,邓小平理论和"三个代表"概论,城市规划(双语),土力学与地基基础,混凝土结构,岩石力学与工程,土木工程施工(双语),房屋建筑学,道路工程,抗震结构,高层建筑结构,工程爆破,土木工程CAD
00级	微机原理与应用,钢结构,土木工程施工(双语),土建工程机械,土木工程新进展,土木工程项目管理,桥梁工程,隧道与地铁工程,工程概预算与招投标,岩土工程数值计算方法,边坡工程

环境工程专业

年　级	课　程　设　置
03级	基础外语,思想道德修养,体育,军事理论,计算机文化基础,高等数学A(I),无机化学B,无机化学实验B 毛泽东思想概论,C语言程序设计,高等数学A(II),大学物理A,无机化学实验B,工程测量

续表

年级	课程设置
02级	马克思主义哲学原理,基础外语,体育,线性代数,工程力学,大学物理A,工科物理实验,机械制图B 法律基础,工科物理实验,电工技术实验,电工技术,物理化学A,工程制图
01级	马克思主义政治经济学原理,概率论与数理统计,数学实验,电子技术实验,电子技术,物理化学A,工程流体力学,环境工程微生物学,有机化学基础,城市规划,分析化学基础,生物技术在环境工程的应用(双语) 经济与管理,邓小平理论和“三个代表”概论,物理化学实验B,大气污染控制工程,水污染控制工程,噪声及其他污染控制,固体废弃物资源化,环境材料学,计算机辅助设计及应用,工业安全系统工程,现代测试技术,环境工程仪表与自动控制,环境生态学,环境学导论,废水处理英文选读(双语)
00级	微机原理与应用,环境工程研究与设计,环境规划与管理,环境监测与评价,环境管理系统及时文选读(双语),工业通风与防尘,环境工程经济学,环境与可持续发展,环境标准及法规,环境工程施工与管理,废水生物处理新技术,工业废水处理各论,微生物技术在水处理中的应用,除尘脱硫新技术

建筑环境与设备工程专业

年级	课程设置
03级	基础外语,思想道德修养,体育,军事理论,计算机文化基础,高等数学A(I),机械制图A 毛泽东思想概论,C语言程序设计,高等数学A(II),大学物理A,机械制图A
02级	马克思主义哲学原理,基础外语,体育,理论力学,线性代数,大学物理A,工科物理实验 法律基础,材料力学,工科物理实验,流体力学及流体机械,机械原理

冶金工程专业

年级	课程设置
03级	基础外语,思想道德修养,体育,军事理论,计算机文化基础,高等数学A(I),无机化学B,无机化学实验B 毛泽东思想概论,C语言程序设计,高等数学A(II),线性代数,大学物理A,无机化学实验B
02级	马克思主义哲学原理,基础外语,体育,工程力学,大学物理A,工科物理实验,机械设计与制图 法律基础,工科物理实验,机械设计与制图,物理化学B,冶金传输原理(双语),C++面向对象可视化程序设计
01级	马克思主义政治经济学原理,概率论与数理统计,数学实验,金属学原理,电工技术实验,电工技术,物理化学B,物理化学实验B,环境工程,冶金物理化学(双语),无机非金属材料,环境化学,纳米材料,功能材料,环境流体力学,冶金过程常用算法分析及设计, 经济与管理,邓小平理论和“三个代表”概论,电子技术实验,电子技术,钢铁冶金学I(双语),钢铁冶金学II(双语),有色金属冶金学(双语),材料分析方法,数据库原理及应用,人工智能原理及应用,环境监测与评价,能源工程,冶金系统工程,冶金工程新技术,应用表面化学与技术,环境系统工程
00级	微机原理与应用,冶金工程实验技术,金属材料学,软件工程,冶金过程离散信号分析及处理,冶金资源工程与环保,稀贵金属提取与回收,复合材料,环境生态学,环保设备设计

生态学专业

年级	课程设置
03级	基础外语,思想道德修养,体育,军事理论,计算机文化基础,高等数学A(I),无机化学B,无机化学实验B 毛泽东思想概论,C语言程序设计,高等数学A(II),大学物理A,无机化学实验B

无机非金属材料工程专业

年　级	课　　程　　设　　置
03 级	基础外语,思想道德修养,体育,军事理论,计算机文化基础,高等数学 A(Ⅰ),无机化学 B,无机化学实验 B,材料入门讲座,专业发展前沿概述 毛泽东思想概论,C 语言程序设计,高等数学 A(Ⅱ),大学物理 A,无机化学实验 B,专业发展前沿概述
02 级	马克思主义哲学原理,基础外语,体育,线性代数,工程力学,大学物理 A,工科物理实验,机械设计与制图,专业发展前沿概述 法律基础,工科物理实验,机械设计与制图,物理化学 B,专业发展前沿概述
01 级	马克思主义政治经济学原理,概率论与数理统计,数学实验,热工基础与炉窑设计,电工技术实验,电工技术,物理化学 B,物理化学实验 B,固体材料结构基础,波谱及应用,能源材料(双语),专业发展前沿概述 经济与管理,邓小平理论和"三个代表"概论,X 射线与电镜,电子技术实验,电子技术,无机材料物理化学,陶瓷工艺学,功能陶瓷,固体电解质(双语),陶瓷材料力学性能(双语),专业发展前沿概述
00 级	微机原理与应用,无机材料研究方法,结构陶瓷(双语),耐火材料,玻璃工艺学,复合材料(双语),日用陶瓷,水泥工艺学,专业发展前沿概述

材料物理专业

年　级	课　　程　　设　　置
03 级	基础外语,思想道德修养,体育,军事理论,计算机文化基础,高等数学 A(Ⅰ),理科物理实验,普通化学,材料入门讲座 毛泽东思想概论,C 语言程序设计,高等数学 A(Ⅱ),理科物理实验,力学与热学
02 级	马克思主义哲学原理,基础外语,体育,线性代数,数理方法,理科物理实验,电磁学,理论力学,机械制图 B 法律基础,工程力学,概率论与数理统计,数学实验,理科物理实验,光学,金属学实验,材料物理基础,专业发展前沿概述
01 级	马克思主义政治经济学原理,理科物理实验,原子物理及量子力学(双语),合金热力学,电工技术实验,电工技术 邓小平理论和"三个代表"概论,统计物理,电子技术实验,电子技术,材料物理实验,X 射线晶体学(双语),材料物理(双语),功能材料基础,合金钢,计算机应用,现代材料研究方法
00 级	计算机在材料物理中的应用,微机原理与应用,材料物理实验,电子显微学,固体物理基础,无机非金属材料,高分子材料,固体物理,低维材料与制备技术,催化材料

材料成型与控制工程专业

年　级	课　　程　　设　　置
03 级	基础外语,思想道德修养,体育,军事理论,计算机文化基础,高等数学 A(Ⅰ),机械制图 A,材料入门讲座 毛泽东思想概论,C 语言程序设计,高等数学 A(Ⅱ),大学物理 A,机械制图 A
02 级	马克思主义哲学原理,基础外语,体育,工程力学,大学物理 A,工科物理实验,电工技术实验,电工技术 法律基础,线性代数,工科物理实验,金属学,机械设计基础,电子技术实验,电子技术,物理化学 C
01 级	马克思主义政治经济学原理,概率论与数理统计,数学实验,金属材料及热处理,材料科学导论(双语),材料工程传热学,自动控制理论(双语),材料成形理论基础(双语),液态成形工艺原理及控制 邓小平理论和"三个代表"概论,材料成形理论基础(双语),材料成形自动控制基础,固态成形工艺原理及控制,冶金传输原理,焊接原理与工艺,轧制工程学,材料成形摩擦与润滑(双语),锻压工艺学,轧制设备与车间设计,锻压设备及车间机械化,材料焊接性,铸造设备及车间机械化,材料成形过程

续表

年级	课程设置
00 级	经济与管理,微机原理与应用,材料成形过程质量性能控制,实验测试技术,挤压拉拔工艺学,成形过程计算机模拟与仿真,材料成形计算机辅助工程,数学模型及计算机控制,模具设计与制造,液压传动,焊接结构,新材料制备与加工,弧焊电源,焊接过程机电一体化,连铸连轧技术,特种液态成形工艺及控制

材料科学与工程专业

年级	课程设置
03 级	基础外语,思想道德修养,体育,军事理论,计算机文化基础,高等数学 A(I),无机化学 B,无机化学实验 B,材料入门讲座 毛泽东思想概论,C 语言程序设计,高等数学 A(II),线性代数,大学物理 A,无机化学实验 B
02 级	马克思主义哲学原理,基础外语,体育,工程力学,大学物理 A,工科物理实验,机械设计与制图,材料科学与工程导论 法律基础,工科物理实验,机械设计与制图,物理化学 B
01 级	马克思主义政治经济学原理,概率论与数理统计,数学实验,冶金概论,材料科学与工程基础,材料科学与工程实验,电工技术实验,电工技术,物理化学 B,物理化学实验 B,电化学基础 经济与管理,邓小平理论和“三个代表”概论,材料科学与工程基础,材料科学与工程实验,电子技术实验,电子技术,材料分析方法,材料性能,材料加工学,功能材料导论,粉末冶金原理,粉末冶金工程设计,计算材料学与材料模拟技术,材料的先进制备加工方法(双语),焊接原理与工艺,材料原理与工艺
00 级	微机原理与应用,材料性能,金属材料及热处理,复合材料,材料综合实验,粉末冶金材料,粉末冶金实验技术,无机非金属材料,材料失效分析,航空航天材料概述,电子材料,物理性能实验,电子器件物理及封装技术,新能源材料,生物医学材料,电子器件失效分析,生态环境材料,材料加工过程计算,材料学专业发展前沿讲座

材料化学专业

年级	课程设置
03 级	基础外语,思想道德修养,体育,军事理论,计算机文化基础,高等数学 A(I),无机化学 B,无机化学实验 B,材料入门讲座 毛泽东思想概论,C 语言程序设计,高等数学 A(II),线性代数,大学物理 A,无机化学实验 B

机械工程及自动化专业

年级	课程设置
03 级	基础外语,思想道德修养,体育,军事理论,计算机文化基础,高等数学 A(I),机械制图 A 毛泽东思想概论,C 语言程序设计,高等数学 A(II),线性代数,大学物理 A,机械制图 A,AutoCAD 及其应用
02 级	马克思主义哲学原理,基础外语,体育,理论力学,大学物理 A,工科物理实验,工程材料及制造基础 法律基础,材料力学,工科物理实验,机械原理(双语),电工技术实验,电工技术
01 级	马克思主义政治经济学原理,概率论与数理统计,数学实验,机械设计(双语),热工学,自动控制理论(双语),电子技术实验,电子技术,机械工程进展概述 经济与管理,邓小平理论和“三个代表”概论,微机原理与应用,现代设计理论及方法(双语),机械制造工程,液气压传动,测试技术,机械优化设计,智能工程,机械创新设计,有限单元法基础,虚拟制造技术的应用,机械系统动态仿真,现代生产管理(双语)
00 级	计算机辅助制造,机电系统原理及应用,新型轧机原理及控制,测试系统设计与实践,大型机械设备自动化控制,机械振动,冶金机械设计理论,冶金生产工艺及设备,有限元实用软件及实践,机械设计参数分析,系统仿真方法,VB 程序设计及其在机电控制中的应用,检测技术基础,机械制造装备自动化

热能与动力工程专业

年级	课程设置
03级	基础外语,思想道德修养,体育,军事理论,计算机文化基础,高等数学A(Ⅰ),普通化学 毛泽东思想概论,C语言程序设计,高等数学A(Ⅱ),线性代数,大学物理A
02级	马克思主义哲学原理,基础外语,体育,工程力学,大学物理A,工科物理实验,机械设计与制图 法律基础,工科物理实验,机械设计与制图,计算机辅助设计,工程热力学,电工技术实验,电工技术
01级	马克思主义政治经济学原理,概率论与数理统计,数学实验,传热传质学(双语),工程流体力学(双语),电子技术实验,电子技术 经济与管理,邓小平理论和"三个代表"概论,微机原理与应用,工程燃烧学(双语),热工测试技术,制冷与低温原理,工业炉热工基础,热工过程及设备
00级	热工自动控制基础,环境工程,动力机械,空调与供热,热工过程模化与控制,热能转换与节能技术,工业锅炉,能源系统优化基础,新能源技术,低温工艺及装置,热能工程进展概论

工业设计(理工类)专业

年级	课程设置
03级	基础外语,思想道德修养,体育,军事理论,计算机文化基础,高等数学A(Ⅰ),机械制图B,素描,结构素描,设计概论 毛泽东思想概论,C语言程序设计,高等数学A(Ⅱ),色彩Ⅰ,计算机辅助制图,设计史论,艺术欣赏
02级	马克思主义哲学原理,基础外语,体育,应用物理,色彩Ⅱ,平面构成,色彩构成,摄影,计算机辅助设计Ⅰ,建筑概论,设计方法学 法律基础,工程力学,立体构成,效果图,电工电子技术基础,计算机辅助设计Ⅱ
01级	马克思主义政治经济学原理,计算机网络(双语),基础设计,模型设计与制作,设计工程基础Ⅰ,人机工程学(双语),平面设计,消费者行为学(双语),产品快题设计,法规与标准 经济与管理,邓小平理论和"三个代表"概论,设计工程基础Ⅱ,产品设计Ⅰ,界面设计(双语),网络设计,设计管理,空间设计
00级	包装装潢设计,通用设计(双语),产品设计Ⅱ,数字媒体,传统工艺在设计上的应用

工业设计(艺术类)专业

年级	课程设置
03级	大学语文,基础外语,思想道德修养,体育,军事理论,计算机文化基础,高等数学B(Ⅰ),机械制图B,素描,结构素描,设计概论 毛泽东思想概论,高等数学B(Ⅱ),色彩Ⅰ,计算机辅助制图,设计史论,艺术欣赏

工业工程专业

年级	课程设置
03级	大学语文,基础外语,思想道德修养,体育,军事理论,计算机文化基础,高等数学A(Ⅰ) 毛泽东思想概论,C语言程序设计,高等数学A(Ⅱ),线性代数,大学物理A
02级	马克思主义哲学原理,基础外语,体育,数据库及其应用,大学物理A,工科物理实验,机械设计与制图 法律基础,工程力学,工科物理实验,机械设计与制图,机械制造工程基础,电工技术实验,电工技术

自动化专业

年级	课程设置
03级	基础外语,思想道德修养,体育,军事理论,计算机文化基础,高等数学A(Ⅰ),机械制图B 毛泽东思想概论,C语言程序设计,高等数学A(Ⅱ),线性代数,大学物理A
02级	马克思主义哲学原理,基础外语,体育,复变函数与积分变换,大学物理A,工科物理实验,电路分析基础,电路实验技术 法律基础,概率论与数理统计,数学实验,工科物理实验,电路实验技术,模拟电子技术A,电网络分析,电子电路实验技术

续表

年级	课程设置
01级	马克思主义政治经济学原理,数据库系统及应用,电子电路实验技术,自动控制原理,电力电子技术,数字电子技术B,电机及电力拖动基础,电力电子及电机拖动实验,可视化程序设计语言,自动检测技术 邓小平理论和“三个代表”概论,微机原理及应用,现代控制理论基础,电气传动自动控制系统,电气传动实验,控制系统CAD及仿真,常用电器控制设备,工业企业供电,可编程控制器及应用,非线性控制,数值计算方法,神经网络及其应用,模糊控制及其应用,人工智能原理及应用,模式识别
00级	经济与管理,计算机通信与网络,计算机控制技术(双语),图像处理,知识工程,单片机及其应用,多媒体技术及应用,分布式控制系统,计算机控制系统实验,系统辨识及自适应控制,智能控制及其应用,最优控制及最优化,智能化网络,智能化大厦,MATLAB语言及其应用,智能化信息网络,信息理论与编码

电子信息工程专业

年级	课程设置
03级	基础外语,思想道德修养,体育,军事理论,离散数学,计算机文化基础,高等数学A(I),机械制图B 毛泽东思想概论,C语言程序设计,高等数学A(II),线性代数,大学物理A
02级	马克思主义哲学原理,基础外语,体育,复变函数与积分变换,概率论与数理统计,数学实验,大学物理A,工科物理实验,电路分析基础,电路实验技术 法律基础,随机过程,工科物理实验,电路分析基础,电路实验技术,模拟电子技术A,电子电路实验技术,信号与系统(双语)
01级	马克思主义政治经济学原理,数值分析,电子电路实验技术,数字电子技术B,通信原理,数字信号处理,通信电子电路,数据库原理及应用,VC++语言与编程,INTERNET与电子商务,数据结构,现代通信网理论,信息管理应用技术,计算机组成原理 邓小平理论和“三个代表”概论,电磁场与电磁波,自控原理,微机原理与接口技术,网络通信实验,硬件描述语言,人工智能原理及应用,JAVA程序设计,嵌入式系统与单片机,现代交换技术,现代光传输网,计算机图形学,模式识别
00级	经济与管理,计算机网络技术(双语),信息理论与编码,多媒体技术,现代网络通信实用新技术,移动通信,DSP处理器及应用,数字图像处理,语音信号处理

测控技术与仪器专业

年级	课程设置
03级	基础外语,思想道德修养,体育,军事理论,计算机文化基础,高等数学A(I),机械制图B 毛泽东思想概论,C语言程序设计,高等数学A(II),线性代数,大学物理A
02级	马克思主义哲学原理,基础外语,体育,复变函数与积分变换,大学物理A,工科物理实验,电路分析基础,电路实验技术 法律基础,概率论与数理统计,数学实验,工科物理实验,电路分析基础,电路实验技术,模拟电子技术A,电子电路实验技术
01级	马克思主义政治经济学原理,电子电路实验技术,自动控制原理,数字电子技术B,自动检测技术,信号处理(双语),工程光学基础,控制电机 邓小平理论和“三个代表”概论,微机原理及应用,单片机及其应用,过程参数检测及仪表,自动控制仪表与装置,近代光学测试技术,现代控制理论基础,控制系统CAD及仿真,通信电子电路,仪器与系统可靠性,信号处理与MATLAB,可编程控制器及应用(双语)
00级	经济与管理,计算机通信与网络,过程控制系统(双语),新型传感技术及应用,图像处理,多媒体技术及应用,智能控制及其应用,DSP处理器及应用,过程分析仪表,集散控制系统及工程应用,智能仪表,总线技术及应用,专业发展前沿概述

计算机科学与技术专业

年 级	课 程 设 置
03 级	基础外语，思想道德修养，体育，军事理论，离散数学，计算机概论，高等数学 A(Ⅰ)，机械制图 B 毛泽东思想概论，计算机概论，高等数学 A(Ⅱ)，线性代数，大学物理 A
02 级	马克思主义哲学原理，基础外语，体育，数值分析(双语)，概率论与数理统计，数学实验，大学物理 A，工科物理实验，电路分析基础，电路实验技术，模拟电子技术 B 法律基础，工科物理实验，电路实验技术，数字电子技术 A，电子电路实验技术，汇编语言，数据结构，数据库原理
01 级	马克思主义政治经济学原理，电子电路实验技术，计算机组成原理(双语)，人工智能原理及应用，多媒体与数字图像处理，计算机图形学，模式识别，面向对象的 C++编程技术 邓小平理论和“三个代表”概论，微机原理与接口技术，操作系统原理，计算机网络(双语)，大规模集成电路设计，计算机管理系统，办公自动化技术，Oracle，JAVA 编程思想与技术
00 级	编译原理，计算机体系结构，软件工程，计算机控制，Microsoft.Net，经济与管理

通信工程专业

年 级	课 程 设 置
03 级	基础外语，思想道德修养，体育，军事理论，离散数学，计算机文化基础，高等数学 A(Ⅰ)，机械制图 B 毛泽东思想概论，C 语言程序设计，高等数学 A(Ⅱ)，线性代数，大学物理 A

应用物理学专业

年 级	课 程 设 置
03 级	基础外语，思想道德修养，体育，军事理论，计算机文化基础，高等数学 A(Ⅰ)，理科物理实验 毛泽东思想概论，C 语言程序设计，高等数学 A(Ⅱ)，线性代数，理科物理实验，力学与热学
02 级	马克思主义哲学原理，基础外语，体育，概率论与数理统计，数学实验，理科物理实验，电磁学，数理方法，理论力学 法律基础，理科物理实验，光学，模拟电子技术 A，电子电路实验技术，热力学与统计物理，电动力学
01 级	马克思主义政治经济学原理，理科物理实验，电子电路实验技术，数字电子技术 B，原子物理与量子力学(双语)，信息科学原理，数据结构，物理效应及其应用，光纤技术，单片机测控系统 邓小平理论和“三个代表”概论，微机原理及应用，固体物理(双语)，光电子技术(双语)，传感器原理与技术(双语)，薄膜材料与器件，计算机接口技术(双语)，无损检测概论，信号与系统，计算物理，微机接口技术实验，专业近代物理实验
00 级	传感测试技术实验，数据采集技术，数字信号处理，光信息技术实验，微弱信号检测，智能传感器，现代分析技术，物理学前沿专题

应用化学专业

年 级	课 程 设 置
03 级	基础外语，思想道德修养，体育，军事理论，计算机文化基础，高等数学 A(Ⅰ)，无机化学 A 毛泽东思想概论，C 语言程序设计，高等数学 A(Ⅱ)，大学物理 A，无机化学 A，无机化学实验 A
02 级	马克思主义哲学原理，基础外语，体育，线性代数，大学物理 A，工科物理实验，无机化学实验 A，分析化学 法律基础，工科物理实验，物理化学 A，分析化学实验，复杂物质分离
01 级	马克思主义政治经济学原理，电工技术实验，电工技术，物理化学 A，化工原理，有机化学 A(双语)，有机化学实验(双语) 邓小平理论和“三个代表”概论，概率论与数理统计，数学实验，化工原理，物理化学实验 A，有机化学 A(双语)，结构化学，有机化学实验(双语)

续表

年级	课程设置
00级	微机原理与应用,仪器分析,高分子化学,材料化学导论,分析过程配合物,环境化学,高分子物理,现代商品学概论,化学文献检索,生物工程,生物技术制药基础,高分子实验,有机波谱分析,有机合成

数学与应用数学专业

年级	课程设置
03级	基础外语,思想道德修养,体育,军事理论,计算机文化基础,数学分析,解析几何 毛泽东思想概论,C语言程序设计,大学物理A,数学分析,高等代数
02级	马克思主义哲学原理,基础外语,体育,大学物理A,工科物理实验,数学分析,高等代数,数据库及其应用 法律基础,工科物理实验,离散数学,数值分析(双语),微分方程,实变函数
01级	马克思主义政治经济学原理,运筹学,概率论,C++与数据结构,数理统计,图形与图像处理(双语),汇编语言,专业发展前沿概述,网页制作与网站设计 邓小平理论和"三个代表"概论,微机原理及应用,数学模型,Java程序设计,复变函数与积分变换A,泛函分析(双语),编译原理,模糊数学,信息安全与密码学
00级	微分几何,操作系统,统计分析软件应用,计算机网络(双语),金融统计,多元统计分析(双语),抽象代数,数学物理方程,组合数学,软件工程,多媒体技术及应用,现代控制理论,代数数论,微分方程稳定性理论,拓扑学,小波分析,数学史

信息与计算科学专业

年级	课程设置
03级	基础外语,思想道德修养,体育,军事理论,计算机文化基础,数学分析,解析几何 毛泽东思想概论,C语言程序设计,大学物理A,数学分析,高等代数
02级	马克思主义哲学原理,基础外语,体育,大学物理A,工科物理实验,数学分析,高等代数,数据库及其应用 法律基础,工科物理实验,离散数学,数值分析(双语),微分方程,Web程序设计
01级	马克思主义政治经济学原理,概率论与数理统计,数学实验,信息系统导论,图形与图像处理(双语),C++与数据结构,运筹学,汇编语言,专业发展前沿概述,网页制作与网站设计 邓小平理论和"三个代表"概论,微机原理及应用,Java程序设计,编译原理,信息安全与密码学,复变函数与积分变换A,泛函分析(双语),模糊数学,数学模型
00级	计算机网络(双语),软件工程,操作系统,网络程序设计,统计分析软件应用,多元统计分析(双语),组合数学,多媒体技术及应用,现代控制理论,人工智能原理及应用,系统工程,微分几何,管理信息系统,计算机体系结构

生物技术工程专业

年级	课程设置
03级	基础外语,思想道德修养,体育,军事理论,计算机文化基础,高等数学A(Ⅰ),无机化学B,无机化学实验B 毛泽东思想概论,C语言程序设计,高等数学A(Ⅱ),大学物理A,无机化学实验B,分析化学,植物学
02级	马克思主义哲学原理,基础外语,体育,大学物理A,工科物理实验,分析化学实验,有机化学B,有机化学实验B,动物学 法律基础,工科物理实验,物理化学A,生物化学,生物化学实验,有机化学实验B

国际经济与贸易专业

年 级	课 程 设 置
03 级	大学语文,基础外语,英语口语,思想道德修养,体育,军事理论,计算机文化基础,高等数学 A(I) 大学语文,毛泽东思想概论,英语口语,FoxPro 及应用,高等数学 A(II),化学与社会
02 级	马克思主义哲学原理,基础外语,英语口语,体育,线性代数,大学物理 B,会计学原理 英语口语,法律基础,冶金与材料工程基础,概率论与数理统计,数学实验,管理信息系统,宏微观经济学,财政金融学
01 级	马克思主义政治经济学原理,运筹学,管理学原理(双语),经济法,应用经济统计学,国际金融学,国际贸易原理,企业管理学,国际证券投资 邓小平理论和"三个代表"概论,项目评价与管理,国际贸易实务,国际商法,外贸英语,国际市场营销,生产与运作管理,质量管理,组织行为学,国际商务谈判,国际经济与贸易专业发展前沿概述,审计学,国际经济合作
00 级	外贸书信函电,数据库原理,商品学概论,国际贸易地理,统计数据处理技术,国际结算,金融机构与风险管理,国际技术贸易,电子商务,税收概论

会计学专业

年 级	课 程 设 置
03 级	大学语文,基础外语,思想道德修养,体育,军事理论,计算机文化基础,高等数学 A(I) 大学语文,毛泽东思想概论,FoxPro 及应用,高等数学 A(II),化学与社会
02 级	马克思主义哲学原理,基础外语,体育,线性代数,大学物理 B,管理信息系统,宏微观经济学,财政金融学 法律基础,冶金与材料工程基础,概率论与数理统计,数学实验,经济法,会计学原理
01 级	马克思主义政治经济学原理,运筹学,管理学原理(双语),项目评价与管理,会计电算化原理与实务,中级财务会计 邓小平理论和"三个代表"概论,市场营销学,应用经济统计学,成本会计,审计学,税收概论,财务管理(双语),国际贸易原理,行业会计,高级会计学,投资学
00 级	管理会计(双语),企业管理学,国际金融学,国际结算,审计专题,税务会计,会计专题(前沿),会计制度设计,财务报表分析,Excel 在财务管理中的应用,计算机审计,审计案例分析

工商管理专业

年 级	课 程 设 置
03 级	大学语文,基础外语,思想道德修养,体育,军事理论,计算机文化基础,高等数学 A(I) 大学语文,毛泽东思想概论,FoxPro 及应用,高等数学 A(II),化学与社会
02 级	马克思主义哲学原理,基础外语,体育,线性代数,大学物理 B,管理信息系统,宏微观经济学 法律基础,冶金与材料工程基础,概率论与数理统计,数学实验,经济法,财政金融学,会计学原理
01 级	马克思主义政治经济学原理,运筹学,管理学原理(双语),项目评价与管理,组织行为学,消费者行为学,财务管理,企业管理学,广告学 邓小平理论和"三个代表"概论,市场营销学(双语),应用经济统计学,生产与运作管理,人力资源管理,市场调查与预测,质量管理,企业策划学,商品学概论,价格学,企业形象设计,管理沟通,国际金融学,国际市场营销
00 级	企业经营战略(双语),市场竞争模拟,Internet 与 Intranet 应用,数据库原理,证券投资学,商品检验学,公共关系学,人力资源战略与知识管理专题,国际投资,国际贸易原理,审计学,税收概论

信息管理与信息系统专业

年　级	课　程　设　置
03 级	大学语文，基础外语，思想道德修养，体育，军事理论，高等数学 A(Ⅰ)，计算机引论 大学语文，毛泽东思想概论，高等数学 A(Ⅱ)，化学与社会，计算机组成原理
02 级	马克思主义哲学原理，基础外语，体育，线性代数，大学物理 B，C 语言程序设计，会计学原理 法律基础，冶金与材料工程基础，概率论与数理统计，数学实验，离散数学，宏微观经济学
01 级	马克思主义政治经济学原理，运筹学，管理学原理（双语），项目评价与管理，经济法，应用经济统计学，数据结构，组织行为学，财政金融学 邓小平理论和“三个代表”概论，管理信息系统，操作系统，信息资源管理，ERP 原理与应用，数据库原理，数据仓库与数据挖掘技术（双语），现代通讯概论，质量管理，管理信息系统专业实验，Power Builder应用技术，Oracle 应用技术，国际金融学，国际贸易原理，审计学
00 级	计算机网络，面向对象程序设计，Visual Basic 语言，生产与运作管理，多媒体应用基础，软件工程学，企业管理学，专业发展前沿技术（双语），网络布线与施工，BPR 原理与应用，CRM 原理与应用，市场营销学

金融工程专业

年　级	课　程　设　置
03 级	大学语文，基础外语，英语口语，思想道德修养，体育，军事理论，计算机文化基础，高等数学 A(Ⅰ) 大学语文，毛泽东思想概论，英语口语，FoxPro 及应用，高等数学 A(Ⅱ)

行政管理学专业

年　级	课　程　设　置
03 级	大学语文，基础外语，社会学，思想道德修养，体育，军事理论，计算机文化基础，高等数学 B(Ⅰ)，当代中国政治制度 毛泽东思想概论，FoxPro 及应用，高等数学 B(Ⅱ)，宏微观经济学，政治学原理，管理学原理
02 级	马克思主义哲学原理，基础外语，体育，现代科学技术概论，宏微观经济学，行政公文写作，秘书学，比较政治制度，统计与社会调查分析，行政学 行政法与行政诉讼，管理心理学，法学概论，公共关系学，信息管理概论
01 级	马克思主义政治经济学原理，网络与办公自动化，企业管理，管理哲学，专业外语，政府经济学（双语），行政领导与决策，中国特色社会保障研究，行政伦理 邓小平理论和“三个代表”概论，行政组织学，公共财政学，公共政策，人力资源开发与管理（双语），公务员管理，危机管理，行政改革专题研究
00 级	当代世界经济与政治，地方政府学，城市管理学，经济法，社区管理，学术研究方法简论

法学专业

年　级	课　程　设　置
03 级	大学语文，基础外语，伦理学，社会学，体育，军事理论，计算机文化基础，高等数学 B(Ⅰ)，宪法学 毛泽东思想概论，FoxPro 及应用，高等数学 B(Ⅱ)，法理学，民法学（总论）
02 级	马克思主义哲学原理，基础外语，体育，刑法学，国际法，民事诉讼法，现代科学技术概论 经济学原理，形式逻辑，刑法学，刑事诉讼法，侵权行为法
01 级	马克思主义政治经济学原理，国际私法（双语），经济法概论，行政法与行政诉讼法，商法，合同法 邓小平理论和“三个代表”概论，国际经济法，商法，中国法制史，知识产权法，证据学，经济法学，心理学
00 级	当代世界经济与政治，世贸组织法（双语），律师实务，金融法学，WTO 规则与知识产权诉讼，学术研究方法简论

英语专业

年级	课程设置
03 级	思想道德修养,体育,军事理论,计算机文化基础,高等数学 B(I),英语口语,英语听力,英语泛读,英语语音学,基础英语 毛泽东思想概论,FoxPro 及应用,高等数学 B(II),英语口语,英语听力,英语泛读,基础英语
02 级	大学语文,马克思主义哲学原理,体育,英语泛读,高级英语口语,基础英语,英语高级听力,希腊罗马神话,欧洲文化概论,初级写作 法律基础,英语泛读,高级英语口语,基础英语,英语高级听力,英语写作,英美散文选读,英语国家概况,德语(二外),日语(二外),法语(二外),俄语(二外)
01 级	马克思主义政治经济学原理,网络与办公自动化,英国文学史与作品选读,高级英语阅读,高级英语写作,德语(二外),日语(二外),外贸函电写作,英美诗歌选读,法语(二外),俄语(二外),英国社会与文化,圣经释读,专业发展前沿概述,演讲与辩论 邓小平理论和"三个代表"概论,英国文学史与作品选读,高级英语阅读,高级英语写作,英译汉理论与实践,国际市场营销,德语(二外),日语(二外),英美报刊选读,英语文体学,法语(二外),俄语(二外),英语词汇学,美国社会与文化,英美戏剧选读,英语新闻写作
00 级	当代世界经济与政治,高级英语阅读,美国文学史与作品选读,语言学概论,学术论文写作,汉译英理论与实践,管理学原理(双语),德语(二外),日语(二外),商务英语,法语(二外),俄语(二外),应用语言学,跨文化交流,英汉口译,英语修辞与演讲,国际关系概况,网上阅读,高级英语阅读,美国文学史与作品选读

社会工作专业

年级	课程设置
03 级	大学语文,基础外语,思想道德修养,体育,军事理论,计算机文化基础,高等数学 B(I),社会学概论,普通心理学 毛泽东思想概论,FoxPro 及应用,高等数学 B(II),社会调查方法,社会心理学,社会工作导论
02 级	马克思主义哲学原理,基础外语,体育,人类行为与社会环境,社区网络建设与管理,西方社会学理论,社会统计学,个案工作 当代世界经济与政治,西方经济学,法学概论,家庭社会学,SPSS 软件应用,小组工作,政治学,社会学与社会工作研究简论,中国社会学史
01 级	马克思主义政治经济学原理,社区概论,人口社会学,社会福利思想,社区工作,西方社会思想史,伦理学 邓小平理论和"三个代表"概论,发展社会学,科学社会学,社会行政,社会保障,中国社会思想史,女性社会工作
00 级	公共关系学,组织社会学,社会工作学科前沿概述,老年社会工作,青少年社会工作,文化人类学,残疾人社会工作,物业管理

思想政治教育(专升本)专业

年级	课程设置
03 级	马克思主义理论专题,基础外语,世界政治经济与国际关系,政治学,行政公文写作,心理学,社会学 法学概论,中国近代政治思潮,伦理学,青年学,大众传播媒介,公共关系学,社会心理学
02 级	管理概论,社会思潮与青年教育,计算机应用,邓小平理论和"三个代表"概论,社会调查与统计分析,社会历史观,马列思政原著选读,组织行为学 现代企业管理,思想政治教育原理,思想政治工作史,思想政治教育方法

日语专业

年级	课程设置
03级	大学语文,思想道德修养,体育,军事理论,计算机文化基础,高等数学B(Ⅰ),基础日语,日语视听,日语会话,综合英语 毛泽东思想概论,FoxPro及应用,高等数学B(Ⅱ),基础日语,日语视听,日语会话,综合英语

(王春义、任素美)

2003年北京科技大学各科竞赛学生获奖情况

序号	项目	奖项	获奖者
1	全国电子设计竞赛	一等奖	孙学彬 孟凡伟 蒋林明 指导教师:牟世堂
2	全国电子设计竞赛北京赛区	一等奖	孙学彬 孟凡伟 蒋林明 指导教师:牟世堂
		二等奖	梁锋 冯涛 杨熠 指导教师:金波
		三等奖	1)张琳琳 黄通焕 丘国盛 指导教师:牟世堂 2)熊锋 刘晓飞 朱玉民 指导教师:王尚君
3	高教社全国大学生数学建模竞赛	一等奖	崔鹏 金鑫 阎玮蓉 指导教师:李为东
		二等奖	王文超 杨顺华 罗东 指导教师:朱婧
4	首届"外教社杯"大学生英语写作竞赛北京赛区	一等奖	杜玲
5	全国大学生英语竞赛北京赛区	特等奖	丁宁
		一等奖	陈冀周 蔡光
6	北京市第20届非物理专业物理竞赛	特等奖	冯帅
		一等奖	屈海涛 杨玉超 赵苍明 左罗
		二等奖	余晓波 刘长勇 游良平 罗晋如 马洪静 钟丁 陈书浩 苏永凯 姚福源 吴炬 陈波 潘国辉 黄妙逢 张国华 刘曦 江嘉晶 何育丁
		三等奖	贺琳 轩新想 王洪涛 杨浪 熊辉兵 杨文 谈峰 袁栋栋 唐续龙 张明华 罗东
7	北京科技大学2003非物理专业物理竞赛	一等奖	黄妙逢 左罗
		二等奖	冯帅 陈波 张国华 熊辉兵 张磊 刘曦 江嘉晶 马洪静 伍波
		三等奖	何育丁 潘国辉 轩新想 谈峰 唐续龙 余晓波 杨玉超 屈海涛 姚福源 游良平 贺琳 祝勇
8	北京科技大学英语竞赛	一等奖	孟丽静 张燕燕 高敏江 于鹏 向璞
		二等奖	李涣培 李驰 陈刘涛 李宝乾 邵玉娟 种大林 韦顺 石复光 陈志强 胡又文
		三等奖	李林青 卓龙超 马云鹏 伍文彬 高芳芳 杨兵 郭言炎 蔡子嘉 林惠 陈雨 陈辉华 袁容刚 刘波 梁超众 张桦 马超 位国倩 邱圆科 王水英 曲波

(王常策)

北京科技大学第五届优秀教材和第九届优秀讲义

序号	获奖教材名称	奖励种类	奖励等级	获　奖　人　员
1	金属材料学	校第五届优秀教材	一等奖	吴承建　陈国良　强文江
2	岩石力学与工程	校第五届优秀教材	一等奖	蔡美峰　李长洪　王金安　陈新万 及 15 位外校编者(略)
3	MDT6 实用教程	校第五届优秀教材	一等奖	窦忠强　陈　键　陈豫生(＊) 余必强　郭　勇(＊)
4	地质学(第 3 版)	校第五届优秀教材	一等奖	徐九华　谢玉玲　李建平　李克庆
5	80＊86 汇编语言程序设计	校第五届优秀教材	二等奖	王成耀
6	经济法教程	校第五届优秀教材	二等奖	王宾容　张　颖　范小华
7	画法几何及机械制图习题集	校第五届优秀教材	二等奖	许纪倩　万　静　杨　皓
8	废水处理的原理与工艺	校第九届优秀讲义	一等奖	孙体昌　王化军
9	大学物理辅导	校第九届优秀讲义	一等奖	吕金钟　刘柏松　尹　红　刘　红
10	材料成型理论基础	校第九届优秀讲义	二等奖	刘雅政　王自东　刘玉敏　黄继华 任学平
11	多媒体技术实验指导	校第九届优秀讲义	二等奖	王先梅
12	材料力学实验讲义	校第九届优秀讲义	二等奖	史孝群　卢晋福　刘冬青　龚春秀
13	环境工程微生物学	校第九届优秀讲义	三等奖	林　海　李天昕　姜　艳　赵荣志
14	电工电子技术实验指导	校第九届优秀讲义	三等奖	李秀兰
15	可编程控制器	校第九届优秀讲义	三等奖	陈　明　徐银梅
16	定量分析化学实验讲义	校第九届优秀讲义	三等奖	王丽华　弓爱君　刘杰民　温美娟
17	大学语文	校第九届优秀讲义	三等奖	王育杰

注:(＊)为外校编者

(孙玉珍)

2000～2003 学年教授授课情况

学院	职　称	2000～2001 学年					2001～2002 学年					2002～2003 学年				
		总人数	讲授本科课程人数	%	其中讲授基础课人数	%	总人数	讲授本科课程人数	%	其中讲授基础课人数	%	总人数	讲授本科课程人数	%	其中讲授基础课人数	%
土木	教授	12	5	41.7	1	8.3	12	4	33.3	3	25	14	14	100	10	71.4
	副教授	25	23	92.0	2	8.0	19	18	94.7	1	5.3	16	13	81.25	11	68.8
冶金	教授	29	8	27.6	3	10.3	29	12	41.4	3	10.3	25	17	68	10	40.0
	副教授	27	24	88.9	3	11.1	27	20	74.1	3	11.1	24	16	66.67	5	20.8
材料	教授	62	30	48.4	25	40.3	62	31	50.0	26	41.9	57	37	64.91	20	35.1
	副教授	37	30	81.1	26	70.3	37	28	75.7	22	59.5	28	25	89.29	16	57.1
机械	教授	21	12	57.1	1	4.8	22	16	72.7	5	22.7	26	20	76.92	14	53.9
	副教授	47	40	85.1	16	34.0	47	45	95.7	27	57.5	40	40	100	23	57.5
信息	教授	16	11	68.8	6	37.5	16	14	87.5	7	43.8	18	17	94.44	16	88.9
	副教授	28	28	100.0	19	67.9	27	25	92.6	21	77.8	24	21	87.50	13	54.2
应用	教授	22	22	100.0	19	86.4	21	21	100.0	18	85.7	19	18	94.74	18	94.7
	副教授	33	32	97.0	32	94.0	37	35	94.6	35	94.6	22	16	72.73	16	72.7
管理	教授	13	7	53.9	7	53.9	14	11	78.6	11	78.6	12	12	100	11	91.7
	副教授	22	18	81.1	18	81.8	22	18	81.8	18	81.8	35	32	91.43	30	85.7
文法	教授	8	7	87.5	7	87.5	8	7	87.5	7	87.5	9	7	77.78	5	55.6
	副教授	23	20	87.0	20	87.0	23	21	91.3	21	91.3	26	18	69.23	18	69.2

续表

学院	职称	2000～2001学年					2001～2002学年					2002～2003学年				
		总人数	讲授本科课程人数	%	其中讲授基础课人数	%	总人数	讲授本科课程人数	%	其中讲授基础课人数	%	总人数	讲授本科课程人数	%	其中讲授基础课人数	%
外语	教授	–	–	–	–	–	–	–	–	–	–	4	3	75	3	75.0
	副教授	–	–	–	–	–	–	–	–	–	–	19	12	63.16	10	52.6
体育	教授	–	–	–	–	–	–	–	–	–	–	1	1	100	1	100
	副教授	–	–	–	–	–	–	–	–	–	–	14	13	92.86	13	92.9
合计	教授	183	102	55.7	69	37.7	184	116	63.0	80	43.5	185	146	78.92	108	58.4
	副教授	242	215	88.8	136	56.2	239	210	87.9	148	61.9	248	206	83.06	155	62.5

注:基础课包括公共基础课和专业基础课。

(裴晶莹、冯瑞芳)

2000～2003学年本科教学质量考查指标数据

序	考查指标	单位	数据			
			00～01学年	01～02学年	02～03学年	均值
1.应届毕业生质量简况						
1.1	四年按期毕业率	%	93.2	93.2	92.9	93.1
1.2	应届毕业生毕业证书获得率	%	96.5	94.3	94.7	95.2
1.3	应届毕业生学位证书获得率	%	94.1	91.0	92.4	92.5
1.4	应届毕业生考研率(含保送)	%	25.59	27.98	35.57	29.71
2.英语四、六级通过率						
2.1	英语四级考试一次通过率	%	64.7	67.3	71.38	67.9
2.2	英语四级考试一次优秀率	%	6.9	4.1	6.4	5.8
2.3	应届毕业生累计英语四级通过率	%	98.16	96.37	95.76	96.76
2.4	应届毕业生累计英语六级通过率	%	40.09	35.98	47.23	40.8
3.在校生参加全国和北京市单科竞赛情况						
3.1	参加人数	人	130	133	135	133
3.2	获奖人数	人	13	43	25	27
4.教师授课方式与教材使用						
4.1	使用多媒体授课的比例	%	11.0	18.0	27.0	18.7
4.2	使用外(双)语授课的比例	%	–	3.0	4.8	3.9
4.3	使用新教材或优秀教材的课程比例	%	32.5	36.3	43.5	37.4
5.教授上课与教师获奖简况						
5.1	教授上本科课程的比例	%	58.01	66.85	79.38	68.08
5.2	副教授上本科课程的比例	%	89.85	85.45	86.31	87.20
5.3	教师课堂教学质量评价的平均值	分	–	–	90.76	90.76
5.4	教师获得教学类奖项统计: 00～01学年:106项(教学成果16、教学优秀30、教材44、青年教师课堂评比16) 01～02学年:30项(教学成果14、教材2、青年教师课堂评比14) 02～03学年:36项(教学优秀29、教材4、教学名师3)					

说明:

(1)应届毕业生毕业证书获得率、学位证书获得率及考研率,以当年7月毕(结)业离校人数为基数。

(2)新教材指近三年出版的教材;优秀教材指国家重点教材和北京市精品教材。

(裴晶莹、冯瑞芳)

研究生教育

【概况】 2003年是学校研究生教育快速发展的一年。全年招收博士研究生、硕士研究生和在职专业学位研究生的人数分别从2002年的339人、1 005人和506人分别增长到2003年的400人、1 350人和523人,2003年授予博士学位和授予硕士学位的人数分别为105人和739人;与比利时鲁汶工学院合作培养并授予鲁汶工学院硕士学位45人;在学的各类研究生从2002年的4 170人增加到2003年的5 490人;另有与美国得克萨斯大学阿灵顿商学院合作培养的高级工商管理硕士学位(EMBA)研究生60人和与比利时鲁汶工学院合作培养的电子媒体工程硕士学位研究生70人。授予博士学位和授予硕士学位的学科点数由2002年18个、42个分别增加到2003年的22个(其中含1个学校自设博士点)和62个(其中含4个学校自设硕士点),授予博士学位的一级学科和授予工程硕士专业学位的工程领域分别为6个和14个。博士后科研流动站由2002年的4个增加到2003年的7个。

(李仲学)

【学科建设和研究生教育发展规划】 年内,修改了2001年制定的《北京科技大学学科建设"十五"规划》,为学校制定《北京科技大学学科建设和师资队伍建设规划》奠定了基础。

为实施学校的学科建设与师资队伍建设规划,制定了《2003～2007年北京科技大学学位与研究生教育工作规划》,从7个方面简要回顾了学校学位与研究生教育工作近5年的发展,从8个方面对学校学位与研究生教育的现状和问题进行了认真的分析和总结,从5个方面对学校2003～2007年学位与研究生教育工作进行了论证,提出了"以发展为前提,以学生为中心,以质量为生命,以创新为保证"的学位与研究生教育工作指导思想。

(李仲学)

【招生工作】 为扩大学校研究生教育的影响,增强学校研究生招生的吸引力,2003年研究生院举办了研究生招生咨询日活动。各学院主管研究生工作副院长、研究生教务员、研究生院主管招生工作的同志参加了咨询日活动,主要介绍学校研究生招生情况、各项招生政策、学科专业选择及人才培养情况。

1. 博士生招生。2003年,博士生报考586人,其中毕业(或在学)于56所设有研究生院的学校的学生303人,占报名总数52%;录取博士生400人,其中毕业(或在学)于56所研究生院学校的学生235人,占录取总数59%。博士生录取率68%,较2002年博士生录取率76%有一定程度的下降,博士生生源有一定数量的增长。为了保障研究生课题的连续性,提高博士生生源质量,加大了提前攻博和硕博连读学生的比例,占录取人数的21%。录取的博士生中同等学力考生人数占录取总数的3.5%,与2001年和2002年的10%相比,2003年同等学力考生人数下降,博士生生源质量有所提高。

2. 硕士生招生。2003年,硕士生报考4 005人,较2002年增加1 705人,增幅为74%(北京地区招生单位的平均增幅为21%),其中毕业(或在学)于56所设有研究生院的学校的学生1 556人,占报考总数39%;硕士生录取1 350人,其中毕业(或在学)于56所设有研究生院的学校的学生772人,占录取总数57 %。硕士生录取率34%,比2002年有一定幅度的降低。

本校应届生是学校研究生优秀生源的主要来源,鼓励本校优秀应届生报考,对提高学校研究生生源质量起到很大的作用。2003年报考本校硕士研究生的本校应届生有1 013人(包括推免生),占报名总数的25%。本校优秀应届生推荐免试人数近三年增幅较大，2003年推免名额231人(包括推荐到外校考生)。本校推免名额的分配向重点学科和基础学科进行了倾斜，一定程度上缓解了生源结构不平衡的矛盾。

3. 硕士专业学位研究生招生。学校专业学位研究生招生规模有了较大的发展。研究生院积极与政府、企业合作，认真做好专业学位招生宣传和生源组织工作，严格标准，认真做好报考资格审查工作，精心组织全国联考及综合素质考试和录取工作，强化质量意识、自律意识。2002年招收专业学位研究生(工硕、MBA、MPA)共523人(2003年3月进校)。2001年在工程硕士专业学位入学考试全国联考中，北京科技大学英语、数学录取平均分分别为67分和72分；在123个学校(英语)和106个学校(数学)中的排名分列第26位和22位；其中在有研究生院的44个学校中英语和数学的排名分列第17位和14位，总体水平居全国前列。2002年在工程硕士专业学位入学考试全国联考中，按平均分排序共141个院校中排名第42位；其中有研究生院学校共43个中排名第24位；按总分最低分排序，共141所院校中排名第76位；其中有研究生院的43所院校中排名第29位；按外语最低分排序，141所院校中排名第39位；其中有研究生院的43所院校中排名第17位，总体水平中等。在2002年工商管理硕士录取结果排序中，共47所院校，平均分排名第39位；总分最低分排名第25位；外语最低分排名第27位。在2002年公共管理硕士录取结果排序中，共23个院校，平均分排名第21位；总分最低分排名第11位；外语最低分排名第14位。

2003年专业学位研究生与地方政府、科研单位、企业、部队联合培养，开办工程硕士、MBA、MPA共19个班，报名857人(其中工硕552人、MBA 92人、MPA 208人、高校教师5人)。

2003年工程硕士专业学位研究生入学考试采取两段制考试方式：第一阶段，所有考生参加国家统一组织的工程硕士研究生入学资格考试。该阶段主要测试考生的综合素质，资格考试由四部分构成，语言表达能力测试、数学基础能力测试、逻辑推理能力测试、外国语运用能力测试。第二阶段，由学校自行组织专业综合测试，学校根据资格考试成绩和综合测试成绩确定录取分数线。

(李　文)

【教学及学籍管理】 2003年，学校共组织636门次研究生课程的教学工作。同时加强研究生课程教学管理，将研究生课程教学计划变更备案制度改为审批制度，以克服部分教师随意调课的问题；改善了研究生教学管理手段，为各学院教务员设立“研究生信息管理系统”的客户端，可以通过这个客户端实时连接研究生院的数据服务器，查询选课和成绩情况，减轻了学院教务员的工作负担，为学生查询提供了方便，提高了管理水平。

2003年，申报备案了工商管理学科和行政管理专业两个研究生课程进修班，并已经开始授课。

(宁晓钧、王　黎)

【条件建设】 作为学校“十五”期间“211工程”建设项目的一部分，2003年暑期，“电化语言教学系统”和“网络计算实验系统”建设完成。“电化语言教学系统”包括天宝1 000/3 000型电化语言教学系统两套，设备价值98.2万元，安放在主楼319、320、306教室，于2003级新生入学前投入使用。该系统技术先进、使用效果良好，极大地改善了研究生英语教学条件。“网络计算实验系统”是一个基于校园网的计算实验系统，包括3台服务器和40台计算机，并配有常用工具软件，用作研究生公共课程教学、实验的主体设施和对硬件条件不足的学科、专业的计算实验补充设施。同时，也用作研究生网络教学管理系统的配套设施。

(宁晓钧、李仲学)

【学位授予】 2003年度授予博士学位105人(其中1人为同等学力人员)、授予硕士学位537人(其中12人为同等学力人员)、授予在职人员工程硕士专业学位150人、授予在职人员工商管理硕士专业学位52人。评选校级优秀博士学位论文7篇，优秀硕士学位论文27篇。

（姜禾娇、张云仙）

【学位授权点申报】 2002年参加的全国第九批博士、硕士学位授权学科申报工作，于2003年得到国务院学位委员会批复，学校获准新增凝聚态物理、计算机应用技术、岩土工程等3个博士学位授权学科点，自主设置机械装备及控制博士学位授权学科点；获准新增防灾减灾工程及防护工程、环境科学、环境工程、设计艺术学、动力机械及工程、流体机械及工程、通信与信息系统、国际贸易学、技术经济及管理、计算数学、运筹学与控制论、物理电子学、民商法学、高等教育学、文艺学、英语语言文学等16个硕士学位授权学科点，自主设置机械装备及控制、物流工程、金融管理工程、工业生态等4个硕士学位授权学科点。上述学科、专业涉及理、工、管、文、经、法、教等7个学科门类，这些博士、硕士学位授权学科点的增加，进一步优化了学校的学科结构。

根据国务院学位委员会《关于做好博士学位授权一级学科范围内自主设置学科、专业工作的几点意见》（学位办[2002]47号）和国务院学位办公室《关于做好博士学位授权一级学科范围内自主设置学科、专业备案工作的通知》（学位办[2002]84号）的精神，在机械工程、矿业工程和管理科学与工程等3个具有博士学位授权的一级学科内，分别自主设置并备案了机电测试技术、矿山环境工程、物流工程、科技与教育管理等4个博士学位研究生学科、专业。

（吴学东、李仲学）

【全国优秀博士学位论文】 2002年学校推荐的4篇博士学位论文参加了2003年全国优秀博士学位论文的评选，材料学院材料学专业边赞博士的学位论文被评选为2003年度全国优秀博士学位论文，其指导教师为陈国良院士。边赞博士为自1999年教育部、国务院学位委员会开展评选全国优秀博士学位论文工作以来学校的第2位入选者。教育部、国务院学位委员会还于2003年度首次公布了全国优秀博士学位论文提名论文，全国共有179篇，其中北京科技大学的2篇榜上有名，其作者分别是：于广华博士，指导教师是朱逢吾教授；张建博士，指导教师是王新华教授。2003年学校推荐了3篇博士学位论文参加2004年全国优秀博士学位论文的评选。

（张云仙、吴学东）

【博士研究生指导教师遴选】 2003年度，学校遵循保证导师队伍质量、尽可能满足学科需要的原则，开展了博士学位研究生指导教师的遴选工作。申请博士生指导教师共70人，经各学院学位分委员会初选、专家评议组评审和学校学位评定委员会七届八次全体委员会议审核、投票表决，同意新增36位博士生指导教师，其中学校教师33名，外单位专家3名。本次新增的博士生指导教师对于提高博士生指导教师的博士学历比例、改善博士生指导教师的年龄结构、缓解博士生指导教师队伍紧张状况有一定的促进作用。

学校学位评定委员会七届八次全体委员会议还审议通过了新修订的《北京科技大学选聘博士生指导教师实施细则》，对申请新增博士生指导教师的年龄、学历、工作经历等提出了新的要求，对申请跨一级学科或转一级学科招收博士生做出了具体规定。

（张云仙、吴学东）

【博士后工作】 为了落实学校建设总体发展规划，促进博士后工作的发展，学校颁布了《关于积极发展博士后工作的通知》（校发[2003]125号），对学校博士后的招收、使用、待遇等工作提出了补充办法。

2003年，学校共有5个学科参加了全国博士后科研流动站的申报评审工作。经全国博士后管理委员会批准，学校新增设了力学、动力工程及工程热物理、控制科学与工程3个博士后科研流动站，使学校的博士后科研流动站总数达到7个。为扩大学校的博士后招收规模、配合学校的师资队伍建设奠定了基础。

2003年招收博士后12名（其中1名为留学回国博士），有8名博士后工作期满出站，在站博士后35名。

（李仲学、吴学东）

【学科评估】 2003年,学校的矿业工程、冶金工程、材料科学与工程、科学技术史4个一级学科参加了全国学位与研究生教育发展中心组织的全国一级学科整体水平评估,对促进一级学科的发展、提高学科整体水平和研究生培养质量产生推动作用。

为迎接全国工程硕士专业学位研究生教育的评估工作,对学校招收培养工程硕士专业学位研究生的工程领域进行了预评估。目的是检查学校工程硕士专业学位研究生的招收、培养、学位授予等方面的工作,总结经验、找出问题、发扬优势,更好地做好工程硕士专业学位研究生的培养工作,保持学校在冶金、材料工程领域的优势,争取好的评估结果。

(吴学东、李仲学)

【研究生教育发展基金】 为了落实2002年学校研究生教育工作会议精神,学校开展了研究生教育发展基金有关项目的首次申报与评审工作。共申报研究生教学改革专项基金30项,研究生研究项目基金36项,研究生学位授权点建设基金20项。根据学校学科建设规划、研究生教育发展规划和有关基金管理办法,经过专家评审、评审结果公示、学校领导审批,有21项研究生教学改革专项基金项目、24项研究生研究基金项目和13个学位授权点建设基金项目获准资助。

(李仲学)

【全国考试考务工作】 2003年,学校继续承担了同等学力人员申请硕士学位全国统一考试的报名、考试组织和阅卷工作,受理了6 000余人次报名、安排了3 600人次考试、组织了22 000余份试卷的评阅工作。作为北京市两个考点之一,组织了全国工程硕士统一联考的考务工作,共有2 550多人参加了考试。组织了全国MBA联考阅卷工作,共阅英语、数学、语文与逻辑、管理学等考卷40 000余份。

(李　文、宁晓钧、吴学东)

【调研工作】 按照教育部的要求,对学校的研究生教育成本分担情况进行了调研,提出了符合国家规定、适合学校学科、专业特点的成本分担方案上报教育部。研究生教育成本分担的实施将会优化研究生教育管理的资源,促进学科专业的发展,提高研究生招收生源质量和培养质量。

开展了对加拿大麦克麻斯特(McMaster)大学的调研工作,从学校概况;机构设置、学院设置、专业设置;图书馆、科学研究;最突出的学科领域;学制及学位;质量保证与督导;与北京科技大学的合作情况等方面进行了调研,并将调研报告上报了教育部。此项调研工作,对于学校的研究生教育教学改革和学校发展目标的实现,将会产生一定的促进或借鉴作用。

(李　文、李仲学)

附　录

2003年研究生课程目录

课程编号	课程名称	学时	学分	任课教师	开课学院
101501	热力学在矿物学中的应用	40	2	李建平	土木与环境工程学院
101502	应用矿物学	40	2	於晓晋	土木与环境工程学院
101503	建筑材料概论	40	2	李建平	土木与环境工程学院
101506	计算机图象处理在矿物学中的应用	40	2	李克庆	土木与环境工程学院
101507	宝石学	40	2	於晓晋	土木与环境工程学院
101508	3D动画模拟技术在地质中的应用	40	2	张树泉	土木与环境工程学院
101509	矿物材料学	40	2	李建平	土木与环境工程学院
101510	矿物学基础	40	1	谢玉玲	土木与环境工程学院
101511	岩石学基础	40	1	李克庆	土木与环境工程学院

续表

课程编号	课程名称	学时	学分	任课教师	开课学院
102501	成因矿物学	60	3	谢玉玲	土木与环境工程学院
102502	数学地质	60	3	李克庆	土木与环境工程学院
102503	包体矿物学	60	3	徐九华	土木与环境工程学院
102504	空间信息统计学	60	3	张树泉	土木与环境工程学院
102505	矿产经济学	60	3	袁怀雨	土木与环境工程学院
102506	地理信息系统(GIS)应用	40	2	谢玉玲	土木与环境工程学院
102507	数据库技术在地学中应用	40	2	张树泉	土木与环境工程学院
102508	微机在地质科学中的应用	40	2	张树泉	土木与环境工程学院
102509	地球化学和成矿理论进展	40	2	徐九华	土木与环境工程学院
102510	矿相学基础	40	1	谢玉玲	土木与环境工程学院
102512	矿床学与勘查地质学基础	40	1	徐九华	土木与环境工程学院
103501	机械动力学	60	3	石博强	土木与环境工程学院
103502	车辆工程学	60	3	冯茂林	土木与环境工程学院
103503	机械结构强度分析	40	2	张文明	土木与环境工程学院
103504	机械控制理论及技术	40	2	周志鸿	土木与环境工程学院
103505	设备故障诊断学	40	2	马　飞	土木与环境工程学院
103506	机械现代设计法	40	2	王国彪	土木与环境工程学院
103507	设备综合工程学	40	2	刘　立	土木与环境工程学院
103508	可靠性工程基础	40	2	石博强	土木与环境工程学院
103509	机器失效机理	40	2	张文明	土木与环境工程学院
103510	信息采集及分析技术	40	2	刘　立	土木与环境工程学院
103511	复杂系统状态预测	40	2	石博强	土木与环境工程学院
103512	维修性设计	40	2	刘　立	土木与环境工程学院
103513	硕士生专业英语	40	1	方　湄	土木与环境工程学院
103601	车辆动力学	40	2	石博强	土木与环境工程学院
103602	现代信号处理及应用技术	40	2	刘　立	土木与环境工程学院
103603	人工智能及其应用(博士)	40	2	张文明	土木与环境工程学院
103604	车辆现代设计理论与技术	40	2	王国彪	土木与环境工程学院
103605	车辆故障诊断技术	40	2	张文明	土木与环境工程学院
103606	多相流理论与应用	40	2	马　飞	土木与环境工程学院
103607	博士生专业外语(车辆)	40	1	王国彪	土木与环境工程学院
104501	岩土工程数值方法	40	2	王金安	土木与环境工程学院
104503	工程地质分析原理	40	2	乔　兰	土木与环境工程学院
104504	高等土力学	40	2	乔　兰	土木与环境工程学院
104508	混凝土的强度与变形理论	40	2	李长洪	土木与环境工程学院
104510	硕士生专业英语	40	1	蔡美峰	土木与环境工程学院
104601	现代力学与方法	60	3	蔡美峰	土木与环境工程学院
104602	岩石动力学与工程	40	2	璩世杰	土木与环境工程学院
104603	岩土边坡与地下工程	40	2	蔡美峰	土木与环境工程学院
104604	爆炸动力学及其应用	40	2	王德胜	土木与环境工程学院
104605	岩土工程监测与测试技术	40	2	蔡美峰	土木与环境工程学院
104606	人工智能技术在岩土工程中的应用	40	2	蔡美峰	土木与环境工程学院
104607	博士生专业外语(工力)	40	1	蔡美峰	土木与环境工程学院
105501	高等采矿学	60	3	杨　鹏	土木与环境工程学院

续表

课程编号	课 程 名 称	学时	学分	任课教师	开课学院
105502	矿业系统工程	40	2	胡乃联	土木与环境工程学院
105503	矿业经济学	40	2	李仲学	土木与环境工程学院
105504	岩土加固工程	40	2	明士祥	土木与环境工程学院
105505	矿业可持续发展	40	2	陈广平	土木与环境工程学院
105506	爆破理论与技术	40	2	王德胜	土木与环境工程学院
105507	硕士生专业英语	40	1	李仲学	土木与环境工程学院
105601	系统理论与方法	60	3	刘胜富	土木与环境工程学院
105602	采矿工艺专题	40	2	蔡嗣径	土木与环境工程学院
105603	矿业经济专题	40	2	李仲学	土木与环境工程学院
105604	矿业系统工程专题	40	2	胡乃联	土木与环境工程学院
105605	矿产资源经济与管理专题	40	2	袁怀雨	土木与环境工程学院
105607	博士生专业外语(采矿)	40	1	李仲学	土木与环境工程学院
106502	高等选矿学	60	3	王化军	土木与环境工程学院
106503	界面分选原理及应用(上半年)	40	2	林 海	土木与环境工程学院
106503	界面分选原理及应用(下半年)	40	2	林 海	土木与环境工程学院
106504	颗粒技术(Ⅰ)	40	2	孙春宝	土木与环境工程学院
106505	新型矿物材料学	40	2	杨慧芬	土木与环境工程学院
106506	现代理化测试技术	40	2	陈秀枝	土木与环境工程学院
106507	水处理技术	40	2	孙体昌	土木与环境工程学院
106508	矿物加工数模及自动控制	40	2	王化军	土木与环境工程学院
106510	硕士生专业英语	40	1	孙体昌	土木与环境工程学院
106601	矿物加工流体物理化学	40	2	张 强	土木与环境工程学院
106602	工业悬浮液基础	40	2	林 海	土木与环境工程学院
106603	矿物加工化学	40	2	孙体昌	土木与环境工程学院
106604	新型分离技术	40	2	孙体昌	土木与环境工程学院
106605	三废治理与利用	40	2	张 强	土木与环境工程学院
106606	微生物应用技术	40	2	林 海	土木与环境工程学院
106607	颗粒技术(Ⅱ)	40	2	孙春宝	土木与环境工程学院
106608	博士生专业外语(矿加)	40	1	张 强	土木与环境工程学院
107501	安全原理	40	2	金龙哲	土木与环境工程学院
107502	安全系统工程	40	2	谢振华	土木与环境工程学院
107503	高等流体力学(安全)	40	2	谢振华	土木与环境工程学院
107504	环境工程	40	2	蒋仲安	土木与环境工程学院
107505	噪声治理	40	2	杜翠凤	土木与环境工程学院
107506	空气动力学与通风原理	40	2	金龙哲	土木与环境工程学院
107507	气溶胶力学	40	2	蒋仲安	土木与环境工程学院
107509	安全行为科学	40	2	金龙哲	土木与环境工程学院
107510	尘毒控制与治理	40	2	杜翠凤	土木与环境工程学院
107512	环境评价与管理	40	2	宋存义	土木与环境工程学院
107514	安全信息管理学	40	2	谢振华	土木与环境工程学院
107515	风险投资与评价	40	2	汪 莉	土木与环境工程学院

续表

课程编号	课　程　名　称	学时	学分	任课教师	开课学院
107522	硕士生专业英语	40	1	蒋仲安	土木与环境工程学院
107601	安全科学技术	40	2	金龙哲	土木与环境工程学院
107602	环境与安全工程	40	2	宋存义	土木与环境工程学院
107603	通风与空调工程	40	2	蒋仲安	土木与环境工程学院
107604	安全经济与管理学	40	2	汪　莉	土木与环境工程学院
107607	环境影响分析	40	2	宋存义	土木与环境工程学院
107608	安全风险学	40	2	汪　莉	土木与环境工程学院
107609	职业安全卫生工程	40	2	杜翠凤	土木与环境工程学院
107611	博士生专业外语(安全)	40	1	宋存义	土木与环境工程学院
111502	地下结构工程	40	2	高　谦	土木与环境工程学院
111503	边坡工程	40	2	宋卫东	土木与环境工程学院
111504	特种爆破	40	2	龚　敏	土木与环境工程学院
111505	岩土特殊施工技术	40	2	高永涛	土木与环境工程学院
111510	硕士生专业英语	40	1	蔡美峰	土木与环境工程学院
112501	高等混凝土结构理论	60	3	王树和	土木与环境工程学院
112502	高等钢结构理论	60	3	牟在根	土木与环境工程学院
112503	结构可靠度分析	40	2	高　谦	土木与环境工程学院
112504	有限元与程序设计	60	3	高　谦	土木与环境工程学院
112507	现代结构实验方法	40	2	纪洪广	土木与环境工程学院
113501	生物化学	40	2	常雁红	土木与环境工程学院
113502	微生物学	20	1	邢　奕	土木与环境工程学院
113503	生化反应器理论与设计	20	1	林　海	土木与环境工程学院
113504	生化反应动力学	20	1	林　海	土木与环境工程学院
113505	生物分离工程	30	1.5	林　海	土木与环境工程学院
113511	实验设计与数据处理	40	2	宋存义	土木与环境工程学院
113513	高等化工原理	40	2	孙春宝	土木与环境工程学院
113514	色谱技术	20	1	陈秀枝	土木与环境工程学院
113515	仪器分析	40	2	陈秀枝	土木与环境工程学院
113518	膜分离技术	20	1	徐　政	土木与环境工程学院
201501	冶金物理化学	40	2	郭汉杰	冶金与生态工程学院
201502	冶金传输过程数值计算	40	2	程素森	冶金与生态工程学院
201503	提取冶金	40	2	杨世山	冶金与生态工程学院
201504	钢铁冶金工程	40	1	吴胜利	冶金与生态工程学院
201505	冶金工程数学模型	40	2	李士琦	冶金与生态工程学院
201506	冶金资源与环保工程	40	2	吴胜利	冶金与生态工程学院
201507	钢铁制造流程的物流管制	40	2	田乃媛	冶金与生态工程学院
201509	钢的凝固与浇注	40	2	许中波	冶金与生态工程学院
201510	冶金电化学	40	2	储少军	冶金与生态工程学院
201511	近代冶金和材料的研究方法	40	2	王福明	冶金与生态工程学院
201512	直接还原与熔融还原	30	1.5	张建良	冶金与生态工程学院
201513	电磁冶金	20	1	张炯明	冶金与生态工程学院

续表

课程编号	课　程　名　称	学时	学分	任课教师	开课学院
201514	冶金反应工程学	30	1.5	包燕平	冶金与生态工程学院
201515	现代通用软件包的应用	30	1.5	张家泉等	冶金与生态工程学院
201516	矿石与矿物学	40	2	吴胜利	冶金与生态工程学院
201596	现代钢铁冶金工程	40	2	李士琦	冶金与生态工程学院
201601	物理化学理论与应用	40	2	郭汉杰	冶金与生态工程学院
201602	资源与环境技术进展	40	2	苍大强	冶金与生态工程学院
201696	现代冶金工程	40	2	李士琦	冶金与生态工程学院
203501	冶金和材料热力学	40	2	项长祥	冶金与生态工程学院
203502	冶金和材料动力学	40	2	宋　波	冶金与生态工程学院
203503	冶金热力学基础	30	1	张　梅	冶金与生态工程学院
203504	冶金动力学基础	30	1	宋　波	冶金与生态工程学院
203505	近代物理化学研究方法	40	2	林　勤	冶金与生态工程学院
203506	电化学原理与方法	40	2	王新东	冶金与生态工程学院
203507	湿法冶金物理化学	30	1.5	邹　兴	冶金与生态工程学院
203508	有价元素分离与提取	30	1.5	邹　兴	冶金与生态工程学院
203509	计算物理化学	40	2	乔芝郁等	冶金与生态工程学院
203510	材料化学	40	2	邢献然	冶金与生态工程学院
203511	新材料合成与制备	40	2	朱鸿民	冶金与生态工程学院
203512	固态离子学导论	40	2	郭兴敏	冶金与生态工程学院
203601	近代物理化学理论和方法	60	3	林　勤	冶金与生态工程学院
203602	多相反应动力学与反应工程	40	2	张家云	冶金与生态工程学院
203603	近代电化学	40	2	朱鸿民	冶金与生态工程学院
203604	新材料导论	40	2	王习东	冶金与生态工程学院
203605	资源综合利用与环境保护	40	2	郭兴敏	冶金与生态工程学院
203696	冶金和材料物理化学进展	20	1	项长祥	冶金与生态工程学院
204501	有色冶金原理与方法	40	2	张家云	冶金与生态工程学院
204502	有色金属材料与加工	40	2	卢惠民	冶金与生态工程学院
204503	有色金属生物工程	40	2	苍大强	冶金与生态工程学院
204505	有色冶金信息工程	40	2	曹战民	冶金与生态工程学院
204506	有色冶金新工艺新方法	40	2	卢惠民	冶金与生态工程学院
204508	粉体制备原理与方法	40	2	马瑞新	冶金与生态工程学院
204509	稀有金属工程	40	2	马瑞新	冶金与生态工程学院
204510	有色金属纳米材料	40	2	朱鸿民	冶金与生态工程学院
204512	化学电源与电化学工程	40	2	朱鸿民	冶金与生态工程学院
204513	表面工程理论与技术	40	2	马瑞新	冶金与生态工程学院
204514	有色金属冶金学基础	40	2	卢惠民	冶金与生态工程学院
204601	有色金属提取冶金新方法	40	2	卢惠民	冶金与生态工程学院
204602	有色金属先进材料	40	2	邹　兴	冶金与生态工程学院
204603	有色工业生态环境	40	2	苍大强	冶金与生态工程学院
204604	有色金属粉体与表面工程	40	2	马瑞新	冶金与生态工程学院
205501	科学技术史	60	3	潜　伟	冶金与生态工程学院

续表

课程编号	课 程 名 称	学时	学分	任课教师	开课学院
205503	科技考古研究方法	60	3	李秀辉	冶金与生态工程学院
205505	考古学及田野发掘	40	2	李秀辉	冶金与生态工程学院
205506	冶金考古学	60	3	李延祥	冶金与生态工程学院
205507	中国通史	40	2	李秀辉	冶金与生态工程学院
205508	世界史	40	2	李延祥	冶金与生态工程学院
205531	文物保护概论	60	3	孙淑云	冶金与生态工程学院
205532	文物保护技术与实践	60	3	孙淑云	冶金与生态工程学院
205533	文物保护材料学	40	2	孙淑云	冶金与生态工程学院
205534	文物保存环境科学	40	2	孙淑云	冶金与生态工程学院
205561	科学社会学	60	3	潜 伟	冶金与生态工程学院
205562	科技政策与管理	60	3	潜 伟	冶金与生态工程学院
205563	科学技术文化及传播	40	2	潜 伟	冶金与生态工程学院
205564	科学技术与经济	40	2	潜 伟	冶金与生态工程学院
205596	科学技术文献导读	40	2	李秀辉	冶金与生态工程学院
205601	科学技术史专题	60	3	孙淑云	冶金与生态工程学院
205602	科学技术与社会	60	3	孙淑云	冶金与生态工程学院
205603	科技考古学	60	3	李延祥	冶金与生态工程学院
205605	文物保护学	60	3	孙淑云	冶金与生态工程学院
205696	科学技术文献学	40	2	李延祥	冶金与生态工程学院
301501	材料合成与制备	60	3	果世驹	材料科学与工程学院
301502	材料结构	60	3	余永宁	材料科学与工程学院
301503	材料现代研究方法	40	2	吕反修等	材料科学与工程学院
301504	材料的物理性能	30	1.5	龙 毅	材料科学与工程学院
301505	复合材料	30	1.5	贾成厂	材料科学与工程学院
301506	固态转变	30	1.5	刘国权	材料科学与工程学院
301507	材料热力学	30	1.5	李长荣	材料科学与工程学院
301508	高分子材料	30	1.5	高 瑾	材料科学与工程学院
301509	电化学理论	30	1.5	何积铨	材料科学与工程学院
301510	腐蚀与防护	30	1.5	何业东	材料科学与工程学院
301511	金属材料研究方法及实验	30	1.5	唐伟忠	材料科学与工程学院
301512	电化学研究方法及实验	30	1.5	李辉勤	材料科学与工程学院
301513	无机材料物理化学	30	1.5	徐桂英	材料科学与工程学院
301518	无机非金属材料研究方法及实验	30	1.5	仇卫华	材料科学与工程学院
301606	材料科学与工程原理	40	2	毛卫民	材料学院/冶金学院
301691	材料学选论	90	5	余永宁	材料科学与工程学院
301692	材料学前沿	54	3	强文江	材料科学与工程学院
302501	力学冶金	30	1.5	刘雅政	材料科学与工程学院
302502	材料加工组织性能控制	40	2	黄继华	材料科学与工程学院
302503	材料加工新技术新工艺	40	2	谢建新	材料科学与工程学院
302505	复合材料制备与加工	30	1.5	谢建新	材料科学与工程学院
302506	材料连接技术	30	1.5	黄继华	材料科学与工程学院

续表

课程编号	课　程　名　称	学时	学分	任课教师	开课学院
302507	轧材质量控制与深加工技术	30	1.5	韩静涛	材料科学与工程学院
302508	铸造材料与工艺	30	1.5	毛卫民	材料科学与工程学院
302509	材料加工分析测试技术	30	1.5	孙建林	材料科学与工程学院
302510	塑性加工过程数值模拟	40	2	康永林	材料科学与工程学院
302511	金属凝固计算机模拟	30	1.5	吴春京	材料科学与工程学院
302512	金属凝固理论	30	1.5	王自东	材料科学与工程学院
302513	连铸连轧及人工智能技术	30	1.5	康永林	材料科学与工程学院
302514	材料成形设计与控制	30	1.5	任学平等	材料科学与工程学院
302691	材料加工工程选论	72	4	康永林	材料科学与工程学院
302692	材料加工工程前沿	72	4	谢建新	材料科学与工程学院
305501	材料能量学(上半年)	40	2	王燕斌	材料科学与工程学院
305501	材料能量学(下半年)	40	2	王燕斌	材料科学与工程学院
305502	衍射物理	40	2	王　蓉	材料科学与工程学院
305503	表面与界面	40	2	王燕斌	材料科学与工程学院
305504	X射线与电子显微术基础	40	1	顾有松	材料科学与工程学院
305505	材料扩散与相变	30	1	杨善武	材料科学与工程学院
305506	晶体缺陷与力学性能	40	1	王学敏	材料科学与工程学院
305507	分析电子显微学	40	2	柳德橹	材料科学与工程学院
305508	断裂理论	40	2	张　跃	材料科学与工程学院
305509	材料物理研究方法	40	2	徐祖雄	材料科学与工程学院
305510	薄膜材料技术	40	2	杨会生	材料科学与工程学院
305511	能源材料概述	40	2	万发荣	材料科学与工程学院
305512	功能材料物理	40	2	徐祖雄	材料科学与工程学院
305513	材料化学	40	2	乔利杰	材料科学与工程学院
305514	硕士生专业英语	40	1	吴杏芳	材料科学与工程学院
305515	结构与相变	40	2	高克玮	材料科学与工程学院
305516	固体物理基础(上半年)	40	2	杨　涛	材料科学与工程学院
305516	固体物理基础(下半年)	40	2	杨　涛	材料科学与工程学院
305517	材料物理专题讨论(上半年)	40	2	万发荣	材料科学与工程学院
305517	材料物理专题讨论(下半年)	40	2	万发荣	材料科学与工程学院
305601	材料物理导论	72	4	贺信莱	材料科学与工程学院
305602	材料物理前沿	72	4	万发荣	材料科学与工程学院
305607	材料化学选论	40	2	乔利杰	材料科学与工程学院
305608	博士生专业外语(材物)	20	0.5	尚成嘉	材料科学与工程学院
401501	制造系统工程	60	3	张世荣	机械工程学院
401502	计算机辅助设计与制造	40	2	程国全	机械工程学院
401503	计算机辅助工艺设计	40	2	韩蕴秋	机械工程学院
401504	先进制造技术	40	2	程国全	机械工程学院
401505	数控技术	40	2	刘北英	机械工程学院
401506	机械可靠性工程	40	2	贾志新	机械工程学院
401507	质量检测与控制	40	2	刘北英	机械工程学院
401508	现代加工技术	40	2	滕向阳	机械工程学院
401511	供应链理论及应用	40	2	丁文英	机械工程学院
401601	计算机辅助设计与制造	60	3	程国全	机械工程学院

续表

课程编号	课 程 名 称	学时	学分	任课教师	开课学院
401602	机电产品可信性工程	60	3	贾志新	机械工程学院
401603	现代质量工程	60	3	贾志新	机械工程学院
401604	供应链管理	40	2	王 转	机械工程学院
401605	物流系统工程	60	3	董绍华	机械工程学院
401606	物流信息系统理论与应用	60	3	董绍华	机械工程学院
402501	信号分析与处理	40	2	吕卫阳	机械工程学院
402502	电液系统及其控制	40	2	许万凌	机械工程学院
402503	机器人学	40	2	刘鸿飞	机械工程学院
402504	传感器原理与应用	40	2	陈 工	机械工程学院
402505	电液系统故障分析	40	2	许万凌	机械工程学院
402506	电液系统数字控制与仿真	40	2	黄效国	机械工程学院
402507	机电一体化应用技术	40	2	朱超甫	机械工程学院
402511	智能化仪表原理与设计	40	2	马祥华	机械工程学院
402512	计算机接口技术	40	2	王长松	机械工程学院
402601	系统仿真方法	40	2	王长松	机械工程学院
402602	机电一体化技术研究方法	60	3	朱超甫	机械工程学院
402603	博士生专业外语(机电)	40	1	朱超甫	机械工程学院
403501	机械振动	60	3	尹忠俊	机械工程学院
403502	应用弹性与塑性力学	60	3	杨海波	机械工程学院
403503	高等机构学	60	3	韩建友	机械工程学院
403504	工程测试系统设计与应用	40	2	闫晓强	机械工程学院
403505	有限单元法	40	2	臧 勇	机械工程学院
403506	机械优化设计	40	2	翁海珊	机械工程学院
403507	智能型机械 CAD	40	2	窦忠强	机械工程学院
403508	物流系统分析	40	2	李苏剑	机械工程学院
403509	物流技术装备	40	2	王国华	机械工程学院
403510	计算机图形学	40	2	曹 彤	机械工程学院
403511	计算机辅助设计	40	2	卞致瑞	机械工程学院
403512	摩擦学	40	2	王小群	机械工程学院
403513	机械可靠性设计	40	2	胡福泰	机械工程学院
403514	微机电系统的设计与制造	40	2	翁海珊	机械工程学院
403515	机械设计模糊学方法	40	2	李 威	机械工程学院
403601	系统动力学	72	4	李谋渭	机械工程学院
403605	博士生专业外语(上半年)	40	1	李应强	机械工程学院
403605	博士生专业外语(下半年)	40	1	李应强	机械工程学院
403691	冶金机械研究方法(上半年)	40	2	李应强等	机械工程学院
403691	冶金机械研究方法(下半年)	40	2	李应强	机械工程学院
404501	硕士生专业英语	40	1	卞致瑞	机械工程学院
405501	流体力学	40	2	郭鸿志	机械工程学院
405502	对流传热与传质	40	2	夏德宏	机械工程学院
405503	辐射换热和导热分析	60	3	杨晶等	机械工程学院
405504	燃烧学	40	2	王 恒	机械工程学院
405505	高等工程热力学	40	2	刘伯谦	机械工程学院
405506	计算传热学	40	2	于 帆	机械工程学院

续表

课程编号	课程名称	学时	学分	任课教师	开课学院
405507	计算流体力学与计算燃烧学	40	2	郭鸿志	机械工程学院
405508	热物性导论(硕士)	40	2	于　帆	机械工程学院
405509	流态化工程(硕士)	40	2	于　帆	机械工程学院
405510	实验流体力学	40	2	刘向军	机械工程学院
406501	工业炉计算机辅助设计和控制	40	2	温　治	机械工程学院
406502	清洁燃烧技术	40	2	刘柏谦	机械工程学院
406503	环境污染及防治工程	40	2	冯俊小	机械工程学院
406504	工程多项流导论	40	2	刘双科	机械工程学院
406505	微生物技术及应用	40	2	刘双科	机械工程学院
406601	高等流体力学(热能)	72	4	郭鸿志	机械工程学院
406602	高等传热学	72	4	张欣欣	机械工程学院
406604	工业炉计算机控制	40	2	温　治	机械工程学院
406605	热物性导论(博士)	40	2	张欣欣	机械工程学院
406607	流态化工程(博士)	40	2	王　立	机械工程学院
406608	博士生专业外语(热能)	40	1	王　恒	机械工程学院
407501	低温工程	40	2	李化治	机械工程学院
407503	气体分离技术	40	2	刘应书	机械工程学院
500561	计算机应用基础	60	3	郑雪峰	信息工程学院
500562	计算机技术进展	60	3	王忠民等	信息工程学院
501501	计算机过程控制	40	2	王　京	信息工程学院
501502	线性系统理论	40	2	刘贺平	信息工程学院
501503	智能控制理论及应用	40	2	付冬梅	信息工程学院
501504	随机控制理论及应用	40	2	尹怡欣	信息工程学院
501505	系统辨识与参数估计	40	2	张维存	信息工程学院
501506	人工智能及其应用(控制)	40	2	刘冀伟	信息工程学院
501507	交流电机调速理论	40	2	李华德	信息工程学院
501508	预测控制系统及应用	40	2	王　京	信息工程学院
501509	模糊控制技术	40	2	穆志纯	信息工程学院
501510	人工神经网络应用技术	40	2	付冬梅	信息工程学院
501511	自适应控制	40	2	刘贺平	信息工程学院
501512	专家系统及应用	40	2	郑德玲	信息工程学院
501513	现代交流电机控制技术	40	2	李华德	信息工程学院
501515	电力电子新技术	40	2	王志良	信息工程学院
501516	最优控制理论及应用	40	2	张维存	信息工程学院
501592	信息科学与工程专题	40	2	徐正光等	信息工程学院
501601	知识工程	40	2	杨炳儒	信息工程学院
501603	控制理论特论Ⅰ	40	2	刘贺平	信息工程学院
501604	控制理论特论Ⅱ	40	2	郑德玲	信息工程学院
501605	机器人学特论	40	2	余达太	信息工程学院
501606	计算机体系结构特论	40	2	王　沁	信息工程学院
501607	实用小波分析	40	2	杨　扬	信息工程学院
501608	细胞神经网络和应用	40	2	闵乐泉	信息学院/应用学院
501613	信息安全与信息对抗特论	40	2	周贤伟	信息工程学院
501614	博士生专业外语(控制)	40	1	穆志纯	信息工程学院

续表

课程编号	课　程　名　称	学时	学分	任课教师	开课学院
501692	信息科学与工程专题(博士)	40	2	徐正光	信息工程学院
502501	传感器理论与研究方法	40	2	陈先中	信息工程学院
502502	数字信号处理	40	2	侯庆文	信息工程学院
502503	微弱信号检测	40	2	吴并臻	信息工程学院
502505	集散型系统	40	2	吴并臻	信息工程学院
502506	智能仪表	40	2	林　颖	信息工程学院
504501	模式识别	40	2	石中锁	信息工程学院
504502	数字图象处理	40	2	徐正光	信息工程学院
504503	非线性控制理论	40	2	刘冀伟	信息工程学院
504504	伺服控制技术	40	2	王志良	信息工程学院
505501	人工智能及其应用(计应)	40	2	包　宏	信息工程学院
505502	操作系统分析与设计	40	2	曾庆峰	信息工程学院
505503	软件体系结构	40	2	班晓娟	信息工程学院
505505	数据挖掘与知识发现	40	2	张德政	信息工程学院
505506	模糊专家系统	40	2	杨炳儒	信息工程学院
506501	计算机体系结构设计方法	40	2	王　沁	信息工程学院
506502	计算机软件设计方法	40	2	王昭顺	信息工程学院
506503	多媒体技术与模式识别	40	2	郝红卫	信息工程学院
506504	计算机图形学(计软)	40	2	谢载贤	信息工程学院
506505	计算机网络技术	40	2	郑雪峰	信息工程学院
506506	数据库技术	40	2	王秀美	信息工程学院
506508	计算机逻辑	40	2	杨炳儒	信息工程学院
506510	面向对象建模技术	40	2	洪　源	信息工程学院
509504	离散事件系统理论及应用	40	2	杨　扬	信息工程学院
509505	系统仿真	40	2	穆志纯	信息工程学院
509508	非线性动力系统与混沌	40	2	李　擎	信息工程学院
509509	基于网络环境的系统工程	40	2	王志良	信息工程学院
509510	数字信号硬件处理技术	40	2	王　宏	信息工程学院
509511	宽带通信网(上半年)	60	3	周贤伟	信息工程学院
509511	宽带通信网(下半年)	60	3	李新宇	信息工程学院
509512	移动通信	40	2	陈月云	信息工程学院
509513	卫星通信	40	2	郭　峰	信息工程学院
509514	集成电路硬件描述语言	40	2	李东江	信息工程学院
509515	通信系统基础	40	2	周贤伟	信息工程学院
509516	细胞神经网络和应用	40	2	闵乐泉	信息工程学院
509517	TCP/IP 实践分析	40	2	王　莉	信息工程学院
509518	无线通信新技术	40	2	陈月云	信息工程学院
509519	软件无线电技术	40	2	周贤伟	信息工程学院
600581	企业管理	40	2	佘元冠等	管理学院
600582	工程经济	40	2	殷焕武等	管理学院
600583	经济法(公共课)	40	2	王宾容	管理学院
601501	经济学(管工)	40	2	曹　辉	管理学院
601502	现代管理理论	40	2	高俊山	管理学院
601503	信息系统	40	2	潘永泉	管理学院

续表

课程编号	课 程 名 称	学时	学分	任课教师	开课学院
601504	系统分析技术	40	2	高学东	管理学院
601505	项目管理	40	2	殷焕武	管理学院
601506	生产运作管理(管工)	40	2	马风才	管理学院
601511	数据管理与分析技术	40	2	武 森	管理学院
601512	投资项目可行性分析理论与实务	40	2	戴淑芬	管理学院
601596	系列学术讲座与专题报告	20	1		管理学院
601601	组织理论与管理学研究	40	2	高俊山	管理学院
601602	优化理论与决策分析方法	40	2	高学东	管理学院
601611	现代生产管理	40	2	张 群	管理学院
601612	系统集成与分析	40	2	李铁克	管理学院
601613	质量控制与质量管理	40	2	王维才	管理学院
601614	高级数据组织与处理(上半年)	40	2	王道平	管理学院
601614	高级数据组织与处理(下半年)	40	2	王道平	管理学院
601615	软件工程专题	20	1	李铁克	管理学院
601616	金融工程专题	20	1	潘永泉	管理学院
601617	战略管理专题(上半年)	20	1	佘元冠	管理学院
601617	战略管理专题(下半年)	20	1	佘元冠	管理学院
601618	管理科学专题	20	1	张 群	管理学院
601696	系列学术讲座与专题报告(下半年)	20	1		管理学院
601696	系列学术讲座与专题报告(下半年)	20	1		管理学院
602501	决策过程中的数量方法	40	2	王道平	管理学院
602502	管理心理学	40	2	裴利芳	管理学院
602503	企业战略管理	40	2	佘元冠	管理学院
602504	计算机在管理中的应用	40	2	李铁克	管理学院
602509	财务管理	40	2	鲍新中	管理学院
602511	人力资源管理	40	2	胡德旺	管理学院
602512	营销管理(上半年)	40	2	崔 珣	管理学院
602512	营销管理(下半年)	40	2	瞿国忠	管理学院
602513	市场竞争模拟	40	2	瞿国忠	管理学院
602514	企业国际化经营	40	2	孙 莹	管理学院
602515	国际贸易(上半年)	40	2	贾建华	管理学院
602515	国际贸易(下半年)	40	2	贾建华	管理学院
602516	金融投资学	40	2	潘永泉	管理学院
602517	金融工程	20	1	潘永泉	管理学院
602518	经济法(上半年)	40	2	王宾容	管理学院
602518	经济法(下半年)	40	2	王宾容	管理学院
602599	系列学术讲座与专题报告	20	1		管理学院
603501	组织行为学	40	2	裴利芳	管理学院
603502	管理经济学	40	2	阚 宏	管理学院
603503	应用运筹学(上半年)	40	2	曹 勇	管理学院
603503	应用运筹学(下半年)	40	2	曹 勇	管理学院
603504	应用统计学(上半年)	40	2	宋文力	管理学院
603504	应用统计学(下半年)	40	2	宋文力	管理学院
603505	会计学(上半年)	60	3	樊彩霞等	管理学院

续表

课程编号	课　程　名　称	学时	学分	任课教师	开课学院
603505	会计学(下半年)	60	3	樊彩霞	管理学院
603506	营销管理(MBA)	40	2	崔　洵	管理学院
603507	财务管理(上半年)	60	3	韩良智	管理学院
603507	财务管理(下半年)	40	2	肖　明	管理学院
603508	管理信息系统	40	2	高学东	管理学院
603509	生产运作管理(MBA)	40	2	张　群	管理学院
603510	企业战略管理	40	2	佘元冠	管理学院
603511	经济法	40	2	李明英等	管理学院
603512	财务管理	40	2	肖　明	管理学院
603512	国际金融(上半年)	40	2	刘　澄	管理学院
603512	国际金融(下半年)	40	2	张莲英	管理学院
603513	国际贸易	40	2	贾建华等	管理学院
603514	人力资源开发与管理(上半年)	40	2	宁　坚	管理学院
603514	人力资源开发与管理(下半年)	40	2	胡德旺	管理学院
603522	国际投资学	40	2	刘　澄	管理学院
603523	投资决策分析	40	2	戴淑芬	管理学院
603524	竞争决策模拟	40	2	瞿国忠	管理学院
603525	国际管理前沿文献选读	40	2	高俊山	管理学院
603528	电子商务	40	2	李铁克	管理学院
603529	质量管理	40	2	王维才	管理学院
603530	项目管理	40	2	殷焕武	管理学院
603531	税收理论与实践	40	2	刘　澄	管理学院
603532	商务英语	40	2	管志安	管理学院
603538	证券投资技术分析	40	2	王立民	管理学院
603596	系列学术讲座与专题报告	20	1		管理学院
604501	财务会计专题	40	2	樊彩霞	管理学院
604502	财务管理专题	40	2	韩良智	管理学院
604503	会计信息系统	40	2	肖　明	管理学院
604504	统计学方法与技术	40	2	胡　波	管理学院
604511	审计专题	40	2	高　峰	管理学院
604512	管理会计专题	40	2	鲍新中	管理学院
604513	税收专题	40	2	刘　澄	管理学院
604519	资本经营的理论与方法	40	2	肖　明	管理学院
604596	系列学术讲座与专题报告	20	1		管理学院
609501	现代质量管理	40	2	马风才	管理学院
700531	计算方法	60	3	张晓丹等	应用科学学院
700532	运筹学	60	3	范玉妹等	应用科学学院
700534	数理方程	60	3	陈明文	应用科学学院
700536	统计与优化(上半年)	60	3	范玉妹	应用科学学院
700536	统计与优化(下半年)	60	3	范玉妹	应用科学学院
700537	模糊数学及其应用	60	3	李安贵	应用科学学院

续表

课程编号	课　程　名　称	学时	学分	任课教师	开课学院
700538	常微分方程与变分法(上半年)	60	3	胡志兴	应用科学学院
700538	常微分方程与变分法(下半年)	60	3	胡志兴	应用科学学院
700541	弹塑性力学	60	3	吕建业	应用科学学院
700631	近代数学	40	2	高　瑞	应用科学学院
700651	物理学在高新技术中的应用	40	2	罗　胜	应用科学学院
701501	泛函分析	60	3	闵乐泉	应用科学学院
701502	近世代数	60	3	李为东	应用科学学院
701504	运筹学通论	40	2	范玉妹	应用科学学院
701508	模糊控制系统	40	2	孟　艳	应用科学学院
701509	数字预见控制	40	2	廖福成	应用科学学院
701510	系统数学理论	40	2	闵乐泉	应用科学学院
701512	线性规划与网络	40	2	赵向奎	应用科学学院
701515	多元统计分析	40	2	汪飞星	应用科学学院
701517	应用分析方法	40	2	陈明文	应用科学学院
701522	组合数学	40	2	许三星	应用科学学院
701527	积分方程理论与应用	40	2	郑连存	应用科学学院
701529	渐近分析方法和应用	40	2	陈明文	应用科学学院
701530	高等数值分析及其应用	40	2	张晓丹	应用科学学院
701531	稳定性理论及其应用	40	2	马万彪	应用科学学院
701535	数论及其应用	40	2	申亚男	应用科学学院
702501	凝聚态物理	40	2	申　江	应用科学学院
702502	凝聚态物理实验方法	40	2	罗　胜	应用科学学院
702505	固体材料现代检测技术	40	2	李　杰	应用科学学院
702506	超导物理	40	2	罗　胜	应用科学学院
702507	近代物理实验技术	40	2	吴　平	应用科学学院
702508	量子统计	40	2	于　文	应用科学学院
702509	理论物理导论	40	2	冯　澎	应用科学学院
703501	分离科学与技术(Ⅰ)	40	2	弓爱君	应用科学学院
703502	分离科学与技术(Ⅱ)	40	2	曹艳秋	应用科学学院
703503	分析化学文献	30	1.5	曹艳秋	应用科学学院
703504	光度分析法	40	2	温美娟	应用科学学院
703505	分析化学中的配合物	40	2	李建强	应用科学学院
703506	原子光谱学和分子光谱学	40	2	鲁毅强	应用科学学院
703507	应用光谱分析	40	2	弓爱君	应用科学学院
703508	理论电化学	40	2	刘杰民	应用科学学院
703509	近代电化学分析专论	40	2	刘杰民	应用科学学院
703510	数理统计在分析化学中的应用	40	2	刘杰民	应用科学学院
703511	谱学原理与技术	60	3	范慧俐	应用科学学院
703514	量子化学及其应用	40	2	王碧燕	应用科学学院
704501	弹性理论	40	2	刘冬青	应用科学学院
704502	计算固体力学	40	2	陈章华	应用科学学院

续表

课程编号	课　程　名　称	学时	学分	任课教师	开课学院
704503	实验力学	60	3	卢晋福	应用科学学院
704504	力学中的数学方法	40	3	尚新春	应用科学学院
704505	塑性力学	40	2	尚新春	应用科学学院
704506	非线性有限元	40	2	陈章华	应用科学学院
704508	断裂力学	40	2	尚新春	应用科学学院
704510	振动理论	40	2	吴兰鹰	应用科学学院
705501	高等无机化学	40	2	李文军	应用科学学院
705502	固体化学	40	2	袁文霞	应用科学学院
705502	固体化学	40	2	袁文霞	应用科学学院
705504	功能材料学	40	2	管荻华	应用科学学院
705505	表面与胶体化学	40	2	叶亚平	应用科学学院
705506	材料现代分析方法	40	2	范慧俐	应用科学学院
705507	环境化学	40	2	弓爱君	应用科学学院
705508	高等化学实验	40	2	王明文等	应用科学学院
705509	现代无机合成方法	40	2	刘世香	应用科学学院
705510	生物制药技术	40	2	张衡建	应用科学学院
705512	应用电化学	40	2	王桂华	应用科学学院
709502	现代系统工程基础	40	2	臧鸿雁	应用科学学院
709506	系统数学理论	40	2	闵乐泉	应用科学学院
709516	细胞神经网络与信息处理	40	2	闵乐泉	应用科学学院
800501	科学社会主义理论与实践	40	2	周湘斌	文法学院
800501	科学社会主义理论与实践	36	1	冯秀珍等	文法学院
800502	自然辩证法概论	54	2	颜　锋等	文法学院
800503	马克思主义经典著作选读	40	2	周湘斌	文法学院
800510	硕士生公共英语(普硕)(上半年)	120	4	赵　纬等	文法学院
800510	硕士生公共英语(普硕)(下半年)				外国语学院
800511	硕士生公共日语(上半年)	120	4	赵文娟	文法学院
800511	硕士生公共日语(下半年)			侯国姿	外国语学院
800512	硕士生公共俄语(上半年)	120	4	邓红梅	文法学院
800512	硕士生公共俄语(下半年)				外国语学院
800518	硕士生公共英语(单考、工硕)(上半年)	120	4	柴晋梅等	文法学院
800518	硕士生公共英语(单考、工硕)(下半年)				文法学院
800521	硕士二外日语	80	2	侯国姿	文法学院
800521	二外日语	80	2	侯国姿	外国语学院
800524	二外法语	80	2	田常晖	外语国学院
800601	现代科学技术革命与马克思主义	54	3	颜　锋	文法学院
800610	博士生公共英语	100	3	彭　漪	外国语学院
800611	博士生公共日语	100	3	侯国姿	外国语学院
800612	博士生公共俄语	100	3	邓红梅	外国语学院
800613	博士生公共德语	100	3	王绪梅	外国语学院
800620	博士生二外英语	80	2	柴晋梅	外国语学院
800621	博士生二外日语	80	2	胡莉梅	外国语学院
800623	博士生二外德语	80	2	王绪梅	外语国学院
801501	马克思恩格斯著作研究	60	3	周湘斌	文法学院

续表

课程编号	课　程　名　称	学时	学分	任课教师	开课学院
801502	毛泽东邓小平著作和思想研究	60	3	许　放	文法学院
801503	思想政治教育原理和方法论	60	3	王爱红	文法学院
801504	西方马克思主义研究(上半年)	60	3	陆　俊	文法学院
801504	西方马克思主义研究(下半年)	60	3	陆　俊	文法学院
801505	西方思想史(上半年)	60	3	盖　明	文法学院
801505	西方思想史(下半年)	60	3	盖　明	文法学院
801507	现代经济理论	40	2	刘　勤	文法学院
801509	社会学理论	40	2	左　鹏	文法学院
801510	伦理学理论与实践	40	2	刘　莉	文法学院
801511	现代美学理论	40	2	刘静珠	文法学院
801512	法学与法制教育	40	2	郑瑞琨	文法学院
801513	政治学与政治观教育	40	2	何晓前	文法学院
801516	大众宣传与传播媒介研究	40	2	张　健	文法学院
801517	青年心理与心理咨询实务	40	2	王爱红	文法学院
801518	社区理论与社会工作	40	2	郇建立	文法学院
801520	现代国际关系研究	40	2	张北根	文法学院
801521	现代企业理论	40	2	陆　宁	文法学院
801522	当代文化理论评析	40	2	丁　放	文法学院
802501	教育管理学	60	3	毛祖桓	文法学院
802502	教育原理	60	3	毛祖桓	文法学院
802503	教育经济学	60	3	杨晓明	文法学院
802504	学校管理心理学	40	2	毛祖桓	文法学院
802505	教育系统工程	40	2	杨晓明	文法学院
802506	教育测量与统计(上半年)	40	2	杨晓明等	文法学院
802506	教育测量与统计(下半年)	40	2	杨晓明	文法学院
802509	教育评估	40	2	李　梅	文法学院
802510	比较教育	40	2	谷贤林	文法学院
802511	教育史	40	2	毛祖桓	文法学院
802512	教育科学研究方法	40	2	李　梅	文法学院
802513	网络教育	40	2	毛祖桓等	文法学院
802514	SPSS 在教育上的应用	20	1	杨晓明	文法学院
802515	硕士生专业外语(教管)	40	1	刘　晶	文法学院
803501	普通语言学	40	2	张敬源	外国语学院
803502	跨文化与语言学	40	2	王志欣	文法学院
803503	外语教学理论	40	2	杨英军	外国语学院
803504	英美文学赏析	80	4	外　教	外国语学院
803505	高级英语写作	40	2	外　教	外国语学院
803506	第二语言习得	40	2	何　沂	文法学院
803507	语言测试	40	2	梁素琴	文法学院
803508	心理语言学	40	2	张敬源	文法学院
803509	翻译理论与实践	40	2	周荣娟	文法学院
803510	语言对比分析	40	2	彭　漪	外国语学院
803511	语篇分析	40	2	何　沂	外国语学院
803512	研究设计与统计	40	2	王志欣	外国语学院

续表

课程编号	课 程 名 称	学时	学分	任课教师	开课学院
803514	应用语言学	40	2	赵 纬	外国语学院
804502	公共管理专题研究	60	3	汪大海	文法学院
804503	公共政策分析专题研究	60	3	吴群芳	文法学院
804503	公共政策分析专题研究	60	3	吴群芳	文法学院
804504	行政组织专题研究	40	2	吕京生	文法学院
804505	劳动经济与社会保障研究	40	2	冯 英	文法学院
804506	人力资源开发与管理研究	40	2	陈闽红	文法学院
804508	公共部门经济学研究	40	2	汪淑珍	文法学院
804509	政治学专题研究	40	2	何晓前	文法学院
804509	政治学专题研究	40	2	何晓前	文法学院
804510	行政领导与决策专题研究	40	2	崔 英	文法学院
804511	中国行政改革与发展专题研究	40	2	许 放	文法学院
804512	政府公共关系学专题	20	1	周湘斌	文法学院
804512	政府公共关系学专题	20	1	周湘斌	文法学院
804514	行政法与行政诉讼法专题	40	2	冯 英	文法学院
804515	国家公务员制度专题研究	20	1	王育杰等	文法学院
805501	公共管理学	60	3	汪大海	文法学院
805501	公共管理	60	3	汪大海	文法学院
805502	公共部门经济学	40	2	汪淑珍	文法学院
805503	定量分析方法与技术	40	2	高学东	文法学院
805504	信息技术及应用	40	2	武森等	文法学院
805507	公共人力资源管理	40	2	陈闽红	文法学院
805508	国家公务员制度	40	2	张小明	文法学院
805515	项目管理与评估	40	2	王道平	文法学院/管理学院
805518	社会保障与管理	40	2	冯 英	文法学院
805522	政治学	60	3	何晓前	文法学院
805523	中国行政改革与发展	20	1	许 放	文法学院
805524	政府公共关系	20	1	周湘斌	文法学院
805525	社区建设与管理	20	1	汪大海	文法学院

（宁晓钧、王 黎）

2003年北京科技大学优秀博士学位论文获得者

姓 名	学科、专业	指导教师
赵 奎	工程力学	蔡美峰
李荣华	材料学	殷 声
张 辉		李文超
刘 英	材料物理与化学	陈难先
李翠平	采矿工程	李仲学
刘华飞	热能工程	张欣欣
张世涛	控制理论与控制工程	余达太

2003年北京科技大学优秀硕士学位论文获得者

姓　名	学科、专业	指导教师
李　晓	工商管理	李铁克
李拥军		高学东
张英新	分析化学	鲁毅强
闫建辉	车辆工程	周志鸿
邹宗华	企业管理	李铁克
栾　军		张　群
陈世祺	机械制造及自动化	程国全
刘振林	冶金工程	高征铠
刘志凌	材料学	吕反修
阮娟芳		郭可信
诸　荣		洪彦若
彭长涛		陈诺夫
缪家士		林均品
李海峰	材料物理与化学	马纪东
向　飞	制冷及低温工程	王　立
郝树华	矿业工程	蔡美峰
姜　艳	矿物加工工程	林　海
王彦锋	钢铁冶金	许中波
李　翔		苍大强
邢改兰	热能工程	刘应书
柯　萍		张欣欣
胡泽强		温　治
李　光	控制理论与控制工程	孙韶元
徐国保		郑德玲
闫彦斌	教育经济与管理	毛祖桓
刘光航	管理科学与工程	李铁克
李伟星	凝聚态物理	陈难先

（姜禾娇、张云仙）

高等职业教育

【综述】　2003年，北京科技大学职业技术学院毕业学生194人，其中19人按北京市教委的规定，通过选拔考试升入本科学习。由于学校政策性调整，2003年高职计划招生500人，比2002年减少100人，实际报到493人。根据人才市场需求，增设了国际经济贸易专业。年底学院在校生1 200余人。

（高　航）

【教学改革】　为突出高等职业教育培养技术应用型人才的特点，2003年职业技术学院重点对实践类课程进行规范管理和重点建设，新出台《关于实践类课程管理的补充规定》，将实践课分为实验、实训、实习、实践四种类型。对不同类型的实践课在科学认定的基础上，明确规定了具体的教学质量要求，如：教师任课资格、实践教学组织、实践教学条件、教学基本文件、教学成果认定等，进一步规范了实践教学，并通过工作量倾斜、评奖倾斜等措施，继续鼓励教师创造并把握社会实践机会,积极利用外部资源,加强校企合作,促进高等职业教育的教学、科研和服务工作。继续深化对高等职业教育理论的研究,2003年学院的2项教研课题《高职教育学生知识、能力、素质结构与培养计划总体设计的研究与实践》、《高职教育教学评价体系的研究与实践》通过学校的验收结题。

(高 航)

继续教育

【成人学历教育】 2003年,北京科技大学成人教育学院共毕业学生2 821人,其中本科生955人,专科生1 866人,脱产生1 271人,函授生1 325人,夜大生225人;本科生中,有555人获得学位,占毕业生的58%。2003年成人教育计划招生3 600人,由于非典的影响,成人招生工作延后半年,预计到2004年3月完成。2003年底学院在籍生5 893人,其中本科生3 763人,专科生2 130人,脱产生2 318人,函授生3 055人,夜大生520人。

2003年,面对非典,成人教育学院根据教学实际情况,制定了面向校内、校外学生的两套教学方案,保证离校学生不停学,在校学生不停课:校外学生从2003年4月21日开始利用网络自学,各系负责组织任课教师编写网络学习《课程指导》共计200多门,并由教务办公室负责及时汇总在校园网上发布。校内学生继续上课,教务办公室根据各系上报的教学调整方案及在校生人数重新设置教学班,及时调整课程表,保证学生在教室里保持一定距离,新课程表从2003年5月5日起执行。根据非典疫情的变化,还调整了毕业班的教学工作安排,并及时制定疫情结束后学生返校预案,保证了2003届学生如期毕业。增设了2002~2003学年第三学期共5周(8月25日至9月29日),补上2002~2003第二学期非典时期未完成的课程,10月8日开始2003~2004学年第一学期的教学,共13个教学周,每周上课6天。通过采取各种有效措施,基本消除了非典对教学的影响。

(高 航)

【远程教育】 2003年2月17日,北京科技大学远程教育学院首次招收的学生正式开课,实际注册人数916人,开设计算机科学与技术、会计学、信息系统与信息管理、工商管理、法学等五个专业,分专科、续本科两个层次。2003年远程教育学院春季招生录取1 309人,秋季招生工作于12月进行,共计报名1 312人。2003年底远程在籍生3 217人,其中专升本学生1 171人,专科2 046人。2003年9月增设了冶金工程、机电工程专业,远程教育专业共7个,稳定可招生的校外学习中心共20个。

学院坚持"以质量为中心"的办学思想,在学院创建过程中,组织专门人员研究远程教育的规律,初步构建了"远程教育质量控制体系",指出远程教育的质量观应该是:①质量是生存、稳定与可持续发展的基础。②质量为生产一线服务,应符合社会经济发展的需求。③质量要符合高等教育的基本规律,要符合北京科技大学全国重点大学的地位。④质量是提高效益,要对现有教育资源进行整合,实现优势资源共享,降低教育成本。以此为指导,学院制定了《北京科技大学远程教育学院规章制度》、《北京科技大学远程教育学院学生手册》并已实行,从制度上保证了远程教育在一个较高的起点上起步。

2003年10月,远程教育学院在北京组织召开了首届北京科技大学远程教育工作会议,总结了一年来学校现代远程教育教学经验,进一步强调在办学过程中要牢固树立"以质量为中心"的思想,保证远程教育的可持续发展。

(高 航)

【培训】 2003年,北京科技大学培训中心继续坚持面向行业、为企业解决实际问题的宗旨,为邯郸钢铁公司、安阳钢铁公司、通化钢铁公司等7个企业送教上门,开设了设备故障诊断、自动控制、流体传动、转炉复吹、炼铁新技术等26个专题讲座,培训人数达1 000多人。与北京广播学院联合举办了双鸭山矿业集团、峰峰矿业集团二期工商管理培训班。服从大局,及时终止了与5个合作办班单位的协议并完成300多名高职自考生平稳移交工作。

2003年10月,培训中心在北京组织召开了全国冶金企业继续教育工作会议,来自攀钢、武钢、包钢、酒钢等17个企业的25名代表及校党委副书记李宝林、冶金专家李士琦等出席了会议。与会代表围绕"实现中国钢铁工业的持续发展"主题,就校企合作开展继续教育进行深入研讨,并达成了共识,部分企业与培训中心签订了合作意向书。

培训中心积极为社会服务,为管庄校区学生的双证培养目标服务,年内举办计算机等级考试2期,考生近2 000人,英语三、四、六级考试各2期,考生达3 000余人,并组织了自考助读、成人高考、会计证考试、英语考级等各类辅导班,参加辅导的学员达600多人次。

(高　航)

留学生培养及对外汉语教学

【留学生培养及对外汉语教学】 截至2003年底,北京科技大学在校学习的外国留学生83名,来自25个国家,其中享受中国政府奖学金的学生有45名,自费留学生38名。留学生类别为:博士生8名、硕士生15名、本科生34名、高级进修生2名、普通进修生1名、语言生23名。

2003年毕业留学生10名,其中博士生1名、硕士生6名、本科生3名。全年入学留学生63名,其中博士生4名,硕士生3名,本科生13名,进修生3名,汉语班学生40名。

根据北京市教委走出去宣传中国教育的策略,2003年3月外事处副处长毕惠芳参加了北京市高教代表团赴北欧5国开展教育展览及交流考察活动。北京科技大学外事处提前制作了精美的展览招贴画和招生材料,受到了参观者的好评。外事处还积极为北京市教委编辑的《留学北京》提供有关资料,为教育部组织编辑的《留学中国－2004》中文版、英文版、日文版、韩文版和越文版提供了大量的资料,积极宣传北京科技大学,扩大北京科技大学在国际上的影响。

2003年7月国家留学基金委与巴基斯坦高教委签署人才培养协议,由巴基斯坦高教委出资,用英语授课,希望中国在5年内为巴基斯坦培育500名博士研究生。教育部和国家留学基金委决定2003年先在北京4所大学(清华、北理工、北航、北科大)进行试点,计划接收40名学生,实到35名。根据北京科技大学博士学科点的实际情况与巴基斯坦博士生申请的专业,学校决定接收4名巴基斯坦博士研究生,9月29日实到3名,都攻读材料学专业。

2003年暑假期间,学校外事处对留学生楼的洗脸间、卫生间、浴室进行了装修,对管道和设施进行了改造。并于2003年8月为留学生楼的每个房间接入了ADSL宽带,同时安装了监控系统。

2003年,学校外事处组织留学生参加了各种活动,受到了留学生的欢迎。2003年10月18日,学校外事处组织14名留学生参加了2003"天士力"中国居庸关长城国际攀登赛,有3名留学生分别获得第三名、第四名、第五名的好成绩。2003年11月1日组织3名留学生参加了第3届"佐川急便杯"国际友人环昆明湖长跑的活动。2003年11月8日组织3名留学生参加北京高校"来华杯"留学生羽毛球比赛，取得了男子团体比赛第三名的好成绩。

（毕惠芳）

附 录

2003年北京科技大学接收外国留学生统计表

	74~98	99	00	01	02	03	累计接收人数	累计毕业人数	累计结业人数	目前在校人数
本科生	146	4	4	7	13	13	187	110		34
硕士生	18	1	5	6	10	3	43	18		15
博士生	7	1	0	2	2	4	16	5		8
进修生	82	4	10	7	3	3	109		91	3
汉语生	397	38	37	39	79	40	630		596	23
短期生	719	90	67	96	121	0	1 093		1 093	
实习生	102	0	9	0	5	0	116		116	
合 计	1 471	138	132	157	233	63	2 194	133	1 896	83

（毕惠芳）

体育工作

【概述】 学校体育工作体系包括体育教学、群体竞赛、运动训练、体育科研等。体育教育和管理工作由体育部承担。2003年，体育部下设基础课教研室、专项课教研室、女生课教研室、群体教研室、竞训教研室、办公室和器材室。截至2003年底，体育部共有职工39人，其中教授1人，副教授15人，讲师13人，助教4人，见习助教1人，教辅人员5人。在田径、篮球、足球、网球、乒乓球、羽毛球、冰雪等项目上，拥有国际裁判1人、国家级裁判6人、国家一级裁判18人。

（潘建林）

【制度建设】 2003年，体育部修改完善了《体育部工作条例》，包括体育教师考评办法、体育教师职称评定量化标准、体育部考勤管理办法、体育部工作量化细则、课堂教学管理规定、科研工作管理办法、体育代表队管理条列、群体工作管理办法、办公室和器材室人员工作职责、场地使用管理暂行规定等。在2003年度北京高校关于《贯彻执行学校体育工作条列》评估中，北京科技大学继续被评为北京市体育工作优秀院校。

（潘建林、吴铁桥）

【课程建设】 为贯彻以人为本的教育思想，推行健康教育和素质教育改革，使学校体育向社会体育和终身体育发展，2003年起学校适当延长专项体育课设置，将一年级第二学期的基础体育课改为专项体育课，并增设了男女生武术、搏击和女生篮球等课程。根据北京市教委传达的关于实施教育部《学生体质健康标准》的通知精神，学校以新的教育理念进一步完善体育教学管理和考核制度，保证了体育教学质量的稳步提高。

（潘建林、吴铁桥）

【学科及师资队伍建设】 为提高教师的思想和业务素质，体育部定期聘请有关专家学者来校讲学，并鼓励和支持教师学习深造，提高业务素质。2003年体育部有7名教师参加了首都体育学院体育教育训练学硕士学位班的学习。根据教师的特点和能力进行优化分类，使教学、群体、竞训、科研都有起领头作用的骨干人才，各尽所能，优势互补。建立了体育管理、体育教学、运动训练、社会体育4个学科梯队，各学科明确学术方向、组织课题研究和论文撰写。2003年度体育部教师在全国体育核心期刊和专业期刊共发表论文50余篇，还完成了两项校级课题的科研工作。

（潘建林、吴铁桥）

【群体竞赛活动】 2003年1月，北京科技大学召开体育工作总结表彰会，对2002年学校的体育工作进行了总结，并表彰了体育工作先进学院（机械、管理、冶金、土环、信息）、先进班级和个人。为了全面贯彻《全民健身计划纲要》，提高学校群体活动的广度和层次，群体教研室积极发展单项体育协会，有力推动了群体工作体制的改革，效果显著。4月份同时成立了足球、武术、网球和健美操4个单项体育协会。非典时期，各协会适时灵活地开展了许多有益的活动，丰富了校园文化生活。3、4月份，篮球协会主办了第二届年级杯男子篮球联赛和第一届篮协杯女子篮球联赛，使停顿了20多年的女生篮球赛事得以恢复。5月份武术协会与健美操协会合作组织了大型的抗非典表演节目；网球协会成功主办了首届全校网球排名赛。6月份，篮球协会举办了抗非典全校女生篮球联谊赛。

2003年下半年，体育部积极恢复各项传统竞赛活动，举办了第42届学生田径运动会暨新生田径运动会、三好杯篮球赛和排球赛、“12·9”火炬长跑接力赛。期间，新成立的各单项体育协会发展壮大，呈现出生机勃勃的局面。武术协会拥有会员180多人，主要开展散打、跆拳道和各种武术套路的演练和比赛，该协会与武警部队和校外著名武术大师、跆拳道教练密切合作，并与其他高校开展联谊活动，推动了武术文化在大学生中的传播和发扬，12月份成功举办了学校第一届散打暨跆拳道大赛，收到了良好效果。足球协会上半年举办了首届“绿茵杯”五人制足球联赛，下半年又举办了第二届“绿茵杯”七人制足球联赛。健美操协会拥有会员60余人，主要开展大众健美操健身演练活动。网球协会拥有会员80余人，以技术培训和组织竞赛为主，10月份首次组队参加了北京高校网球赛。9月份成立的乒乓球协会尚处初创阶段，以组织会员技术培训为主。已成立两年多的篮球协会以培训篮球裁判员、组织和管理校篮球竞赛、开展篮球爱好者俱乐部活动为主。2003年举办了第四期篮球裁判班，目前校篮协共拥有国家一级裁判员1人，国家二级裁判员22人，国家三级裁判员18人，已具备主办或承办各种规模篮球竞赛的能力。篮球爱好者俱乐部的设置使校篮协有了自己的球队和女生篮球辅导站，并积极组织学生参加校际比赛和联谊活动。4月份校篮协与校学生会合作参加了北京高校三星杯男女混合篮球赛获得冠军，5月份派队参加了北京高校乙级联赛，11月份与信息学院合作参加了北京八院校“小灵通杯”篮球争霸赛并获得冠军。

（潘建林、王瑞平）

【竞技体育】 受非典影响，2003年上半年北京高校系统没有举行任何体育比赛。竞训教研室及时动员学生保持正常的学习和训练，在下半年的各项比赛中均发挥正常水平，取得了较好的成绩。在第41届北京高校田径运动会上，北京科技大学代表队获得5枚金牌，夺得了丙A组男女团体总分第二名的好成绩。在高校篮球联赛中，学校女篮获第三名，男篮获第六名。

（潘建林、周振平）

【条件建设】 2003年，体育部新添了计算机设备，连通了校园网，初步实行了办公自动化。同时完成了体育部网页的制作，为展示学校体育工作提供了窗口，也为体育教学、科研工作的开展创造了条件。

（吴铁桥）

附 录

2003年北京科技大学体育代表队竞赛成绩

比赛名称、时间、地点	领队及教练	运动员姓名(单项成绩)								总成绩
			姓名	单项	成绩	名次	单项	成绩	名次	
第四十一届北京高校田径运动会 2003年10月18日 北京交通大学	领队:周振平 教练: 孙明 周振平 董官清 蒋玉跃 章荣江 姜宏 杨子良 齐伟 李仕美 王瑞平	田径男队	王昊	110米栏	16.1	7				丙A组团体总分:319分/第2名 丙组团体总分:319分/第3名 金牌数:5枚 获"体育道德风尚奖" 管理学院李振华和文法学院闫姝入选参加2004年全国大学生运动会北京代表团正式队员名单
			黄斌斌	400米	49.04	7				
			刘宏伟	400米栏	53.2	1				
			公强	800米	1:54.9	3	1 500米	3:59.9	6	
			高月志	3 000米障碍	9:10.7	2	5 000米	14:45.1	3	
			于建新	3 000米障碍	9:29.7	3	1 500米	3:59.2	5	
			房光传	10 000米竞走	44:03.0	3	20 000米竞走	1:32:34	3	
			刘绪刚	10 000米竞走	49:44.9	5	20 000米竞走	1:37:09	4	
			黄斌斌 李文 刘宏伟 汪浩	4×100米	42.2	4				
			黄斌斌 公强 刘宏伟 汪浩	4×400米	3:17.6	4				
			周亢	跳远	7.05	4	三级跳远	14.15	8	
			刘路	跳高	1.95	4				
			刘亚楠	撑杆跳高	2.80	2				
			张鹏	标枪	55.21	7				
			李振华	链球	60.39	1				
			连鑫	链球	47.38	3				
			毛耀东	链球	38.10	4				
			季强	铁饼	43.47	3				
			尹作为	铅球	15.18	4	铁饼	41.38	4	
			李宝磊	十项全能	4994	3				
			杨玉良	十项全能	5464	2				
		田径女队	闫姝	100米	12.1	3	200米	24.7	4	
			齐媛	100米栏	14.5	2	100米	12.7	8	
			钱红	100米栏	15.4	5				
			许秋红	400米	1:00.7	5				
			李志梅	800米	2:14.0	4	400米	59.4	4	
			孙进	800米	2:18.6	7	1 500米	4:44.1	7	
			谢芳	5 000米	17:41.7	1	1 500米	4:41.4	4	
			刘君婵	5 000米	17:45.2	2	1 500米	4:38.0	3	
			张升丽	5 000米	19:31.5	7	10 000米	40:06.9	3	
			闫姝 齐媛 钱红 许秋红	4×100米	47.9	2				
			闫姝 李志梅 齐媛 许秋红	4×400米	3:56.8	4				
			陈少婷	跳远	5.86	2				
			徐娜	跳高	1.65	3				
			李晶晶	铁饼	45.79	1	铅球	12.03	8	
			许莹	标枪	44.83	3				
			邵春燕	七项全能	4 442	1				
			汪晓琪	七项全能	3 900	4				
			杨芸芸	七项全能	3 855	6				

续表

比赛名称、时间、地点	领队及教练	运动员姓名(单项成绩)		总成绩
北京高校篮球(甲级)联赛 2003年10月 北京大学	领队:宋一涛 教练:李海涛 于　祥	篮球男队	张　泉　武　冰　李宁宁　石　磊　文　梁　黄　峰　柳　晓　张兆禹 张晓晨　申铭岩　刘　帆　商自强　刘　晨　许晓明	第6名
	领队:周振平 教练:张孔军	篮球女队	高国彩　徐　芳　李　倩　谢　婧　李　阳　李学佳　王　莹　关肖昕 李　京　刘　佳　陈海云　温　静	第3名
CUBA北京地区高校篮球选拔赛 2002年11月 北京大学	领队:宋一涛 教练:李海涛 于　祥	篮球男队	张　泉　武　冰　李宁宁　石　磊　文　梁　黄　峰　柳　晓　张兆禹 张晓晨　申铭岩　刘　帆　商自强　刘　晨　许晓明	第6名
	领队:周振平 教练:张孔军	篮球女队	高国彩　徐　芳　李　倩　谢　婧　李　阳　李学佳　王　莹　关肖昕 李　京　刘　佳　陈海云　温　静	第5名

北京科技大学田径最高记录(截至2003年底)

男子:

项　目	成　绩	时　间	地　点	创造者	单位	备　注
100米	10.5	1991.06	国家体委	刘玉刚	机械	北京地区田径邀请赛
200米	21.21(电计时)	1996.08	西　安	扬子江	管理	全国第五届大学生运动会
400米	47.17(电计时)	1996.08	西　安	扬子江	管理	全国第五届大学生运动会
800米	1:50.3	1992.06	国家体委	邹华东	采矿	国家体委田径测验赛
1 500米	3:51.3	1998.05	首师大	崔修沧	文法	北京高校第三十七届田径运动会
5 000米	14:26.2	1997.04	上　海	鞠成军	文法	全国第八届运动会达标赛
10 000米	29:50.8	1997.04	上　海	鞠成军	文法	全国第八届运动会达标赛
3 000米障碍	9:16.6	1989.10	北科大	邴守刚	社科	北京高校第七届田径杯赛
110米栏	13.6	1998.05	首体师	白　勇	文法	北京高校第三十六届田径运动会
400米栏	50.93(电计时)	1990.05	国奥中心	周振平	社科	第十一届亚运会选拔赛
4×100米接力	41.38(电计时)	1999.07	长　春	汤　禹　时宪东 闫二勇　扬子江	校队	全国第七届大学生田径锦标赛
4×400米接力	3:17.6	1995.06	先农坛	黄　毅　闫大勇 李学桐　扬子江	校队	北京高校第三十三届田径运动会
10 000米竞走	41:59.51	1995.05	先农坛	奚绍辉	社科	北京市第九届运动会
20 000米竞走	1:24:54	1995.05	先农坛	奚绍辉	社科	北京市第九届运动会
跳　高	2.05米	1992.10	国奥中心	郑　鑫	压加	北京高校第十一届田径杯赛
跳　远	7.90米	1989.05	合　肥	梁　超	管理	全国田径锦标赛
三级跳远	15.66米	1960.09	呼和浩特	唐东汉	冶金	全国田径运动会
撑杆跳高	4.20米	1990.05	北科大	于　祥	社科	北京高校第二十八届田径运动会
铅　球	15.67米	2002.05	北科大	尹作为	信息	北京高校第四十届田径运动会

续表

项　目	成　绩	日　期	地　点	创造者	单 位	备　注
铁　饼	59.14 米	1996.05	北体大	李加富	社科	北京高校第三十四届田径运动会
标　枪	66.72 米	1990.03	北体大	马　键	管理	北京体院田径邀请赛
链　球	55.0 米	2000.05	北工大	国　晖	信息	北京高校第三十八届田径运动会
十项全能	6253 分	1990.08	南　京	刘传勤	社科	全国第三届大学生运动会

女子：

项　目	成　绩	时　间	地　点	创造者	单 位	备　注
100 米	11.70(电计时)	2000.09	成　都	闫　姝	文法	全国第六届大学生运动会
200 米	23.8	1998.10	北体大	王　莉	管理	北京高校田径杯赛
400 米	56.8	1999.05	首师大	王　莉	管理	北京高校第三十七届田径运动会
800 米	2:13.1	2000.05	北工大	刘秋霞	文法	北京高校第三十八届田径运动会
1 500 米	4:37.1	1992.05	北理工	郑丽梅	社科	北京高校第三十届田径运动会
3 000 米	10:12.35	1988.08	南　京	李跃明	热能	全国第三届大学生田径运动会
5 000 米	16:31	1990.05	北　大	董玉梅	社科	北京高校第二十八届田径运动会
100 米栏	13.9	1992.09	武　汉	崔　杰	社科	全国第四届大学生田径运动会
400 米栏	1:02.8	1990.05	北　大	谭金菊	社科	北京高校第二十八届田径运动会
4×100 米接力	47.6	1998.5	首体师	褚福梅　王玲燕 季　阳　李海霞	校队	北京高校第三十七届田径运动会
4×400 米接力	3:52.4	1995.06	先农坛	王　莉　宋淑玉 林京晨　刘　霞	校队	北京市第九届运动会
5 000 米竞走	24:14.5	1995.06	先农坛	韩善萍	社科	北京市第九届运动会
10 000 米竞走	50:09.4	2000.05	北工大	单光镯	文法	北京高校第三十八届田径运动会
跳　高	1.82 米	1992	北体大	高　燕	社科	全国第四届大学生运动会选拔赛
跳　远	6.20 米	1988.05	清　华	马春霞	社科	北京高校第二十七届田径运动会
三级跳远	12.72 米	2002.05	北科大	陈少婷	管理	北京高校第四十届田径运动会
铅　球	17.36 米	1995.01	广　州	武宪春	社科	亚洲大学生田径邀请赛
铁　饼	57.11 米	1999.05	首师大	王萍萍	信息	北京高校第三十七届田径运动会
标　枪	47.78 米	1995.10	八一队	孙　静	管理	北京高校田径杯赛
七项全能	5189 分	1999.05	首师大	王　琳	文法	北京高校第三十七届田径运动会

“211 工程”建设工作

【“211 工程”建设】 2003 年，学校按照上级部署，总结了“十五”“211 工程”建设启动以来立项、可研报告编制、论证、评审等各项工作，在国家发展改革委员会对学校建设项目进行批复的同时有条不紊地开展各项建设工作。

2003 年 3 月，学校进行了“211 工程”建设子项目、拟购仪器设备细化论证工作。对于重点学科建设项目的细化论证，重点是进一步凝练学科方向，选好参照系，使学科定位更加准确、重点突出、特色鲜明，与学校整体定位相适应，确保取得具有显示度的标志性成果。对各二级、三级子项目拟购仪器设备的细化论证重点在单价 10 万元以上的仪器设备，论证其必要性、先进性、开放性，发挥有限资金的最大效益。2003 年 4 月，学校“十五”“211 工程”建设项目及可研报告顺利通过了国家发展改革委员会委托中国国际投资咨询公司的评估。2003 年 11 月学校向国家发展改革委员会、“211 工程”部际协调办公室、教育部发展规划司上报了《“十五”“211 工程”建设项目拟进口设备清单》。

同时，学校进一步加强了“十五”“211 工程”建设项目的管理工作。制定或修订了《北京科技大学“十五”“211 工程”建设项目管理办法》、《北京科技大学“十五”“211 工程”建设资金管理办法》、《北京科技大学“十五”“211 工程”建设仪器设备购置及管理办法》、《北京科技大学“十五”“211 工程”建设资金审计办法》等文件，同时不断完善项目责任人制、明确各级项目负责人，为项目的实施提供了保证。

根据学校教学及科研的需要，经充分论证，在国家发改委对“十五”“211 工程”建设项目未作批复之前，学校预支 400 万元资金先行启动了公共服务体系建设项目下的“电教多媒体教学中心”和“研究生教学实验中心”两个三级项目，现已竣工投入使用。另外列入基础设施建设项目的新采矿楼已竣工并投入使用，师资队伍建设项目中的高层次创新人才引进工程也按计划如期启动。

（林　林）

科学研究与产业开发

科研工作

【概况】 2003年,北京科技大学科技工作紧密结合学校科技工作要点和科技处计划,努力克服非典疫情带来的不利影响,围绕以人为本的项目组织方式,强化多学科的交叉与融合,发挥人才、学科综合优势,在重视科研项目培育的同时加强过程管理,组织承担了一批国家重大项目,增强专利和成果申报力度,提高学校科技原始创新能力,注重科研管理和服务水平,在科技工作全面铺开的同时抓住科技工作中的主要矛盾,大胆谋划,勇于实践,使学校的科技工作继续保持了良好的发展势头,实现了预定指标,圆满完成2003年各项工作任务。

(李　林)

【科研项目与经费】 2003年学校科研经费到款额达到1.37亿元人民币。纵向科研经费大幅度增长,到款额为6 597.22万元,比2002年增长了99.8%。尽管受到非典的影响,横向课题到款额仍保持了6 292.53万元的良好成绩。

1. 纵向科研课题和经费数再创历史新高。2003年,学校在研的各类国家、省部级课题共413项,组织申报纵向课题422项,新增课题221项,纵向合同额5 444.31万元。2003年纵向课题中的军工、国家自然科学基金、“863”及“973”项目和教育部重大项目成为突出的亮点。学校承担的军工项目数日益增多,军工科研费增长迅速,已与总装备部、国防科工委、各军工行业主管部门及大批军工企业取得了广泛的联系。2003年学校获得的军工配套项目数占教育部高校项目总数的22.22%,在教育部高校中名列前茅。国家自然科学基金项目,学校申报145项,比去年增长了19.8%,是历史上申报项数最多的一年,最终获得国家自然科学基金资助经费1 227.5万元。2003年,“863”项目的五年计划已到后期,科技部支持力度有所减小,但学校仍然取得了牵头立项10项,合作13项,获得经费1 166万元的成绩,在全国高校中位居前列。2003年,学校获得教育部重点项目7个,申报了国家“973”项目计划的“高速重载铁路关键材料服役特性的表征和评价”项目,首次向“973”的首席科学家迈进。

2. 横向科研发展势头强劲。学校与企业合作近年处于比较平稳的发展态势。2003年,学校横向课题签定合同数、合同额均创佳绩,合同额比2002年增长了32.4%。学校横向课题中10万元以上的大合同数占总合同数的58.54%。

(李　林)

【科研水平与成果】 1. 知识产权管理进一步完善,专利申请量有较大增长。2003年初,学校成立了“知识产权管理服务中心”,加大了管理力度,提高了服务质量。2003年的专利申请量比去年翻了一番,共申请专利123件。全年获得授权专利41件,高于2001年13件、2002年19件两年之和9件。年内还申请国外专利1件(“一种插入式炉窑摄象仪及图象处理方法”),实现了国际专利申请零的突破。

2. 科技成果管理点面结

合，硕果累累。2003年科技成果的管理采取点面结合的方式，鼓励学校科研人员及时总结成果，以各种方式使科研成果获得相应的社会评价，对一些重大、有创新性的成果，鼓励科研人员积极申报各种奖励。在国家奖励政策紧缩的情况下，学校获国家和省部级奖的总数量与前两年基本持平，在获奖级别和获奖等级上有了很大提高。2003年，学校有26个科研项目共获得各种科研奖励29项，其中国家科学技术进步二等奖5项。此外，由傅杰教授、柳得橹教授、康永林教授主要负责完成的“钢的组织性能综合控制理论及应用——薄板坯连铸连轧工艺基础及材料性能特征研究”项目获得教育部2003年中国高等学校十大科技进展，这是学校连续两年第二次获此项殊荣。

3. 多项课题通过了技术鉴定，一批研究成果在国民经济建设中发挥了重要作用。2003年，北京科技大学承担的国家自然科学基金、“973”支持的一批项目取得了具有原始创新、理论上有重大突破并享有自主知识产权的科技成果，在结题验收中获得了很高的评价。

康永林教授负责并与中科院金属所共同承担的国家自然科学基金重大项目“金属熔体凝固控制与若干先进成形过程基础研究”中“半固态钢铁材料凝固控制与直接成形基础研究”，首次实现了钢铁材料半固态浆料直接轧制成形，为探索高熔点材料半固态浆料制备与直接轧制近终成形的短流程新技术提供了新的途径和研究手段，申请了7项专利，其中1项被授予专利权，完成1部专著，专家总体评价为A。

“973”项目“新一代钢铁材料重大基础研究”历经5年的研究，取得了丰硕的成果，其中北科大负责的三个课题在总验收中，得到了首席科学家和评审专家的高度评价。首席科学家总结出的“四大理论”，由北科大研究创立的占了其中的三项。贺信莱教授负责的“微米、亚微米针状(板条)组织钢的形成机制、组织控制及性能特性”、孙祖庆教授负责的“低碳素钢组织控制和性能优化及性变工艺”、傅杰教授负责的“新一代钢的薄板连铸连轧工艺基础研究及材料性能特征”、王新华教授负责的“新一代钢铁材料化学冶金学研究”不仅在基础理论研究方面取得了重大创新，而且还在指导企业生产工艺、品种开发等一系列技术创新方面起到了积极的推动作用，取得了显著的经济效益和社会效益。

(李　林)

【科研基地建设】　2003年，新金属材料国家重点实验室、高效轧制国家工程研究中心顺利通过验收，并获得了专家组较高的评价。申报成功“金属矿山高效开采与安全”教育部重点实验室。年内，学校通过与国家发展改革委员会高新技术及产业化司沟通，经过反复论证，组织申请了“现代钢铁冶金工艺国家工程研究中心”，目前该工程中心正处在申报过程中。与钢铁研究总院协商，联合申请了“先进钢铁材料国家工程研究中心”，目前该工程中心已获得国家发展改革委员会的批准。首次向国防科工委申报“大气环境效应与防护技术国防科技重点实验室”，向军工科技项目科研基地建设迈出重要一步。年内，学校还编写了“北京科技大学重点实验室建设与管理委员会章程”和“北京科技大学重点实验室建设与管理暂行办法”，为规范重点实验室的运行管理奠定了基础。

(李　林)

【科研组织与管理】　1. 继续完善纵向项目管理过程中的“一条龙服务”体系。①学校科研工作树立超前意识，提前搞好项目设计，努力参与或影响项目指南建议的编写，尽量使学校的研究内容列入指南，争取项目申报的主动权。“2004年军工配套项目”中通过的6个项目的指南全部由北京科技大学参加编写。②在纵向项目管理方面，学校通过网络多渠道及时获取信息，并及时通过电话、电邮、公告、校园网、下发通知等多种形式迅速传达，确保申报信息渠道的畅通。③学校积极做好项目申报动员，2003年初组织了200余人参加的国家自然基金项目申报动员大会；“973”项目申报中先后组织了8次大型的动员会和研讨会;在总装备部创新项目及其它军工项目申报前也多次组织了动员研究会,动员会为各项项目的成功申报起到了积极的作用。④加强学校调控能力,实现项目整合:在国家“863”、“973”、军工项目、教育部重点课题、博士点基金课题的申报中以突出学科优势和人才优势为目的,加强学校对项目组织的调控能力,继续坚持项目的联合、整合,提高申报课题的质量,增强课题竞争力,体现学校工作实力。⑤建立了完善的专家初审制度,确保项目的申报质量:2003年在国家自然科学基金、“863”项目、军工项目申请中继续坚持校内专家初审制度,在教育部重点项目、博士点基金申报过程中也首次实行了校内评审,保证申报项目的质量,提高命中率,保证了申报过程的公平、公正、公开。⑥加强管理、做好项目验收评估工作。2003年共完成包括教育部、国家自然科学基金、北京市项目在内的8项项目验收和8项中期评估。

2. 以组织项目为龙头,促进学科的交叉与融合。为充分发挥北京科技大学在“耐火材料研究与应用”方面的优势,学校于2003年9月起组织了冶金、资源、材料学科负责人就申报的“新一代耐火材料制备与应用的基础理论”“973”项目进行了多次研讨,综合各学科优势,实现了相关学科的交叉与融合,形成了申报材料建议稿。在总装备部重大创新项目建议的申报工作中,学校组织以材料学科为龙头,充分发挥信息、机械学科的优势,为各学科的沟通与密切合作创造了良好的契机,提出了符合总装备部要求的项目建议书。

3. 促进人才培养初见成效。在组织科研项目过程中,学校一直注重将科研人才培养立足于具体科研项目的申报和实施,提倡通过申报项目来完善科研梯队建设,形成新的专业优势群体,重视发现优秀青年学者和新的学科增长点。①校科研基金项目在引导青年教师准备校外项目申报、培养学科增长点方面起到了较好作用。2003年学校分两次审批校基金项目26项,投入经费49.7万元。②积极扶持、引导青年教师申请国家和北京市项目。3年来国家自然科学基金项目申报者中30~40岁的达30%以上。2003年有43位年龄在30~40岁的青年教师申报了国家自然科学基金。在北京市自然科学基金和北京市科技新星计划申报者中,青年教师也占了绝大多数。

4. 以首都高校科技信息网为平台,促进“政学企”互动合作。2003年,学校申请承担了对“首都高校科技信息网”的改组工作,以北京科技大学为依托,设立秘书处,负责日常事务和各类活动的组织运作,同时积极筹建首都高校科技信息网站,下大力气打造科技成果转化平台,并在该平台上进行政府、企业和高校的互动合作。首都高校科技信息网站运行以来,实现了搭建学校面向全国地方、企业成果转化平台的目标。依托信息网与山东、湖南等省科技厅、河南鹤壁市开展良好的合作,签订了科技成果转化合作协议书。具体合作项目有与日方合作建设镁厂、淀粉厂改性淀粉、可溶添加塑料、陶瓷内衬钢管等。国家和一些地方的发改委对信息网也投入了很大的关注。

(李　林)

【学术交流与成果推介】 1.《学报》编辑部以“突出期刊特色,服务专业读者”为办刊宗旨,学术阵地再现繁荣。影响因子是一个国际上通行的期刊学术影响力评价指标。目前,《北京科技大学学报(英)》、《北京科技大学学报(中)》和《稀有金属(英)》的影响因子分别为0.397、0.334和0.284。2003年开始,《北京科技大学学报》成为EI Compendex期刊源,已被美国《工程索引》(EI Compendex)、美国《化学文摘》(CA)、英美《金属文摘》、日本《科学技术速报》、俄罗斯《文摘杂志》、德国《数学文摘》、《中国学术期刊文摘》、《中国学术期刊(光盘版)》等16种数据库收录。2003年《北京科技大学学报》还荣获第二届国家期刊奖百种重点期刊。

2. 开展多种形式,多种层次的学术交流。学校十分重视校内的学术交流活动,采取面上提倡、政策导引、制度建设、检查评估、奖励优秀等措施,积极鼓励梯队内部、梯队之间、学科之间的学术交流活动，促进学科交叉及科研合作，在此基础上大力提高科研整合能力，积极争取大的科研项目。2003年，学校举办不同层次、不同类型的学术报告156场，其中包括邀请美国工程信息公司EI总部的钟似璇先生和国际气象组织、世界气候计划项目主任戴维森先生做的两场报告。

3. 学校通过多方收集信息，广泛建立联系。2003年，学校与全国各类钢铁企业继续保持了良好科技合作关系，截止11月份，共组织走访了马钢、宝钢、济钢、太钢、安钢、湘钢、南钢等十几家钢铁企业，促成教师与钢铁企业签订的合同额达500余万元。此外，学校科技处组织教师参加全国各级政府组织的各种科技成果发布与洽谈会32个，遍布辽宁、山东、河北、山西、河南、江苏、浙江、广西、上海、福建、重庆、湖南、广东、安徽等近20个省份，签订正式协议19项，达成合作协议52项，对外发布科技成果信息17次，共促成教师签订合同20余个，合同额近550万元。

4. 学校"科协"及"学会"工作。学校科协积极指导、支持、参与大学生的科技社团组织，开展了大量的各种形式的科技宣传、科技创新活动，极大的丰富了大学生的课外生活，特别在全国大学生的各类科技作品比赛中，取得了良好的成绩。同时，组织、管理和协调挂靠在学校的学会，其中包括一级学会2个，二级学会22个，三级学会19个。

（李　林）

【科技发展规划】 在国家中长期科技发展规划的指导下，围绕学校建设"具有良好的学术氛围，代表科学研究的国际前沿，拥有一批一流的实验室和领先的原创性科研成果，在全国乃至世界范围享有很高的学术声望"的一流研究型大学的总体目标，凝练科技目标、汇聚创新人才、增强创新意识、提高创新能力、形成创新成果，为国家经济建设、国防建设和科技进步作贡献。

1. 坚持以国家目标、市场需求为导向，瞄准国内外科技发展前沿，进一步加强原创性和先导性的科技创新，注重基础研究和应用基础研究，加强技术开发和科技成果的转化；

2. 大力推进多学科和交叉学科的科学研究基地和技术开发平台的建设，鼓励原创性的科学研究和技术开发，强化学校科研工作为行业、为社会、为国防服务的功能，在知识创新和技术创新二个层面上提升学校的科技实力和科技水平；

3. 突出以新材料和冶金新工艺的发展为主线，带动信息、机械、管理等整体学科面的发展，打造服务于行业、地方政府、国防军工三个科研开发营盘，孵育一批国民经济建设和国防军工迫切需求的新型科研生长点；

4. 以高水平的特色科研促进已有学科的建设和新型学科的培育和发展、以高水平的创新科研带动人才队伍的建设，以高水平的科研成果奠定学校在国家和区域经济发展中的地位；

5. 坚持以人为本的科研项目组织模式，继续抓好科研梯队的建设，强化学术交流氛围，鼓励学科交叉和融合；

6. 坚持产学研相结合的科研发展道路，加强政学企的联合模式，为区域技术创新和地方经济发展服务；大力推进学校科技体制的改革，制订完善各项科技配套政策，以强化服务，促进管理水平的提高，最大限度调动科技工作人员的积极性，为实现学校的宏伟发展目标奠定坚实的基础。

（李　林）

附　录

北京科技大学1998～2003年专利申请、授权统计表

年份		1999	2000	2001	2002	2003
专利申请数	发明专利	10	16	28	52	106
	实用新型	3	2	11	10	17
	合计	13	18	39	62	123
专利授权数	发明专利	14	13	5	13	33
	实用新型	2	2	8	6	8
	合计	16	15	13	19	41

2003年授权专利项目明细表

序号	专利号	项目名称	发明人	完成单位
1	00105658.1	液态金属微量流生核处理方法	翟启杰	材料学院
2	97104468.6	共沉降法制备不锈钢/氧化锆连续梯度功能材料	黄继华	材料学院
3	00109469.6	一种原位合金化与反应颗粒增强金属基复合材料制备方法	张济山	新材料实验室
4	02232526.3	一种液压泥炮	高泽标	机械学院
5	00121474.8	利用电渣离心铸造法生产工模具钢锻材	陈希春	冶金学院
6	00121016.5	一种环状大块非晶零件射流离心转模制造工艺及设备	何　国	新材料实验室
7	02232897.1	一种板带淬火控冷上下集管	李谋渭	机械学院
8	02232898.X	常压无约束管流多功能炉后淬火机	李谋渭	机械学院
9	00105808.8	半固态金属材料连轧工艺及设备	康永林	材料学院
10	97122085.9	制备碳化钨－镍－铁系钠米级复合粉末的工艺及气流回转炉	张丽英	材料学院
11	01109075.8	一种超细晶粒钨镍铁系高比重合金的制造技术	张丽英	材料学院
12	01267591.1	一种蓄热式电采暖器	王　立	机械学院
13	01109076.6	一种包复材料一次铸造连续成形设备与工艺	谢建新	材料学院
14	01141654.8	真空密封造激冷铸型生产点状石墨铸铁玻璃模具铸件工艺	吴春京	常熟模具厂材料学院
15	01109074.x	转筒半固态金属浆料制备与成形设备	康永林	材料学院
16	02285311.1	一种以导热油为热载体的燃煤加热炉	田文怀	材料学院
17	02285352.9	一种铝电解槽	卢惠民	冶金学院
18	01115650.3	一种用于高强度低合金钢生产的弛豫－析出－控制相变技术	贺信莱	材料学院
19	99100295	垂直分型金属型铸造中纤维过滤网的安装方法	赵爱民	材料学院 迁安凯达金属厂
20	01141980.6	一种制备碳化物颗粒复合强化高温耐热钢方法及设备	惠希东	重点实验室
21	01136482.3	一种制备高比重Zr-W基大块非晶合金的方法及设备	惠希东	重点实验室
22	99121845.0	半晶聚乙烯醇水凝胶与宿主骨的化学连接方法	顾正秋	材料学院

续表

序号	专利号	项目名称	发明人	完成单位
23	00107259.5	管式炉直接还原碳化制备超细碳化物粉的工艺	张丽英	材料学院
24	01134451.2	一种确定材料微区塑性力学状态方程的方法	王艳丽	重点实验室
25	01141979.2	一种耐蚀耐磨陶瓷复合金属管件的制造技术	林涛	材料学院
26	03236974.3	一种减速传动装置	苏兰海	机械学院
27	03236187.4	梳毛机毛网质量在线检测装置	徐科	机械学院
28	00136771.4	一种连续铸钢用石墨保护渣	董书通	郑州永通特钢有限责任公司
29	00121189.7	一种具有递变电阻及高熔点差梯度材料的制造工艺及设备	李江涛	材料学院
30	01144212.3	一种超细晶粒钨-铜合金的制造方法	张丽英	材料学院
31	01134630.2	一种高 TiAl 合金大尺寸饼材制备方法	林均品	重点实验室
32	01118541.4	一种制备氧化物陶瓷涂层的阴极微弧电沉积方法	何业东	材料学院
33	97116954.3	一种无污染脱氧体	周国治	应用学院
34	00109334.7	不锈钢表面钝化成膜技术	汪轩义	材料学院
35	01123495.4	一种含铝、硼高强度微合金钢的生产工艺方法	柳得橹	材料学院
36	98117381.0	一种短流程电弧炉钢厂	周荣章	冶金学院
37	02117624.8	一种纳米级多层陶瓷电容器介电材料的制备方法	纪箴	材料学院
38	02103674.8	利用表面活化剂对自旋阀改性的方法	于广华	材料学院
39	01134629.9	一种高温高性能高铌钛铝合金	林均品	重点实验室
40	99100292.X	由天然矿物原料制备镁阿隆	孙加林	材料学院
41	99107912	一种硬质合金工具的金刚石-钴硼化合物耐磨复合涂层及其制备方法	王四根	材料学院

2003年科研鉴定项目一览表

序号	项目名称	负责人	鉴定部门	鉴定水平	主要完成单位
1	电子材料精铝制备新工艺及成套设备研制-65kA 精铝电解槽工业应用	卢惠民	中国有色金属工业协会	国际先进	北京科技大学冶金与生态工程学院、新疆众合股份有限公司
2	利用贫锰矿生产低成本电子级高纯四氧化三锰	卢惠民	教育部	国际先进	北京科技大学冶金与生态工程学院、山西省灵丘县兴光矿业发展有限公司
3	锰硅铁合金连铸技术的开发	王自东	教育部	国际先进	北京科技大学、广西八一铁合金(集团)有限责任公司
4	建筑装饰用微晶玻璃技术研究	袁怀雨	教育部	国内领先	北京科技大学、珠海智和微晶玻璃科技有限公司、汕头经济特区国份实业有限公司、重庆华捷装饰材料有限责任公司

续表

序号	项目名称	负责人	鉴定部门	鉴定水平	主要完成单位
5	热泵流化床谷物干燥技术开发	王立	教育部	国际先进	北京科技大学
6	大型空气分离装置操作仿真系统	王立	教育部	国际先进	北京科技大学、济南鲍德气体有限公司
7	钢的组织性能综合控制理论及应用——薄板坯连铸连轧工艺基础及材料性能特征研究	傅杰	教育部	国际领先	北京科技大学、广州珠江钢铁有限公司
8	神经网络技术在复杂腐蚀体系的应用	娄世松	中国石油化工集团公司	国际先进	中国石化集团洛阳石油化工工程公司、中国石油化工股份有限公司齐鲁分公司炼油厂、北京科技大学、北京化工大学
9	超声化学还原法制备纳米非晶态镍基合金粉体材料	俞宏英	北京市科学技术委员会	国内先进	北京科技大学
10	缓倾斜、深埋、破碎铁矿床高强度综合开采研究	宋卫东	教育部	国际先进	北京科技大学、武汉钢铁集团矿业有限责任公司程潮铁矿
11	松软难采矿体采场巷道动压规律与控制技术研究	明世祥	教育部	国际先进	北京科技大学、武汉钢铁集团矿业有限责任公司金山店铁矿

2003年科研获奖项目一览表

编号	授奖部门	奖种名称	等级	项目名称	主要完成人及排名	主要完成单位
1	科技部	科技进步	2	鞍钢1700中薄板坯连铸连轧生产工艺技术	孙一康2 童朝南8 刘文仲9	鞍山钢铁集团公司、北京科技大学、中国第一重型机械集团公司
2	科技部	科技进步	2	高质量不锈钢板材技术开发	韩静涛11 康永林15 包燕平20 赵发忠23	太原钢铁(集团)有限公司、北京钢铁研究总院、北京科技大学、东北大学、冶金工业信息标准研究院
3	科技部	科技进步	2	深部开采动力灾害预测及其危害性评价与防治研究	蔡美峰1 纪洪广2 乔兰3 王金安4 李长洪8 王双红10	北京科技大学、抚顺市地震局、山东黄金集团有限公司玲珑金矿、吉林海沟黄金矿业有限公司、辽宁天宝能源股份有限公司虎台煤业分公司、煤炭科学研究总院抚顺分院
4	科技部	科技进步	2	珠钢电炉薄板坯连铸连轧技术应用创新研究	傅杰2	广州珠江钢铁有限责任公司、广州钢铁企业集团有限公司、北京科技大学
5	科技部	科技进步	2	公路工程火害预防与治理综合技术研究及工程应用	高永涛2 马飞4 吴顺川6 王金安8	山东省交通厅公路局、北京科技大学、洛阳至三门峡高速公路建设指挥部、中铁十八局集团有限公司、山西祁临高速公路有限责任公司

续表

编号	授奖部门	奖种名称	等级	项目名称	主要完成人及排名	主要完成单位
6	中国钢铁工业协会、中国金属学会	科技进步	1	链篦机-回转窑-环冷机法生产球团矿新工艺	孔令坛9	北京首钢设计院、首钢矿业公司、北京科技大学、中冶集团鞍山冶金设计研究总院
7	中国钢铁工业协会、中国金属学会	科技进步	1	电弧炉炼钢综合节能技术开发	李士琦2 刘润藻5 孙彦辉7 李京社11 刘冰15	天津钢管有限责任公司、北京科技大学、钢铁研究总院
8	中国钢铁工业协会、中国金属学会	科技进步	2	露天矿台阶炮孔微差爆破计算机自动设计与模拟系统研究	璩世杰1 庞永军3 毛市龙5 吕文生7 王进强9	北京科技大学、首钢水厂铁矿
9	中国钢铁工业协会、中国金属学会	科技进步	2	2 800四辊轧机板形控制功能完善及雪撬板控制参数优化	张清东2 何安瑞9	武汉钢铁(集团)公司、北京科技大学
10	中国钢铁工业协会、中国金属学会	科技进步	2	附着式轧制力智能监测系统研制与应用	闫晓强1 程伟4 孙志辉5 王再英10 吴迪平11 章博12	北京科技大学、马鞍山钢铁股份有限公司
11	中国钢铁工业协会、中国金属学会	科技进步	2	济钢20 000Nm³/h空分操作仿真系统	王立1 童莉葛3 张延平5 李化治7 杨晶9	北京科技大学、济南鲍德气体有限公司
12	中国钢铁工业协会、中国金属学会	科技进步	2	KD75型液压泥炮	朱允言1 高泽标4	西安冶金机械有限公司、北京科技大学
13	中国钢铁工业协会、中国金属学会	科技进步	3	计算物理化学在熔体热物性、固态反应速率及铜转炉模拟研究中的应用	张家芸1 刘建华2 陈春林3 周土平4	北京科技大学
14	中国钢铁工业协会、中国金属学会	科技进步	3	800mm热连轧中宽带生产线工艺开发与应用		唐山建龙实业有限公司、一重集团大连设计院、北京北科麦思科自动化工程技术有限公司
15	北京市人民政府		2	链篦机-回转窑-环冷机法生产球团矿新工艺	孔令坛9	北京首钢设计院、首钢矿业公司、北京科技大学、鞍山冶金设计研究院
16	北京市人民政府		2	20 000Nm³/h空分操作仿真系统	王立1 童莉葛3 张延平5 李化治7 杨晶9	北京科技大学机械工程学院、济钢鲍德气体有限公司
17	北京市人民政府		2	径轴向两用磁场注射成形机及其应用研究	曲选辉1 郭志猛3 谢建新5 徐金梧7 胡学晟9	北京科技大学、北京凤记兴塑胶机械有限公司
18	国家安全生产监督局 国家煤炭生产管理局		3	非煤矿山安全生产基本情况统计分析软件的研制与应用	蒋仲安1 孙佳4	北京科技大学、国家安全生产监督管理局监管一司

续表

编号	授奖部门	奖种名称	等级	项目名称	主要完成人及排名	主要完成单位
19	国家安全生产监督局 国家煤炭生产管理局		3	掘进巷道粉尘控制技术的研究与应用	蒋仲安 1	北京科技大学、邢台矿业(集团)有限责任公司东庞矿、天府矿务局磨心坡煤矿
20	山西省人民政府	科技进步	1	高质量不锈钢板材技术开发	韩静涛 11 康永林 15 包燕平 20 赵发忠 23	太原钢铁集团(有限)公司、北京钢铁研究总院、北京科技大学、东北大学、冶金信息标准研究院
21	教育部	自然科学	2	钝化膜应力导致应力腐蚀的机理	高克玮 1 褚武扬 2 宿彦京 3 乔利杰 4 李金许 5 何健英 6 张 跃 8 李启楷 9	北京科技大学
22	教育部	科技进步	1	钢的组织性能综合控制理论及应用－薄板坯连铸连轧工艺基础及材料	傅杰 1 康永林 2 柳得橹 3 柯 俊 4 于 浩 7 周德光 9 李晶 11 王元立 13	北京科技大学、广州珠江钢铁有限责任公司
23	教育部	科技进步	2	电子材料精铝制备新工艺及成套设备研制-65kA 精铝电解槽工业应用	卢惠民 1 马瑞新 5 袁文辉 7 徐春森 8 韩欢庆 9	北京科技大学、新疆众合股份有限公司
24	教育部	科技进步	2	高海拔变压吸附制氧技术及其在青藏铁路风火山隧道工程中的应用	刘应书 1 冯俊小 3 崔红社 17 候庆文 18 乐恺 19	北京科技大学、中铁二十局集团有限公司
25	中国电子学会	电子信息科学技术奖	2	基于知识发现创新技术的新型实用智能系统的构造及其应用	杨炳儒 1 唐 菁 2 陈新中 3 周 颖 4 李 岩 5 谢勇红 6 梁开健 7 苏战东 8 游福成 9 李 欣 10 樊广佺 11 宋 威 12	北京科技大学
26	教育部	人文社会科学研究优秀成果	3	《民事诉讼程序价值论》	肖建国	北京科技大学
27	中国有色金属工业协会	中国有色金属工业科学技术奖	1	高熔点高合金化材料快速凝固气雾化制备技术	张济山 3 杨 滨 6 崔 华 8	北京有色金属研究总院、北京科技大学、锦州市冶金技术研究所、北京市康普新材料公司

续表

编号	授奖部门	奖种名称	等级	项目名称	主要完成人及排名	主要完成单位
28	中国有色金属工业协会	中国有色金属工业科学技术奖	2	电子材料精铝制备新工艺及成套设备研制-65kA精铝电解槽工业应用	卢惠民1 马瑞新5 袁文辉7 徐春森8 韩欢庆9	北京科技大学、新疆众合股份有限公司
29	教育部	中国高等学校十大科技进展		钢的组织性能综合控制理论及应用	傅杰1 柳得橹2 康永林3 柯俊4	北京科技大学

（李　林）

产业工作

【概况】 2003年底，产业系统拥有校办企业及联营公司共28家，其中学校的独资企业5家，有限责任公司23家。校办企业有学校独资企业、学校及学校下属企业参、控股两类形式。科技产业系统员工342人，其中学校事业编制84人，外聘员工258人，博士后2人，博士32人，硕士144人，本科148人。

（洪家志、申凤霞）

【产业改制改组及科技园建设】 2003年，学校继续稳步推进校办企业的改制改组工作，印发了《关于改革体制、规范管理、促进科技产业发展的若干意见》，对部分校办企业进行了转制、撤销或合并，将149名产业编制人员转岗到后勤集团，精简了科技产业队伍。5月，科技产业集团成立，与科技园有限公司一体运作，负责学校大学科技园建设和科技产业管理。10月，完成了开发总公司、实验工厂、京科康博公司、印刷厂、新科公司等单位的审计工作。开发总公司、开发总公司海特分公司、开发总公司京都分公司、开发总公司长天分公司、京科康博公司、新科电子与新材料有限公司等已停止营业，正在办理撤销手续。实验工厂、冶化中心进行了重组；印刷厂划转到后勤集团；北京科大京科技术有限公司、开发总公司京都分公司已改制完毕，开发总公司机翔分公司正在改制中。同时，科技产业集团以货币或无形资产等方式参股到部分有前景的外部企业，并纳入科技产业集团管理。经过改制、改组，理顺了科技产业管理体制，明晰了产权关系，初步在学校与校办企业之间建立起来了一道“防火墙”，实现了校企分离。

科技园建设方面，2003年1月9日，北京科大科技园有限公司注册成立。6月29日，学校与中关村科技园管委会合作成立“北京科大留学人员创业园”，成为继北京大学、清华大学、北京航空航天大学之后的首都第四个大学留学人员创业园，开园至今已吸纳留学人员创业企业9家。

体制改革后，科技产业集团先后出台了《科技园财务管理办法》、《科技园公司员工行为规范》、《人事及行政事务有关规定》等一系列文件，进一步加强了对企业的规范管理。

（洪家志、高珣珣）

【孵化工作及成果转化】 2003年5月，学校方兴孵化器顺利通过北京市科委组织的“高新技术产业孵化基地”复评，并在校内建立了8个二级专业孵化器，新增入孵企业20家，新增重点入孵企业9家。

年内，各向异性粘结钕铁硼永磁材料技术引资4 000万元，技术占股20%，组建了亿源科大磁性材料有限责任公司；稀土超磁致伸缩材料技术引资3 500万元，技术占股30%，组建了蓝天科大新材料有限责任公司；极大地推动科技成果转化与产业化工作。

（王会中）

【经营情况】 2003年，科技产业全年总合同额近5亿元，销售额近3亿元，净利润3 600万元，返还工资253.95万元，上交学校利润400余万元，纳税额1 300万元。北京科大科技园公司科技成果转化收入114万元，获得政府政策性扶持款290万元。

（洪家志）

【支持防控非典工作】 2003年上半年，突如其来的非典给产业工作造成了很大影响，但产业系统的广大员工在困难面前表现了良好的大局观念。一方面按照学校要求认真采取各项防范措施抗击非典，另一方面向学校捐赠人民币30万元，向北京市中小学捐赠100台消毒液发生器，大力支持学校及北京市的抗击非典工作。

（王会中）

附　录

北科大科技产业经济实体一览表

企业名称	负责人	成立时间	注册资金
北京科技大学设计研究院	黄重国	1987年12月	440万元
科光磁性材料有限公司	肖耀福	1992年	37万元
北京和兴冶金机电新技术公司	刘　钊	1992年	50万元
开发总公司机翔分公司	胡正寰	1992年	70万元
北京冶科岩土技术公司	张文明	1993年	600万元
冶金化工材料科技开发中心	王元生	1994年	50万元
北京北科麦思科自动化工程技术有限公司	刘伟嶂	1998年3月	125万元
北京科大文鑫技术有限公司	张恒立	1999年11月	100万元
北京科大方兴科技孵化器有限责任公司	蔡希亮	2000年4月	100万元
北京科大联创冶金技术有限公司	刘京山	2000年8月	220万元
北京科大恒兴高技术有限公司	唐　荻	2000年8月	500万元
北京科大方兴加油站	张卫刚	2000年	200万
北京科大华科高新技术有限公司	郭　俊	2000年11月	100万元
北京科大中冶技术发展有限公司	陈向明	2001年2月	180万元
北京科大永兴电子信息材料技术有限公司	谢建新	2001年5月	500万元
北京科大国泰能源环境工程有限公司	李士奇	2001年6月	200万元
北京科大森浪信息技术有限公司	王宗杰	2001年8月	10万元
北京科大京科技术有限公司	王振声	2001年12月	100万元
北京科大九阳科技有限公司	刘庭成	2001年12月	260万元
时光科技有限公司	余达太	2002年3月	6 000万元
北京科大方兴高新技术有限公司	王会中	2002年4月	50万元

续表

企 业 名 称	负责人	成立时间	注册资金
北京科大科技园有限公司	徐金梧	2003年1月	1 000万元
北京科大京都高新技术有限公司	刘　勇	2003年7月	108万元
北京科大三泰科技发展有限公司	苍大强	2003年	100万
北京科大鼎新材料有限责任公司	王自东	2003年	150万
北京科大常青藤国际教育(产业)开发有限公司	滕立新	2003年	10万
北京宏洁物业管理有限公司	刘　临	2003年	30万
北京科大印刷有限公司	于海龙	2003年	200万

（洪家志、高琍琍）

重点实验室和工程研究中心

新金属材料国家重点实验室

【概况】 新金属材料国家重点实验室的学术研究立足于金属材料科学的前沿问题和中国国民经济建设中的重大金属材料科学的应用基础问题。目标是发展以新金属间化合物结构材料与新金属间化合物功能材料为主的新型金属材料、新一代传统材料及先进制备技术。研究工作以应用基础研究为主，强调发展新材料，注重新材料的制备工艺－组织－性能关系研究。研究方向跨越材料科学与工程一级学科。具体研究方向为：新金属结构材料的基础研究；新金属功能材料的基础研究；材料制备新技术与新工艺的基础研究；新一代传统金属材料的基础研究；新材料的计算机模拟与辅助设计。

新金属材料国家重点实验室设有力学中心、电镜中心、磁测中心、热模拟中心4个公共实验室，以及新金属结构材料、新金属功能材料、新一代传统金属材料、材料制备新技术与新工艺4个学术梯队。

2003年，实验室有固定人员33名，其中教授12人（院士1人，博士生导师9人），副教授和高级工程师12人，其他研究和工程技术人员9人。50岁以下的中青年研究人员中，有长江计划特聘教授2人，跨世纪优秀人才5人，国家自然科学基金杰出青年基金获得者1人，国家教育部优秀青年教师2人。

2003年3月21、22日新金属材料国家重点实验室接受国家重点实验室评估专家小组的评估。经过考察评估，专家组认为：北京科技大学新金属材料国家重点实验室基础好、学术水平高、特色鲜明、人员结构合理、管理规范、规章制度健全、学术气氛活跃，符合实验室发展要求；6年来，在Nb-TiAl化合物方面进行了大量的基础研究，研究工作为原始创新工作，受到国内外专家高度评价，是国家一流的研究室；在国际合作方面有实质性的项目，在引进、培养人才方面卓有成效。

（梁　萍、杨　滨）

【科研工作】 2003年，实验室实到科研经费722.94万元，其中纵向经费692.05万元，横向经费30.89万元。承担和完成科研项目35项，其中新增项目5项。获得奖励5项，专利7项，发表论文53篇，其中有21篇被SCI收录，24篇被EI收录，5篇被ISTP收录。

（梁　萍）

【人才培养】 实验室在培养高级科技人才的同时，十分注重培养优秀青年科技骨干。2003年惠希东教授获得“跨世纪人才”奖和“茅以升”奖，高学绪获得“科技新星A－人才培养”奖，王红缨、乔祎获北京市“优秀工程师”奖。

（梁　萍）

【对外交流】 按照国家重点实验室开放、联合与流动的方针，实验室利用设备及技术上的优势，实行对外开放，积极吸收国内外人员作为访问学者来室工作；同时，通过主办国际性的会议，邀请国外知名教授来本室讲学,或派研究人员到国外参加国际会议、考察、短期合作研究等方式,加强与国际材料科学领域的学术交流与合作。实验室同时注重与国内外企业的合作,承担国内外企业、学校和科研单位的材料科学研究、性能测试、检验及分析等技术服务与咨询工作。

2003 年 10 月 5~8 日,第五届有序金属间化合物及先进金属材料国际研讨会在中国成都举行。会议由北京科技大学新金属材料国家重点实验室和先进高温结构材料国家重点实验室联合举办。与会国外代表 30 人,国内代表 80 人。研讨会的目的是提供一个国际论坛讨论功能和结构有序金属间化合物的理论模拟、物理性能、室温和高温变形和断裂、材料制备、组织控制、环境脆性和工业应用,是该领域高规格的国际研讨会。会议的举行将进一步提升北京科技大学新金属材料国家重点实验室的知名度,加强学校的国际交流与合作。

(梁　萍)

附　录

新金属材料国家重点实验室 2003 年获奖情况

获奖项目名称	获 奖 人	获 奖 名 称	获奖级别	授奖单位/组织
	陈国良	2003 年全国优秀博士学位论文指导教师		教育部国务院学位委员会
高熔点高合金化材料快速凝固气雾化制备技术	石力开　熊柏青 张济山　杨　滨 等	有色金属总公司科技进步	一等奖	有色金属总公司
博士论文	边　赞	2003 年全国百篇优秀博士论文		教育部国务院学位委员会
	惠希东	教育部跨世纪优秀人才培养计划		
	惠希东	茅以升科学技术奖——北京青年科技奖		

新金属材料国家重点实验室 2003 年新增课题

课题名称	课题来源	经费(万元)	课题负责人
大直径、高性能稀土超磁致伸缩材料研制	国防科工委民口配套项目	50	高学绪等
稀土超磁致伸缩材料研制	中科院声学所	11	张茂才　高学绪等
大块非晶喷射成形的制备及形成机理	北京市自然科学基金	13	杨　滨
钒系固溶体贮氢合金氢化性能优化方法及机理研究	北京市自然科学基金	13	宋西平
激光表面纳米涂层研究	教育部留学人员启动基金	2.5	周香林

新金属材料国家重点实验室 2003 年授权专利统计

专 利 号	专 利 名 称	专 利 人
ZL 00 1 09469.6	一种原位合金化与反应颗粒增强金属基复合材料制备方法	张济山　黄赞军　杨　滨
ZL 00 1 21016.5	一种环状大块非晶零件射流离心转模制造工艺及设备	何　国
ZL 01 1 34451.2	一种确定材料微区塑性力学状态方程的方法	王艳丽

续表

专利号	专 利 名 称	专利人
ZL 01 1 36482.3	一种制备高比重 Zr-W 基大块非晶合金的方法及制备	惠希东
ZL 01 1 41980.6	一种制备碳化物颗粒复合强化高温耐热钢方法及制备	惠希东
ZL 01 1 34630.2	一种高铌 TiAl 合金大尺寸饼材制备方法	林均品
ZL 01 1 34629.9	一种高温高性能高铌钛铝合金	林均品

（梁 萍）

高效轧制国家工程研究中心

【概况】 高效轧制国家工程研究中心的主要研究和开发方向是轧钢工艺、自动化控制及轧钢设备等三方面的应用技术和装备，已经形成的成熟技术有：

1. 轧钢工艺方面：①中厚板轧后快冷技术，采用国际上先进的高密度管层流冷却装置，改进中厚板生产中利用控制轧制控制冷却工艺生产专用钢板，并提高钢板的机械性能。②棒材生产的控轧控冷技术，通过特殊设计的冷却器实现机架间和机组间轧件的温度控制轧制，提高棒材强度与韧性。③冷轧、热轧、中厚板板形控制技术，包括：轧辊辊型的设计与优化；带钢板形在线检测、信号识别和板形评价；板形控制策略和预设定、前馈、反馈数学模型。④液压 AGC 技术，采用高性能的液压 APC、AGC 控制系统，具有响应速度快、控制精度高的优点，正在取代电动 AGC 成为当今新建轧机和欲改造轧机的首选技术。⑤双机架可逆式冷轧窄带轧机成套装备与技术，该技术根据轧制带钢的材质、规格和生产工艺条件选择不同的轧制道次，使轧机能在较大的范围内灵活适应带钢材质、规格和卷重的变化，产品精度高，可开发精密带钢和有色金属箔带。⑥热轧中宽带钢生产成套设备及工艺技术，在工艺和设备上向宽带钢靠拢，是国内大量窄带钢改造的方向，带钢的表面质量、性能明显改善，卷重增加，效益较高。⑦基于图像处理的表面质量在线检测系统，该系统用 CCD 摄像头采集生产线上产品的表面图像，通过图像处理和模式识别算法对图像进行实时的分析和处理，以检测产品的表面是否存在着缺陷，并且获取缺陷的尺寸、部位、类型、等级等信息，从而达到在线评估和控制产品表面质量的目的。⑧钢材品种开发与性能优化技术，包括：深冲汽车板系列（IF 钢、BH 钢、高强钢等等）、管线钢系统（X65、X70 等）、造船板、工程机械用钢等等。⑨有限元模拟在冶金行业中的应用，采用在通用有限元软件 ANSYS，体积成型与热处理分析有限元软件 DEFORM 和薄板成型分析软件 DYNAFORM 上进行二次开发的方法，使新产品开发和现有工艺的改进建立在更科学、更可靠的基础上。

2. 轧钢自动化控制方面：①带钢热连轧计算机控制系统，能够提供从 L0 到 L3 的全套带钢热连轧计算机系统，并完成从系统设计、软件设计、编程调试、现场服务、到开工投产的全过程。②轧机数字化传动系统，主要针对工业企业中交直流电动机的传动电气系统改造工程，可根据企业的现状及实际工艺要求灵活地制定改造形式，提供现有的成熟方案。③冶金企业生产管理系统，该系统为了提高企业的管理水平，利用先进的管理理念来协调企业内部的物流和管理，以及企业与市场之间的关系而开发的。

3. 轧钢成套设备方面：①棒线材轧机改造技术，主要是针对我国众多落后的老式复二重线材轧机而开发的，采用 GYF 型短应力线轧机，使产品尺寸精度、成材率、作业率都有明显提高，同时在成品机械性能方面也有较大改善,采用穿水、散卷冷却工艺。②新型高刚度棒材轧机生产线,采用平立交替的高刚度轧机实现连轧或半连轧,并且企业可根据自己的财力,采用不同的轧机配置,配以直流电机单独驱动,全数字 PLC 控制,进一步实现老车间的装备现代化,在工艺上可以采用控轧控冷技术、轧后穿水冷却技术、三或四切分技术,整体技术水平为国内领先。

2003 年,中心设有 7 个部和 1 个实验室:工艺部、自动化部、传动部、设备部、市场部、行政部、财务部、中心实验室。共有人员 44 名,其中教授 6 名,博士生导师 3 名,副教授及高级职称 11 名,中级职称 10 名,另外特聘专家 5 名,其中中国工程院院士 2 名。拥有仪器设备 252 台套,价值 3 445 万元。

(米振莉)

【科研活动】 2003 年,中心承担和完成的科研项目有 16 项,科研经费达 4 609.4 万元,其中纵向经费 23 万元,横向经费 4 586.4万元。国家自然科学基金项目 1 项,横向协作课题 15 项。年内中心在国内外学术期刊上发表论文 30 篇,其中国外重要学术期刊论文 5 篇,国内重要期刊论文 25 篇,会议论文 10 篇。

(米振莉)

附 录

高效轧制国家工程研究中心 2003 年科研项目统计表

序号	性质	项目名称	年度	合同额(万元)
1	厂协	新抚钢 650/430 轧机改造	2003	228.90
2	厂协	浙江衢州棒材改造项目	2003	35.00
3	厂协	宣化轧钢厂设计改造	2003	72.00
4	厂协	济钢一小型车间控冷改造(埃德尔)	2003	435.00
5	厂协	新余厚板厂控轧控冷工程	2003	637.00
6	厂协	河南安阳控轧线改造	2003	59.80
7	厂协	石家庄应用软件项目	2003	10.00
8	厂协	酒泉超细晶 400MPA 项目	2003	10.00
9	厂协	石家庄棒材控轧开发	2003	63.50
10	厂协	济钢方坯定重软硬件	2003	33.70
11	厂协	唐钢薄板厂 2.1 级计算机	2003	188.00
12	厂协	莱钢热轧带钢计算机控制系统	2003	1 658.50
13	厂协	长治 60 万吨 H 型钢传动控制系统	2003	640.00
14	厂协	鞍钢 2150 自动化控制系统	2003	450.00
15	厂协	鞍钢 2150 板形控制系统	2003	65.00
16	国家	热轧过程金属组织演变轧制数学模型	2003	23.00
累计				4 609.40

(米振莉)

固体电解质冶金测试技术国家专业实验室

【概况】 2003 年,固体电解质冶金测试技术国家专业实验室拥有 8 万元以上设备 14 台(套),如注射成型机、磁控溅射仪、热压炉、热分析仪、表面性质分析仪、电化学工作站、热膨胀仪、冷等静压机,高温 X 射线仪,多功能热分析仪等,已具备开展诸如高能锂离子电池、燃料电池、薄膜传感器、氧化物－非氧化物复合陶瓷、陶瓷注射成型等较高水平的研究能力。实验室面积900平方米，有专职人员18人，兼职人员11人。主要以各种高性能功能梯度材料、半导体材料、层状材料、能源与信息材料、燃料电池与锂离子电池电极材料、电解质材料、热电薄膜材料、气敏材料及传感器、高温超导材料、高温陶瓷、耐火材料、超硬材料、发光材料、纳米材料、无机抗菌材料、结构功能一体化材料等为对象，研究无机材料高效、低成本制粉、成形、烧结与可加工技术，开发各种新型无机材料器件及成套技术。主要从事的研究工作和研究领域为先进陶瓷材料与技术、无机非金属功能材料、高温结构无机材料等。

（赵海雷）

【实验室调整及恢复】 由于国家部委的调整，以及国家冶金部和冶金局的相继取消，固体电解质冶金测试技术国家专业实验室自2001年失去了挂靠单位，实验室的各项工作受到了很大的影响。为了解决实验室挂靠单位的问题，使实验室得到更好的发展，2003年下半年实验室积极组织撰写1999～2003年各年的年度报告，重新组织实验室的学术委员会，为2004年申报挂靠单位做了相应准备。

1998～2001年由于北京科技大学科技楼的兴建，固体电解质冶金测试技术国家专业实验室经历了搬迁和回迁工作。在搬迁过程中，许多设备由于风吹雨淋而遭受损坏，2001年回迁科技楼后，大部分设备已处于瘫痪状态，不能运转。2002年北京科技大学设备管理处和北京科技大学材料科学与工程学院共同投资20万元人民币，对实验室进行了恢复工作，包括设备维修及实验室内部的装修。2003年主要进行了各种设备的维修和操作规程的制定等工作，目前实验室所属设备90%已运转正常。

（赵海雷）

【科研活动】 2003年，实验室承担各类科研项目65项，其中国家“863”计划8项，国家自然科学基金重点项目2项，国家自然科学基金项目21项，教育部留学回国基金2项，教育部博士点基金3项，教育部霍英东基金1项，教育部科学技术重点项目1项，科技部项目1项，北京市科技新型项目1项，国家重点实验室项目1项，北京科技大学校基金项目2项。厂校协作课题22项。在国内外学术期刊上发表论文174篇，获教育部提名国家科学技术自然科学奖1项，中国钢铁协会科技进步二等奖2项，北京市科技进步二等奖1项，辽宁省科技进步一等奖1项，河南省科技进步二等奖1项。申报专利16项，授权专利1项。

（赵海雷）

【对外交流】 实验室按照国家重点实验室开放、联合与交流的方针，利用设备及技术上的优势，实行对外开放，加强与国际材料科学领域的学术交流与合作。同时承担国内外高校、科研单位和企业的科学研究、性能测试、检验及分析等技术服务与咨询工作。2003年参加国际学术会议8人次，作为分会场主席主持国际学术会议4人次。邀请国外专家来华讲学3人次。参加国内学术会议14人次。同时与加拿大英属哥伦比亚大学、英国里兹大学、葡萄牙阿维罗尔大学、日本大阪大学、日本冈山陶瓷研究所、俄罗斯科学院结构宏观动力学所、奥地利研究中心、日本东北大学等建有长期合作关系。

（赵海雷）

附　录

固体电解质冶金测试技术国家专业实验室2003年承担的主要科研项目

序号	项目名称	项目来源	负责人	03年经费（万元）
1	材料断裂与环境断裂的微观动力学研究	教育部博士点基金	张　跃	1.30
2	Ca系β′-Sialon陶瓷纳米力学特性及磨损微观机理	国家自然科学基金	张　跃	6.60

续表

序号	项目名称	项目来源	负责人	03年经费(万元)
3	多重铁性材料中不同尺度非均匀与耦合效应的关系	国家自然科学重点基金	张　跃	16.00
4	刚玉－氮化硅复合耐火材料的研制	厂协	孙加林	16.00
5	高炉新型炮泥生产与使用技术	厂协	孙加林	3.00
6	高炉铁沟浇注料的研究	厂协	孙加林	5.00
7	金属燃烧反应法合成氮氧化物和金属结合制品机理	国家自然科学基金	孙加林	6.00
8	双固体电解质气体传感器若干理论和实践问题的研究(50272009)	国家自然科学基金	李福燊	8.40
9	接界电位和组元活度对双固体电解质气体传感器应用的影响(20020008003)	教育部博士点基金	李福燊	3.00
10	以熔渣为介质的无污染脱氧过程的基础研究(50274008)	国家自然科学基金	周国治	10.40
11	纳米氮化硼合成应用中的物理化学问题	国家自然科学基金	徐晓伟	8.80
12	用纳米氮化硼合成立方氮化硼单晶和聚晶的研究	国家重点实验室项目	徐晓伟	1.50
13	B系高温超导体材料成分等分析研究	厂协	徐晓伟	2.00
14	推力复合壁抗高温隔热涂层功能梯度材料研究	国家“863”计划项目	葛昌纯	15.00
15	选区激光烧结快速成型介观 alpha-Sialon 陶瓷转子	国家自然科学基金	李江涛	6.00
16	alpha-Sialon/Ti_3SiC_2 层状材料织构控制及抗损伤行为研究	教育部霍英东基金	李江涛	1万美金
17	三维光子晶体的制备研究	北科大校基金	曹文斌	2.00
18	三维网状热电致冷梯度材料的基础研究	国家自然科学基金	徐桂英	5.70
19	具有量子效应的纳米多孔热电材料的研究	国家“863”计划项目	徐桂英	21.00
20	Sialon 连续制备技术(2002AA334080)	国家863计划项目	徐利华	47.00
21	含碳耐火原料胶态成型工艺(50172008)	国家自然科学基金	徐利华	6.00
22	大宗固体废弃物合成绿色无机材料(03020)	教育部科学技术重点项目	徐利华	10.00
23	首钢技术中心课题:侵蚀滑板测试分析	厂协	徐利华	0.50
24	二次锂离子电池正极材料的研究(广西大学)	厂协	仇卫华	2.00
25	锂离子电池组装技术的研究(当升)	厂协	仇卫华	2.40
26	二次锂离子电池复合阴离子正极材料的研究	国家自然科学基金	赵海雷	8.40
27	包覆 B4C 强化 Mullite 复合材料力学性能及显微结构的研究	教育部留学回国基金	赵海雷	4.00
28	高品质氮化硅和碳氮化钛超细粉的低成本制备技术	国家“863”计划项目	葛昌纯	15.00
29	梯度金属陶瓷	厂协	葛昌纯	10.00
30	稀土合金化作用和优化控制模型	国家自然科学基金	林　勤	10.00
31	高强度结构钢超细晶化过程数学模型的建立	厂协	林　勤	4.00

续表

序号	项目名称	项目来源	负责人	03年经费(万元)
32	应用离子注入法对铁矿物微观还原机理研究	国家自然科学基金	郭兴敏	9.60
33	莱钢高品位低氧化硅烧结矿烧结方法研究	厂协	郭兴敏	5.00
34	热模拟试验碳管炉的设计优化	厂协	李联生	5.50
35	竖炉球团配矿及降低膨润土用量研究	厂协	李联生	6.00
36	利用含锌废钢生产环保型易切削钢的应用	国家自然科学基金	李联生	4.40
37	新型易切削钢研究开发	厂协	李联生	5.00
38	Y20RE及Y45CaSTi新易切削钢研究	厂协	李联生	6.50
39	多元复合矿冶金炉渣清洁分离技术与理论	厂协	方克明	4.00
40	过冷态合金表面张力实验测定	厂协	乔芝郁	6.00
41	Ni_3Sb和Ti_3Al非整比金属间化合物结构缺陷	国家自然科学基金	乔芝郁	3.50
42	FE-CU-M(NI,CO)过冷态合金表面张力	厂协	乔芝郁	1.20
43	高性能锂离子电池正极材料制备产业化研究	厂协	乔芝郁	10.00
44	高洁净钢中稀土和共存残余	国家自然科学基金	王福明	7.20
45	稀土元素在洁净耐侯钢中的作用研究	厂协	王福明	3.00
46	钛阿隆及其与纳米刚玉复合材料研究	国家自然科学基金	李文超	9.20
47	多元复合矿冶金炉渣清洁分离技术与理论	国家自然科学重点基金	王习东	10.80
48	钢包喷补材料及喷补过程物理化学基础研究	国家自然科学基金	王习东	6.30
49	体视化的智能相图系统及其在湿敏陶瓷材料中的应用	国家"863"计划项目	王习东	10.00
50	首钢高炉高比例生矿冶金性能研究	厂协	王习东	15.00
51	钢铁冶金CO气体燃料电池	国家自然科学基金	王新东	6.30
52	LiNiCoO正极材料的研究	国家"863"计划项目	李建玲	8.00
53	纳米电催化材料的制备机理及其应用研究	国家自然科学基金	王新东	10.40
54	甲醇电氧化多尺度纳米催化剂的一体化制备及性能研究	国家"863"计划项目	王新东	41.00
55	稀土化合物物性数据库	科技部	邢献然	3.00
56	稀土复合氧化物零膨胀负热膨胀	国家自然科学基金	邢献然	7.80
57	若干铅加杂酸基陶瓷的热膨胀性	国家自然科学基金	邢献然	4.50
58	零膨胀及负热膨胀稀土复合氧化物	厂协	邢献然	1.30
59	锆钛酸铅压电传感器材料研究	教育部留学回国基金	张　梅	3.00
60	利用天然原料研制高性能非氧化物冶金耐火原材料	厂协	张　梅	10.00
61	阿隆材料物理化学	国家自然科学基金	李文超	13.80
62	局部互溶多元熔体物理化学性质的计算	教育部博士点基金	周国治	3.50
63	微波光子晶体制备	北京市科技新型	曹文斌	9.00
64	纳米金属颗粒分散氧化物非线性光学AU/SiO薄膜的制备与显微结构研究	北科大校基金	张波萍	2.00
65	新型介电薄膜材料的制备与应用	国家"863"计划项目	张波萍	16.00

固体电解质冶金测试技术国家专业实验室2003年出版专著

序号	作者	专著、译著、教材	著作名称	出版社名称	字数(万字)	出版日期
1	李福燊	教材	固体电解质及其应用(英文)	北京科技大学教材科	16	2003.1
2	徐利华 连　芳	教材	工业废弃物的再循环利用与热工技术	北京科技大学教材科	15	2003.7
3	张　跃	专著	纳米线与纳米带:材料,性能与器件(第二卷,第八章)	美国 Kluwer Acknowledge	5	2003.10
4	徐利华	教材	工业废弃物的再循环利用与热工技术	北京科技大学教材科	18	2003.7
5	洪彦若 孙加林	专著	非氧化物耐火材料	冶金工业出版社	15	2002.12

固体电解质冶金测试技术国家专业实验室2003年科研获奖

序号	项目名称	获奖名称	获奖等级	获奖人与排名	授奖单位	日期
1	材料微观和纳观机理的表征方法、理论及试验	教育部提名国家科学技术奖自然科学奖	一等奖	张　跃(1)	教育部	2003
2	新型非氧化物耐火材料的设计、合成与应用研究	冶金科学技术奖	省部级二等奖	孙加林(1)	中国钢铁协会	2002.12
3	Al_2O_3-SiO_2-Si结合刚玉砖	河南省科技进步奖	省部级二等奖	孙加林(1)	河南省	2002.12
4	镁质整体出钢口耐火材料	辽宁省科技进步奖	省部级二等奖	孙加林(2)	辽宁省	2003.8
5	新型非氧化物耐火材料的设计、合成与应用研究	冶金科学技术奖	二等奖	王福明(4)	中国钢铁协会	2002.12
6	新型耐火材料中的理论与应用研究	科学技术奖	二等奖	王福明(3)	北京市	2002.12

固体电解质冶金测试技术国家专业实验室2003年申请及授权专利

序号	项目名称	专利号	授权日	申请日	申请权人	设计人
1	一种纳米级多层陶瓷电容器介电材料的制备方法	02117624.8	2003.7		纪　箴	纪　箴
2	一种非接触式金属元素碳热熔融还原方法	03121189.5		2003.3.27	郭兴敏	郭兴敏
3	一种含锡易切削钢	03119632.2		2003.3.18	李联生	李联生
4	一种钙硫锡系复合易切削钢	03136921.9		2003.6.2	李联生	李联生
5	一种用稀土氧化物处理钢水的方法	03153638.7		2003.8.19	李联生	李联生
6	一种冶金化学分析用的金属试样制样器	03264336.5		2003.6.19	李联生	李联生
7	一种钙稀土锡系复合易切削钢	03136920.0		2003.6.2	朱　荣	李联生
8	一种钙硫镁系易切削钢	02153023.8		2002.11.29	朱　荣	李联生
9	一种钙硫钛系易切削钢	02153020.3		2002.11.29	董　杰	李联生
10	一种稀土系易切削钢	02153021.1		2002.11.29	董　杰	李联生

续表

序号	项目名称	专利号	授权日	申请日	申请权人	设计人
11	一种回磷易切削钢	02153022.X		2002.11.29	董　杰	李联生
12	一种利用蜂窝陶瓷净化烟气中二氧化硫的工艺方法	03109740.5		2003.4.14	李福新	李福新
13	一种用三氟化硼乙醚荷氮化锂合成氮化硼的方法	200310101016422		2003.10	徐晓伟	徐晓伟
14	一种利用工业烟气湿式固碳法生产微细碳酸钙的方法	03153652.2		2003	徐利华	徐利华
15	一种含碳耐火材料的胶态成型制备方法	03157041.0		2003	徐利华	徐利华
16	一种采用微波法制备 $LiFePO_4$ 材料的方法	200310121453.1		2003.12	仇卫华	仇卫华
17	一种纳米金属颗粒分散氧化物光学薄膜制备方法	03156142.X		2003.9	张波萍	张波萍

（赵海雷）

教育部金属电子信息材料工程研究中心

【概况】 2003年，教育部金属电子信息材料工程研究中心下设粉末冶金事业部、高技术薄膜材料事业部、微电子辅助材料事业部、功能材料事业部(其中功能材料事业部正在建设之中)，另设有办公财务部和投资发展部；工作人员31人。

（张　颖）

【粉末冶金事业部】 粉末冶金事业部现有教授2人，副教授和讲师3人，其他固定研究和工程技术人员9人，有博士和硕士研究生21人。

该事业部拥有较为先进的专用仪器设备。设备原值近300万元，其中10万元以上设备10台套，如永磁材料测量系统、磁滞回线仪、磁场注射机、粉末冶金注射机、转矩流变仪、高效混炼挤出造粒机、热等静压烧结炉等。

事业部主要业务范围是高技术新材料的研究、开发与生产，新材料制备与加工设备的制造，新型电子信息元器件的开发与制造，计算机控制系统集成、机电一体化技术开发，铁基合金、不锈钢、高比重合金、硬质合金、磁性材料、金属陶瓷、高温合金、难熔合金、低合金钢、钛合金等产品的生产与销售。产品广泛应用于医疗器械、电子通讯、办公机械、仪器仪表、纺织机械、食品饮料机械、计算机工程、汽车工业、机械武器、体育娱乐器械等领域。

近期重点研究与产业开发方向有：①近终形粘结磁体的研究及各向异性NdFeB磁粉中试；②钴基合金活塞环；③Ni基合金多孔材料制备工艺及控制技术；④钨基及不锈钢零件注射成形；⑤粉末注射成形技术研究开发平台建设和喂料生产。

（张　颖）

【高技术薄膜材料事业部】 高技术薄膜材料事业部现有教授2人，副教授2人，讲师1人，技术人员2人，在读博士生6人。

该事业部拥有包括100kW直流电弧等离子体喷射、10kW直流扩展电弧等离子体、5kW微波等离子体化学气相薄膜沉积系统等多种金刚石薄膜制备设备，拥有大型对靶磁控溅射仪、电子束真空蒸镀仪等常规薄膜材料制备手段。固定资产总价值约200万元。主要业务目前集中于以金刚石厚膜、薄膜为主的各种高技术薄膜材料、各种硬质涂层材料与技术、各种非常规的等离子体化学沉积设备等。

近期重点研究和产业开发方向有:①大面积金刚石光学窗口材料;②金刚石薄膜光学涂层;③金刚石薄膜声表面波器件涂层;④工具金刚石涂层;⑤类金刚石硬质防护涂层;⑥TiN类硬质涂层;⑦金刚石薄膜化学气相沉积设备开发等。

(张 颖)

【微电子辅助材料事业部】 微电子辅助材料事业部现有教授2人,副教授2人,讲师1人,技术人员2人,在读博士生和硕士生20人。

该事业部具有较完备的材料制备和组织性能检测的设备,其中10万元以上设备2台套:100kg真空熔炼下拉式连续定向凝固设备、50kg下拉式连续定向凝固设备,并有完整的一套拉丝设备,能生产各种规格的贵金属高性能丝材。主要业务目前集中在微电子超细丝材的研究、开发与生产,高性能铜及铜合金线材制备与加工成套设备的制造,铜超细丝材的成套设备的加工与制造,铝合金超细丝材的成套设备的加工与制造,新型集成电路用键合线的开发。产品主要有:100μm、75μm、50μm、32μm和25μmAl-Si合金集成电路用键合丝,0.08mm高强高导铜导线,单晶、纳米纤维晶等各种规格的高性能铜线材。广泛应用于电线电缆、集成电路、仪器仪表、纺织机械、汽车工业、航空航天、高级音响等领域。

近期重点研究与产业开发方向有:①航空航天用特种电线电缆;②微合金化高性能无氧铜杆;③20μmAl-Si合金集成电路用键合丝;④18-20μm高性能金丝等。

(张 颖)

【科学研究】 2003年教育部金属电子信息材料工程研究中心共承担各类项目11项,总经费610万元。当年完成6项,经费347万元。

(张 颖)

附 录

教育部金属电子信息材料工程研究中心2003年科技开发项目

项目名称	项目来源	经费(万元)	项目负责人	起止年限
高性能金属超细丝材制备技术的开发及应用	国家"863"计划项目	175.0	王自东	2002.7~2005.6
微波功率器件梯度热沉材料研究	信息产业部第十三研究所	80.0	曲选辉 谢建新	2001.1~2003.12
近终形粘结磁体的研究及各向异性NdFeB磁粉中试	北京市科学技术委员会	180.0	曲选辉	2001.10~2003.6
钴基合金活塞环材料	重庆长安公司特种机械厂	15.0	果世驹 曲选辉	2002~2003
Ni基合金多孔材料制备工艺及控制技术的研究	安泰科技股份有限公司	12.0	曲选辉	2002.9~2003.9
粉末注射成形技术研究开发平台建设和喂料生产	北京市重点技术创新项目	60.0	曲选辉	2003.05~2005.12
采用注射成形技术研制钨基及不锈钢零件	江苏海安鹰球集团公司	40.0	郭志猛	2002.7~2003.8
化学气相沉积金刚石和类金刚石涂层和沉积设备及技术	北京长城钛金公司	20.0	吕反修	2002.3~2003.3
高性能无氧铜杆的开发	宜兴市诚峰铜线材有限公司		王自东	2003.3~2005.6
高性能金属超细材料制备技术的开发及应用	北京科技大学	28.0	谢建新 王自东	2002.9~2005.8
航空航天用特种电缆的开发与应用	天津609厂		王自东	2003.4~2004.6

(张 颖)

环境断裂教育部重点实验室

【概况】 2003年环境断裂教育部重点实验室有固定人员20名,其中:中国科学院院士1名;教授9名,副教授11名;博士生导师8名;其他研究和工程技术人员2名;有长江计划特聘教授1名;国家杰出青年基金获得者2名;跨世纪优秀人才2名;北京市科技新星3名。

实验室拥有原子力显微镜、高分辨率电镜、透射电镜、俄歇电子能谱仪、场离子显微镜、微摩擦磨损测试系统、纳米力学探针仪等较为先进的仪器设备140台套,设备价值达1 900万元,其中30万元以上设备18台套。

2002年,环境断裂教育部重点实验室再次通过教育部专家组评估,评估结果为良好。根据评审专家组意见,实验室对研究方向进行了适当的调整,在保留原有优势研究方向基础上,积极开拓新的研究领域。调整后的研究领域涉及材料学、材料物理与化学和凝聚态物理。实验室下设环境断裂,腐蚀控制系统工程,电化学工程与材料,环境损伤评估与控制,晶体缺陷与新一代结构材料,材料的表面与界面,纳米材料与技术,相结构与电子显微学8个研究室。主要研究方向包括:材料环境失效的表征和评价,断裂和环境断裂机理,功能材料的失效机理,材料的损伤和修复,新钢种的研制和开发,材料的电化学制备与成型,先进表面技术,一维纳米线与纳米带材料及器件,功能薄膜材料与纳米介电陶瓷材料及器件,磁记录材料的研制和开发,耐磨润滑薄膜的制备。

(乔利杰)

【科研活动】 2003年,环境断裂教育部重点实验室在研项目有:国家"863"项目5项,"973"项目5项,国家杰出青年基金1项,国家自然基金重点项目2项、面上项目11项,中港联合基金1项,省部级项目17项,军工项目2项,厂协项目23项。在国内外学术期刊上发表论文96篇,其中被SCI收录62篇。获教育部自然科学二等奖1项。

(乔利杰)

【人才培养】 2003年,环境断裂教育部重点实验室在读研究生42名,其中硕士研究生30名,博士研究生12名。毕业硕士研究生9名,博士研究生4名,3名博士后出站。2003年实验室成员中1人获得国家杰出青年基金,1人获得北京市科技新星计划资助,1人晋升为教授,1人晋升为副教授。

(乔利杰)

【对外交流】 实验室利用设备和技术上的优势,采取多种开放方式,实行对外开放,加强和国内外材料领域的学术交流与合作。同时承担国内外高校、科研单位和企业的科学研究,性能测试、检验及分析等技术服务与咨询工作。2003年实验室共有2名年轻教师在国外知名高校或科研单位访问或工作,8人次参加国际会议,5人次在国内大会上作大会报告,邀请国外专家讲学5次。

(乔利杰)

附　录

环境断裂教育部重点实验室2003年在研项目

序号	项目名称	类别	负责人
1	低成本高性能超细组织微合金结构研究	国家"863"项目	尚成嘉
2	巨磁阻材料及其在高灵敏度磁传感器中的应用技术开发	国家"863"项目	于广华

续表

序号	项 目 名 称	类 别	负责人
3	抗CO_2-H_2S腐蚀与应力腐蚀13Cr型低成本油井管的研制和开发	国家"863"项目	路民旭 宿彦京
4	纳米涂层技术在次氯酸钠消毒液制备中的应用	国家"863"项目	孙冬柏
5	高耐蚀耐磨非晶纳米晶复合涂层材料及制备技术	国家"863"项目	孙冬柏
6	材料损伤演化的计算机模拟	国家"973"项目	褚武扬
7	复杂条件下材料性能与表征	国家"973"项目	乔利杰
8	材料的环境行为与失效机理	国家"973"项目	李晓刚
9	材料环境失效的寿命预测	国家"973"项目	路民旭
10	新一代超级钢基础研究	国家"973"项目	贺信莱
11	纳米结构陶瓷与性能	国家杰出青年基金	张 跃
12	多重铁性材料中不同尺度非均匀性与耦合效应的关联	国家基金重点项目	张 跃
13	金属材料在高温高压多相介质中的腐蚀	国家基金重点项目	路民旭 高克玮
14	腐蚀过程引起的内应力在腐蚀中的作用	国家基金面上项目	褚武扬
15	应力腐蚀的原子尺度研究	国家基金面上项目	褚武扬
16	块状非晶断裂与环境的微观研究	国家基金面上项目	李金许
17	半导体带状纳米氧化物的力学性能研究	国家基金面上项目	乔利杰
18	钝化膜强度、结合力与应力腐蚀敏感性的关系	国家基金面上项目	乔利杰
19	控制界面微结构,提高多层膜材料多层膜磁性的研究	国家基金面上项目	于广华
20	垂直磁化薄膜材料中晶粒间磁相互作用研究	国家基金面上项目	杨 涛
21	多重铁性材料中不同尺度非均匀性与耦合效应的关联	国家基金面上项目	张 跃
22	Ca系α′-Sialon陶瓷纳米力学特性及磨损微观机理	国家基金面上项目	张 跃
23	材料自然环境腐蚀数据网上共享及相关材料的制订	国家基金面上项目	李晓刚
24	空化场中纳米镍基合金材料高速	国家基金面上项目	孙冬柏
25	材料断裂与环境断裂微观动力学研究	教育部基金	张 跃
26	信息材料金属磁性多层膜的界面研究	教育部基金	于广华
27	空化场中镍基合金纳米线的电化	教育部基金	孙冬柏
28	环境断裂机理	北京市基金	高克玮
29	表面纳米测试关键技术研究	北京市重大项目	乔利杰
30	环境对材料力学性能的影响	北京市基金	宿彦京
31	高磁各向异性合金FePt在高密度垂直磁记录介质中的应用	北京市基金	杨 涛
32	巨磁电阻器件的热稳定性	北京市基金	于广华
33	铁电陶瓷在电场力和化学环境下的失效行为研究	中港联合基金	肖纪美
34	超低硫柴油生产工艺的开发	其他省部级	李晓刚
35	城市埋地管道阴极保护系统的检测技术研究	其他省部级	李晓刚
36	炼油过程中腐蚀与流速流态关系研究	其他省部级	李晓刚
37	盐碱土环境下储运系统腐蚀防护监测智能化	其他省部级	李晓刚
38	等离子喷涂功能梯度涂层研究	其他省部级	孙冬柏
39	新型耐腐蚀不锈钢-碳钢复合管	其他省部级	李晓刚
40	含CO_2湿气管线缓蚀剂开发与应用	其他省部级	路民旭
41	凝汽器铜管腐蚀裂纹产生机理	厂协	高克玮
42	腐蚀裂纹产生的原因及应对措施	厂协	高克玮
43	输气管道的外部应力腐蚀控制研究	厂协	高克玮
44	含Nb高强度钢组织细化工艺研究	厂协	贺信莱

续表

序号	项目名称	类别	负责人
45	引进超级钢生产技术开发新一代低合金高强度钢	厂协	贺信莱
46	氢脆研究	厂协	乔利杰
47	应力腐蚀试验	厂协	乔利杰
48	微量 Nb.B 应变诱导析出及其对中温相变组织影响期	厂协	尚成嘉
49	半球镀膜行星旋转机构研制	军工	王燕斌
50	氮化铝镀膜工艺研究	军工	杨会生
51	两类焊接工艺的稳定性评估	厂协	朱逢吾
52	不锈钢碳素钢复合管自然环境腐蚀试验与寿命	厂协	李晓刚
53	地铁国贸站冷却及冷冻系统管道防腐效果评价分析	厂协	李晓刚
54	加热炉综合热效率测试评估系统编制	厂协	李晓刚
55	镍基合金在连多硫酸溶液中应力腐蚀研究	厂协	李晓刚
56	油套管和水泥在 H_2S 环境下腐蚀破坏实验	厂协	李晓刚
57	不锈钢和钛材在含镍醋酸体系腐蚀机理研究	厂协	李晓刚
58	B225-1/25-1S 油田二汽化硫腐蚀问题模拟实验及计算	厂协	路民旭
59	CO_2 腐蚀速率室内模拟实验研究	厂协	路民旭
60	中海海底管道安全评估技术研究	厂协	路民旭
61	东海防腐蚀实验分析和防腐蚀措施优选	厂协	路民旭
62	不锈钢和钛材在含镍醋酸体系腐蚀机理研究	厂协	李晓刚
63	钢材宏观断口检验技术的开发应用	厂协	李晓刚
64	陕京输气管线两点抢险补强	厂协	路民旭
65	车轮钢氢行为和断裂韧性研究	厂协	褚武扬
66	550MPa 级易焊接舰船用钢的研制	武钢	贺信莱
67	循环水系统氯离子腐蚀研究	中石化	乔利杰

（乔利杰）

北京市先进粉末冶金材料与技术重点实验室

【概况】 2003 年，北京市先进粉末冶金材料与技术重点实验室共有教师和研究人员 22 人，其中教授 6 人（含博士生导师 5 人）。实验室的主要学术骨干均有在国外留学和工作的经历，并继续与美国、英国、日本、俄罗斯、加拿大、奥地利、法国、瑞典、德国等国家以及香港、台湾地区的学校、科研机构和企业保持紧密的合作关系，国际学术交流活动频繁。

目前，实验室下设 4 个研究室：

1. 纳米粉体及材料研究室。研究方向：超细和纳米粉体制备技术；机械合金化技术；雾化制粉技术；纳米硬质合金；钨基高比重合金；难熔金属与合金。

2. 反应合成技术与复合材料研究室。研究方向：自蔓延高温合成技术、陶瓷/钢复合管制造技术、核废料处理技术、粉末冶金多孔材料、粉末冶金层状与梯度结构材料、高导热 AlN 陶瓷及 AlN-BN 复合陶瓷、耐热及抗氧化涂层粉末与涂层技术。

3. 先进成形与烧结技术研究室。研究方向：粉末注射成形技术、温压成形技术、粉末挤压成形技术、等静压成形技术、胶态成形技术、增分熔融凝固加工成形技术、等离子电火花烧结技术、粉末冶金材料设计与工艺过程模拟、铁基粉末冶金零件。

4. 功能材料研究室。研究方向:磁性材料、磁温度补偿合金、电工合金、电子封装材料与零件、特种电池材料、光电信息材料。

粉末冶金是一门制取金属、非金属和化合物粉末,以及用这些粉末为原料,通过成形、烧结制造各种类型材料和制品的工艺技术。不仅具有节材、节能、高效、少污染等突出优点,而且能够制出常规冶金/机加工法难以甚至无法生产的、具有某些特殊性能要求的材料和制品。由于粉末冶金以粉末为原料,可自由组装材料结构和成分,从而精确调控材料性能,同时实现近净形成形,充分体现了材料设计与材料制备的统一,材料合成与产品加工成形的统一,是发达国家近年来新材料技术发展的重点领域,已成为当今材料科学与工程学科中最为活跃的前沿领域之一。

(曲选辉)

【科研活动】 2003 年,实验室共承担各类科研课题 34 项,包括:国家“973”项目 1 项,“863”项目 4 项,国家自然科学基金 5 项,国家军工科研项目 8 项,省部级科研项目 7 项,国际合作项目 2 项,校基金和厂协项目 7 项。在研项目合同经费总计 2893 万元,到款经费 893 万元。出版学术专著 1 部,发表学术论文 40 余篇;申请国家发明专利 15 项,获专利授权 5 项;获国家科技进步二等奖 1 项、北京市科技进步二等奖 1 项。林涛博士和李平博士后晋升副教授职称,林涛博士被评为“北京市科技新星”;有 1 名国外访问学者、1 名博士后、18 名博士研究生(含 2 名外国留学生)、28 名硕士研究生、30 名本科生在实验室访问工作和完成毕业论文;先后邀请了美国、日本、俄罗斯的 8 名外国专家来实验室讲学和交流;参加主持召开全国性学术会议 3 次。

(曲选辉)

附　录

2003 年在研科研项目

项目名称	项目来源	起止时间	经费(万元)	负责人
粉末增塑成形技术的科学基础	国家“973”计划项目	2000～2005 年	265	曲选辉
粉末注射成形与强化烧结原理	国家杰出青年科学基金	2001～2003 年	80	曲选辉
超细粉体的亚微结构与致密化机理	国家自然科学基金	2001～2003 年	16	李汶霞 张丽英
纳米级(W-Ni-Fe)超细晶粒高比重合金的烧结机理	国家自然科学基金	2001～2003 年	18	张丽英
超细晶粒 W-Cu 合金的研究	国家自然科学基金	2002～2004 年	22	贾成厂
SiCp/Al 界面改性与复合新技术的研究	国家自然科学基金	2003～2005 年	27	曲选辉
高性能超细晶金属陶瓷产业化技术的研究与应用	国家“863”计划项目	2002～2005 年	67	张丽英
粉末冶金材料温压精密成形的研究	国家“863”计划项目	2002～2004 年	60	果世驹
金属粉末注射成形新材料、新工艺和新产品的研究	国家“863”计划项目	2001～2004 年	66	曲选辉
金属球形微分的低成本制备新技术及其应用	国家“863”计划项目	2003～2005 年	30	曲选辉
钨基重合金的注射成形与机械活化烧结行为的研究	高等学校博士学科点专项科研基金	2002～2004 年	5	曲选辉

续表

项目名称	项目来源	起止时间	经费(万元)	负责人
SHS过程的热力学及动力学	高等学校博士学科点专项科研基金	2001~2003年	6	郭志猛
Nd-Fe-B稀土永磁材料注射成形技术的研究	教育部科学技术研究重点项目	2001~2003年	13	曲选辉
放射性废物德SHS固化处理	高等学校博士学科点专项科研基金	2003~2005年	5	郭志猛
近终形粘结磁体的研究及各向异性NdFeB磁粉中试	北京市科技合同项目	2001~2003年	250	曲选辉
粉末注射成形技术研究与产业化	北京科技计划重大项目	2002~2004年	500	曲选辉
武器装备零部件粉末注射成形技术研究	国家民口配套十五重点项目	2002~2005年	260	曲选辉 郭志猛
微波功率器件梯度热沉材料的研究	国家民口配套科研课题	2001~2003年	80	曲选辉 谢建新
630舰炮自动机活塞环材料的研制	国家民口配套科研课题	2002~2003年	80	曲选辉 果世驹
陀螺仪用低温度系数高精度幅向磁体的研制	国家民口配套科研课题	2002~2004年	100	曲选辉 段柏华
混合电路用Al/SiCp复合材料封装的研制	国家民口配套科研课题	2002~2004年	80	曲选辉 贾成厂
姿控发动机防护涂层合金粉的研制	国家民口配套科研课题	2002~2004年	120	曲选辉 林　涛
陀螺仪用磁性温度补偿合金的研制	国家民口配套科研课题	2003~2005年	105	曲选辉 李　平
高可靠性继电器用Ag/REO电接点材料研制	国家民口配套科研课题	2003~2005年	28	贾成厂
粉末注射成形技术研究开发平台建设和喂料生产	北京市重点技术创新项目	2003~2005年	60	曲选辉
HDDR各向异性NdFeB粘结磁体注射成形技术研究	国际合作(日本)	2003~2004年	8	曲选辉
SHS制备Ti-Ni多孔形状记忆合金	国际合作(加拿大)	2002~2004年	6	郭志猛
溶胶-凝胶法制备高性能导电防眩液的研究	北科大校基金	2003~2004年	2	何新波
SHS技术制备陶瓷复合钢管	厂协	2002~2003年	218	殷　声
SHS离心法制备陶瓷内衬钢管	厂协	2002~2004年	218	郭志猛
SHS离心法制备陶瓷内衬钢管	厂协	2002~2004年	38	郭志猛
铁基粉末冶金结构零件的研究	厂协	2002~2003年	30	胡学晟
铁基结构零件的开发	厂协	2003~2006年	20	胡学晟
铁铜基粉末冶金零件的开发	厂协	2003~2005年	10	胡学晟
总项目数:34个	项目合同经费总计:2893万元			

(曲选辉)

北京市腐蚀磨蚀与表面技术重点实验室

【概况】 2003年，北京市腐蚀、磨蚀与表面技术重点实验室有5个学术梯队：环境敏感断裂、高温腐蚀与表面技术梯队、腐蚀控制系统工程、电化学工程与材料、环境损伤评估与控制研究室。实验室有固定人员23名，其中中国科学院院士1名，国家级突出贡献专家1名，教授9名，副教授11名，博士导师7名，讲师3名，50岁以下的中青年研究人员中，有长江学者1名，跨世纪优秀人才1名，国家自然科学基金杰出青年基金获得者1名，教育部优秀青年教师4名，北京市科技新星1名。

实验室拥有一系列世界水平的成套仪器和设备，包括在研究开发新测试技术基础上研制了一系列新型实用研究设备和测试装置，总件数830件，总价值5 200万元人民币，主要设备有47台(套)：透射电镜、高分辨电镜、扫描电子显微镜、原子力显微镜、纳米力学探针、俄歇电子能谱、X射线衍射仪、场离子显微镜－原子探针、霍尔等离子体沉积设备、穆斯堡尔谱仪、超高温热天平、低氧压新型氧化动力学测试系统、模拟环境下慢应变拉伸机、1 250/1 280频率响应分析系统、M351电化学腐蚀测量系统2套、1 096阻抗测试系统、磁控溅射仪、盐雾腐蚀试验箱、SO_2等大气微量污染物模拟环境盐雾腐蚀试验箱、环境模拟恒温恒湿腐蚀实验箱、高流速冲刷腐蚀试验装置、CO_2腐蚀高温高压釜、TVS2 000便携红外热像仪与分析系统等。

腐蚀、磨蚀与表面技术是涉及材料科学、化学、电化学、力学、表面科学和生物、生命科学等众多学科的研究领域。实验室主要从事基础、应用基础和高新技术研究。基于科学、经济和社会的发展，本实验室形成了如下独具特色的研究方向：①腐蚀与防护机理研究，包括环境敏感断裂、高温腐蚀与防护机理研究、电化学腐蚀机理研究、腐蚀防护系统工程；②磨蚀机理及其控制研究，包括生物、医用材料研制、磨蚀机理及控制，材料微振腐蚀机理及控制研究，多相流中材料的腐蚀及控制研究，摩擦条件下金属材料的电化学行为；③高新表面技术研究与应用，包括防腐蚀表面技术研究与应用和高新功能表面技术研究与应用。

（何业东、路民旭、柳　伟）

【科研活动】 实验室在腐蚀、磨蚀与表面技术领域开展了大量卓有成效的科研工作，获得一批重要的成果，其中一些具有创新性的成果达到了世界先进水平或国内领先水平。自1997年以来，承担了国家“863”计划5项、国家自然科学基金12项、国家95攻关3项、省部委重点课题8项及与企业合作的大量高水平课题，课题总数达73项。在1997～2003年期间，获得省部级奖15项，出版专著9部，在国内外期刊和学术会议发表论文390篇。

（何业东、路民旭、柳　伟）

【人才培养】 实验室所属学科专业在国内高校中首批获得硕士、博士学位授予权，也是高校唯一的博士点和进入博士后流动站的单位，培养了许多高层次人才，1997～2004年期间共培养博士后7人、博士68人、硕士132人、本科生685人。

（何业东、路民旭、柳　伟）

【对外交流】 1997～2003年期间邀请国际知名教授学者到实验室讲学25次，在国际学术会议做邀请报告7次，国内学术会议做邀请报告31次，派6人次到国外短期访问交流，与国外相关单位进行联合研究。

（何业东、路民旭、柳　伟）

附　录

北京市腐蚀、磨蚀与表面技术重点实验室1997～2003年获奖统计表

获奖项目名称	获奖者	获奖名称	获奖级别
断裂和环境断裂的机理研究	褚武阳　乔利杰 肖纪美等	教育部科技进步	一等奖
应力腐蚀机理	褚武阳　乔利杰等	教育部科技进步	一等奖
材料断裂微观和纳观机理的表征方法、理论及实验	褚武阳　乔利杰等	教育部自然科学	一等奖
汽轮发电机护环应力腐蚀防护技术的研究	肖　珩　高　瑾等	华北电力集团公司科技成果	一等奖
金属间化合物的断裂和环境断裂机理研究	褚武阳　乔利杰等	冶金部科技进步	二等奖
氢致开裂和应力腐蚀机理	褚武阳　乔利杰 肖纪美等	冶金部科技进步	二等奖
金属材料断裂的微观机理	褚武阳　王燕斌等	北京市科技进步	二等奖
热力系统用不锈钢设备腐蚀泄露失效分析与防护对策	肖　珩　高　瑾等	北京市公用局科技进步	二等奖
长输管道腐蚀与控制方法研究	孙冬柏　孟惠民	中国石油天然气管道局科技进步	二等奖
抗硫化氢石油套管钢的设计开发	褚武阳	北京市科技进步	二等奖
埋地天然气管线防腐蚀涂装系统及其与阴极保护系统的交互作用和有效保障的研究	吴荫顺　曹　备	北京市科技进步	二等奖
C90抗硫油管的开发研制	褚武阳	冶金部科技进步	二等奖
直接式原油加热炉炉管腐蚀控制及预测	孙冬柏　李晓刚等	中石化管道储运公司科技进步	二等奖
热力管道设备防腐耐温系列涂料	肖　珩　汪轩义等	北京市科技进步	三等奖
炼油设备腐蚀与防护管理规范化	付冬梅　李晓刚	中国石化总公司科技进步	三等奖

北京市腐蚀、磨蚀与表面技术重点实验室1997～2003年专利统计表

专利种类	专利号	专利名称	专利人
国家发明	ZL93100181.1	一种电化学沉积－热解烧制氧化物薄膜的方法	路新瀛　何业东　朱日彰
国家发明	ZL93100182.X	种电泳沉积－反应烧结覆盖型涂层的涂覆方法	路新瀛　何业东　朱日彰
国家发明	98101027.X	一种测定金属氧化动力学的方法	何业东等
国家发明	CN1120078A	一种不锈钢快速深度电化学蚀刻方法	方　智等
国家发明	CN1119993A	一种不锈钢印刷图案制作方法	张　琳等
国家发明	ZL 97 1 15250.0	化学镀镍铬磷非晶态合金的溶液及其镀覆方法	孙冬柏　俞宏英　杨德钧

北京市腐蚀、磨蚀与表面技术重点实验室1997～2003年成果鉴定统计表

项目名称	责任人	鉴定时间	鉴定组织单位
长输管道腐蚀与控制方法的研究	孙冬柏　李长荣　孟惠民 屈祖玉	1997.4	中国石化集团公司

续表

项目名称	责任人	鉴定时间	鉴定组织单位
尤里卡项目:工业设备腐蚀失效分析方法	李晓刚	2000.8	中国石化集团公司
长输管道直接式原油加热炉炉管腐蚀控制及预测的研究	孙冬柏　李晓刚　孟惠民　俞宏英　李辉勤	2001.3	中国石化集团公司
硫腐蚀测试实验室的设计及建立	孙冬柏　孟惠民　李辉勤　俞宏英　樊自拴	2002.10	茂名石化公司
茂名炼油厂加工中东含硫原油防腐技术开发	孙冬柏　孟惠民　李辉勤　俞宏英　樊自拴	2002.12	中国石化集团公司
超声化学还原法制备纳米非晶态合金粉体材料	俞宏英　孙冬柏　孟惠民　李辉勤　樊自拴	2003.3	北京市科委
金属外壳标准化镀液及杂质分析与去除方法研究	沈卓身	2003.3	信息产业部
纳米金属合金粉体材料的制备		2003.3	北京市科委
原油加工腐蚀失效诊断支援软件系统		2003.4	北京市教委

（何业东、路民旭、柳　伟）

高效零件轧制技术研究推广中心

【概况】 高效零件轧制技术研究推广中心主要从事轴类零件轧制(楔横轧与斜轧)技术的研究、开发与推广工作。总体技术水平与实验条件处于国内领先地位,并达到国际先进水平。高效零件轧制(楔横轧与斜轧)是一种轴类零件成形新工艺技术。与传统的锻造、切削方法比较,其优点为生产效率高、节材节能、产品综合性能高,生产成本低等。该技术可广泛应用于汽车、拖拉机、摩托车、发动机等机器上的轴类零件,还能生产钢球、五金工具等零件。北京科技大学开展这项研究开发与推广工作已40多年,在轧制理论、孔型设计、模具制造、设备研究等方面都取得了丰硕成果。

2003年,高效零件轧制技术研究推广中心在北京科技大学内下设以下机构:①研究与开发室:主要从事理论研究、模具设计、设备设计、新产品开发等;②轧制实验室:主要从事实验研究、新产品试制,现有楔横轧与斜轧机6台及与其相关设备与仪器等;③模具制造车间:主要从事楔横轧与斜轧模具的制造,每年开发并生产200副左右模具供生产厂使用。车间有模具加工机床10台,其中大型数控加工机床3台。中心现有人员20多人,其中院士1人、具有高级技术职称人员8人。

（王宝雨）

【科研活动】 高效零件轧制技术研究推广中心与工厂合作,在北京、上海、山东、湖北等24个省市建成零件轧制生产线90多条,其中有7条生产线出口美国、印尼等国家,建成零件轧制专业化工厂10多家。累计开发并投产的零件300多种,如红旗轿车的输出轴、玉林柴油机六缸凸轮轴、东风与解放载重车变速箱传动轴等。已累计生产轴类零件300多万吨,产值100多亿元,直接经济效益10余亿元,由于推广工作成绩显著,被国家科委评为“全国十大典型推广项目”之一。

项目先后获国家级奖5项、省部级奖10多项。2003年,中心主要承担的项目有:国家科技部重点研究与推广项目,平均每年推广零件轧制生产线6~10条;国家自然科学基金重点项目——《零件精密轧制成型机理与多学科仿真》;北京市科委研究项目——新型锚杆机的研制等纵向课题,同时承担横向课题10多项,2003年科技经费600多万元。近三年发表论文36篇,其中国际会议论文4篇,国内会议论文4篇。

(胡正寰)

【人才培养与对外交流】 中心自成立以来,先后培养了50余名博士和硕士研究生。其中已经毕业并走上工作岗位的研究生近40名,他们已成为各用人单位、企业一线的中坚力量。目前正在中心就读和从事科研工作的研究生有10余名,主要从事零件轧制成型机理、轧制工艺模具CAD/CAM、轧制设备控制与自动化技术的研究。

中心主要通过邀请国外著名专家学者讲学,选派研究人员到国外参加国际会议、考察等方式开展对外交流活动。中心成立以来,共邀请8名国外专家学者来华讲学,派出15人次到国外参加国际会议、科技交流、科技展览、科技合作考察等活动。

(王宝雨)

附 录

高效零件轧制研究推广中心2003年科研项目

编号	性质	项目名称	年度	经费(万元)
1	国家	高效零件轧制技术研究与推广	2001~2005	80
2	国家	零件精确轧制成形机理与多学科仿真	2001~2003	130
3	国家	楔横轧多楔轧制变形机理研究	2003	8
4	厂协	山东潍柴H1200六缸凸轮轴生产技术	2003~2004	168.5
5	厂协	石家庄冶金公司H1200楔横轧生产技术	2003~2004	165
6	厂协	山东莱芜H1400楔横轧大型汽车轴生产技术	2003~2004	210
7	厂协	楔横轧汽车转向球销生产技术	2003	25
8	厂协	斜轧45mm铜球轧生产线技术	2003~2004	30
9	厂协	斜轧25mm铜球轧生产线技术	2003	12
10	厂协	辽宁沈阳H750楔横轧蜗杆轴生产技术	2003~2004	47
11	厂协	辽宁朝阳H750楔横轧凸轮轴生产技术	2003	62
12	厂协	重庆两江H750楔横轧汽车轴生产技术	2003	25
13	厂协	重庆两江H630楔横轧摩托车轴生产技术	2003	14
14	厂协	江西五十铃H750楔横轧汽车变速箱轴生产技术	2003~2004	70
15	厂协	楔横轧煤矿截齿生产线技术	2003~2004	8
16	厂协	黄岩精密锻压冲件厂连杆制坯生产线	2003~2004	18.88

(张 巍)

高效零件轧制研究推广中心2003年申报专利情况

编号	性质	项目名称	类别	专利申请号
1	发明	一种汽车半轴楔横轧精密成形方法	申报	03126426.3
2	发明	一种精密成形火车车轴毛坯的楔横轧机	申报	03146134.4
3	发明	一种火车车轴毛坯楔横轧精密成形方法	申报	03146135.2
4	发明	一种空心火车车轴毛坯楔横轧精密成形方法	申报	03146136.0
5	发明	一种斜楔连续轧制成形方法	申报	03137468.9
6	发明	一种钻夹头钻体毛坯精确斜轧成形方法	申报	03146672.9

(刘晋平)

科技部材料模拟设计实验室

【概况】 科技部材料模拟设计实验室经过近四年的建设，很好地完成了国家高技术新材料领域专家委员会的目标任务要求。在2000年底国家科技部组织的实验室验收中，评价实验室“已成为国内一流、有国际水平的计算材料科学基地”。

实验室配备了两台SGI高速运算服务器及三台O_2工作站，通过100M局域网与10台以上微机衔接，并配备了大量Cerius2材料科学软件系统。实验室对软硬件系统进行了相当规模的、系统的综合应用试验及认真的吸收消化。现在正面临着上世纪90年代末及本世纪初大量新软件的原程序考核与应用。

实验室工作方向是努力探索材料科学研究的新途径，尽力使其从定性描述走向定量预测的新阶段，努力为高技术新材料的研制提供新思路和优选方案，从传统的经验试错法推进到以现代科学知识为基础的计算实验设计阶段。实验室工作方针是持续创新，求实服务，努力为国家目标贡献力量。

（陈难先、申　江）

【科学研究】 多年来，实验室创立了以虚拟结构和数论方法为基础的晶格反演理论，对多种材料体系进行了广泛的应用。通过大规模第一性原理能带计算，初步建立起有明显中国特色的、规模已接近1 000种的有效的原子间相互作用势库。反演理论在离子晶体中离子－离子势、界面问题中的原子－离子势、半导体中的二体及三体势等方面均有重要的系列性自主创新，使势库成为在原子级尺度上进行材料模拟设计的有力工具，并受到国际同行的广泛接受。实验室对国家高技术新材料领域的很多问题进行了有创新性的研究并完成了多项国家自然科学基金课题和重点课题以及多项国家高技术发展计划项目，项目验收获优秀评定，国家自然科学基金委员会专家组和国家863计划专家委员会均评价所完成的项目“有自主性创新”。实验室目前主要承担国家重点基础研究发展规划项目(973)“材料计算设计与性能预测基础问题”中两个课题：“材料中原子相互作用势研究”(课题负责人为陈难先院士，从2000年9月至2005年9月，课题专项经费为220万)，以及“新型稀土合物结构设计”(课题负责人为申江，从2000年9月至2005年9月，课题专项经费为267万)。在2002年的中期评估中，实验室承担的国家973项目获专家组很高综合评分。实验室将不断加深对计算材料学学科本身核心基础问题以及我国高技术新材料迫切问题的研究，将对金属间化合物特别是稀土金属间化合物、半导体材料、离子晶体功能材料、表面与界面问题等多层面展开研究，对各种材料的形成过程进行计算机模拟研究，达到用计算机对各种新型材料进行一定程度成功预测的阶段。

（陈难先、申　江）

北京表面纳米技术工程研究中心

【概况】 随着纳米材料和纳米技术的发展，利用纳米材料和纳米技术的研究开发成果，发展表面纳米技术和工程，是表面技术发展的重要方向，也是当今纳米科技的重要内容之一。根据国家纳米科技发展规划、北京地区纳米技术发展布局以及学校纳米材料和纳米技术发展的特点，北京科技大学于2001年7月成立了北京科技大学表面纳米技术工程研究中心。表面纳米技术工程研究中心以促进学校纳米材料与纳米技术发展为目标，以跨学科、跨学院的方式组织科研开发队伍，创建纳米材料与纳米技术的研发平台。同年，以北京科技大学表面纳米技术工程研究中心为主体，组织申报北京市科委重大科技项目"表面纳米技术工程及产业化研究"，搭建表面地区表面纳米技术的研究开发平台，并获得批准。项目总经费达2 500万元，北京市科委拨款1 200万元。在此项目的基础上，2002年4月，北京市科委批复同意依托北京科技大学组建北京表面纳米技术工程研究中心，以集中表面地区表面纳米科技优势，吸纳表面纳米领域优秀的科技成果和杰出人才，开发具有自主知识产权的表面纳米工程技术和产品，形成一流的研发平台、技术转移平台和信息服务平台，成为国家纳米技术应用工程研究中心的重要组成部分和中国表面纳米产业发展的重要支撑点。

（孙冬柏）

【研究方向及重点建设领域】 北京表面纳米技术工程研究中心建设将以北京市科委重大项目为基础，围绕纳米功能涂层材料与制备技术、纳米催化净化材料与制备技术、纳米光电（能源）材料与制备技术、表面纳米检测、分析、表征及标准四个研究方向，建设四个研究实验室，即纳米功能涂层研究实验室、纳米催化净化技术研究实验室、纳米光电（新能源）材料研究实验室、表面纳米技术检测分析研究实验室，以及表面纳米技术信息网。中心拥有大中型设备约30台套，条件建设经费2 000万元，建设面积1 000平方米。

按照科技发展前沿和国家需求，北京表面纳米技术工程研究中心近期重点建设领域有：①纳米功能涂层材料与制备技术：热喷涂技术制备具有高耐磨耐蚀的纳米结构涂层、纳米结构雷达波（或红外）隐身涂层、高性能纳米静电屏蔽涂料、纳米静电粉末喷涂材料及技术、纳米结构自清洁涂层。②纳米催化净化材料与制备技术：高催化活性纳米晶氧化物表面涂层、纳米光催化表面涂层、有害气体检测用的电化学传感器。③纳米光电（能源）材料与制备技术：纳米超级电容器及多层陶瓷电容器用纳米材料、纳米电极材料研究、纳米结构太阳能梯度薄膜。④表面纳米检测、分析、表征及标准化：涂层纳米结构分析与表征、纳米表面处理技术研究。

（孙冬柏）

管理与服务

发展规划工作

【制定学校发展规划】 规划发展、谋划未来是2003年学校工作的第一要务，发展规划的制定成为学校工作的重中之重。一年来，全校上下集思广益、群策群力、共同努力，制定了学校《总体发展战略规划》、《学科与师资队伍规划》、《校园建设规划》。各学院、管庄校区和有关职能部门也结合自身实际情况制定了本单位的规划。

2003年1月学校初步完成了三个规划的框架。2月形成了学校总体战略、学科与队伍、校园建设规划的初稿并提交寒假党委常委扩大会讨论。4~6月学校三个规划稿件多次提交常委会、校务委员会、学术委员会及教师代表、民主党派等会议讨论，不断进行修改和完善。7~8月各学院（校区）完成了本单位的规划初稿，有关职能部门完善了配套措施及相关文件。在学校暑期党委扩大会上，讨论了新一稿的《北京科技大学总体发展战略规划》、《北京科技大学学科与队伍建设规划》、《北京科技大学校园建设规划》，以及9个《学院发展规划》、《本科教育规划》、《学位与研究生教育规划》、《师资队伍建设规划》、《科技发展规划》，针对学校发展目标和定位、实现目标所采取的措施等问题提出了许多建设性的建议。9月学校召开学科与师资队伍建设部署会议，进一步明确学科与师资队伍建设方向、目标与建设内容。10月召开学院规划讨论会，研讨并明确各学院总体目标、学科建设、师资队伍建设、人才培养、条件建设等具体内容。11月召开学科规划建设布置会，细化落实学科建设（重点学科建设、博士点建设）目标，并使各项措施更加有力，更具可操作性。

经过反复论证、修改完善，最终确定学校总体发展目标为：“把北京科技大学建设成为以工为主，工、理、管、文、经、法等多学科协调发展，规模适度，特色突出，国内一流，国际著名的高水平研究型大学”。为实现总体战略目标，学校实施“三步走”战略：近期至2007年打下良好基础；中期至2020年建成一批国内一流的高水平研究型学院和研究院，成为国内一流的新型工业化教育科研中心和世界冶金、材料教育科研中心，成为国内一流、国际知名的高水平研究型大学；远期至建校100周年之际跻身特色突出、国际著名的高水平研究型大学行列。根据学校的总体目标定位，现有的9个学院近期和中长期分别按照研究型学院、研究教学型学院、教学研究型学院的目标进行建设。

（林　林）

人事管理

【概况】 2003年，北京科技大学人事管理工作的指导思想是：①进一步完善合同化管理，扩大教师队伍中的流动人员聘用比例和人事代理制度的实施范围，使改革更加趋于制度化、规范化。②为实现把北京科技大学办成高水平研究型大学的目标，实施“高层次创新人才引进工程”和“高水平人才培养与资助体系建设工程”。制定并完善相关实施办法，启动以培养、引进中青年学科带头人和骨干教师为重点的“422高层次创新人才工程”。③完善学术梯队考核制度，促进学术梯队的实体化，并以此为核心促进学科建设和人才培养。

截至2003年12月31日，学校在职职工总数为2575人，其中教学人员992人，科研人员23人，教辅人员399人，党政管理人员368（含双肩挑人员10人），工勤人员516人，其他人员277人。全校教学人员中，教授255人，占25.7%，副教授360人，占36.3%，讲师269人，占27.1%，助教108人，占10.9%。在教授队伍中，中国科学院院士7人，中国工程院院士3人。2003年学校聘请校外兼职教授15人，客座教授5人。

截至2003年12月底，全校共有离退休人员2 047人（含综合服务部64人，管庄校区127人），其中校本部离休人员169人，退休人员1 651人，退职人员34人。

截至12月底，2003年学校共减员98人，其中退休62人，按自动离职或除名处理19人、辞职3人，调出13人，去世1人。减少人员中教学岗30人，科研岗2人，实验岗7人；其中具有博士学位的9人，硕士学位的13人。截至2003年12月底学校共补充人员123人，其中具有博士学历的42人（占34.15%），硕士61人（占49.59%），本科20人。新增教学岗位87人，占新增总人数的70.73%，其中正高级9人、副高级8人。2003年全校教职工人数净增61人。

截至2003年底，学校45岁以下教师730人，占教师队伍的73.6%；教师中具有博士学位的教师318人，占教师总数的32.1%，具有硕士学位的教师413人，占教师总数的41.6%；具有海外留学或工作经历的有483人，占教师总数的48.7%。在具有博士学位的教师当中，非本校毕业的占44.5%。

（王维才、李晓东）

【高层次人才工程建设】 2001年以来，学校加大对师资队伍建设的研究，把建设高层次人才队伍作为学校的头等大事来抓。通过近两年的调查研究、分析论证，根据学校学科与队伍建设规划，2003年制定了《北京科技大学2003～2007教师队伍建设规划》，以及与其配套的《北京科技大学高水平人才培养与资助实施办法》、《北京科技大学高层次创新人才基金管理办法》、《北京科技大学高层次人才引进工作实施办法》，并于2003年10月开始启动实施“422高层次创新人才工程”，即：到2007年形成一支具有40名左右在国内外有影响的高水平学术带头人队伍，一支具有200名左右在本学科领域有较高学术造诣的中青年学科带头人队伍，一支具有200名左右具有创新精神的优秀青年骨干教师队伍。学校决定在今后几年内，每年至少拨出600万元经费作为高水平人才的引进、培养和资助专项资金，以吸引国内外高层次人才到学校工作，同时支持学校优秀的中青年人才脱颖而出，并给予优惠的政策，尽快形成一支在国内外具有影响的高水平教师队伍，实现“一流学校要有一流师资”的宏伟目标。

（隋延力、李晓东）

【学科带头人培养】 2003年，学校积极做好学科带头人培养工作，推荐倪文、张杰教授为

2003年度教育部《跨世纪优秀人才培养计划》基金候选人,倪文教授入选。推荐高克玮、乔兰教授为2003年度教育部“高等学校优秀青年教师教学和科研奖励基金”候选人;推荐潘礼庆、张家泉、周贤伟、弓爱君为教育部2003年度“优秀青年教师资助计划”候选人。

同时,学校中青年学术骨干的培养资助工作也取得一定进步,年内推荐12名教授入选中央组织部专家信息库。积极选派中青年学术骨干、学科带头人和青年学者到国外大学或科研单位进修、学习、合作科研。2003年公派出国留学16人(半年以上),其中国家公派出国11人,单位公派出国5人,学成回国10人。另有11名教师入选国家留学基金委公派出国留学项目,其中2人在日本做博士后研究,1人攻读博士研究生;1人在德国攻读博士研究生。

(隋延力、李晓东)

【完善合同化管理】 学校在2002年人事分配制度改革的基础上,以聘用制为核心实行合同化管理。每个上岗人员都要签订聘任合同,并在聘任合同中明确岗位职责和目标以及上岗后的承诺。聘任在三级以上岗位及副处级以上领导干部由学校统一签订聘任合同,其他人员由各单位签订合同,合同期三年。对55岁以上的具有副高级专业技术职务的女职工一年一聘,合同期一年。对新入校的教职工分别签订三至五年期的聘任合同。合同中明确规定了合同聘用的期限,双方的权利和义务,聘用合同的变更、解除、终止,以及违反合同所承担的责任或遇到有争议的问题解决的办法。同时扩大教师队伍中的流动人员聘用比例和人事代理制度的实施范围,使改革更加趋于制度化、规范化。

(钱大益、李晓东)

【专业技术职务聘任】 2003年,学校共有153名专业技术人员晋升了高一级的专业技术职务,通过学校评审权学科的145名,其中正高级31人(教授27人,研究员3人,破格1人),副高级45人(副教授26人,副研究员8人,高级工程师8人,高级实验师1人,思想政治系列副教授1人),博士后认定副研究员1人,中级55人,初级13人;通过北京市高级评审权学科的8人,其中正高级2人,副高级6人。年内,从国外引进的高层次人才杨槐、张波萍老师直接聘任为教授职务;尚自瑞老师聘任为副教授职务。

(隋延力、李晓东)

【教师培训及青年教师工作】 根据学校“十五”发展规划、“211工程”和“422高层次创新人才工程”的相关内容,对现有教师普遍提高的基础上进行培养,尤其对具有较高学术潜力的中青年创新人才进行重点培养,加快学校学科建设与教师队伍建设的步伐。学校每年至少拨出200万元经费作为高水平人才培养和资助专项资金,每年选送20~30名优秀的中青年学科带头人或骨干教师到国外学习、进修,参加国际学术会议,以及学术休假。

专任教师培训包括在职学历进修、新入校教师岗前培训、教育教学技能、计算机应用能力与现代教育技术培训等工作。2003年申请在职攻读学位113人,录取55人。其中申报博士学位39人,录取13人;同等学力在职申请硕士学位13人,录取10人;申报硕士研究生12人,录取5人,其中29人到外校在职进行硕士研究生学历培养。2003年度在职培养人员毕业人数为10人,其中博士毕业5人,硕士毕业5人。组织101名青年教师参加岗前培训并通过结业考试,其中教学科研岗位的教师有72人,具有博士学位的25人,硕士学位的43人。举办2期英语培训班,40名教师参加。派出10名教师参加出国人员外语培训,还有33名教师参加了校外各种学术交流和研讨班培训。

青年教师工作:2003年,人事处与北京科技大学青年教师联谊会组织了“教师节及中秋节青年教师联谊活动”、“井冈山精神大型展览”,共有100名教师参加了活动。组织完成青年教师科研论坛的征稿、评选和出版工作,征稿60余篇,有35篇论文入选并在《北京科技大学学报》(自然科学版)上发表。

教辅人员培训:年内,为全校各类人员共举办9期计算机培训班,培训人数为287人次;举办了2期英语培训班,培训人数为80人;另外各学院组织教学技能培训讲座9次,培训人数达423人次。

国内访问学者培养:2003年新办理接受国内访问学者4人;继续在学校做访问学者研究4人;11月毕业7人。

(隋延力、李晓东)

【奖教金、津贴、基金评审和发放】 根据《中共中央、国务院关于给做出突出贡献的专家、学者、技术人员发放政府特殊津贴的通知》的精神,学校逐年给予符合条件的专家学者发放政府特殊津贴,并颁发政府特殊津贴证书。从1990年到2001年学校共有323人被批准享有政府特殊津贴,2003年推荐刘应书、孙加林、乔兰、闵乐泉四位教授作为2002年度享受政府特殊津贴的候选人。为2001年度批准享受政府特殊津贴的谢建新、王立、李谋渭、张文明、唐荻5位人员发放了津贴。

经宝钢教育基金委员会评选,郗安民、高俊山、陆俊教授荣获2003年度宝钢教育基金优秀教师奖。经评选学校有陈国良院士等31人获2003年度建龙奖教金。

(隋延力、李晓东)

【劳动工资和福利】 2003年,学校主要进行了调整工资标准、正常晋升工资档次、职务变动后的工资调整、津贴调整、调整在职人员的岗位津贴及离退休人员生活补贴、工资日常管理等工作。(1)调整工资标准:根据国办发[2003]93号文件和校发[2003]118号文件精神,从2003年7月1日起,对全校教职工(含后勤,不含因各种原因停工资者)2 300人调整了工资标准,平均增资额71.20元/人·月。(2)正常晋升工资档次:根据2002年和2003年的考核结果,12月份学校有1 314人(不含后勤人员)正常晋升一级工资档次,平均增资额度58元/人·月。(3)津贴调整:在调整工资标准及正常晋升工资的基础上,对校内教职工的津贴标准进行了调整。(4)技术职务和行政职务变动以后的工资调整:2003年学校进行了专业技术职务评聘工作,共有115人因职称变动调整工资档次,平均增资额为68.3元/人·月;21人晋升了行政职务,调整了工资。(5)调整在职人员的岗位津贴及离退休人员生活补贴:根据校发[2003]110号和校发[2003]111号文件的精神,自2003年10月1日开始,对学校在职在岗人员,享受三级及三级以上岗位薪的人员增加3 000元/年,享受四级至六级岗位薪的人员增加2 500元/年,享受七级及以下的人员增加2 000元/年;对在学校领取离退休费的离退休人员增加生活补贴,平均增资额度为147.83元/人·月;(6)工资日常管理:年内,为1 583人兑现了调整后的岗位津贴;又陆续为院聘岗位人员、产业人员、后勤人员、新入校人员等567人兑现了岗位津贴。

(钱大益、李晓东)

【年终考核】 2003年的考核工作从11月底开始,根据学校改革的要求,从2003年起,教学科研人员只做称职、基本称职与不称职考核,其他人员仍按优秀、称职、基本称职与不称职考核四个等级考核。对教学科研人员重点考核梯队,学科梯队考核的量化标准参照个人考核的标准执行,分学术活动、教学工作量、教学研究、科学研究、发表学术论文以及其他任务的完成情况,各学院可根据自身情况和学科梯队建设的要求,分别按梯队目标完成情况、总业绩和人均业绩对梯队进行考核并公示结果。对梯队考核工作量达到考核工作量额定要求60%但不满80%的梯队,梯队应有人员考核为基本称职或不称职;对梯队考核工作量达不到考核工作量要求的60%的梯队,梯队应有人员考核不称职,且20%的岗位津贴不予发放(引进人才梯队考核按引进人才的有关规定执行)。对年度考核优秀且聘期考核业绩突出的梯队学校将给予奖励。

根据校党发[2003]4号文件"关于加强师德建设工作意见"的要求,2003年学校首次将师德综合评定与岗位的年度考核同时进行,以后将每年进行一次。对教师的师德评定分为合格、不合格两个等级。师德综合评定不合格者,年度考核视为不称职,2003年,师德综合评定合格者占教师总数的

99%。

2003年全校(不含后勤人员)参加考核人数为1 938人,其中称职1 826人(含优秀217人),占考核人数94.2%;基本称职的23人,占考核人数1.2%;不称职89人,占考核人数4.6%;不称职的原因包括长期出国不归、长期不在岗、长期病休等。12月底为考核合格以上人员(不含后勤及产业人员)发放了年终一次性奖金,平均额度为1 020.3元/人;校聘岗人员有1 571名经考核合格后补发了岗位津贴4%部分。

(钱大益、李晓东)

【社会保险缴纳情况】 (1)养老保险:2003年,学校有35名合同制工人,年内共缴纳128 741元养老保险,其中学校缴纳91 958元,个人缴纳36 783元。(2)失业保险:2003年,为2 479名职工缴纳失业保险共计缴纳960 688元,其中学校缴纳720 516元,个人缴纳240 172元。(3)办理失业保险的转入和开户233人次,转出74人次;办理养老保险的转移4人次。

(陆炳飞、李晓东)

【人才交流中心工作】 (1)转岗分流人员管理:2003年初在人才交流中心管理的人员47人,年内办理校内调动的5人,除名的1人,退休的1人,机械学院上交1人,年底在人才交流中心管理共有41人。人才交流中心注意做好待岗人员工作,从感情上关心,从生活上帮助,从工作上尽量安排,保证了这些同志的情绪稳定。(2)人事代理工作:2003年新增本科及调入人员21人,全部在北京市人才服务中心实行了人事代理,2001、2002年度实行人事代理的51名人员中,11月份合同到期的1人。至2003年底学校共有71人实行了人事代理,缴纳档案管理费、合同鉴证费共14 900元。(3)职工教育:2003年送出187人次进行了有关业务的学习和培训,主要为校医院(50人次)、财务人员(120人次)、档案馆、保卫处、实验管理处等有关人员必要的岗位培训。支出经费全年累计近36 000元。(4)自费出国和不保留公职人员管理:2003年办理自费出国留学人员5人次的档案保存;妥善处理了7名不保留公职人员的善后工作。

(陆炳飞、李晓东)

附 录

北京科技大学在职教授及正高级专业技术职务人员名单
(截至2003年底)

单位	姓名	性别	出生年月	职称	提职时间
土·车辆工程研究所	刘 立	男	1959.06	教授	1998.07
	石博强	男	1962.10	研究员	2001.07
	王国彪	男	1964.06	教授	2000.07
	张文明	男	1955.08	研究员	1997.07
	周志鸿	男	1949.07	教授	2003.07
土·环境工程系	蒋仲安	男	1963.11	教授	2002.07
	宋存义	男	1951.08	教授	1999.07
	孙体昌	男	1958.09	教授	2000.07
	张 强	男	1940.01	教授	1991.06
	王化军	男	1963.03	教授	2003.07

续表

单　位	姓　名	性　别	出生年月	职　称	提职时间
土·土木工程系	蔡美峰	男	1943.05	教授	1992.07
	高　谦	男	1956.10	教授	1998.07
	李长洪	男	1962.10	研究员	2002.07
	倪　文	男	1961.10	教授	1999.07
	乔　兰	女	1963.10	教授	2001.07
	璩世杰	男	1956.04	研究员	2001.07
	王保学	男	1948.10	高级高工	2000.08
	王金安	男	1958.03	教授	2002.07
	徐九华	男	1951.02	教授	2000.07
	袁怀雨	男	1940.06	教授	1993.11
	王德胜	男	1961.11	教授	2003.07
	宋　波	男	1962.12	教授	2003.09
土·资源工程系	陈广平	男	1959.08	教授	2001.07
	高永涛	男	1962.12	研究员	1998.07
	胡乃联	男	1955.10	研究员	1999.07
	明世祥	男	1952.07	研究员	2000.07
	刘胜富	男	1948.02	教授	2003.07
冶·物理化学系	方克明	男	1940.05	研究员	1996.07
	郭春泰	男	1955.02	研究员	1995.07
	郭兴敏	男	1959.09	教授	2002.07
	李联生	男	1945.05	教授	2000.07
	林　勤	男	1939.10	教授	1992.10
	乔芝郁	男	1938.05	教授	1991.06
	王福明	男	1963.03	教授	2000.07
	王新东	男	1962.01	教授	1999.07
	项长祥	男	1944.08	教授	1998.07
	邢献然	男	1963.09	教授	2001.07
	张家芸	女	1942.07	教授	1992.10
	周国治	男	1937.03	教授	
	王习东	男	1961.02	教授	2003.07
冶·有色金属冶金系	朱鸿民	男	1962.02	教授	2001.01
冶·冶金及材料史研究所	柯　俊	男	1917.06	教授	1954.02
	孙淑云	女	1945.03	研究员	1998.07
	李延祥	男	1962.03	教授	2003.07
冶·冶金研究中心	包燕平	男	1963.12	教授	2001.07
	陈伟庆	男	1951.10	教授	1993.11
	储少军	男	1946.05	教授	1998.07
	高征铠	男	1945.02	研究员	1995.04
	李京社	男	1959.01	教授	2002.07
	李士琦	男	1942.02	教授	1992.10
	王　平	男	1955.05	教授	1998.07
	吴　铿	男	1951.10	教授	2002.07

续表

单位	姓名	性别	出生年月	职称	提职时间
	张家泉	男	1963.08	研究员	2001.07
	付　杰	男	1937.01	教授	1988.12
冶·钢铁冶金系	田乃媛	女	1940.08	教授	1993.11
	吴胜利	男	1955.06	教授	1999.07
	张建良	男	1965.02	教授	2001.07
	王新华	男	1951.03	研究员	1993.11
	成国光	男	1964.11	教授	2003.07
	程素森	男	1964.10	教授	2003.07
冶·生态科学与工程系	苍大强	男	1949.02	教授	1991.06
	宋　波	男	1963.01	教授	2003.07
材·材料加工与控制工程系	初元璋	男	1946.02	教授	2002.07
	韩静涛	男	1957.07	教授	1998.07
	黄继华	男	1962.10	教授	1998.07
	康永林	男	1954.11	教授	1994.07
	刘俊友	男	1963.10	教授	1998.10
	刘雅政	女	1952.10	教授	1998.07
	毛卫民	男	1958.04	教授	1999.07
	任学平	男	1957.03	教授	1999.07
	孙蓟泉	男	1959.05	教授	1998.09
	王自东	男	1965.01	教授	2001.07
	吴春京	男	1961.03	教授	1998.07
	谢建新	男	1958.06	教授	1995.07
	赵爱民	男	1962.09	教授	2003.07
材·材料物理与化学系	褚武扬	男	1938.02	教授	1986.05
	顾有松	男	1965.11	教授	2002.07
	贺信莱	男	1938.08	教授	1992.10
	李　阳	男	1962.10	教授	2000.07
	乔利杰	男	1957.07	教授	1997.07
	万发荣	男	1955.06	教授	1995.07
	王燕斌	男	1946.10	教授	1993.11
	肖纪美	男	1920.10	教授	
	徐祖雄	男	1944.03	教授	1991.06
	朱逢吾	男	1937.11	教授	1992.10
	高克玮	女	1967.04	教授	2003.07
	杨　槐	男	1965.04	教授	2003.07
材·材料学系	杜振民	男	1962.12	教授	2000.07
	李长荣	女	1961.02	教授	1998.07
	刘国权	男	1952.05	教授	1991.06
	龙　毅	女	1955.12	教授	1997.07
	毛卫民	男	1950.12	教授	1993.11
	杨　平	男	1959.07	教授	2002.07
	杨王玥	女	1946.07	教授	1996.07

续表

单　位	姓　名	性　别	出生年月	职　称	提职时间
	董建新	男	1965.06	教授	2003.07
材·粉末冶金研究所	郭志猛	男	1959.08	研究员	1998.07
	果世驹	男	1946.03	教授	1997.07
	贾成厂	男	1949.11	教授	2000.07
	曲选辉	男	1960.09	教授	1992.10
材·腐蚀与防护中心	何业东	男	1950.07	教授	1992.10
	李晓刚	男	1963.10	教授	1997.07
	卢燕平	男	1945.09	教授	1997.07
	路民旭	男	1954.05	教授	
	齐慧滨	男	1964.12	教授	2002.07
	吴荫顺	男	1939.11	教授	1991.06
	孟惠民	男	1963.02	教授	2003.07
材·功能材料研究所（金属电子信息）	吕反修	男	1943.08	教授	1991.06
	沈卓身	男	1945.07	教授	2001.07
	孙光飞	男	1945.10	教授	2001.07
	唐伟忠	男	1955.02	教授	1998.07
国家重点实验室	陈国良	男	1934.03	教授	1986.05
	惠希东	男	1964.11	研究员	2002.07
	林均品	男	1963.08	研究员	1999.07
	杨　滨	男	1960.07	研究员	2001.07
	张济山	男	1957.08	研究员	1994.07
	张茂才	男	1949.05	研究员	2001.07
材·实验测试中心	曹　林	男	1955.03	研究员	1999.06
	柳得橹	女	1939.11	教授	1994.07
	田文怀	男	1959.03	教授	1996.04
	王　蓉	女	1944.09	教授	1997.07
	袁从述	男	1935.09	高级高工	1993.12
	吴杏芳	女	1940.04	教授	1991.06
材·无机非金属材料系	李福燊	男	1940.02	教授	1993.11
	孙加林	男	1956.10	教授	2001.07
	徐晓伟	男	1956.12	教授	2002.07
	张波萍	女	1964.10	教授	2003.07
	赵海雷	女	1966.08	教授	2003.07
材·无机非金属材料系·特陶研究中心	葛昌纯	男	1934.03	教授	1987.02
机·工程训练中心	焦　让	男	1957.02	高级高工	2000.07
机·机械电子工程系	王长松	男	1948.04	教授	1995.07
	郗安民	男	1957.02	教授	2000.07
	许万凌	女	1944.03	教授	2001.07
	朱超甫	男	1952.02	教授	1997.07
机·机械工学系	韩建友	男	1956.01	教授	1999.07
	窦忠强	男	1950.08	教授	2002.07

续表

单位	姓名	性别	出生年月	职称	提职时间
机·机械学院办公室	许纪倩	女	1950.01	教授	2001.07
	王立	男	1956.10	教授	1998.07
	于晓红	女	1953.04	教授	2002.07
	张杰	男	1960.10	教授	2000.07
	陈先霖	男	1928.09	教授	1979.12
	胡正寰	男	1934.05	教授	1986.05
	张欣欣	男	1957.12	教授	1995.07
机·机械制造及自动化系	董绍华	男	1960.12	教授	1997.07
	李苏剑	男	1959.03	教授	2002.07
机·机械装备与控制工程系	卞致瑞	男	1950.01	教授	1999.07
	李谋渭	男	1938.07	教授	1994.07
	李应强	男	1946.04	教授	1998.07
	杨海波	男	1961.11	教授	2002.07
	臧勇	男	1963.10	教授	1996.07
	王邦文	男	1947.04	教授	2003.07
	闫晓强	男	1961.11	教授	2003.07
	张清东	男	1965.11	研究员	2003.07
机·零件轧制研究中心	张康生	男	1952.07	研究员	2001.07
机·热能工程系	郭鸿志	男	1945.03	教授	2000.07
	刘柏谦	男	1958.01	教授	1999
	刘应书	男	1960.08	研究员	1998.12
	温治	男	1962.09	教授	1998.07
	夏德宏	男	1963.02	教授	2001.07
	赵立合	男	1942.08	教授	1994.07
	冯俊小	男	1960.08	教授	2003.07
高效轧制国家工程研究中心	蔡庆伍	男	1955.11	研究员	2000.07
	刘文仲	男	1950.05	研究员	2002.07
	唐荻	男	1955.04	教授	1997.07
	王京	男	1948.11	教授	2000.07
	杨荃	男	1964.10	研究员	1997.07
	侯建新	男	1957.08	研究员	2003.07
信·电子信息工程系	王志良	男	1956.12	教授	1995.07
	杨扬	男	1955.02	教授	1994.08
	高庆狮	男	1934.08	研究员	1980.02
信·机器人研究所	余达太	男	1946.01	教授	1988.12
信·计算机科学与技术系	王沁	女	1961.01	教授	2000.07
	王秀美	女	1943.12	教授	1995.07
	夏克俭	男	1955.07	教授	2001.07
	杨炳儒	男	1943.03	教授	1991.12
	郑雪峰	男	1951.10	教授	2001.07
	曾广平	男	1962.09	教授	1999.09

续表

单　位	姓　名	性　别	出生年月	职　称	提职时间
	包　宏	女	1956.09	教授	2003.07
	胡长军	男	1963.01	教授	2001.11
信·仪表测控系	吴并臻	男	1946.02	教授	1999.07
信·自动化系	付冬梅	女	1963.01	教授	2002.07
	李华德	男	1941.09	教授	1994.07
	刘贺平	男	1951.05	教授	2000.07
	穆志纯	男	1952.01	教授	1998.07
	石中锁	男	1964.03	教授	2001.07
	尹怡欣	男	1957.04	教授	1999.07
	郑德玲	女	1939.06	教授	1992.10
	孙　铁	男	1952.04	研究员	2001.11
信·自控研究所	孙一康	男	1932.04	教授	1980.12
	童朝南	男	1955.06	研究员	1997.07
	杨卫东	男	1952.10	研究员	1998.07
信·教学实验中心	曾树全	男	1946.10	高级高工	2000.08
管·财务与会计系	樊彩霞	女	1958.11	教授	2002.07
	肖　明	男	1963.10	教授	2001.07
管·工商管理系	戴淑芬	女	1963.09	教授	2002.07
	瞿国忠	男	1950.04	教授	2000.07
	何维达	男	1960.02	研究员	1998.09
管·管理科学与工程系	高俊山	男	1953.04	教授	1997.09
	高学东	男	1963.11	教授	1997.09
	李铁克	男	1958.07	研究员	2000.03
	潘永泉	男	1957.09	教授	1996.09
	王道平	男	1964.07	教授	1998.11
	张　群	男	1950.11	教授	1995.09
管·国际经济与贸易系	贾建华	男	1954.11	教授	1999.09
	李明英	女	1956.06	教授	1998.07
	刘　澄	男	1967.06	教授	2001.09
管·国际经济与贸易系 MBA 中心	王宾容	女	1964.03	教授	2003.07
管·管理学院办公室	谢　湲	女	1961.08	教授	2001.09
文·艺教中心	王列生	男	1958.10	教授	
文·高教所	毛祖桓	男	1948.12	教授	2000.11
文·公共管理系	汪大海	男	1964.10	教授	2001.07
	许　放	男	1950.07	教授	1995.09
文·社科系	刘静珠	女	1950.11	教授	2002.07
	佟玉兰	女	1947.05	教授	1999.09
	颜　锋	男	1953.06	教授	2002.07
	陆　宁	女	1955.04	教授	2003.07
文·社政系	陆　俊	男	1961.08	教授	2000.11
	周湘斌	女	1954.11	教授	1999.09

续表

单 位	姓 名	性 别	出生年月	职 称	提职时间
	时丽荣	女	1963.03	研究员	2001.01
应·化学系	李文军	男	1960.05	教授	2000.07
	鲁毅强	男	1944.06	教授	1999.09
	温美娟	女	1946.01	教授	1999.09
	范慧俐	女	1963.06	教授	2003.07
应·数力系	范玉姝	女	1948.12	教授	1999.09
	李安贵	男	1949.09	教授	1999.09
	廖福成	男	1957.01	教授	1996.09
	闵乐泉	男	1951.07	教授	1995.09
	尚新春	男	1958.08	教授	2000.07
	孙仁济	男	1945.05	教授	1994.09
	张晓丹	女	1959.05	教授	2000.07
	马万彪	男	1961.08	教授	2003.07
	汪飞星	男	1957.11	教授	2003.07
	郑连存	男	1957.06	教授	2003.07
应·物理系	冯 澎	男	1956.10	教授	2000.07
	罗 胜	女	1945.09	教授	1997.09
	潘礼庆	男	1964.11	教授	2001.07
	邱 宏	男	1963.02	教授	2000.07
	田 跃	男	1956.03	教授	2001.07
	吴 平	女	1962.10	教授	2002.07
	王风平	女	1962.10	教授	2003.07
应·应用学院办公室	申亚男	女	1961.02	教授	2002.07
外·大学英语教学部	梁素芹	女	1951.09	教授	1999.09
外·研究生英语教学部	张敬源	男	1966.04	教授	2003.11
	赵 纬	女	1950.05	教授	2001.11
外·英语系	何 沂	女	1958.07	教授	1998.07
	彭 漪	女	1956.07	教授	1998.07
教务处	蔡嗣径	男	1952.10	教授	1996.07
	郭景文	男	1959.12	研究员	2002.10
	孙玉珍	女	1946.02	研究员	2000.11
	杨 鹏	男	1963.05	教授	2001.07
研究生院	张 跃	男	1958.11	研究员	1995.12
	李仲学	男	1957.05	教授	1994.07
科学技术处	孙冬柏	男	1959.07	教授	1999.07
	刘月娥	女	1949.05	研究员	2000.11
	杨玲莉	女	1956.07	研究员	2003.11
财务处	何民庆	男	1962.08	教授	2003.07
党、校办	孙祖庆	男	1944.06	教授	1991.06
	王 润	男	1929.06	教授	1981.05
	魏寿昆	男	1907.09	教授	1936.09
	翁海珊	女	1946.04	教授	1997.07

续表

单　位	姓　名	性　别	出生年月	职　称	提职时间
	徐金梧	男	1949.04	教授	1992.10
	杨天钧	男	1943.09	教授	1990.06
	蔡希亮	男	1942.07	高级高工	1993
	李宝林	男	1948.05	研究员	1999.09
纪、监、审办	陆国市	男	1939.02	教授	1993.12
人事处	王维才	男	1960.10	教授	2000.07
外事处	刘永才	男	1946.11	教授	1996.07
体育部	吴铁桥	男	1954.03	教授	2001.11
校医院	王景春	女	1949.12	主任医师	2000.11
开发公司	刘庭成	男	1949.10	高级高工	1999.08
管庄校区	佘元冠	男	1948.09	教授	1999.09
	包成铭	男	1949.04	研究员	1998.07
	马德青	男	1938.11	教授	1992.10
	许学东	男	1954.02	教授	1998.07
	朱梅林	女	1960.02	教授	2001.07
	陈建萍	女	1962.09	教授	2002.07

（李晓东）

财务工作

【概况】 学校实行“统一领导、集中管理”的财务管理体制。财务处是学校的一级财务机构，在主管校领导的领导下开展工作。后勤服务集团和管庄校区实行二级核算，学校对后勤服务集团和科技产业集团实行会计委派制。财务处负有贯彻执行国家财经法规、落实上级主管部门指示精神的职责，统一管理学校的各项财经工作。在学校党委和行政的领导下，财务处在加强财务管理、多渠道筹措教育经费、提高办学效益等方面发挥了重要作用。

截止到2003年12月，财务处在册人数30人，其中高级职称2人，中级职称15人，初级职称13人。

（何民庆）

【总体财务状况】 2003年学校各项收入总计55 710万元，各项支出总计53 680万元。总收入中包括：教育经费拨款23 424万元，占总收入的42%；科研经费拨款6 549万元，占总收入的12%；其他拨款4 183万元，占总收入的7%；教育事业收入12 000万元，占总收入的22%；科研事业收入7 198万元，占总收入的13%；其他收入2 356万元，占总收入的4%。其中国家拨款为34 156万元，占总经费的61.31%万元；自筹经费为21 554万元，占总经费的38.69%。

2003年底，学校拥有资产总值136 167万元，比2002年增加18 329万元，增长15.55%。其中固定资产68 999万元，比2002年增加4 060万元，增长6.25%；长期投资1 982万元，比2002年增加228万元，增长13%；流动资产62 985万元，比2002年增加14 041万元，增长28.69%。2003年底，学校拥有账面净资产109 540万元，占资产总值的80.45%。当年净资产比上年增加11 659万元，增长11.91%。

2003年负债总额为26 627万元，比上年增加6 670万元，资产负债率为19.55%。在负债总额中，应缴财政专户577

万元，比2002年增加457万元；银行贷款16 000万元主要用于学校的基础建设，比2002年增加6 000万元。

（孙亚东）

【财务管理】 2003年，学校相继制定了“北京科技大学关于经济分配政策制定的暂行规定”、“北京科技大学实行‘政府采购’暂行办法（货物部分）”、“北京科技大学房屋修缮工程预结算编制及审核办法”、“北京科技大学关于违反财经制度的处罚规定（试行）”等一系列规章制度，加强了财务管理。

筹集经费方面，学校一方面积极向主管部门反映学校情况，摆出问题，争取最大限度的政府支持，另一方面进行充分调研与论证，积极探索并实践适合学校的资金运作方式，同时学校实行目标管理，加强经费回收，对补充学校经费起到了重要的作用。

为明晰产权、加强管理、确保后勤服务集团占用国有资产的保值和不流失，根据《国务院办公厅转发教育部等部门关于进一步加快高等学校后勤社会化改革意见的通知》和《北京高等学校后勤社会化改革规划的通知》等文件精神，学校在2003年对后勤服务集团占用国有资产情况进行了一次全面清查，掌握了后勤服务集团占用学校资产的详细情况。

根据上级关于治理教育乱收费的文件精神，2003年，学校对各二级单位的收费情况进行了彻底检查，掌握了学校二级单位的收费项目及收费管理情况，对不规范的收费行为进行了整改，进一步规范了教育收费。年内，财务处还对二级单位会计人员进行了业务培训。财务处安装了电子“触摸屏”，在校园网上开通了财务信息查询系统，实现了财务信息网上查询。

（何民庆）

附　录

北京科技大学2002～2003年收入情况表

（单位：万元）

项　　目	2002年		2003年		增减额	增减率（%）
	收入	比重（%）	收入	比重（%）		
一、国家拨款	23 776	51.41%	34 156	61.31%	10 380	43.66%
（一）教育经费拨款	16 197	35.02%	23 424	42.05%	7 227	44.62%
1. 中央教育经费拨款	16 197	35.02%	23 424	42.05%	7 227	44.62%
2. 地方教育经费拨款						
（二）科研经费拨款	3 483	7.53%	6 549	11.76%	3 066	88.03%
1. 中央科研经费拨款	2 731	5.91%	6 037	10.84%	3 306	121.05%
其中：科学事业费拨款	149	0.32%	127	0.23%	－22	－14.77%
科技三项费用	500	1.08%	727	1.30%	227	45.40%
2. 地方科研经费拨款	752	1.62%	512	0.92%	－240	－31.91%
（三）其他经费拨款	4 096	8.86%	4 165	7.48%	69	1.68%
1. 中央科研经费拨款	3 081	6.66%	3 000	5.39%	－81	－2.63%
2. 地方科研经费拨款	1 015	2.20%	1 165	2.09%	150	14.78%
（四）上级补助收入			18	0.02%	18	
二、自筹经费	22 470	48.59%	21 554	38.69%	－916	－4.08%
（一）教育事业收入	12 625	27.30%	12 000	21.54%	－625	－4.95%

续表

费　项　目	2002 年		2003 年		增减额	增减率(%)
	收入	比重(%)	收入	比重(%)		
(二)科研事业收入	6 881	14.88%	7 198	12.92%	317	4.61%
(三)经营收入	48	0.10%	59	0.11%	11	22.92%
(四)附属单位缴款	568	1.23%	694	1.25%	126	22.18%
(五)其他收入	2 348	5.08%	1 603	2.87%	-745	-31.73%
总　收　入	46 246	100.00%	55 710	100.00%	9 464	20.46%

北京科技大学 2002~2003 年支出情况表

(单位:万元)

项　　目	2002 年		2003 年		增减额	增减率(%)
	金额	比重(%)	金额	比重(%)		
一、拨出经费						
二、事业支出	41 329	93.59%	48 317	90.01%	6 988	16.91%
(一)基本支出	36 397	82.42%	38 266	71.29%	1 869	5.14%
教学支出	10 913	24.71%	10 988	20.47%	75	0.69%
科研支出	7 499	16.98%	9 349	17.41%	1 850	24.67%
业务辅助支出	726	1.64%	1 002	1.87%	276	38.02%
行政管理支出	4 186	9.48%	4 456	8.30%	270	6.45%
后勤支出	5 585	12.65%	4 593	8.56%	-992	-17.76%
学生事业支出	1 856	4.20%	2 019	3.76%	163	8.78%
离退休人员保障支出	5 109	11.57%	5 398	10.05%	289	5.66%
其他支出	523	1.19%	461	0.87%	-62	-11.85%
(二)项目支出	4 932	11.17%	10 051	18.72%	5 119	103.79%
教学支出	2 184	4.94%	1 598	2.98%	-586	-26.83%
科研支出	361	0.82%	437	0.81%	76	21.05%
业务辅助支出			29	0.05%	29	
行政管理支出	9	0.02%	158	0.29%	149	1 655.56%
后勤支出	2 313	5.24%	7 450	13.88%	5 137	222.09%
学生事业支出	65	0.15%	101	0.19%	36	55.38%
离退休人员保障支出			278	0.52%	278	
其他支出						
三、经营支出	102	0.23%	43	0.08%	-59	-57.84%
四、对附属单位补助	72	0.16%			-72	-100.00%
五、上缴上级支出						
六、结转自筹基建	2 660	6.02%	5 320	9.91%	2 660	100.00%
合　　计	44 163	100.00%	53 680	100.00%	9 517	21.55%

(管　耘)

实验室管理

【概况】 北京科技大学实验室建设和各类仪器设备(特别是大型贵重仪器设备)的管理工作由实验室管理处负责。实验室管理处的主要职责包括:全校实验室的规划、建制建设;实验技术队伍的建设与管理;各项规章制度的建立与完善;组织实施学校各类仪器设备配备的计划编制、审核、论证、采购、维修、更新改造、调拨、验收、安装调试及设备报废、报失工作;组织设备采购招标工作及对外签订合同的商务谈判工作。实验室管理处下设办公室、实验室管理科、设备管理科、外资贷款办公室。

2003年底,北京科技大学共有各类实验室41个,实验室总使用面积44 163平方米。其中:国家重点实验室1个,国家专业实验室1个,国家工程中心1个,部委开放实验室2个,北京市重点实验室2个,学校基础教学实验室8个,其余各类专业技术实验室26个,实验室技术及管理人员244人,其中高职76人,中职85人,初职48人,工人35人。

全校共有各种仪器设备26 174台/套,总价值34 344万元,其中教学科研仪器设备19 979台/套,价值26 964万元;全校各类大型仪器设备402台/套,价值18 774万元,其中教学科研使用大型仪器设备285台/套,价值14 840万元;全校(40万元以上)大型贵重仪器设备105台/套,其中教学科研使用85台/套,价值10 870万元。2003年学校新增仪器设备2 631台/套,价值3 947万元,其中教学科研仪器设备1 990台/套,价值2 160万元;新增大型仪器设备(10万元以上)46台/套,价值1 991万元,其中教学科研使用大型仪器设备19台/套,价值682万元。学校在用的仪器设备在数量、价值、质量等方面在北京高校中名列前茅,在学校各项工作的发展中发挥重要的基础保障作用。

(孟　江)

【实验室管理】 2003年实验室管理工作主要包括以下几个方面:①参与组织了新金属材料国家重点实验室、高效轧制国家工程中心的评估验收工作,分别于3月份、11月份通过了国家发改委、教育部组织的专家验收,得到较好评价。②结合学校岗位聘任工作,对量化考核办法和人员定编办法进行了修订,组织进行了年度实验室工作人员的考核、定编、聘任工作。参与了专业技术人员技术职务评聘工作。③在学校本科基础课教学实验室通过北京市评估的基础上启动本科专业教学实验室达标评估的准备工作。④组织进行了实验室废旧化学药品的集中处理工作,共集中处理化学药品1.3吨,其中废碱类50公斤,废酸类250公斤,一般的化学试剂1 000公斤,优化了实验环境,提高了实验室环保水平。⑤组织实验室社会开放服务,至10月底收入达111万元,支出72万元。管理国拨重点实验室运行经费110万元,支出72万元。组织进行了实验室工作人员保健工作,发放劳保经费5万元。⑥强化了对各类实验室安全的检查监督工作,确保了无重大安全事故的发生。⑦组织进行了实验技术人员外语培训工作。

(孟　江)

【设备管理】 2003年,购置各类仪器设备2 631台/套,价值3 947万元。全年报废设备入库932台/套,帐外设备入库28台/套,报废设备再利用56台/套,报废设备变价收入83.9万元。全年报废丢失设备销帐680台/套,校内调废设备276台/套。办理进口仪器设备免税手续12项,计72台/套,共54万美元。

(孟　江)

【专项建设项目管理】 1.2003年,在通过学校"十五"期间"211工程"建设项目计划基础上,完成了相应文件的制订工作，接受了国家发改委、教育部组织的中介机构评估并通过；细化了设备购置计划，完成大型仪器设备购置计划的编制、评估工作，共计拟购大型仪器设备138台/套，计划资金0.49亿元，约占国拨资金的80%，其中进口设备占到80%以上，计划购置单价160万元以上设备3台/套、价值589万元。年内，学校经过仔细研究论证并根据教学、科研的需要，提前启动了“十五”“211工程”公服体系三级项目两项，投入建设资金400万元，已基本完成。

2. 世行贷款“中国高教发展”项目将于2004年底结束。北京科技大学世行贷款资金计划210万美元，在完成二标设备到位运行的基础上，组织完成项目设备尾款的编制工作，共编制拟购设备44类，计划资金35.6万美元，设备380台/套；组织完成图书资料三标采购计划3.7万美元（约合人民币47.6万元）；项目建设进入收尾阶段。

3. 中央级高校修购专项建设。因受非典和场地影响，中央级高校专项建设基本完成2002年度10个建设项目（资金1 450万元）建设任务，其中已有7项通过学校专家组验收；计划于2003年度实施的10个项目（计划资金1 200万元）已陆续启动，争取在2004年上半年完成。同时组织进行了2004年度的项目立项申报工作，共申请立项16项，正在评估过程中。

（孟　江）

附　录

北京科技大学实验室一览表

序号	实验室名称	隶属单位	负责人	实验室类别
一		土木学院	纪洪广	
1	土木工程实验室		王宝学	专业实验室
2	环境工程实验室		徐玉琴	专业实验室
3	车辆工程实验室		张民友	专业实验室
4	计算机室			专业实验室
5	资源(地质)实验室		明士祥	专业实验室
二		冶金学院	朱　荣	
6	高温冶金物理化学实验室			专业实验室
7	现代冶金技术实验室			专业实验室
8	生态科学与工程实验室			专业实验室
9	有色金属冶金实验室			专业实验室
三		管理学院		
10	实验中心		王立民	专业实验室
四		材料学院	李晓刚	
11	金属材料实验室	材料学院	陈　俊	基础(技术基础)实验室
12	材料学实验室	实验中心	李春和	专业实验室
13	制备与加工实验室		刘月乔	专业实验室
14	电镜实验室		曹　林	专业实验室
15	综合实验室		刘希和	专业实验室
五		机械学院	郗安民	
16	机械实验中心		崔兴山　张晓丽	专业实验室，其中零件原理室为基础(技术基础)实验室
17	工程训练中心		焦　让　曲开宏	实习基地

续表

序号	实验室名称	隶属单位	负责人	实验室类别
六		信息工程学院	刘贺平	
18	计算机教学实验中心		李滨江　黄全福	基础(技术基础)实验室
19	电工实验室		李秀兰	基础(技术基础)实验室
20	工业自动化实验室		王尚君	专业实验室
21	仪表实验室		李大齐	专业实验室
22	计算机实验室		于　波	专业实验室
23	电子实习基地		牟世堂	实习基地
24	电子信息实验室		曾树全	专业实验室
七		应用学院		
25	力学实验室	数力系	陈章华	基础实验室
26	物理实验室	物理系	吴　平　秦良强	基础实验室
27	化学系实验室	化学系	李文军	基础实验室
28	化学分析中心		张藏淑	中心实验室
八		外国语学院		
29	语音实验室		吴　決	基础实验室
30	电教中心	电教中心	牛长山	中心实验室
31	信息网络中心		杨　扬　刘洪涛	中心实验室
32	计算机室	成人教育学院		专业实验室
33	计算机语音室	研究生院		专业实验室
34	新金属材料国家重点实验室		正:孙祖庆 副:张济山　林均品	国家重点实验室
35	固体电解质冶金测试国家专业实验室		正:张　跃 副:赵海雷　张波萍	国家专业实验室
36	环境断裂国家教委开放实验室		乔利杰	部委级实验室
37	腐蚀、磨蚀与表面技术实验室		何业东	北京市重点实验室
38	先进粉末冶金材料与技术实验室		曲选辉	北京市重点实验室
39	高效轧制国家工程中心		徐金梧	国家工程中心
40	新材料模拟实验室		正:陈难先 副:申　江	部委级实验室
41	管庄校区实验室	管庄校区	曹建波	专业实验室

(孟　江)

房产管理

【概况】　2003年房产管理处认真贯彻落实上级有关房改政策，围绕学校改革发展的实际需要，积极推进住房货币化改革，基本完成无房老职工国家一次性购房补贴发放工作；努力推进校园住房置换工作，完成嘉铭园小区的售房及入住工作，在北京宝晟住房股份有限公司定购清河宝盛北里三栋住宅楼，改善了职工住房条件，为整合学校办学资源、拓展办学空间打下了良好的物质基础。

(刘桂兰)

【购房补贴及售房工作】　为推进学校住房货币化，出台《北京科技大学关于无房教职工购房补贴发放的补充规定》，完成无房老职工及部分校外购房职工的货币补贴计算和发放工作，迄今已发放各类补贴 5 376.69 万元，其中落实国家补贴（含无房补贴和差额补贴）4 135.04 万元，学校一次性补贴 1 241.65 万元；涉及在职职工 598 人，离退休职工 126 人。在落实房补过程中，对于住房情况不清、提供的住房材料不全、异地安置、政策没有涉及或难以把握的职工，经校房改领导小组或房委会研究，其购房补贴暂不落实。

制定《北京科技大学住房面积未达标教职工差额住房补贴发放实施细则》，启动离退休职工差额补贴发放工作，并对所有申请人进行了初审。此外，建立无房职工和购买嘉铭园教职工购房补贴档案。

制定《北京科技大学教职工校外购房补贴办法》，办法规定学校今后不再建设职工住宅，同时停止实物分房，校内腾空住房不再进行调整，并对申请校外购房的教职工提供可选择的购房补贴办法。

完成北京科技大学 2002 年购房补贴决算 1 834.17 万元，涉及职工 223 人；完成 2004 年北京科技大学购房补贴预算，预算金额 18 624.33 万元，涉及职工 4 054 人。

2003 年 9 月底开始办理嘉铭园小区入住手续。本次共售出住房 319 套，277 名教职工搬迁入住。制定《北京科技大学关于购买嘉铭园住房教职工的物业管理费及供暖费补贴办法》，并根据该办法落实购买嘉铭园住房的教职工的物业费及供暖费。

面向社会组织房源并出台相关政策，集体定购清河宝盛北里三栋住宅楼。制定《北京科技大学 2003 年度教职工申请购买宝盛北里住房实施细则》，对购买宝盛北里小区住房制定了具体的操作规则及补贴办法。

（汪分田、褚　洪）

【职工住房管理】 2003 年，启动教职工住房建档工作，该项工作涉及学校职工 5 000 余人。腾出 15 套单元房交后勤集团作为学生用房，安排新报到教师周转住房 100 余人，收回出国、离职人员等住房 8 套。收取校内社会户房租及有线电视费 20 余万元，供暖费 12 余万元。办理 51 栋住户户口 98 户。

（褚　洪、吕瑞平）

【固定资产管理】 为配合差额补贴计算和发放工作，对校本部非售区住房建筑面积 44 742m² 进行了测绘。对校内住房，根据建筑年代、结构的不同，选择出比较有代表性的房屋进行市场评估，为学校出台住房置换方案提供了可靠依据。

完成科群大厦、博士后公寓及办公楼房屋产权的登记工作。土地登记工作也已基本完成。完成后勤集团的固定资产清查工作，2003 年后勤集团在用家具资产 529.36 万元，其中占用学校资金 500.09 万元，各类用房面积 80 851m²。

2003 年，土木环境大楼落成，总建筑面积 2 万余平方米。根据国家建设部、原计委、教委联合下发的《普通高等学校建筑规划面积指示》（建标［1992］245 号），按照教务处、研究生院和规划办提供的教学计划、在校生人数及招生规模，分配给土木与环境学院行政、教学、科研用房 16 000m²（包括结构实验室 861m²）。

为加强公用房屋管理，清理整顿闲散房屋的出租，制定《北京科技大学房屋出租管理若干规定》。

（刘桂兰、姚国臣）

【环保工作】 实施环保治理项目，投资 40 多万元对后勤集团饮食中心、会议中心的食堂油烟进行治理，从而完成继供暖锅炉、洗浴锅炉、学生食堂等煤改气治理工程后的学校大气污染治理工作。2003 年度开始对校医院污水进行消毒处理。开展环保宣传教育，编写印发 16 万字的《环境保护法规实用手册》500 本。加强环保法制化管理，制定《北京科技大学环境保护管理办法》和《北京科技大学危险化学品安全管理条例》。

2003 年 7 月海淀区环保局重新核定学校排污情况，开始按《排污费征收使用管理条例》实行新的排污收费政策。新标准以污染物排放总量控制为重点，加大了排污收费力度，将超标排污的单因子收费改为排污就多的多因子收费，扩大了收费范围，大幅度提高了收费标准。2003 年学校新水用量

242.97万吨，排放污水核定为114.87万吨。处理废弃危险化学药品1.3吨。年燃气量787.55万立方米。2003年缴纳排污费合计16.3万元。学校目前有放射源18块，从事与放射工作有关的人员12人。

（耿小红）

招生与就业指导

【招生工作】 北京科技大学2003年的招生录取工作于八月中旬圆满完成。2003年，北京科技大学积极参加招生录取方式的改革，做了精心的准备和组织，本科和高职在全国各省市均实现了远程网上录取。北京科技大学2003年共有26个理科专业、3个文科专业、6个文理兼收的专业，面向全国31个省、市、自治区招收本科生2 500余人，包括文科生365人，理工科学生2 185人。其中，包括2001、2002年学校招收的新疆少数民族(民考民)预科生24人转入本科学习；5名内地西藏班学生；优秀高职毕业生专接本19人；工业设计(艺术类)20人；录取专科生(高职)500人；录取新疆少数民族(民考民)预科生20人。另外，学校2003年在港澳台地区招收了6名本科生，其中2名为澳门保送生。从新生的基本情况看，男生1 690人，占66.3%，女生860人，占33.7%；城镇户口1 766人，占69.3%，农村户口784人，占30.7%；应届生2 063人，占80.9%，往届生487人，占19.1%；汉族学生2 346人，占92%，少数民族学生204人，占8.0%；党员42人，占1.6%。学校2003年第一志愿录取率为93.5%，略低于前几年的第一志愿录取率，录取调剂志愿率为2.2%，比前几年有所上升。从录取专业志愿统计看，最热门的专业有国际经济与贸易、电子信息工程、通信工程、计算机科学与技术、生物技术、数学与应用数学，其第一专业志愿录取率均超过80%。生源差的专业有材料成型及控制、矿物资源工程、建筑环境与设备工程专业等。2003年，在“非典型肺炎”防治工作的非常时期，也是高校招生咨询和宣传的高峰时期。为了满足广大考生和家长的咨询要求，学校采取了很多措施，充分利用电视台、报纸，网站等媒体，宣传学校，基本保证了生源。

（韩　经、尹兆华）

【就业工作】 2003年，是中国高等学校扩招后的毕业生走向市场的第一年，全国高校毕业生比2002年增加67万，增幅达46%。北京科技大学共有毕业生2 700名，其中研究生631人，本科毕业生1 875人，专科生高职毕业生194人。面对严峻的就业形势，学校高度重视毕业生的就业工作，2003年3月17日，学校召开了“北京科技大学2003年就业工作会”，校党委副书记王民忠在就业工作会上做了“强化人才培养的市场意识，开创学校学生就业工作的新局面”的报告。会后，下发了北京科技大学《关于进一步加强毕业生就业工作的意见》，成立了以校长为组长的就业工作委员会。同时，对就业工作的经费、场地、人员等硬件条件给予了保障。同时，学校充分调动各方面的积极性，真正开创了“人人关心就业，时时关心就业”的局面。

工作中，学校就业指导中心采取“早规划、早准备、早动员”的方针，有力的促进了毕业生的“早定位、早决策”。2002年9月，学校就业指导中心就着手制定北京科技大学2003届毕业生就业方案，根据学校具体情况，下发了《北京科技大学2003届本、专科毕业生就业工作暂行规定》和《北京科技大学2003届研究生就业工作暂行规定》。2002年11月，就业指导中心对所有毕业生进行了一次大规模的问卷调查，详细了解毕业生的求职意向、在求职过程中最关心的问题、择业地区、择业方向等，为就业指导工作提供了依据。2002年12月初，就业指导中心对学校毕业生情况进行了统计，并将这些信息通过各种形式寄送给用人单位，共向全国企事业单位寄送学生信息6 000多份。2003年1月，编辑《北京科技大学毕业生就业工作手册》，发到每一位毕业生手中，使毕业生详细了解学校的就业政策、就业流程、就业过程中可能遇到的问题及解决办法等。2003年1月11日，学校召开了一次大型招聘会，有近100家单位参加了这次招聘会。为了给毕业生提供更多的双选机会，学校积极组织学生参加由北京市教委、北京市人事局组织的各类供需见面会。同时免费提供多媒体场地，吸引用人单位到学校组织专场小型供需见面会共计100余场。特别是非典期间，学校拓宽思路搞创新，充分利用电话、网络视讯和学校邮局等方式，为用人单位和毕业生的双选提供机会，并适时组织部分单位在学校召开了多场小型露天招聘会，使学生就业工作受非典的影响降到了最低点。中央电视台新闻联播、北京电视台新闻联播、中国教育台、《中国教育报》、《现代教育报》、《北京晚报》等多家媒体对学校非典时期的毕业生就业工作均进行了报道。

经过各方面的努力，截止到2003年9月30日，学校全员一次就业率为94.04%，其中本科生一次就业率为93.49%；本、专科生一次就业率为92.75%。从毕业生就业地区分布看，大中城市仍是广大毕业生的首选。北京、上海等经济发达城市较为集中，据统计，在北京、上海、天津、广东、重庆5个地区就业人数占实际本科毕业生的80.18%，90%以上的非定向研究生在北京、上海就业。毕业生的择业范围越来越广，流向几乎遍布所有的行业。

（韩　经、尹兆华）

附　录

2003年在全国(除西藏外)30个省市自治区的最高分、最低分、平均分以及各省市重点线统计表

科类	省、市、自治区	重点线	最高分	最低分	平均分	平均分与控制线差
理科	北京	455	578	530	543	88
	天津	452	571	487	516	64
	河北	513	604	537	571	58
	山西	487	572	495	522	35
	内蒙	456	548	512	523	67
	辽宁	523	633	527	589	66
	吉林	462	582	497	527	65
	黑龙江	476	577	516	536	60
	上海	435	493	437	458	23
	江苏	501	588	502	545	44
	浙江	508	576	552	561	53
	安徽	482	574	519	542	60
	福建	494	585	495	544	50
	江西	512	596	513	550	38
	山东	524	604	537	579	55
	河南	575	628	604	611	36
	湖北	502	602	502	542	40

续表

科类	省、市、自治区	重点线	最高分	最低分	平均分	平均分与控制线差
	湖南	501	582	541	556	55
	广东	643	766	656	687	44
	广西	643	740	657	694	51
	海南	589	711	641	675	86
	四川	488	585	490	542	54
	重庆	463	605	464	521	58
	贵州	436	567	480	522	86
	云南	402	535	471	505	103
	陕西	467	599	525	553	86
	甘肃	458	580	467	513	55
	青海	338	484	347	448	110
	宁夏	426	540	460	506	80
	新疆	456	555	516	532	76
文科	北京	470	549	512	524	54
	天津	477	564	524	540	63
	河北	531	591	534	567	36
	山西	518	582	541	553	35
	内蒙	487	556	529	537	50
	山东	552	626	566	593	41

（韩　经、尹兆华）

审计工作

【概况】 2003年，审计室认真贯彻党的“十六大”提出的深化教育改革和温家宝总理关于“监察、审计部门要依法独立地履行监督职责”的指示精神，按照教育部、北京市教委《2003年教育审计工作要点》等有关文件的要求，贯彻“适应改革，创新审计”的思想，围绕学校的经济工作开展审计。除了完成原有的审计项目如财务审计、基建和修缮工程审计等以外，2003年还进行了体现较新审计内容的对北京科技大学银行账户的监督和对副校级领导干部的经济责任审计。

（汪九万）

【主要工作】 2003年主要完成的工作有以下几个方面：

1. 财务审计。配合学校产业改制工作，对实验工厂、开发总公司等五家单位的财务进行了审计。提出审计建议共15条。

对两名负有独立经济责任的原开发总公司副总经理进行了干部经济责任审计，提出审计建议共4条。

2. 基建和修缮工程审计。完成基建审计33项，报审金额为6 968万元，审减77万元；完成修缮工程审计110项，报审金额为2 568万元，审减90万元。两项共计审减金额为167万元。

代表校本部参与管庄校区综合基础设施工程改造施工的管理工作。该项综合基础设施工程共投入700余万元，工程已经竣工。由于严格把住施工用建筑材料质量和施工的各道工序等关口，质量得到保证，受到好评。

3. 做好学校银行账户的监督工作。银行账户是每个单位货币资金流动的原始记载,是加强财经纪律的重要环节。审计室按上级要求,组织人员监督有关部门银行账户的设置和使用。此项工作还处于摸索阶段。

自2002年教育部对部属各高等学校的银行账户清理整顿告一段落以后,审计室抓住这有利时机,对学校有关部门保留的银行账户进行了核实,确认这些账户存在的合法性。从2003年初开始,比较严格地实行银行对账单审签制度。每月审签时都检查银行账户的个数,实际工作中2003年没有增加银行账户,较好地执行了财务制度。审查每个账户上资金的进出是不是符合财会制度。审查银行对账单调节表的真实性等。审计室与各级签字责任人保持经常的联系也是防止出现疏漏的重要环节。

在此基础上,2003年审签学校科研结算经费474万元。撰写审计论文2篇进行交流并报有关单位汇集出版。

4. 对副校级领导干部的经济责任审计。2003年审计室受教育部有关领导部门的委托,对一名副校长进行了离任经济责任审计,在加强校级领导干部审计监督方面进行了初步尝试。

(汪九万)

国际及港澳台交流与合作

【概况】 2003年,北京科技大学的国际及港澳台交流与合作工作因受非典影响,来校讲学、合作科研和访问的国外及港澳台专家、教授大幅度减少,聘请外籍及港澳台专家、教师项目无法正常进行,出访和派出工作也受到影响。尽管如此,2003年北京科技大学的国际及港澳台交流与合作工作仍取得了较好的成绩。2003年共接待国外及港澳台来校讲学、合作科研和交流的专家、学者和学生243人次(其中学生136人),聘请长短期专家29人;学校出国讲学、参加国际学术会议和交流人数为131人次;截止2003年底,与北京科技大学建立校际合作关系的国外及港澳台大学共38所。

(毕惠芳)

【校际交流与合作】 2003年11月21日,北京科技大学与德国亚琛工业大学(Aachen University of Technology)签定了2004~2007年合作协议。根据协议,北京科技大学将与德国亚琛工业大学每年共同培养20名冶金、材料学科的硕士生;北京科技大学推荐一批硕士毕业生到亚琛工业大学攻读博士学位;每两年亚琛工业大学派一批学生到北京科技大学实习和访问,北京科技大学派遣一批青年教师到亚琛工业大学作短期科学研究工作。

2003年7月31日,北京科技大学与韩国国立顺天大学在校际交流与合作方面达成新的协议,决定从2004年起,恢复两校每年一次的学术研讨会,并邀请韩国国立昌原大学组团参加;两校每年交换四名学生到对方学习一年;北京科技大学每年派一名优秀汉语教师到顺天大学中文系执教;双方努力争取本国有关科研基金的支持,积极开展科研合作。

2003年10月27日,北京科技大学与澳大利亚卧龙岗大学续签了两校校际合作协议。

2003年,北京科技大学与比利时鲁汶技术学院合作举办的“多媒体技术与虚拟现实”研究生班第二期45位学员完成学业,获比利时鲁汶技术学院硕士学位。截止2003年已毕业两期学员,共63名。从2004年开始,该班改名为“电子媒体工程”,学制二年,改名后的第一批学员67人已顺利入学。

北京科技大学与美国得克萨斯大学阿灵顿商学院合作举办的EMBA班第二期学员共57人已顺利入学。截至2003年EMBA班共两期115名学员在读，教学水平得到主管部门和社会的广泛肯定。

北京科技大学与日本室兰工业大学就建立校际关系及在"适应生命和人类活动的新一代软件关键技术"的研究与开发进行合作等事宜达成一致，并于2004年2月签订了合作协议，两校准备于2004年7月在北京科技大学举办"人工生命与感性工学"学术会议。

北京科技大学与韩国浦项工业大学已就两校建立校际合作关系达成一致，合作协议已商讨完毕，将于2004年4月北京科技大学代表团访问浦项工业大学期间签字。

北京科技大学与丹麦科技大学和南丹麦大学就接受北京科技大学应届本科毕业生到该两所大学攻读硕士研究生事宜达成一致。目前已有计算机、电子、机械、数学和化学等专业的43名学生通过初选，分别于2004年1月5日和7日进行最后的面试工作，共有7名学生获两丹麦大学的入学录取通知书(丹麦科技大学录取4名，南丹麦大学录取3名)。

（毕惠芳）

【国际学术交流与访问】 2003年，北京科技大学共接待来访的境外专家、教授和学者及其他人士共44批，243人次。其中包括来北京科技大学交流的比利时鲁汶技术学院学生136人。主要代表团有：以校长金在棊博士为团长的韩国国立顺天大学代表团、以先进科学技术合作中心主任谷川徹教授为团长的日本九州大学代表团、以UDAY PAL教授为团长的美国波斯顿大学代表团、以新西兰皇家学会院士、奥克兰大学工学院副院长高唯教授为团长的奥克兰大学代表团、以卧龙岗大学工学院院长CHRISTOPHER COOK教授为团长的澳大利亚卧龙岗大学代表团、以所长尹行男教授为团长的朝鲜科学院焊接研究所代表团、以井口泰孝教授为团长的日本东北大学代表团、以德国亚琛工业大学矿冶学院院长REINER KOPP为团长的亚琛工业大学代表团和以VIDAM M. LEVIN主任为团长的俄罗斯科学院生物化学物理研究所代表团。

2003年9月15日，1999年诺贝尔经济奖获得者、被誉为"欧元之父"的Robert A.Mundell博士应邀来北京科技大学讲学，并受聘为北京科技大学名誉教授。

2003年，北京科技大学因公出国(境)总人数为131人次，其中出国留学人数为28人(博士研究生5人、本科生3人、高级访问学者11人、普通访问学者9人)、出席国际会议40人次、讲学及合作研究7人次、出国考察及随团访问56人次。

10月3日～18日，校长杨天钧教授带团出访德国亚琛工业大学、法国保尔萨巴蒂大学和意大利罗马国家材料研究中心，分别与上述院所就学术交流与合作达成协定。

10月4日～23日，副校长孙祖庆教授带团出访美国洛杉矶加州大学、得克萨斯大学、密西根工业大学、加拿大麦克麻斯特大学和蒙特利尔大学，与上述大学就学术交流与合作、学生交流和合作办学等事宜达成协定。

10月7日～23日，党委副书记陈世禄教授带团赴德国斯图加特出席由北京科技大学、斯图加特应用技术大学、波兰阿坡东工业大学和北京工业大学共同举办的"2003年德国－中国－波兰环境工程国际研讨会"，北京科技大学代表团在研讨会上发表了7篇学术论文。

11月18日～25日，副校长徐金梧教授随教育部代表团赴德国出席"2003年中国－德国大学校长论坛"，会议期间，徐金梧副校长代表北京科技大学与德国亚琛工业大学签定了2004～2007年间校际合作协议。

11月6日～12月21日，副校长权良柱教授随教育部代表团赴美国、加拿大访问，考察了上述两国大学校园管理工作。

11月6日～12月21日，党委副书记王民忠教授随教育部代表团赴英国参加了由中国国家外国专家局和教育部组织的"高校领导赴海外培训"项目。

（毕惠芳）

【港澳台地区交流】 2003年北京科技大学共接待港澳台地区来访人员21人次，其中包括台北科技大学校长张天津博士、台湾朝阳科技大学校长杨濬中博士、香港科技大学著名材料专家张统一等。

11月8日，北京科技大学在逸夫馆贵宾厅隆重举行仪式，授予台北科技大学校长张天津博士—北京科技大学名誉教授称号，以表彰张天津博士多年来在促进两校学术交流与合作工作方面所做出的贡献。

11月9日，台湾朝阳科技大学校长杨濬中博士率团访问北京科技大学，这是杨濬中博士出任朝阳科技大学校长后的首次来访。

9月28日～10月12日，党委副书记李宝林教授带团访问了台湾的台北科技大学、大叶大学、实践大学、长庚大学、成功大学、朝阳科技大学和濬山科技大学等，并与上述学校签定了一系列学术交流与合作协议。

（毕惠芳）

【引智工作】 2003年，北京科技大学引进国外智力工作因受非典影响，教育部下达的2003年聘请外国文教专家重点项目无法执行，大部分聘请外国文教专家普通项目也未能完成。聘请的14位外籍语言教师中，12位终止合同回国。但是在广大教师和外事处工作人员的共同努力下，仍完成了计划内一位长期专家、28位短期专家的聘请。同时，在非典之后，聘请了计划外短期外国专家35人来北京科技大学进行讲学和科研合作；并聘请了多名英语、日语外教及临时代课外教来北京科技大学任教。

（毕惠芳）

【日中友好高龄者大学】 根据学校外事处与日中友好高龄者大学推进委员会商定的计划，日中友好高龄者大学在2003年选送4批学员到北京科技大学学习。因受非典影响，双方商定取消45期（4月）和46期（6月）学习的计划。2003年8月24日日中友好高龄者大学推进委员会会长泷本清英先生和事务局长落合研一郎先生来北京考察北京非典后的情况，北京科技大学原校长李静波教授向他们详细介绍了北京抗击非典的情况，欢迎日本朋友继续来北京学习，并商定了2004年日中友好高龄者大学来北京科技大学学习的计划。

（毕惠芳）

附　录

2003年北京科技大学聘请外国及港澳台专家名单

专家姓名	国家及地区	性别	学位	职称	担任工作
Sang W. Joo（朱祥佑）	韩国	男			商讨合作
Hyun Bo Shim（沈眩甫）	韩国	男	博士	机械副教授	商讨合作
钟似璇	美国	男			讲学
FRANDS VOSS	丹麦	男	博士	产品创新	商讨合作
FLEMMING STASSOR	丹麦	男		计算机副教授	商讨合作
BO SKJOLD LARSEN	丹麦	男		环境工程	商讨合作
TRINE NIELSEN	丹麦	女			商讨合作
AMY KIRLE LEZBERG	美国	女		教授	讲学
Toru Tanigawa（谷川徹）	日本	男	博士	管理教授	讲学
Kazuhiko Jinnai（阵内和彦）	日本	男	博士	材料教授	讲学
Megumi Takata（高田仁）	日本	男	博士	经济副教授	讲学
Katsuhiko Furukawa（古川胜彦）	日本	男	博士	化学助教授	讲学
Masaharu Okada（冈田昌治）	日本	男	博士	MBA助教授	讲学
阿部文隆	日本	男			讲学
Guido Vercammen	比利时	男		管理教授	商讨合作
Wim Polet	比利时	男			商讨合作

续表

专家姓名	国家及地区	性别	学位	职称	担任工作
克里丝蒂	比利时	女			商讨合作
MarcF. Bennett(白武德)	美国	男			讲学
余相冰	澳大利亚	男			讲学
廖全保	澳大利亚	男			商讨合作
PHILIPPE RAGOT	法国	男			讲学
BADINTER	摩尔多瓦	男	博士		讲学
金在基	韩国	男			商讨合作
河东秀	韩国	男	博士	有机化学教授	商讨合作
金星初	韩国	男	博士	教授	商讨合作
金薰镐	韩国	男		教授	商讨合作
蔡文龙	美国	男	博士		讲学
Yuanxiang Zhu	美国	男	博士	教授	商讨合作
Robert. A Mundell	美国	男			讲学
GAO WEI(高唯)	新西兰	男		教授	讲学
Christopher Cook	澳大利亚	男		教授	商讨合作
Kiet A. Tieu	澳大利亚	男		教授	商讨合作
Rain J. Dippenaar	澳大利亚	男		教授	商讨合作
Zhengyi Jiang	澳大利亚	男	博士		商讨合作
尹行男	朝鲜	男			讲学
郑成德	朝鲜	男			讲学
邱载权	朝鲜	男			讲学
徐承德	朝鲜	男			讲学
白道权	朝鲜	男			讲学
James Cross	美国	男			商讨合作
张天津	台湾		博士		讲学
王之珊	台湾	女			讲学
杨濬中	台湾	男	博士	信息教授	讲学
杨文广	台湾	男			讲学
廖年欣	台湾	男	硕士	工业工程副教授	讲学
廖经芳	台湾	男	博士	工业工程教授	讲学
黄台生	台湾	男	博士	工业设计副教授	讲学
许光华	台湾	男	博士	财务金融副教授	讲学
YASUTAKA IGUCHI(井口泰孝)	日本	男		教授	讲学
Vidam M.Levin	俄罗斯	男		教授	讲学
管原 正孝	日本	男		教授	商讨合作
宫泽脩	日本	男			商讨合作
滨崎 亀英	日本	男			商讨合作
王　英	日本	女			商讨合作
S.M.HAO	日本	男		教授	数学
T. MOHRI	日本	男		教授	冶金
PAULA M. VIARIBHO	葡萄牙	男	博士	教授	讲学
I.M. SALVADO	葡萄牙	男		教授	讲学
VIKTAR SIDARE	白俄罗斯	男	博士	教授	讲学
KRISHNA	印度	男	博士	教授	讲学

续表

专家姓名	国家及地区	性别	学位	职称	担任工作
CHAKRABARTY	印度	男	博士	教授	讲学
LYUDMYLA	乌克兰	女	博士	教授	讲学
GANNA STOVPCHENKO	乌克兰	女	博士	教授	讲学
YASUHIRO TAKEUCH	日本	男	博士	教授	讲学
张统一	香港	男	博士	教授	讲学
王忠林	美国	男	博士	教授	讲学
LU CHENGYONG	美国	男	博士	教授	讲学
U B PAUL	美国	男	博士	教授	讲学
DAQING JIN	美国	男	博士	教授	讲学
KOPP REINE	德国	男	博士	教授	讲学
SHIMAHALA	日本	男	博士	教授	讲学
THOMAS TSAI	美国	男	博士	教授	讲学
CHERRY ROWLING	英国	男	博士	教授	讲学
HUANG JIANKANG	美国	男	博士	教授	讲学
VICTOR RALCHENKO	俄罗斯	男	博士	教授	讲学
ALEX KHOMICH	俄罗斯	男	博士	教授	讲学
清水吉治	日本	男	博士	教授	讲学
LU CHENQING	美国	男	博士	教授	讲学
金奎虎	韩国	男	博士	教授	讲学
JIN ZHONGYI	韩国	男	博士	教授	讲学
后藤正治	日本	男	博士	教授	讲学
ZHOU CHUXIN	美国	男	博士	教授	讲学
Christopher Payne	英国	男	硕士		讲学
Helen M Higgs	英国	女	学士		讲学
Eva Chang	美国	女	学士		讲学
George B. Leach	美国	男	博士		讲学
David Chang	加拿大	男	博士		讲学
Hashimoto Kenji	日本	男	博士		科学研究
稻留淳子	日本	女	学士		讲学
板垣凌子	日本	女	学士		讲学

2003年来北京科技大学交流项目及来访人次一览表

国别	项目数	人次	国别	项目数	人次
德国	2	4	日本	7	20
俄罗斯	2	3	法国	1	2
乌克兰	1	2	比利时	1	139
新西兰	1	1	葡萄牙	1	2
美国	11	17	香港	1	1
澳大利亚	2	5	台湾	3	21
韩国	3	10	加拿大	1	1
朝鲜	1	6	丹麦	2	4
英国	2	3	其它	2	2

历年来北京科技大学讲学及访问的国别及地区人数统计表

年份	总数	加拿大	美国	日本	德国	瑞典	英国	澳大利亚	独联体	法国	其他
1984	162	15	14	69	39	1	17	3	0	0	4
1985	259	40	89	68	26	7	17	8	1	0	3
1986	259	44	52	61	35	6	12	15	5	3	26
1987	271	39	43	51	46	6	34	13	9	11	19
1988	363	40	89	103	41	2	14	19	11	19	25
1989	161	16	30	27	27	1	8	2	28	1	21
1990	246	15	46	66	22	6	7	22	21	1	40
1991	216	15	35	82	14	2	9	9	28	1	21
1992	282	5	47	30	24	7	27	16	34	2	90
1993	281	5	26	30	60	11	16	4	8	28	93
1994	234	13	23	78	21	3	19	9	12	5	51
1995	231	17	58	83	8	2	13	4	6	4	36
1996	202	5	29	21	16	25	21	4	5	1	75
1997	262	10	41	40	10	5	9	17	4	1	125
1998	327	7	45	48	20	9	29	2	14	12	141
1999	243	10	53	31	8	2	12	10	6	0	111
2000	355	4	43	73	11	5	8	3	38	0	170
2001	276	0	34	36	7	0	7	2	23	0	167
2002	329	15	39	45	10	0	14	9	25	10	162
2003	243	1	17	20	4	0	3	5	6	2	185

北京科技大学历年派出人员数字统计表

	79~94	95	96	97	98	99	00	01	02	03	累计
派出人数	656	13	18	62	45	22	43	27	24	28	938
研究生	173	2	2	26	19	13	31	8	1	5	280
进修学者	477	11	16	36	26	9	12	19	23	23	652
回国人数	362	10	12	24	18	13	25	13	1	16	494
出席会议	339	36	42	62	72	43	65	50	49	40	798
出国讲学	121	47	28	52	73	75	28	45	35	7	511
出国访问	364	62	2	38	15	34	53	56	30	56	769

北京科技大学2003年因公出国统计表

	国际会议	合作研究	访问考察	长期任教	短期讲学	实习培训	其他	合计
美国	5	2	9	0	0	0	0	16
澳大利亚	0	0	0	0	0	0	0	0
法国	3	0	7	0	0	0	0	10
加拿大	0	0	9	0	0	0	0	9
日本	7	1	1	0	0	1	0	10
荷兰	1	0	0	0	0	0	0	1
韩国	0	0	0	1	0	0	0	1
越南	0	0	0	0	0	0	2	2
埃及	0	0	1	0	0	0	0	1
西班牙	4	0	0	0	0	0	0	4
德国	11	1	12	0	0	0	0	24

续表

	国际会议	合作研究	访问考察	长期任教	短期讲学	实习培训	其他	合计
新西兰	1	0	0	0	0	0	0	1
印度	0	0	1	0	0	0	0	1
俄罗斯	0	0	1	0	0	0	0	1
意大利	3	0	4	0	0	0	0	7
巴西	2	0	0	0	0	0	0	2
南非	1	0	0	0	0	0	0	1
摩尔多瓦	0	2	0	0	0	0	0	2
奥地利	1	0	1	0	0	0	0	2
比利时	0	0	1	0	0	0	0	1
英国	0	0	5	0	0	0	0	5
瑞士	1	0	1	0	0	0	0	2
合计	40	6	53	1	0	1	2	103

北京科技大学2003年因公赴港澳台情况表

区　域	参加会议	合作研究	访问交流	学术讲学	培训就读	合　计
香港	0	1	1	1	2	5
澳门	0	0	0	0	1	1
台湾	1	0	12	1	0	14
合计	1	1	13	2	3	20

（毕惠芳）

安全保卫与校园综合治理

【概况】 2003年，学校认真贯彻“三个代表”重要思想，落实教育部、北京市关于做好高校安全稳定工作的指示精神，积极采取措施严格管理，加强安全防范，协助公安机关查处各种案件，及时调解矛盾纠纷，妥善处理各类不安定事端；加强校园综合治理，督促落实各项防范措施，深入开展同“法轮功”邪教组织做斗争，维护了学校的安全稳定。

2003年度，安全保卫和校园综合治理工作在全体同志的共同努力下取得了较好的成绩，各种案件的发案率较去年有所下降，破案率有所提高，火灾、火险次数下降。全年未发生重大盗窃案件和重大火灾事故。保卫处被评为北京市非典防治工作先进集体、校非典防治工作先进集体；7名工作人员被评为防非典校级先进个人。学校被评为北京市国家安全工作先进集体、2001～2003年度海淀区严打整治先进集体、海淀区治安综合治理先进单位、海淀区交通安全先进集体、海淀区人民调解工作先进集体；保卫处受到北京市公安局集体嘉奖；一名保卫干部被公安机关记“个人三等功”一次；两名保卫干部受公安机关个人嘉奖；同时两名保卫干部分获北京市消防安全先进个人和海淀区消防安全先进个人；两名保卫干部被评为北京市国家安全工作先进个人；一名保卫干部获海淀区交通安全先进个人；两名保卫干部被评为海淀区人民调解先进个人。

（刘兴德）

【治安防范工作】 加强治安方面的宣传是治安防范工作的一项重要内容。保卫处向学生下发“学生安全须知”4 000余份，并对全体新生集中进行了安全教育与培训。结合公安机关

“冬季百日会战”行动，向师生员工下发了6 000余份《致全校师生的一封信》，使师生员工了解当前治安形势，做好自身防范工作。同时针对学校发案的特点，在易发生案件的地方张贴告示、通知、警示标志等，以提醒师生注意防范。在加大治安方面宣传力度的同时，加强治安管理，以打击各种盗窃犯罪为重点，加大校门检查力度，对车辆、行人严格检查，加大巡逻力度，增加夜间巡逻力量，加强校园“110”巡逻。2003年，学校未发生机动车被盗案件和其他重大盗窃案件。

在加强治安防范的同时，保卫处协助公安机关查处各种案件，调解处理打架斗殴及各种矛盾纠纷。2003年，全校共接报各类案件159起，其中盗窃案件115起、诈骗案件5起、故意伤害案件3起、打架斗殴36起、各种矛盾纠纷18起。接报丢失自行车278辆，抓获偷盗者26人次。与2002年相比，盗窃、诈骗等案件有所下降，打架斗殴事件有所上升，破案率有所提高。全年破获盗窃案件37起。

2003年秋季，我校住在大运村的研究生在来校的路上多次被抢劫和伤害，针对这种情况，保卫处与公安部门配合加强校园周边的治安整治。10月份，在公安部门配合下，成功将被骗至广州并被传销组织滞留控制的文法学院一名女学生找到并解救回校。

（刘兴德）

【消防安全工作】 根据《中华人民共和国消防安全法》、《北京市消防安全管理条例》及北京市政府61号令，认真开展消防安全宣传工作。购买消防安全培训系统、公共场所火灾逃生VCD光盘15套，组织学生和教职工观看并在学校闭路电视中播放。在“11·9”消防宣传活动中，悬挂10条宣传横幅，组织9个学院及后勤集团制作消防安全宣传展板14块，同时印制了《致北京科技大学同学们的一封信》、《校属单位、驻校各单位做好冬季防火工作通知》、《全体居民、住户做好冬季防火工作通知》、《公寓楼学生消防安全须知》等近10 000份，发放至各居民住户及学生宿舍，使居民学生了解有关消防法律知识，提高防范意识。为配合“119”消防宣传活动，增强学生防火意识，提高自救逃生能力，2003年11月23日上午9时，保卫处、学生工作处、后勤集团联合组织在新学生公寓女生宿舍举行了一次以“火灾发生后如何逃生、自救”为主题的消防疏散演习。通过这次演习，增强了学生的安全防范意识，了解了火灾逃生的基本方法，同时检验了新学生公寓消防设施的安全性和可靠性，检验了义务消防队员、各部门协调快速反应能力，《北京日报》对演习进行了相关通报。

为消除火灾隐患，保卫处加大了检查力度，全年特殊时期检查10次，日常检查40次，每天“110”巡逻车都到重点防火部位进行巡视，以便及时发现问题。节假日前对图书馆、印刷厂、科技楼、电教中心、地下空间、招待所等重点部位及学生宿舍进行防火安全检查，对存在的隐患及时采取措施。保卫处与居委会联合请万顺热水器燃气公司为家属住户检修、更换灶具，消除了用气隐患。针对图书馆书库照明系统老化变形现象以及教室与图书馆隔板为易燃材料等问题，保卫处提出改造方案，对书库日光灯进行了全面改造，同时解决了教室与图书馆的隔板问题。

莫斯科友谊大学、北京交通大学相继发生火灾后，学校党委连续召开两次防火工作会议，对学校防火工作进行部署。根据上级要求和学校安排，保卫处与学生处、实验室管理处、后勤集团等部门对学生宿舍、实验室及临时工宿舍、出租房屋进行了安全检查；与居委会对存在火灾隐患较大的西平房居民区进行了检查，签发隐患整改通知书14份，没收违章使用的电器200余件。同时，对家属区楼内通道的杂物进行了全面彻底的清理。

加强对灭火器材的维修与设施检测。年内对科技楼、图书馆、逸夫科技楼烟感式火灾自动报警设施进行了维修、检测；对全校室外56个地下消火栓进行了维修保养；完成了对办公楼、图书馆、科技楼、档案馆、腐蚀楼、教材科、逸夫教学楼及机房实验室、会议中心、逸夫科技馆、家属区学生宿舍等单位的3 143具灭火器的维修；对1 625具到期的灭火器材进行了检修和更换，同时为国家重点实验室新增配灭火器32具，灭火器箱4个，水龙带3盘，应急灯15个，达到了国家重点实验室验收标准；对学生宿舍240个安全出口指示灯具、360个应急灯进行了检修。对全校所有高层建筑避雷装置进行了安全检测。经过全校师生的共同努力，全年未发生重大火灾事故。

（王瑞云）

【交通安全工作】 为做好交通安全工作，保卫处进行了一系列交通安全宣传教育活动。在学生处、团委的配合下，先后组织了以《珍爱生命，做一名高素质的首都大学生》、《交通安全之我所见》为主题的演讲比赛和知识竞赛；开展了“交通安全宣传周”活动，完成交通安全征文5篇、FLASH动画设计作品5篇，并由我校学生发起《致首都高校大学生之交通安全倡议书》，下发交通安全宣传卡7 000多张，制作宣传展板5块，横幅12条，播放《珍爱生命》等系列光盘，发放交通安全宣传材料《关注安全、珍爱生命—致首都大学生的一封信》、《致全体居民、学生一封信》和相关的宣传材料16 000份。制定了《北京科技大学机动车管理办法》、《非机动车管理办法》，落实责任制。年初，交通安全委员会与学校51个单位签订交通安全责任书53份，并随时与进校施工队签订有关责任书。

为保证校园内的交通安全，维护良好交通秩序，保障广大师生有一个安全的学习环境，解决校内任意乱停机动车、非机动车现象，全年共规划机动车停车位480个、非机动车停车位线20 000余延米；共纠正违章停车30余起；同时在西门外安装交通隔离护栏30余米，有效地遏制了西门外违章停车现象。同时为保证学生在校园内的交通安全，根据校内的具体情况，及时制定管理措施，安装隔离路桩31根、交通标志牌16块，规划了校内行车路线。上下课高峰时，路上学生比较密集，保卫处按时间段进行机动车流控制，避免发生交通事故，保护了师生的交通安全。

全年未发生重大交通事故，共计调解交通纠纷8起，同时为机动车出具保险理赔证明32份。

（贯秀芳）

【综合治理工作】 为进一步加强学校综合治理工作，对学校各行政单位及各学院的综合治理领导小组成员重新进行了调整，健全了党委领导下的综合治理组织机构；加强了学生、居民治保队伍的建设，形成专群结合、齐抓共管的工作局面。在健全组织机构基础上，完善规章制度，落实责任制。2003年制定了《北京科技大学校园管理暂行规定》、《北京科技大学外来人口管理规定》。另外，在非典期间，学校制定了校园管理方面的一系列措施和规章制度。年初治安综合治理、防火安全委员会与学校51个单位签订责任书，另外为确保“两会”期间校园稳定，综合治理办公室除向各单位及驻校社会单位送发“关于做好‘两会’期间安全保卫工作的通知”、签订《北京科技大学“两会”安全保卫责任书》及《北京科技大学防火安全工作责任书》之外，协助公安部门与学校地下空间及学校周边商业楼的13个管理单位签订了《房屋租赁治安责任书》。

为有效防治非典，对学校房屋出租单位及个人进行彻底清理整顿，非典期间共封闭出租房屋43间，共清理外来人口1 381人，与出租房主签订《北京科技大学家属区外来人口非典型肺炎防治期间安全管理责任书》及《北京科技大学家属区外来人口安全管理责任书》近300份。为进一步整顿校园环境，加强商业网点规范管理，对校内超市发便利店门前及农贸市场北门前违章占道经营摊点进行清理；清理无照或违规流动摊贩34人次。配合有关部门拆除了贵府酒楼、10栋、50栋等处违章建筑及旧自行车棚3 660平方米。经过清理整顿，净化了校园环境。强化了外来人口管理，实行了外来人口办证、登记、建档的管理制度。特别是非典期间为减少人员流动，办理了北京科技大学教学区和家属区两种“出入证”。为加强人员构成复杂的西平房地区的非典防控工作，现场为西平房地区居民办理了住户和外来人口两种出入证。同时为加强家属区出租房屋、外来人口管理，按照“谁出租，谁管理，谁负责”的原则，与房主签订责任书并和居管会共同办理了外来人口出入证。全年办理各种出入证近19 000人次，建立外来人口档案卡近2 000人。

（徐秋平）

【保密工作】 2003年，学校认真贯彻中共中央和北京市委有关保密工作的指示精神，落实北京市委教育工委《关于加强和改进北京高校保密工作的意见》。3月，学校重新调整充实了校保密委员会成员，恢复保卫处保密科并增加了人员编制，从而使学校的保密组织得到落实，使各项工作得以顺利开展。保密委员会办公室（保密科）利用悬挂横幅、宣传板报、闭路电视等开展有关保密法规宣传。利用闭路电视播放“国家利益”教育电视剧4集和“来自远方的朋友”2集；并发放《北京科技大学涉密人员保密知识手册》200余本；在校园大操场南侧展出了有关国家安全、保密法规等方面的宣传展板21块，向全校师生进行了一次保密知识宣传教育；进行了保密知识问答测试。另外，为使师生了解保密工作情况，还编写保密工作简讯4期。

为做好我校保密工作，使广大师生特别是科研人员更多地了解有关保密法规和保密知识，先后三次邀请市保密局领导来校为全校保密领导小组成员、保密干事、科研课题组长、涉密人员600余人次进行了有关保密法规、定密工作的培训，丰富了保密工作人员及涉密人员保密知识、增强了保密意识、具体掌握了定密的工作方法。为规范保密管理工作，对原保密管理规定进行了修改，制定了《北京科技大学保密工作管理规定附属规定、文件29份和5项保密责任书。与各单位签订保密责任书41份；与涉密人员签订保密协议书66份；科研项目保密责任书56份；编制各类表格32份；制作7项保密工作流程图；从而使我校保密工作更加规范化、制度化。

2003年，完成全校1992年11月1日至2003年3月31日学校各类文件、资料及其他载体的定密工作。在定密基础上，进行了保密重点要害部门、部位的确定，并及时上报北京市保密局。根据北京市保密局及北京市委教育工委的指示及要求，分别对全校的涉密计算机、复印机、传真机及重点涉密单位、部位进行检查，对检查中发现的问题及时与有关单位协调解决。为做好国防武器装备科研生产单位保密资格认证准备工作，按照《认证标准》要求，逐步落实了涉密人员及岗位的界定与管理、国家秘密载体的统计与管理、保密要害部门部位管理、涉密通信计算机系统及办公自动化设备管理、重大涉密活动和涉外保密管理措施，完成了各项保密规章制度的修改完善等工作。全年共办理14篇向国外或国内刊物及会议上发表文章的保密审查工作。

（王叶波）

【政保及稳定工作】 2003年，学校认真做好信访工作和人民内部矛盾调处工作，及时化解和妥善处理改革中出现的矛盾和问题；认真帮助群众解决生活、工作中的困难，消除校园不安定因素；做好“法轮功”练习者已转化人员的帮教工作，巩固转化成果，防止反弹；做好新入校职工学生的审查；加强对校园网的监控和管理，完善学校计算机网络管理制度；特别是做好“两会”期间以及其他重大活动、重大节日期间和敏感期的稳定工作，做好突发事件的防范工作。建立健全了工作机制，加强党委对维护稳定工作的领导，强化了制度建设和组织建设。非典疫情发生后，学校成立了党委领导下的防控工作领导小组，保卫处制定了工作预案，采取一系列措施，确保了校园的安全与稳定。对国内外重大活动和各个敏感期，保卫处分别制定了突发事件的工作预案，并加强了校园门卫管理，加强巡逻，在师生中广泛收集信息，掌握思想动态，努力做好学校政治稳定工作。

2003年，学校将防范和处理“法轮功”工作更加引向深入。开展“四个纳入”，把同“法轮功”组织的斗争纳入“三个代表”的学习，纳入到基层党组织的建设，纳入到治安综合治理体系，纳入到精神文明建设中。建立了党委统一领导、各部门积极参与，集“防范控制、教育转化、巩固基础、发挥作用”于一体的工作制度、工作程序、工作方法，建立斗争的长效机制。加强了敏感期和重大活动期间的防控工作。协助有关部门对“法轮功”人员重点监控，以便及时发现问题，防止事态扩大。两会及其他重要节日，保卫处安排人员加强监控工作，加强校内巡逻与门卫检查，防止散发非法宣传品。对公共区域重点检查，同时加大校门进出人员的盘查力度。全年共查获“法轮功”非法宣传品200余份。对“法轮功”重点人员进行深入调查，对重点部位进行蹲守，重点人员实施跟踪。为防止法轮功分子利用电视插播进行捣乱破坏活动，保卫处组织巡逻人员对校内闭路电视通信光缆、放大器、光接点等重点部位进行监控，加强巡视，防止不法分子进行破坏活动。加强了校园网的监控，保卫处每天安排值班人员对校园网进行监控，防止出现有害信息，对出现的有害信息及时与有关部门联系进行删除。

（王叶波）

【户籍管理工作】 2003年上半年为02级本科生、研究生办理落户手续2 521人，办理02级本科、研究生身份证换领工作2 556人。日常接待补办身份证、户口迁出（入）、借用户口等事宜785人，办理本科、研究生毕业户口迁出2 430人。9月份接收2003级本科、研究生户口3 500余人，完成了户口迁移资料的录入工作。

（康 玲）

【非典时期的保卫工作】 非典疫情发生后，为做好校园防控工作，保卫处根据《北京科技大学防治非典型肺炎工作意见和方案》制定学校《预防“非典型肺炎”保卫工作方案》，成立保卫工作组，明确职责，对防控工作进行了周密部署。充分发挥党组织的战斗堡垒作用，坚决贯彻落实学校党委、行政关于防控工作的指示精神和工作部署，认真执行学校各项规定，落实各项防控措施，以实际行动打好校园防非典保卫战。

根据学校工作布置及防控工作的要求，保卫处先后制定了“非典”防控期间校园校门管理、外来人员管理、出租房屋管理、机动车管理及行人出入证管理等暂行规定并狠抓贯彻落实，加强保安力量，对校园车辆、行人严格验证检查，对来访客人严格验证、登记并测量体温，严格控制学生离校，有效减少了校园人员及车辆的流动，加强对教学区的控制，减少师生交叉感染的机会。加强对校园出租房屋、外来人口进行清理整顿，共清理外来人员1 300多人，出租房屋43间，教学区内小公司10余家，解决了学校多年来未解决的问题。同时，与校内各用工单位及出租房主签订《非典防治工作责任书》，落实外来人员防治工作责任制，并经常性进行检查督促，落实各种防控措施，坚决切断传染源及传播途径。随着校门管理力度的加大，各种突发问题及矛盾纠纷时有发生，在全体保卫干部的共同努力与公安机关的配合下，妥善调解处理50多起突发矛盾，保证了校园的稳定。在严格管理的同时不忘热情服务，由于限制校外车辆进入学校，给师生员工搬运物品造成困难。保卫处规定，只要师生拨打校园“110”，保卫处马上出车，为群众运送物品。非典期间共出车40余次，受到广大师生员工及居民的好评。

（刘兴德）

后勤与基建管理

【概况】 2003年，学校处于大规模基本建设的高峰期，共有学生公寓一期、土木环境楼主体工程两个建设项目竣工，竣工建筑面积5.2万平方米；新开工学生公寓二期、学生食堂、机电信息楼三个基建工程，新开工项目建筑面积11.4万平方米。

（张晓峰）

【后勤服务与管理】 2003年，学校完成了学生公寓一期热水、给排水、暖外线及9号、10号两个钢筋混凝土结构化粪池的施工图设计工作。

2003年初，学校为理化楼、主楼、金物楼、图书馆、管理楼进行配电改造并安装了磁卡电表，在学校暂时为其担付电费期间，后勤基建管理处对购电单位用电性质进行严格审核，确保教学科研用电；对经营性质单位的用电，采取由用电单位自负电费的措施。4月，完成基础设施改造新铺上水管线的接口工作，并对新上水管线进行二次消毒，完成了管道新旧水置换，使全校生活用水均为新管线供水。4月，完成东变电站、东南变电站、科技楼、实验楼、配电室及箱式变电站的配电改造工程并全部投入运行供电。7月，为会议中心安装双电源护投装置，以减少停电，保证会议中心供电可靠性。9月，完成教学区和家属区34栋、11栋、23栋、35栋楼前等地的修路工程，铺设柏油路6 790平方米，同时对后勤集团负责的家属区铺方砖和停车位工程进行监督和管理。9月至10月，学校完成了学生公寓二期采暖外线的改造工程。

年内，学校后勤基建管理处还完成了对全校采暖面积的重新核算，把已拆迁的采暖面积核减，就学校现有面积和现规划面积进行统计，确定2003年全校采暖面积，为学校核拨后勤集团供暖经费提供了依据。为解决学校总体规划而新增建筑面积的用电问题，后勤基建管理处对现有用电情况进行了实地监测统计，并按照总体规划的建设目标和实际检测结果对全校用电负荷进行了重新测算，初步掌握了一些重要参数，为学校今后调整用电系统做了必要的准备工作。

年内，后勤基建管理处完成了2003年度土建工程、水暖工程、电气工程的大修工程任务及对各学院装修工程预决算的审核工作。

（张晓峰）

【基建管理】 2003年，按国家和学校基建程序的要求，后勤基建管理处按时完成了学生食堂、学生公寓二期1、2、3号楼、机电信息楼工程的立项、项目规划意见书、方案审定、人防、消防、绿化、交通组织分析、规划许可证、施工图纸审查等各项前期报批工作。在学校招投标领导小组领导下，严格按规定程序，组织了施工队伍的考察、资格预审、入围单位的确定会和开标、评标等工作，分别确定了招投标结果，学生食堂、学生公寓二期、机电信息楼三个工程的总包单位分别为中国新兴建设开发总公司四公司、中国建筑工程局第二建筑公司、北京市城乡建设集团公司。学校对三个招投标项目的结果进行了公示。

7月，学校拆除了西门附近的贵府饭店，建筑面积780平方米，拆除后在其缺口处新建铁艺围墙33米。年内，学校还完成了1、2、3、6、7、8斋、学生食堂、学生活动中心、旧采矿楼部分和学校实验工厂区的拆迁，总面积18 503.5平方米。完成拆迁范围内地下暖气外线和天然气管线的拆装工作，其中包括拆管线281.4米，安装管线790.6米，改上水200米等。

8月，国际柔联官员本森先生来学校考察奥运场馆建设情况，并达成一致，场馆座位的数量为8 000个。

8月29日，学生公寓一期竣工，工程建筑面积30 000平方米，地上14层，地下1层，剪力墙结构。

10月3日，学生公寓二期1、2、3号楼开工。此二期工程与计划在2004年开工的学生公寓三期工程4、5、6、7号楼共同组成学生公寓区，该学生公寓区南临北四环中路，北临学校运动场，东西均为学校主要内部道路，占地约为5万多平方米，南北长188米，东西长298米，总建筑面积17万多平方米，楼高10～16层，全部为板式公寓楼，有良好的通风采光条件。公寓楼的布局采用与学校现有布局机理相同的布局形式，并形成三个大型的内庭园。学生公寓二期建筑面积70 000平方米，全现浇结构，计划于2004年8月竣工。

10月17日，学生食堂工程开工，该工程总建筑面积1万平方米，建筑高度21.9米，地上4层，地下1层，框架结构。该工程计划于2004年7

月竣工。

12月，土木环境楼主体工程竣工并交付使用，工程建筑面积20 000平方米，地上12层，地下1层，框剪结构。

12月31日，机电信息楼工程开工，本工程西临土木环境楼，东侧北侧为校内道路，南侧为规划广场。总建筑面积34 000平方米，檐高45米，地上12层，地下2层，框架结构。该工程计划于2004年12月竣工。

（张晓峰）

后勤服务

【概况】 2003年，后勤服务集团在编人员418人。根据工作需要，2003年增设副总经理一名，现有总经理一名，副总经理四名。增设了交流培训中心、印刷厂。现机构设置为：集团办公室（下设督察室、总调度室）、人力资源部、财务室、饮食中心、经营中心、物业中心、动力修建中心、交流培训中心、会议中心、印刷厂。

2003年2月28日，后勤集团与学院路邮电局共建的北科大邮电所正式开业。3月6日，后勤服务集团网正式开通，提高了集团的服务功能，积极、及时、公正地反馈各种问题，公布后勤服务新动态。4月19日制定了后勤服务集团防治非典紧急预案。4月21日，后勤服务集团防治非典领导小组及非典指挥中心成立。6月，根据学校《关于学校产业调整中人员隶属关系划转的决定》，做好产业人员调整接收工作。在接收过程中，后勤集团及时把聘用岗位和拟聘用人员通过各种宣传方式给予公告，与每一位划转人员谈话，了解他们的想法，顺利完成了接转149名产业人员的工作任务。配合学校，完成后勤集团固定资产清查工作，编制后勤集团固定资产统计、分析报表。

为改善后勤服务工作，提高后勤服务效率和维修服务水平，后勤集团于年初成立了总调度室，具体负责集团各单位之间的协调和调度，为广大师生员工的工作生活提供了方便；为维护外来务工人员的合法权益，优化后勤服务集团用人环境，提高外来务工人员的素质，维护学校秩序，集团制定了《外来务工人员管理和服务工作办法》，2003年10月起开展了对外地务工人员专项整顿的工作。12月，开展了“优质文明服务月”活动，认真听取群众意见和建议，提高职工服务水平，增强服务意识。

（方　京）

【党建工作】 在学校党委领导下，2003年后勤党委组织全体党员认真学习贯彻“三个代表”重要思想，围绕学校中心工作，结合后勤实际开展活动。

1. 思想建设方面：组织理论中心组学习，中层干部走出去到兄弟院校对口交流，开拓思路；组织党员学习“十六大”报告和新党章，进行百题自测活动；非典时期结合学习“三个代表”重要思想，在党员中开展“保持共产党员先进性”的主题教育，发挥了党员先锋模范作用。结合工作实际开展“优秀党日”活动，教育党员在新时期要继续发扬革命传统和“两个务必”精神，要与时俱进、永葆党员的先进性。9月份，后勤党委召开表彰大会，对2001～2003年校先进集体、先进个人及在非典防治工作中表现突出的共产党员、干部、职工、临时工等70名同志进行了表彰、奖励。加强党风廉政建设，组织40名干部进行“廉政知识测试”活动。加强宣传报道工作，开设后勤党委、后勤集团网站。组织党员、干部培训，结合学习“十六大”报告谈体会；结合学校发展谈后勤工作；组织了“顾客满意”与高校服务、干部的基本素质要求和服务型企业文化知识讲座，使广大干部拓宽了服务知识面，明确了责任及努力方向。

2. 组织建设方面：7月份，接收校产业口党员31名。根据工作安排，重新调整并增设了一个党支部。后勤党委现有党员129人，党支部9个（集团机关、饮食、经营、物业、动力修建、交流培训、后勤基建管理处、房产管理处、校医院党支部）。2003年，发展党员5名、对3名预备党员进行考察，并按期转正。注重入党积极分子的培养教育，6人申请入党，其中2人为外来务工人员，11月份有8人参加了党校培训班学习，均按期结业。9名党支部书记参加了学校“党建和思想政治工作”评估培训，各党支部结合本单位工作，逐项逐条的自评自查，找出问题并制定整改措施。11月份建立了党员信息库，做好党员年终统计工作，推动了党员管理工作的规范化和制度化建设。

（赵利晶）

【财务管理】 后勤服务集团是学校二级财务核算单位。集团现有6个中心、3个独立法人实体和一个超市，除会议中心外，目前集团共建有6套财务核算帐户，分别为集团（核算范围包括：物业、动力修建、经营、交流培训4个中心）、饮食中心、学生超市、印刷厂、幼儿园、农兴园（3个）。集团共有财务人员19名，其中集团财务部会计3名，集团所属单位财务人员16名。

后勤服务集团实行“统一领导、集中管理”的财务管理制度。集团所属各单位的主管会计由集团财务部委派，集团财务部负有对集团财务人员实施业务指导和监督的职责，集团所属各单位各项经济业务全部纳入集团集中管理，各单位经济独立核算、自负盈亏。财务部按期编制集团汇总报表向学校报送。

集团加强制度建设，建立健全内部财务管理制度，规范经济行为，严格执行财务收支两条线；严格固定资产管理，建立固定资产二级明细帐，配合学校财务及资产管理部门，完成对后勤服务集团所占用、使用、管理、经营的学校各类固定资产（包括设备、家具及房产，截止2003年10月31日，总资产价值1.1亿元）的清查工作，摸清家底，制订后勤服务集团资产管理办法，以确保国有资产保值和不流失。有效发挥财务服务、管理和监督作用，为后勤服务集团发展做好财务保障工作。

（肖雅珠）

【饮食中心】 2003年，饮食中心严格执行集中采购制度，对采购工作进行监督，主要原材料由采购委员会决定，严把进货关和食堂、炊管人员的卫生关。从4月21日起在四个食堂、实习餐厅、清真食堂煎制预防非典型肺炎中草药供学生饮用；保证家属区的正常供应和被隔离人员的主副食供应。做好饮食共建工作，聘用了16名品学兼优的特困生，以勤工助学的形式做饮食中心的通讯员，通过共建逐步达到相互信任、相互了解、共同促进的作用。注重加强消防安全知识的培训，3月份聘请西城区职业技能培训学校对临时工骨干进行了技术培训。年内，饮食中心还认真做好转岗工人培训工作。7月，饮食中心共接收了19名转岗工人，15人通过劳动保障部门认可的餐饮中级考试，于9月1日正式上岗。

（徐俊德）

【动力修建中心】 2003年动力修建中心共完成以下工作：1. 零修部：完成供电16 002 980千瓦（35变电站）；零修20 500余项，其中电维修6 980余项、上下水维修9 630余项、土建维修2 790余项、暖气维修1 040余项、其它维修50余项。2. 节能办：保证全校4口自备井、1口自来水井的安全运行，供水水质达标。2003年电费支出11 765 241元、水费支出3 364 830.2元、污水支出2 152 946.1元、全年回收水电暖费780万元、供暖燃气费10 972 353.6元。3. 工程部：完成学生宿舍、学生餐厅、采矿楼拆除1.4万平方米，完成道路整修1.6万平方米，完成草坪砖铺设0.4万平方米（350个停车泊位），新建自行车架总长809.2米，完成了综合楼电改及修路122万元。

（张永升）

【物业中心】 2003年，物业中心不断提高服务水平和服务质量，为广大师生做了大量的工作。

1. 非典期间为学生宿舍区16座宿舍楼共计1 820间、家属区140套学生房间、教学、科研用房共计 160 多个教室进行消毒;为 180 名硕士生、博士生解决了住宿问题。非典后期为了安排 600 多名返校后需要隔离学生的住宿问题,将培训楼 90 名博士生的 45 间宿舍腾空,确保了 600 多名学生返校隔离工作的顺利完成。

2. 年内,因新建学生公寓,完成了 1 740 名学生的住宿调整工作;清理 2003 届毕业生房间 483 间;秋季共安排新生(本科生)住宿 2 470 名,为 309 个房间布置卧具,为 132 个房间布置和组装了 1 056 张床、六人桌 309 张、两人桌 309 张、行李架 380 个;对整个新公寓楼 635 个房间进行了清扫和用具发放,其中发放寝室用具 635 套;为学生配备自动洗衣机 23 个、开水机 6 个;安装了浴池设备。

3. 年内,物业中心配合学院路地区综治办对家属区居民的违章建筑进行拆除约 120 平方米;2003 年各种绿化工程新增乔木 187 棵,灌木 729 棵,黄杨、女贞等色带植物 1 4000 棵,月季 7 000 棵,恢复绿地 35 000平方米,配合学生公寓及家属区改造移植树木 158 株,拆除栏杆 2 000 米,种植草坪砖 9 000 平方米。

4.2003 年,物业中心共维修电话机 341 部,免费更换电话机 221 部,装电话机及线路 197 部,新公寓楼新装电话及线路 635 部;为了方便学生在教学区使用公用电话,在图书馆西楼门口、逸夫教学楼东安装 8 部 IC 卡公用电话机;2003 年,报废校医院和图书馆电梯两部,为 48、49 栋电梯安装电视监控系统。21 部电梯通过海淀区技术监督局特检所年检和限速器年检。

5. 幼儿园占地面积 5 500 平方米,现有教职工 35 人,大专学历 75%。幼儿人数 260 名,2003 年开办 1 个蒙台梭利班,每班配备 3 名保教人员。幼儿园在办园过程中,坚持以人为本,始终把握正确的办园方向、坚持依法办园,以为全校教职工解决后顾之忧为办园宗旨,借鉴意大利瑞吉欧教育理论和美国多元智能的先进教育理念,尝试幼儿自主性发展教育的研究,根据幼儿的兴趣及发展的需要,开发幼儿创造性思维的潜能;以幼儿健康为本,确保在园幼儿得到良好的保育服务。2003 年 7 月,幼教中心正式通过北京市"一级一类"幼儿园验收。

(王　杰、宋玉梅)

【经营中心】 2003 年坚持"以服务为根本,以质量为中心,以管理求效益,以效益求发展"的指导思想,实行标准化、规范化、科学化管理,建立健全各项规章制度 20 余项。在抗击非典过程中,车队共计出车 464 趟次,运送病人 376 人次,增开了东西两线班车,接送教师上、下班,正常运营 12 486 公里。学生超市为了满足校内 1 万多名学生的购物需求,库房日接货次数约 28 ~ 30 趟次,营业额高达 27 000 元/天,比平时每天增加 28.6%。浴池保证了 1 000人/天的洗浴。3 月份,农贸市场完成了电改造工程、房屋改造工程,扩宽了安全防火通道。浴池为了满足学生的要求再次延长了开放时间,每天 13:30 ~ 20:30。学生超市加强管理,营业厅设立了值班经理桌、意见簿,同时特聘 20 名"学生共建文明超市督察员",以提高超市整体水平和服务质量。12 月份,为 2003 级新生中的 30 名特困生举行了"送温暖,献爱心"活动,为每人赠送价值 50 元的生活必需品。9 月份,筹建了图文制作部,为全校教职工提供服务。12 月 22 日,车队购进了两辆金龙大客车,为全校职工提供了交通保障。12 月 31 日,车队接开了西三旗班车,为家住西三旗的教职工上、下班提供服务。

(尹枝贤)

【会议中心】 2003 年会议中心共接待了大中小会议 260 多个,其中如"教育部留学服务中心赴新加坡留学生培训"等重大活动 30 多个。同时散客比例也大幅度增加,到目前为止,会议中心已经与近 300 家校内外机关、企事业单位签定了住房合同,旅游团队在整个入住率中的比例进一步下降,基本上达到了宾馆行业的最佳入住比率。全年平均出租率达到了 80%以上,在同行业中遥遥领先。为了接待好奥运会单项组织官员视察,会议中心专门请来人民大会堂的服务人员对员工进行了礼节礼仪的培训,并要求所有服务人员按照国宴的标准服务。厨师们开发、编排出色、香、味、名俱佳的菜肴，得到了校领导和贵宾们的高度评价。

在重视经济效益的同时，为了使管理更加规范化，自3月份开始在会议中心内实行ISO9000质量管理体系认证，6月份编写完成并发布了《北京科技大学会议中心质量手册》，制定了会议中心的质量方针和质量目标。通过半年多的实施和几次内部审核，在12月10日至12日的外部审核中基本上符合并通过了质量管理体系要求。

(马玉刚)

【交流培训中心】 交流培训中心于2003年7月成立，下设中心办公室、财务室、培训部，同时成立了中心党支部和工会小组，现有职工109人。年内，中心建立健全了各项规章度及财务管理制度，主要承担职工的职业道德和专业技术培训工作。

(张洪利)

【印刷厂】 2003年4月22日，学校投入注册资金200万元，成立了"北京科大印刷有限公司"。6月20日，印刷厂划归后勤集团，并迁址至后勤集团平房，人员进行了重新聘任和分流，由原来的28人减至15人。全年年产值完成93万元。

(徐炳春)

图　书　馆

【概况】 图书馆2003年年底馆藏文献总量为911 160册，馆舍面积为18 460平方米。机构设置有资源建设部、图书流通部、期刊部、信息咨询部、技术部和办公室。图书馆设有当年到馆的新书、科技图书、原版图书、社科图书、样本书、工具书、科技期刊、外文期刊、过刊、报刊、学位论文、文献检索、光盘与网络、多媒体和视听等15个阅览室，3个开架借书处和一个学生自习室，用于公共检索的计算机23台。图书馆每周开放时间为82.5小时，网上文献信息资源每天24小时对外服务。截止2003年年底图书馆在职正式职工65人，其中具有高级职称13人，中级职称22人，中级职称以上的人数占53%；硕士6人，本科26人，大专16人，具有大专以上学历的人数占74%。2003年图书馆全体职工继续坚持"读者至上，服务第一"的服务宗旨，以新的姿态、新的思路、新的举措，全面完成了各项工作。

(殷官朝)

【文献资源建设】 2003年，校拨图书馆购书经费400万元，世界银行贷款项目4万余美元。根据学校学科建设和教学科研的需要，在保证基本印刷型文献资源需求的基础上，加强了多媒体文献资源的建设，重点建设电子资源，优先发展中外文网络全文数据库的订购与服务，增加了电子图书、国外学位论文全文等数字化资源。同时开展了广泛的馆际互借、原文传递工作，提高了图书馆文献信息资源的保障率。2003年学校图书采购任务达到了教育部要求的"超过10 000人的高校当年进书量4万册为合格标准"的基本办学条件。2003年入藏中文书8 957种27 092册；外文书754种1 169册；中文期刊合订本545种716册；外文期刊合订本193种1 455册，合计30 432册。馆藏博士、硕士论文增加1 234册。

(季淑娟、殷官朝)

【建设与发展】 为把北京科技大学图书馆建设成为工、理、管、文、经、法等多学科馆藏共存的，具有材料、冶金特色的，满足北京科技大学高水平人才培养和科学技术研究需要的研究型大学图书馆，2003年图书馆在建设与发展方面，主要做了以下几方面的工作：

1. 通过教育部部级科技查新机构认定的三级评审，成为教育部部级理工类科技查新工作站。教育部部级科技查新站在北京科技大学的设立不仅可以充分利用北京科技大学的文献、人员和设备资源，更好地为北京科技大学的教学、科研以及学科建设进行全方位的信息服务，而且必将发挥它在科研立项、成果鉴定、奖励申报、新产品查新、专利申请、技术转让查新等方面的重要作用，推动北京科技大学科研工作的发展。

2. 在2003年9月召开的华北地区高校图书馆协会第十七届年会上，北京科技大学图书馆被评选为华北地区高校图协先进集体，并有3位职工被评为先进个人。

3. 配合中国图书馆学会"企业图书馆振兴行动"计划，与济南钢铁集团总公司图书馆签订了有关文献资源与技术服务协议，开辟了高校图书馆信息服务的一条新路。

4. 积极申报北京市高校图书馆研究基金项目，图书馆申请的"数字化信息资源的整合与利用研究"和"高校图书馆信息服务系统研究"两个课题被正式批准立项。

5. 图书馆与冶金部信息标准院协调合作订购《化学文摘》(纸本及光盘版)，该工作为学校节省经费近20万元人民币。

6. 为"十五""211工程"建设做好前期准备，图书馆组织了10余次相关技术讲座，联系安排了4个系统在图书馆试用，为下一步工作做好了技术准备。

7. 完成了相应库室的图书调整，总计44 604册。

（季淑娟、殷官朝）

【对外服务】 图书馆积极进行数字化建设，并坚持"边建设、边整合、边服务"的指导思想，在做好大量日常服务的基础上创造性地开展了以下工作：

1. 不断对各类信息资源进行整合。开发了西文电子期刊导航系统；实现了馆藏数据查询系统与西文电子全文期刊的链接；应用异构检索平台为读者提供了能同时快速查询10个数据库的检索方式和应用平台。

2. 积极推进网络咨询与服务。通过各级门户网站建立了北京科技大学图书馆的读者门户服务网站；借助校园网加强与读者的沟通，有效地开展了各种咨询服务；完善和加强图书馆主页的更新管理，使图书馆的各项新服务、各种新资源能通过主页尽快得到反映；增加图书馆网上资源的信息量和服务手段，年内增加了网上全文电子图书服务、国外电子图书试用服务和国内外有价值免费数据库的导航链接。

3. 图书馆利用商业数字图书馆的建设平台，积极开展数字化建设。目前学位论文的网上提交系统已开始试用。教学参考书数据库正在研究和建设之中。

4. 开辟新的阅览室，延长开放时间，增设新的服务。2003年图书馆增开了新书借阅室和学生自习室，同时在各阅览室增设公共查询计算机。为满足读者的不同需要，增加部分勤工俭学的同学参与图书馆日常管理，图书馆增加中午开放时间和周日晚上的开放，使每周开放时间由原来的72小时延长到82.5小时。

5. 本着"资源共享、优势互补、互惠互利、自愿参加、平等协作"的原则，图书馆积极参与、策划、组织北京市北三环－学院路地区高校图书馆联合体，开展14个高校馆的共建共享服务，在广泛馆际互借的基础上，共享14所高校图书馆的资源与服务。

与此同时，学校还积极参与中国高等教育文献保障体系(CALIS)的建设，作为北京高校图书馆工作委员会的理事单位，参加北京高校的文献信息保障体系(BALIS)的建设，以实现高校间更广泛文献信息的共建、共享。图书馆一直与中国国家图书馆、中国科学院文献信息中心、清华大学图书馆以及冶金部信息标准研究院等有着良好的馆际互借关系，并积极开展原文传递服务工作，为校内外读者查找原始文献提供服务。与国外50家单位建立了资料交换往来，与多所高校图书馆、研究院所图书馆建立了良好的馆际合作关系。

（季淑娟、殷官朝）

附　录

2003 年各种文献资源订购情况

项　　目	种　类	册　数	总　价(元)
中文图书	11 825	36 787	1 195 578.30
外文图书	551	551	690 988.58
中文报刊	1 495	1 543	163 848.25
外文原版	133	133	1 053 055.00
外文购版权刊	75	75	111 284.00
光盘数据库	12		29 025.00
网络数据库	14(140 个库)		943 204.20(2 个未付款)
其中:外文全文电子期刊	4 000多种		
中文全文电子期刊	9 000多种		
电子图书	10 098	20 196	120 000.00

2003 年图书、期刊分编加工情况

项　目	种　类	册　数	项　目	种　类	册　数
中文图书	8 957	27 092	文摘类刊	8	191
外文图书	754	1 169	过刊装订	2 403	
中文现刊	1 438	13 652	图书装订	2 085	
外文现刊	193	1 794	学位论文	785	785

2003 年图书馆读者服务情况

项　　目	数　量	项　　目	数　量
接待读者人次	1 279 199 人次	上机检索	75 086 人次
浏览图书馆主页	340 937 人次	检索与查新课题	160 个 + 119 个
借书刊	458 811 册	数据库检索培训	18 次,200 人
还书刊	458 669 册	馆际互借	121 人、104 册
办借阅证	5 667 个	完成原文传递服务	30 篇
挂失/解挂	1 413 个	科技文献检索与计算应用	27 学时 * 4 个班

2003 年图书馆部分数据库的使用情况

数据库名称	统计时间	登录次数	检索次数	下载全文(篇)
Elsevier Science	1~12 月			326 603
ProQuest(博硕士全文库)	1~12 月		24 374	26 349
中国期刊全文库	1~12 月	92 765	1 878 570	459 960
万方数据 - 数字化期刊	1~12 月			372 691
EI-WEB(工程索引)	1~12 月	7 471	32 429	
CSA(剑桥科学文摘)	1~12 月	4 063	73 318	
EBSCO	1~12 月	8 636	10 603	14 570
IOPP 英皇家物理学期刊	1~12 月	2 123	3 706	3 896
PQDD-B 博硕士论文文摘	1~12 月	3 877		
光盘访问量	1~12 月	12 994		
维普中文期刊全文库	5~12 月			36 228

（季淑娟、殷官朝）

档 案 馆

【概况】 2003 年档案馆下设办公室、综合档案室和人事档案室。档案馆馆藏校本部档案 48 682 卷。现有工作人员 9 人,其中副高级职称 2 人,中级职称 5 人,初级职称 2 人。

(童惠聪)

【内部管理】 2003 年档案馆对内部科室进行了必要的调整,同时调整了档案管理形式及人员。为提高档案工作人员的业务水平,档案馆坚持两周一次,每次 1.5 小时的业务学习,并积极组织全馆同志参加北京市高校研究会举办的档案知识竞赛、知识讲座、学术交流等活动。年内安排两名同志参加北京市档案局举办的业务培训并通过考试。

2003 年,档案馆重新制定了《档案馆保密安全制度》、《人事档案借阅暂行规定》,《设备使用及管理规定》、《消防安全制度》、《工作人员保密制度》,并布置、落实了保密工作,做到责任到人,使档案馆的保密工作更加规范与完善。为进一步实施档案工作目标管理,修订了人事档案岗、综合档案岗、校史编辑岗岗位职责及《档案馆考核办法》、《档案馆考核评分条例》、《档案馆等级评定条例》等,明确了各自岗位的任务及职责,提高了档案馆的工作效率,增强了服务意识。

2003 年,档案馆还配置必要的硬件设备并安装了《南大之星网络版档案管理软件》,实现了网上存档、阅档的功能,推进了档案管理的自动化步伐。

(童惠聪)

【档案管理及鉴定销毁】 2003 年,档案馆在 2002 年核对档案对库的基础上对馆藏 28 460 卷档案实体与计算机内记录核对一致,对建校以来教学类档案中关于招生和毕业的有关案卷按实体分类法进行了档号调整和有关问题的善后处理。同时对 10 908 卷档案进行分类分单位统计,做到实物、计算机条目及移交目录三符合。配合学校定密工作对已定密档案及文件加注密级章共 209 卷,11 月鉴定销毁资料 1 697 册。档案馆着力加强了计算机管理档案工作,全年综合档案录入文件级条目 7 836 条,案卷级条目 3 248 条,基本实现了计算机检索与调档。人事档案则对当年教职工调动、退休、死亡、辞职等人事变动信息及学生招生、分配共 6 916 条信息全部实行计算机管理。根据中共中央组织部关于《干部人事档案工作目标管理考评标准》,对 2 695 卷教职工人事档案进行逐卷整理,整理新生、毕业生、出国、遗留生档案 4 253 卷,核对教职工档案 2 318 卷;学生档案 5 638 卷(新生、出国与遗留学生),转递各类学生档案 1 059卷;整理装订转递单存根 26 卷,利用介绍信存根 2 本,其他毕业归档、转档记录 11 册;学生名册 3 册。

(童惠聪)

【档案服务与利用】 档案馆注重把服务放在首位,在提供传统手工服务的同时,积极利用计算机、电话、信函和上门服务等多种方式为校内外用户提供档案材料,尽量减少用户在时间、空间上的利用障碍。2003 年接待利用者 2 653 人次,提供档案 3 613 卷次,开具房产证明及出国公证等 292 份。为解决学生就业压力,从 2003 年开始,档案馆为应届毕业未派遣的学生无偿保存档案两年。

随着学校各方面建设快速发展,各种门类和载体的档案数量急剧增加。档案馆为确保案卷质量,规范归档,综合档案管理人员与各部门协调配合,落实并完善了档案工作兼职档案员队伍,采取个别培训和上门指导相结合,全年指导约 276 人次,完成 2002 年度 3 275 卷综合档案的归档工作。

人事档案室与学校组织、人事部门及招生就业工作部门紧密配合,及时收归各类档案材料和学生档案,全年收集归档材料 22 432 份,接收新生档案3 307卷。

（童惠聪）

【**档案调研与编研**】 2003年，档案馆按照国家科学技术委员会下发的关于开展科技计划项目档案管理情况调查的要求，完成了北京科技大学科技项目档案管理的调研报告，完成了《1952～2002年北京科技大学校史》一书的编辑、录入、打印、排版、校对、审核等工作，约75万字、540页。

（童惠聪）

【**普法工作**】 2003年，档案馆为贯彻、落实“四五”普法工作及实施《中华人民共和国档案法》精神，主要开展了三方面的工作。①10月中旬，组织全校中层以上干部、兼职档案员及机关工作人员共497人参加北京市举办的进一步贯彻、落实“四五”普法工作及实施《中华人民共和国档案法》知识竞赛活动，提高了学校中层以上干部及机关工作人员的档案意识及档案观念，有利于促进学校档案工作的发展。②为进一步宣传《档案法》和《国家保密法》，在档案馆走廊设宣传窗。宣传窗内容分四部分，第一部分为普法教育（《档案法》和《国家保密法》）；第二部分为学校档案工作的目标及档案的分类与标号；第三部分为档案工作岗位职责及规章制度；第四部分为各类各年度库存档案一览表。③为进一步提高档案工作人员的依法治档观念，组织全馆同志参加北京市档案局法规司关于《信息网络时代档案工作法制化建设》的报告会，收到了良好的效果。

（童惠聪）

附 录

北京科技大学2003年各类档案库存一览表

类别		总数	永久	长期	短期
综合档案	党群类	2358	818	1540	
	行政类	2 385	270	2 115	
	科研类	1 864	205	1 659	
	基建类	605	23	582	
	教学类	8 350	322	8 028	
	仪器设备类	633		633	
	外事类	445	6	439	
	出版类	173	23	150	
	产品类	43	0	43	
	声像类	1 099	0	1 099	
	财会类	11 489	28	1 708	9 753
	实物类	479	0	479	
	小 计	29 923	1 695	18 475	9 753
人事档案	在职职工	2 318			
	离退休人员	888			
	出国、辞职、除名等人员	760			
	死亡人员	386			
	在校研究生	3 484			
	在校本科生	9 923			
	小 计	18 759			
总 计		48 682			

（童惠聪）

网络中心

【概况】 网络中心主要承担北京科技大学校园网络工程的设计、实施、调试、维护及培训，同时承担部分校外企事业单位的网络工程咨询、系统设计和集成、软硬件开发等工程项目。2003年，网络中心有6名研究与工程技术人员。其中正教授1名，副研究员和高级工程师各1名，工程师3名。拥有DNS、WWW、FTP、OA、ORACLE DB、EMAIL等中高档服务器、工作站设备近30台。网络中心办公面积160多平方米。路由器、交换机等网络设备120余台/套分布于学校办公、教学、学生公寓和家属宿舍区内。

（陈济平）

【校园网建设及维护】 2003年，网络中心制定了《北京科技大学关于教工住宅区利用电视光纤开通校园网的管理办法》、《北京科技大学校园网收费管理办法》等规章制度，为学校网络的规范化管理提供了保证。

年内，学校布设开通了管庄、附小、科技创业园、电解质楼、特陶实验室等单位网络。2003年12月，网络中心成功申请48个C类IP地址，使学校的IP地址资源增加了3倍，为学校的教学、科研奠定了基础。同时成功为学校注册了二级域名，扩大了校园网的规模，为广大师生更好地利用网络资源提供了便利。网络中心积极联系兄弟院校，考察外部路由器和防火墙的换代问题，组织有关技术人员对现有网络拓扑结构及瓶颈问题进行大量测试、研究工作，掌握了大量数据，为今后校园网改造准备了第一手材料。

2003年4月起，全国网络病毒猖獗，网络中心为解决校内机器染毒问题，仅8月下旬到11月中旬，累计封杀染毒机器所在端口2 500人次，刻录并分发病毒专杀和系统补丁光盘300多张。同时清除全校范围内计算机病毒，并做好计算机操作系统的升级和补丁工作，有效遏制了病毒的蔓延。年内，网络中心购买了正版趋势杀毒软件，组织全校师生员工进行了客户端程序的安装，目前运行情况良好。按照北京市教委的要求，年内网络中心还配合保卫部安装了“网络神探”系统，使网络管理更加规范和严密。

（刘鸿涛）

【网络技术服务】 为方便校外教师使用校园网络资源（包括办公自动化系统和图书馆免费资源），2003年，网络中心和赛尔公司合作，制作了北京科技大学专用拨号上网卡。使用该卡上网，居住在校外的教师可以利用校园网内部的网络资源，为教师在家办公提供了条件。

非典期间，网络中心通过启用“上网用户管理系统”平衡网络流量，保证了北京科技大学研究生网上招生及复试工作的正常进行，中央电视台对学校网络复试进行了专题报道。

此外，2003年网络中心还协助学校招生办公室圆满完成了本科生的网上招生任务；升级办公自动化系统，提高了校内网络办公的工作效率，为学校办公自动化奠定了基础。

（陈济平）

【教学与科研】 2003年，网络中心承担学校网络基础教学40学时。网络中心于11月23日至28日对校园主干网设备进行了性能测试和网络运行状况分析，为今后的网络改造、扩建提供了技术依据。

（刘鸿涛）

电化教育中心

【概况】 截至2003年底，电教中心有在编工作人员8人，其中高级职称2人，中级职称3人，初级职称3人。返聘退休教工5人。拥有各类设备349台/套，固定资产约606万元。拥有完善的多媒体课件制作系统和电视节目制作设施、用于播放教学课件的教学区闭路电视系统、35个设施齐全的多功能教室和用光设备传输电视节目的家属区有线邻频系统及“HFC”宽带网。此外，还拥有相当数量的录音复制设备及课件刻录设备等。

（牛长山）

【教学与科研】 2003年学校投资170万元建设了20个多媒体教室（其中逸夫教学楼建设18个，教学楼建设2个），改造原机械工程学院、信息工程学院管理的多媒体教室2个。目前，电教中心共管理35个多媒体教室，有多媒体教室座位8 196个，占学校教室总座位数的43.14%。

学校投入14万元更换了1998年建设的多媒体教室的投影机，改善了教学条件，提高了教学效果。为保证设备正常运转，电教中心工作人员利用课余时间及双休日，测试、维护35个多功能教室的设备，使设备完好率达100%。全年多功能教室开课90余门类，3 185班次，计18 541学时。

2003年，电教中心与信息工程学院合作，拍摄、制作多媒体课件《电子实验技术》1部（2学时）。已由电子工业出版社出版发行。为参加教育部“精品课堂”评比，拍摄、制作《三元相图》、《高等数学》、《喷涂度膜实验》教学光盘3张。为参加北京市“名师课堂”评比，拍摄、制作《金属学》、《机电一体化》、《概率论》教学光盘3张。录制余永宁教授主讲的《金属学原理》40学时。为满足各学院教学需求，制作、刻录教学软件60学时。为增进校际之间的交流与合作，为兄弟院校复制30学时各类教学软件。为学校有关课题组拍摄科研素材400分钟。

（段海涛）

【有线电视网与新闻宣传】 为丰富教职工的业余文化生活，2003年，电教中心全年通过有线电视播放故事片44集（部）；摄制、制作“科大新闻”36期，成为各种信息的交流渠道；新闻拍摄达120余次，计2 014分钟，为记录学校发展史积累了录像资料；制作《创业园》、《科技园》、《“十六大”辅导报告》和反映学校抗击非典先进事迹专题片4部，其中抗击非典先进事迹专题片在中国教育电视台播出。

2003年上半年为配合学校抗击非典工作，电教中心62天24小时滚动播出防治办通告，为广大师生提供了最新的疫情动态和学校的各种措施；下半年区县人大代表换届选举期间，按选举办要求定时滚动播出通知和学校简报，并向海淀区电视台提供有关素材60分钟。

（郭奕智）

科教技术服务中心

【概况】 截至2003年底，科教技术服务中心共有职工19人，其中高级职称4人、中级职称3人、高级工7人。下设3个部门：科教服务大厅、文化用品服务部、中心办公室。到2003年底供应品种增至3 497种，库存数量达到184 468件。

（初玉梅）

【2003年主要工作】 2003年，科教技术服务中心各部门经理和采购员积极努力，为学校的教学、科研、办公提供各种器材和耗材。全年计划对学校供应88万元，实际完成供应142万元，超额完成任务61%。化学药品送货10多万元，各种气体送货600余瓶，铲车搬运各种设备100余台，维修仪器仪表200余台。技术合作与开发收入25万元。非典期间，为学校提供了50多万元的卫生防护物资。仅防毒口罩先后采购数10次、共计4 000多个，各种消毒液5 000多瓶，为学生处提供信封2万多个。

（初玉梅）

【建设与发展】 为提高服务质量和服务水平，2003年在完成现有项目的基础上不断增加新的服务项目。①为提高现代化管理水平，改进和完善物资管理系统功能，使物资管理系统更完善适用。②增加小型设备家电的采购供应工作，满足师生的要求。③开展搬家服务项目。2003年为高效轧制工程中心、重点实验室等单位搬运设备100多台。④设备维修工作方面，为了更好地为实验室服务，负责维修的同志深入实验室、办公室，进行现场检修，提供了优质的服务。2003年，共检修仪器仪表和办公设备200多台。⑤配合学校的考核工作，在中心范围内开展年度总结交流工作，同时评选出优秀工作者3名，中心级先进工作者2名，并给予了表彰和奖励，调动了工作人员的积极性。

（初玉梅）

【服务窗口】 科教技术服务中心重视服务工作，在做好日常服务的基础上，不断增设新的服务方式和内容。服务方式如下：①开通了科教物资供应在线订购系统。进入 http://www.ustb.edu.cn 点击科教服务中心（物资供应），即可实现网上订购。同时也可进行网上查询和网上客户留言。②师生直接到服务大厅和文化用品服务部领取，也可电话订货，中心免费送货上门。③实行货物预定。对库内没有的物资实行预定，中心免费送货上门。④提供协助搬运服务。如实验室以及科研单位需要，实行有偿搬运货物。⑤维修部增设上门维修设备项目。

（初玉梅）

附　录

库存物资分类统计表

序号	类　别	种　类	数　量	总金额(元)
1	电工器材	178	3 656	14 370.00
2	实验杂品	848	33 745	51 877.00
3	五金工具	304	710	10 096.00
4	玻璃化学药品	628	8 377	47 172.00
5	劳保防护	345	13 086	28 608.00
6	劳保用品	365	9 896	55 249.00
7	文化用品	763	93 014	50 869.00
8	电器配件	64	750	4 029.00
9	学生实习劳保	2	2 455	100 410.00
10	合　计	3 497	165 689	362 680.00

（初玉梅）

校 医 院

【概况】 截至2003年底，校医院在编人数为50人。其中卫生技术人员44人，行政人员6人（含计生办2人）；高级职称9人，中级职称24人，初级职称15人。医院总建筑面积3 586平方米，有万元以上医疗设备27件。2003年新购入病历车、治疗车、传真机、空调、轮椅、牙科压缩机、红外线测温仪等设备共45件，单件500元以上固定资产总价值276.8万元。

医院设有内科、外科、妇科、眼耳鼻喉科、口腔科、中医科、保健科、注射室、换药室、输液室、急诊室、理疗室、针灸按摩室、手术室、蜂疗诊室等门诊治疗科室和检验、放射、高压氧舱、心电、B超、口腔修复、中西药房辅助科室，住院病房床位60张（开放使用38张）。医院行政机构设有医院办公室、挂号室、收费室、财会室，同时设有外聘中医专科专家门诊。

（赵智杰）

【内部建设及人员培训】 2003年，校医院狠抓医德医风教育，制定了详细的医疗工作计划、值班考核制度、劳动纪律和医德医风方面的具体要求与管理措施。为促进医务人员与师生的沟通与理解，校医院与校学生会成立共建委员会，制定了共建委员会监督员职责，在校医院大厅内设立了意见箱；制作了60块医务人员文明服务行为规范和岗位职责展板。年内，校医院还对内部酬金分配比例进行了调整，做到有奖有罚，调动了医务人员的积极性和主动性。

为了适应学校发展的需要，校医院拓宽渠道，积极筹措经费，有计划、有步骤地进行基础设施建设及环境改善，为西晒病房和医生诊室安装空调和遮阳窗帘，为诊室大夫及工作人员更换办公桌椅，为门诊、病房添置两台开水炉。为确保患者和医疗工作的安全，对医院电路进行了重新改造，增加电容量，更换了新电梯。

校医院不断加强医疗专业知识培训，提高诊疗水平，医疗质量不断提高。落实医务人员继续教育制度，有计划地安排医护人员参加卫生系统组织的各类业务学习和传染病的应急措施培训。2003年共有39人参加了市、区各种短期业务培训学习班，有6人参加医学继续教育学习，14人报名参加北京市及海淀区卫生局组织的全科卫生知识学习，经过理论与技能考核，9人通过考试获得北京市全科医生、全科护士证书。全院人员学习、钻研业务的积极性不断提高，在海淀区卫生局两次组织的传染病应急理论考试中，全体人员均参加了考试，合格率为100%。在2003年职称评审中，有2名护师经学校职称评审晋升为主管护师。

（赵智杰）

【预防保健及医疗】 校医院坚持预防为主，加强传染病的管理，做好预防接种工作。年内进行了麻疹、风疹、流脑、流感、甲肝、乙肝、肺炎等疫苗的预防注射，接种率达90%以上。对儿童各种计划免疫接种306人次，儿童计划免疫接种率100%，得到防疫部门好评。

加强和推进大学生健康教育工作，学生卫生教育作为选修课已纳入学校教学计划。2003年学生参加公共选修课126学时，发放各种宣传材料3 000多份，制作文明服务规范和健康教育宣传板100多块，通过宣传提高学生自身防病保健意识。

2003年，校医院组织各项体检9 056人次。其中新生入学复检4 243人次，毕业生体检1 871人次，饮食服务人员体检700人次，教工体检2 242人次。在教工体检中发现多种病例，已得到及时复查、诊断与治疗。全年门诊61 240人次，急诊658人次，抢救危重病患者3人次，为社区出诊服务124人次，住院病人普外手术25人次，各种门诊手术26人次。住院收治病人 747 人次，其中内科收治 449 人、外科 298 人，治愈率、好转率有所提高。年内，校医院还认真组织完成了共 810 人的义务献血活动，超额完成 2003 年度献血指标。

（赵智杰）

【非典防治工作】 非典期间，校医院医务人员认真履行职责，克服困难、勇于奉献，在人员紧、工作忙、压力大的情况下，义无反顾地承担起了非常时期的艰巨任务。抗击非典期间，校医院及时掌握全国及北京市非典疫情动态，认真贯彻执行上级部门及学校的一系列部署，实行 24 小时值班制度，与市、区的疾控中心、卫生行政部门等保持密切联系，及时制定疫情报告制度、消毒隔离制度和防治非典型肺炎预案等防治措施。同时承担了全校消毒防护药品及部分防护物资的购买与发放工作。将消毒药水、药片 75 箱，体温表 15 000 支，口罩 13 500 个及时发放到宿舍、教室、办公场所、图书馆、居委会、农贸市场等。克服医疗设备、人员技术有限等不利条件，为了不漏诊、不使疫情在校园蔓延，医院各科室各负其责、密切合作，及时对发热患者进行筛查、会诊，并在第一时间向有关卫生部门报告。为防止交叉感染，减少其他患者外出就诊率，医院及时调整药品购入计划，增加品种，以保证教工和学生中的常见病、多发病、慢性病的正常用药。同时用最短时间在三楼东侧成立了发热留观病房，使发热患者能及时得到治疗和进行隔离防护。据不完全统计，2003 年 4～7 月校医院发热门诊共诊治 443 人，留观病房收治住院 321 人。由于在非典期间的突出贡献，校医院先后被海淀区委、区政府评为防治非典型肺炎工作先进集体，被学校评为非典防控先进集体；有 2 人被评为北京市高校和北京市卫生系统先进个人、优秀共产党员；2 人被评为海淀区卫生系统先进个人；4 人被评为学校防治非典工作先进个人；3 人被评为后勤集团先进个人。为总结经验，建立长效机制，不断提高对突发公共卫生事件的应变能力，按市卫生局、疾控中心的要求，于 2003 年 11 月，用最短的时间，在学校南门新建了一个 57 平方米的发热筛查门诊，对凡是发热的病人一律到该门诊诊治、排查，以防止交叉感染，确保校园一方平安。

（赵智杰）

附属小学

【概况】 附属小学 2003 年在校学生 656 人，16 个教学班。毕业学生 126 人，新招学生 90 人。教职工 40 人，其中专任教师 35 人，小学高级教师 29 人，大专以上学历 32 人。学校专用教室 9 个，有美术、自然、语音、音乐、计算机、图书阅览、演播、多媒体、军乐团训练等教室，同时设有教师电子备课室。学校建有广播网、闭路电视网及计算机宽带网。投资 180 多万建成了全塑胶灯光足球场、篮球场；筹资 7 万多元更换了各教室的黑板和部分教室的课桌椅。

（张美娜）

【教学监控】 2003 年，附属小学一、二年级教师做了新课程标准研究课；三至六年级语文、数学、科任组也选出一节组内研究课在全校展示；中心学科带头人在学校做了观摩课；全校共做公开课 16 节。附属小学在狠抓教师基本功训练的同时，举办了专任教师现场抽题备课的基本功达标活动，共收到教案 30 篇。对教师的备课、听课笔记进行了检查，均达到了规定要求。二、三、五、六年级语文、数学、英语分别接受东升中心学区、海淀区小教研的教学质量抽测，均取得较好成绩。学校严把各单元验收关，要求教师做到及时批改、认真分析、迅速反馈，努力提高优秀率，巩固达标率，消灭待达标。

（高　彦、王　旭）

【德育活动】 2003年附属小学的德育活动主要围绕以下几方面开展:①通过班队会的观摩,检查德育工作落实到位情况;通过学校的各项评比,检查教师平时对学生进行教育的落实情况。②坚持每周一升国旗、唱国歌及国旗下讲话制度。③坚持对学生进行法制教育、安全教育、紧急情况下应急教育,请法学博士进行普法讲座,并进行了全校性的紧急情况疏散演习。④少先队大队首次通过校园电视台直播少先队大队委员竞选演讲,经全校投票选出新一届少先队大队委员。⑤为配合党的"十六大"胜利召开,在全校范围内开展了"永远跟党走"的主题教育,进行了中队会评优活动。⑥进行有关垃圾分类回收和循环利用的知识讲座,少先队大队向全校学生发出倡议,从身边做起,和家人一起进行分类回收垃圾的工作。附小和"自然之友"志愿者一起将回收的垃圾分类后卖出,所得收入支援河南光山县的贫困学生。⑦召开第二届少先队代表大会,并邀请附属小学校长及教师代表和学生代表进行座谈,归纳总结了许多有关德育工作的意见和建议。

（吴再斐、潘　翔）

【竞聘上岗】 贯彻北科大的岗位聘任制,附属小学根据自身特点进行岗位竞聘。在每个人述职的基础上,经过全体教师的无记名投票,实施能者上、庸者让、无为者无位的岗位末位淘汰制。签订上岗聘任书,并根据每个人工作量的大小及工作职责,实施附小校内结构工资制。同时加强教师的师德、职业道德教育,采取岗位聘任一票否决制。2003年度有36人竞聘上岗。

（张美娜）

【校庆活动】 2003年9月30日,附属小学举行建校50周年庆典活动。北京科技大学校长杨天钧、副校长权良柱,海淀区东升中心学区常有胜校长及中心所属部分小学校长出席了大会。杨天钧校长、常有胜校长在会上发表了讲话。校庆期间,附小编辑印刷了《北京科技大学附小建校五十年画册》、学生小论文集《幼苗》和《北京科技大学附小教师论文集》;刻制了校庆50周年纪念光盘。

（张美娜）

【抗击非典】 非典期间,附属小学及时调整教学方式,提出防控非典工作预案。加强对教师、学生进行心理、卫生、防病等方面的教育,消除恐慌心理,养成良好的卫生习惯。教师注意上课节奏,尽量避免与学生近距离的接触;家庭作业集巩固、练习、能力培养、兴趣培养为一体。停课期间,附属小学利用北京科技大学校园网、闭路电视及电话等形式给学生布置家庭作业,并按时上交,教师及时批阅、辅导、反馈,做到了停课不停学。取得防控非典阶段性胜利后,附小制定《科大附小复课方案》并及时复课,教师积极查漏补缺,补回了非典期间延误的课程。"六一"是一年级学生加入少先队的日子,附小根据海淀区少工委"网上入队"的要求,让有条件的一年级学生通过网络实现了当一名少先队员的愿望,同时组织党员、团员、教师在学校的操场上为一年级的孩子举行入队仪式。非典期间,附属小学还全力支持北京科技大学的抗击非典工作,对北科大校医院医务人员及防治办工作人员进行了慰问。

（张美娜）

附　录

2003年北京科技大学附属小学获奖情况

序号	奖项名称	获奖等级	获奖者	授奖单位
1	全国第四届教师范文大赛	三等奖	魏　辉、高　彦、呼全胜	中国儿童少年基金会、中央教育科学研究所、全国青少年"春雷杯"作文组织委员会
2	全国"春雷杯"作文大赛	育才奖	张渝玲　魏　辉　夏　晋 乔俊玲　张雪竹　张　璪 宋　玉　王秀兰　呼全胜 徐永红　冀秀婵　吕　梅	

续表

序号	奖项名称	获奖等级	获奖者	授奖单位
		一等奖	1人	
		二等奖	2人	
		三等奖	18人	
		优秀奖	11人	
3	第三届课程标准教材试验研讨会科研论文	优秀奖	高　彦	教育部
4	全国无线电测向分区赛(北京赛区)金属探雷	甲组团体第二名、小组短80米团体第二名、两米团体第三名	无线电测向小组 指导教师:刘江山	国家体育总局
5	全国"十五"主体科研课题研讨会科研论文	二等奖	赵　晖　刘爱华　贾艳霞	全国"十五"主体教育科研课题组
6	第二届幼儿国际象棋比赛	第三名	附小国际象棋小组	北京市棋院
7	抗击非典征文	组织奖	附属小学	北京市科协
8	北京市中小学无线电测向、电子科普活动做出突出贡献	优秀辅导员	刘江山	北京市科协
9	海淀区科技先进校		附属小学	海淀区教委、海淀校外办
10	海淀区校外活动先进校		附属小学	海淀区教委
11	海淀区优秀青年教育工作者		张　荻　赵　晖	海淀区教委
12	海淀区优秀教育工作者		张　璪	海淀区教委
13	海淀区中、小学足球比赛	普通组第一名	小足球队 指导教师:许　宁	海淀区教委、体委
14	教学过程中渗透思想品德教育论文	二等奖	高　彦	海淀区教科所
15	小学电脑绘画作品比赛	二等奖	冯　叶　戚　骥	海淀区教委
		伯乐奖	鹿春香	
16	海淀区中小学无线电测向比赛	优秀组织奖	刘江山　潘　翔　沈　磊获优秀辅导员	海淀区青少年活动管理中心
17	海淀区第八届教育科研研讨会校长优秀论文	二等奖	张美娜	海淀教委、海淀教科所
18	海淀区第八届教育科研研讨会教师优秀论文	三等奖	张　荻	海淀教委、海淀教科所
19	海淀区第八届教育科研研讨会	先进科研工作者	张渝玲	海淀教委、海淀教科所
20	海淀区中小学器乐比赛	三等奖	军乐团	海淀区教委
21	"迎春杯"贺卡大赛	优秀组织奖	附属小学	海淀区教委
22	海淀区"巨人杯"书法大赛	优秀组织奖	附属小学	海淀区
23	海淀区第三届科普知识竞赛	优秀组织奖	附属小学	海淀区青少年活动管理中心

续表

序号	奖项名称	获奖等级	获奖者	授奖单位
24	海淀区中小学艺术竞赛	三、四年级组独奏一等奖	邱金林	海淀区教委
		五年级一等奖	刘舶畅	
25	海淀区第二届"智慧杯"数学竞赛	一等奖	谢丰忆　王鸿霄	海淀区教委
26		三等奖	金奕千　马思平	海淀区教委
27	海淀区"科技英语大赛"	二等奖	朱正人　赵丹宇　张　可	海淀区教委
28		三等奖	王舒睿	海淀区教委
29	优秀党支部		科大附小党支部	科技大学机关四总支
30	东升中心学科带头人展示课	学科带头人	刘江山　张　荻　呼全胜	海淀区东升中心学区

（张美娜）

居委会

【概况】 北京科技大学社区居委会下分4个小区和三室一场一校，(即：日间照料室、文化活动室、卫生保健室，室外健身场，老年学校)。专职工作者共15人。2002年建立了社区党总支，设立两个党支部。社区共有居民3 006户，8 379人，其中：军烈属38户，残疾人108人，老年人2 010人，空巢老人120户，社会需求服务198人，少数民族207户计388人，归侨21人，新华侨华人174人，育龄妇女1 300人，在校生1 338人，在职人员3 802人，无业人员286人。享受北京最低生活保障金17人，享受遗属补助9人，帮教对象10人，在押人员9人。

（邱明迎）

【社区党建】 截至2003年，社区党总支共有党员132人。为了提高党员干部的思想水平，4月11日举办了由党总支委员、支部委员、小组长参加的学习班，讨论社区基层党支部如何在社区进一步发挥战斗堡垒作用，完善社区党建工作机制。经过反复讨论，大家一致认为，党支部委员以及党的骨干应该首先增强党性，增强党的观念，增强党的感召力和凝聚力，确保上级工作精神的贯彻落实，确保社区各项工作的开展。

7月，社区党总支被评为地区级先进党总支；党总支副书记邱明迎同志被评为区级优秀共产党员；李自强、吴秀香、孙淑兰、金进刚、孔祥玺、杨德芝6位同志被评为地区级优秀共产党员。

10月，社区党总支按照《中国共产党章程》、《中国共产党地方组织选举工作条例》选举张文元、邱明迎、董喜林、杨德芝为出席街道第九次党代会的代表。

（邱明迎）

【社区建设】 根据《中华人民共和国城市居民委员会组织法》、《北京市实施中华人民共和国城市居民委员会组织法》和京政办发(2002)58号文件《关于"北京市人民政府办公厅转发市民政局关于居民委员会选举工作的通知"》，按照街道办事处选举工作安排，2003年3月20日社区召开第一次代表大会，首先选举科大副校长权良柱为主任，蒋宏潮、张文元为副主任和6名委员组成的北京科技大学社区选举委员会。

选举委员会在充分发扬民主的基础上，最后集中14名候选人，6月12日召开社区代表大会，选举产生社区居委会主任张文元，副主任郭惠敏，委员12名。

新的居委会成立后，将原

来的5个居委会改成4个,实行分楼、分区管理,并对居委会干部进行相应调整,平均年龄由原来的57岁降低到54岁。新成员上岗后,参加了学院路街道举办的岗位培训,学习“三个代表”重要思想,提高服务意识。2003年社区居委会由于工作出色被海淀区评为先进单位。同时,拥军优属工作、残疾人工作、计划生育工作、治安保卫工作被海淀区分别评为专项先进集体;张文元、邱明迎、付英被评为海淀区先进个人;在抗非典工作中,郭惠敏、张文元同志被评为学校先进个人。

(邱明迎)

【居民区精神文明建设】 为了更好地开展居民区精神文明建设,居委会成立了52个互助小组,成立了由304名会员、40多名大学生组成的志愿者服务队和有技术特长的社区党员志愿者服务队,建立了照顾孤寡老人和上门维修的服务热线,建立了老年人健身场地,读书、看报、阅览、棋牌室和老年人日间照料室。2003年互助会活动约3 700次,办实事、好事约3 200人次,拾金不昧将钱包交还失主8人次,拾捡实物12人次、38件,整个社区形成了良好风气。

开展五好家庭和卫生之家评比活动,评出五好家庭1 787户、卫生之家2 034户,社区居民被评为区级五好家庭1户、区级健康老人之星1人。

此外,居委会积极开展老年人运动会、棋牌比赛、跳舞等活动,以丰富社区居民的精神生活。

(邱明迎)

【社区服务】 2003年社区居委会为无房退休工人申办住房补贴手续108户,经审核符合条件的45户,于9月发放住房补贴约250万元;为住房未达标的退休职工申办补差款346户,正在审核中;投入4 900元为22户困难家庭发救助金;投入约3 000元为59名不能完全自理的病人发慰问费;帮助照顾军烈属、伤残军人、残疾人和孤寡老人;代表上级工委慰问病重党员刘纪明、陈俊森、谷凤鸣、李振宗并发慰问金,投入12 000元组织社区老年人春、秋游,运动会,棋牌比赛;组织社区党员70多人参观北京名胜古迹恭王府,并为老年人申办老年证和公园年票300多人次。

(邱明迎)

【非典时期的工作】 非典时期,居委会工作人员同心协力,与居民同舟共济,采取一系列措施共同抗击非典:成立疫情组、治安组、社会保障组、宣传组、疫情应急队、治安巡逻队,24小时值班,及时上报疫情;发宣传材料及公开信22 000份、简报约20 000份,办理学校出入证14 000多个;给社区居民发放消毒药品,每天给52栋居民楼消毒;为50多户隔离居民送生活用品,帮助他们渡过难关。因抗击非典工作突出,对14名居民干部颁发了首都防治非典工作纪念证书,同时社区居委会被学校评为抗击非典先进集体。

(邱明迎)

中国教育经济信息网

【项目概况】 2003年,中国教育经济信息网(China Education Economic Information Net,简称CEE)项目建设工作稳步推进。年内,对CEE管理中心、教育部分中心和财政部分中心三个中心站点的网络系统进行了全面的安全升级。2003年12月,CEE省级数据采集站点的建设工作正式启动。

2003年,CEE试运行情况良好,已开通两部业务用户、教育部直属高校业务用户、省教育厅(委)业务用户以及公众用户的部分业务和服务栏目,实现了数据采集和审核、财经政策法规浏览查询、教育经济信息和数据的浏览查询以及信息发布等功能。至2003年底,CEE管理中心已经顺利完成教育部、财政部下达的5项数据上报及其相应的统计汇总业务，教育部直属高校、全国各省教育厅(委)等单位分别通过CEE完成了相关业务的上报工作。同时，CEE管理中心还组织完成了高等教育基础信息需求分析，初步完成了基础教育信息需求分析，并进一步完善栏目设置，明确了CEE核心数据采集、统计的范围和方式，为即将开展的数据分析工作奠定了基础。

(杨绮雯、杜秀梅)

【项目建设】 2003年，CEE管理中心全面升级了网络安全系统，通过了省级数据采集站点建设方案，正式启动了二期工程建设。

2003年3月开始，CEE管理中心组织完成了对CEE管理中心、教育部分中心和财政部分中心三个中心站点的网络系统安全升级。本次安全升级涉及整个网络系统的物理环境、硬件、软件、数据、传输、体系结构等各个方面，对可能影响系统可靠性和安全性的硬件设施进行升级和冷备份；增加了入侵检测、网络漏洞扫描仪、病毒防护以及防止恶意攻击等网络安全与防护措施；对系统管理人员进行系统安全技术和安全管理政策的培训，进一步确保了系统和数据的可靠性和安全性。6月下旬，网络安全升级正式进行现场实施，7月底完成对原有系统的升级更新，进入试运行阶段，9月中旬开始进行网络安全培训以及初验。12月19日，在北京科技大学召开安全升级项目验收评审会，经与会专家评议，顺利通过该升级项目的审核验收。

2003年6月，CEE管理中心委托北京市太极华青信息系统有限公司对CEE项目二期建设中省级数据采集站点的硬件网络建设方案以及中心站的系统升级技术方案进行规划、设计。9月11日，北京科技大学召开"中国教育经济信息网省级数据采集站点硬件网络建设方案专家评审会"，教育部财务司、财政部教科文司有关领导、评审专家以及CEE管理中心和太极华青公司的相关人员出席了会议。评审专家组和与会人员就太极华青公司提交的《中国教育经济信息网省级数据采集站点硬件网络建设方案》进行了评审，讨论通过了该项设计方案。会议商定，省级数据采集站点的应用系统开发任务作为一期工程的延续，继续由太极华青公司承担。硬件设备及系统软件的购置通过政府采购方式完成。12月2日，北京科技大学受教育部、财政部委托与太极华青公司签署省级数据采集站点应用系统开发合同，标志着中国教育经济信息网二期工程建设正式启动。

(杨绮雯、杜秀梅)

【机构建设】 2003年2月18日，经教育部、财政部研究决定，成立中国教育经济信息网工作小组。工作小组由教育部、财政部主管业务司局的领导组成，主要职责包括：制定网络建设与发展的总体目标、规划及具体实施方案，监督经费的使用和管理，对CEE管理中心以及省级数据采集站点的工作进行宏观指导和管理，负责国务院各有关部门及教育、财政系统内部的协调工作。

2003年，CEE管理中心进一步加强了制度建设，组织起草了行政管理、用户管理、上网信息管理、网络管理等方面的内部管理制度，并将与CEE管理相关的、由各级政府部门颁布的法律法规、管理制度等进行了汇总整理。同时，CEE管理中心继续扩大人才引进规模，2003年底，共有正式职工13人，临时工作人员5人。

(杨绮雯、杜秀梅)

【需求分析】 2003年，CEE管理中心根据教育部、财政部的工作需求，完成了基础业务需求分析工作。

2003年初开始，CEE管理中心组织力量对高等学校基础数据采集、统计结构进行调研、分析和设计工作。经过多次研讨并广泛征求两部以及各高等学校、省教育厅意见，并多次修改后，由教育部、财政部领导确认，CEE管理中心于9月完成了《高等教育信息采集、统计结构》报告。《高等教育信息采集、统计结构》将高等教育信息结构分为信息采集、信息统计和信息分析3个层次，每个层次根据信息内容划分为学生信息、教职工信息、财务信息、科研信息以及办学条件信息5个部分。

基础教育信息的采集和统

计是中国教育经济信息网二期工程应用的重要组成内容。从2003年5月开始，CEE管理中心会同教育部、财政部、太极华青公司进行了基础教育信息采集、统计结构的分析设计工作。9月中旬，经过多次修改，CEE管理中心完成了《基础教育信息采集、统计结构(第一版)》报告。《基础教育信息的采集、统计结构》将基础教育信息结构按照信息填报与汇总单位的行政级别划分为学校级基础教育信息、市(县)级基础教育信息、省级基础教育信息和国家级基础教育信息4个层次，每个层次根据信息内容划分为教育事业基本情况、教育经费情况、教育热点问题(专项信息)、财政收支情况以及学校基本情况5个部分。

(杨绮雯、杜秀梅)

【栏目设计】 2003年3月，CEE管理中心组织相关单位对CEE栏目设置进行了研讨。2003年9月，完成了《中国教育经济信息网功能栏目结构》报告，并已报送教育部、财政部，由主管领导进行了确认。

CEE功能栏目结构按照用户的不同类型划分为4个界面。

1. 两部业务用户界面：为两部决策者提供日常管理和相关分析所需的数据信息、分析报告、研究成果等，同时为两部业务人员提供数据审核、汇总分析、公文流转和工作交流等功能。主要栏目包括：教育经济基础数据、专项业务信息、宏观教育经济指标、教育经济分析、数据审核、教育经济研究、公文流转、公众意见、基层业务用户网站链接。

2. 基层业务用户界面：为基层业务用户提供数据上报、公文流转、信息交流等功能。主要栏目包括：最新动态、最新公告、政策法规、教育经济研究、宏观教育经济指标、工作交流、公文流转、数据上报。

3. 公众用户界面：为公众用户提供与教育经济相关的政策法规、研究热点、部分数据等信息的查询和交流。主要栏目包括：最新动态、特别关注、政策法规、教育经济研究、宏观教育经济指标、教育经济论坛、高校信息、公众信箱、友情链接。

4. 管理中心维护平台：为系统管理人员提供业务定义、任务分发、数据管理、信息发布、用户管理等系统维护功能，实现业务的集中统一管理和系统的灵活扩展。主要栏目包括：业务功能管理、业务数据管理、信息发布、用户信息管理、中心工作管理、系统配置管理。

(杨绮雯、杜秀梅)

【实现业务】 2003年，CEE试运行工作进展顺利，网络系统应用范围进一步扩大。自2002年度教育部直属高校第三季度财务报表成功实现首次网上上报之后，2003年，CEE管理中心承担了教育部和财政部部署的多次上报业务：①1月2～20日，完成2002年教育系统审计报表的上报。教育部直属高校和各省教育厅(委)分别于1月10日和1月20日通过网络完成了上报工作。②2月8～14日，完成教育部直属高校2002年度财务决算报表的上报工作。③2月14～21日，教育部直属高校通过CEE完成了2002年预算外资金收入情况上报工作。④3月，完成财政部“布局调整专项资金”和“寄宿制学校改造”专项业务山东省试点地区数据的上报及统计工作。在多次上报工作中，上报单位通过CEE直接完成数据的录入、校验、校级审核和上报，两部业务用户实现了在线数据审核，并能通过网络及时与上报单位进行信息交流，及时完成报表修改和重新上报，显著提高了工作效率，得到越来越多上报单位的认可。

2003年4月开始，教育部直属高校通过CEE管理中心试行上报财务月报，至12月底，已成功进行了9次财务月报上报。财务月报系统实现了直属高校财务信息的按月报送，改变了过去年中只报送一次第三季度报表的历史，使主管部门可以方便及时地了解各直属高校的财务信息，便于进行各种数据汇总分析工作，辅助日常管理和决策。同时，CEE管理中心还完成了财务月报报告的编制工作，2003年9月开始，逐月向主管部报送《教育部直属高校财务月报》书面报告。

(杨绮雯、杜秀梅)

党建与思想政治工作

组织工作

【概况】 截至2003年底，北京科技大学共有基层党委10个，党总支5个，党支部296个。共有党员4 877名，占全校总人数的24.4%。其中：干部党员360名，占干部总数的58.8%；教师党员528名，占教师总数的56.4%；工人党员36名，占工人总数的7.6%；其他专业技术人员党员234名，占其他专业技术人员总数的50.5%。学生党员2 681名，占学生总数的15.4%，其中研究生党员1 706名，占研究生总数的37.6%；本科生党员965名，占本科生总数的8.7%；大专生党员10名，占大专生总数的0.6%；中小学教工党员9名，占中小学教工总数的23.7%；离退休人员党员838名。长期在国外工作或学习的党员191名。

全校共有校级干部8名，处级干部158名(其中正处级干部52名，副处级干部106名)。处级干部中，男119名，女39名；党外处级干部16名(占处级干部总数的10.13%)；少数民族处级干部7名(占处级干部总数的4.43%)；45岁以下处级干部69名(占处级干部总数的43.7%)。处级干部的学历与职称情况为：博士34人，硕士31人，本科83人，大专10人；高级职称106人，中级职称42人，初级职称7人，无职称3人。

(刘新军、万玉刚)

【干部工作】 2003年，学校党委继续以建设高素质干部队伍为目标，进一步推进干部制度改革，加强了干部队伍建设。按照党政领导干部选拔任用工作条例的要求，结合学校实际情况，起草了《北京科技大学处级干部选拔任用工作规定》(校党发【2003】7号)，配套完善了相关的干部工作文件，为建立科学、完善、规范的干部选拔任用制度奠定了基础。

严格干部任免的组织程序，扩大群众对干部任免的知情权。2003年，学校改进了考察干部方法，进一步扩大了民主，扩大了群众对干部选拔任用的知情权、参与权和监督权。按照组织程序调整了部分岗位的干部。按照报名登记、民主测评、谈话考察的程序，在全校范围内公开招聘校园综合治理办公室副主任一名；根据工作需要，按照组织推荐、民主测评、谈话考察、常委会审议等程序充实了管庄校区领导班子；与有关部门协调，对在2002年干部竞聘未能上岗的同志进行了合理的工作调整；为加强延庆分校的教学管理，按照组织程序任命一名教务处副处长兼任延庆分校副校长；按照上级组织的要求，在全校范围内民主推荐了北京市区县局级后备干部，经学校常委会审核上报上级党组织；结合组建外国语学院，对文法学院的班子进行了届中调整，并对两个学院班子进行了测评和考察；按照组织程序选拔任命科技园管理委员会办公室副主任一名、管理学院党委副书记一名；根据工作需要，对后勤集团干部做了适当调整，按照组织程序提任正处级干部一名，新任副处级干部一名；协助上级组织做好区县局级后备干部的民主测评和考察谈话工作。

以干部考核为重点，加强对干部的教育、管理和监督。一年来，学校党委认真贯彻落实市委关于《加强组织部门干部监督工作的实施意见》，坚持以正面教育预防和事前监督为主，把干部监督贯穿于干部教育培养、选拔任用、考查考核、日常管理的各个环节，促进干部的健康成长。11月，组织部起草了《北京科技大学2003年校、处级干部年度考核实施办法》(校党发【2003】23号)，通过述职汇报、教代会代表民主评议、单位民主测评、各单位互评等，对全校150多名校、处级领导干部进行年终考评，以干部考核为重点，加强了对干部的教育、管理和监督。坚持了组织部门与纪委的工作联系制度，坚持了领导干部个人重大事项报告制度和收入申报制度。

(刘新军、万玉刚)

【组织工作】 以党建自评工作为重点，充分发挥党支部的战斗堡垒作用和党员的先锋模范作用，积极稳妥地推进组织工作。

1. 党建与思想政治工作自评工作。组织部在3月份举办了教职工党支部书记培训班，120多名教职工党支部书记参加了历时两天的培训。在培训班上，学校领导通报了学校2003年度主要工作，就党建自评工作进行了充分动员，与会党支部书记进行了工作交流，收到了良好的培训效果。由于非典疫情的影响，党建自评工作未能如期开展。9月，在广泛征求意见的基础上，组织部起草《北京科技大学党建和思想政治工作检查评估实施方案》(校党发[2003]21号)，并按照北京市的《基本标准》制定了学院版基本标准和机关总支版基本标准，明确了工作目标和时间进度，并召开了党建评估工作动员会。

学院版基本标准和总支版基本标准是按照北京市基本标准的体系结构，对学校党建和思想政治工作中学院尤其是学院党委(机关总支)承担的工作进行了整理归类，对部分测评要素进行了合并，部分测评要素进行了分解，对北京市基本标准中提出的要求采取就高不就低，对学校的部分特色工作在标准上进行了适度拔高，经过征求各学院党委(机关总支)领导的意见而制定。

10月28日，以市教育工委副书记李明同志为组长的工作小组来到学校，李宝林副书记代表学校党委向教育工委汇报了学校党建自评工作进展情况，李明书记对学校的党建自评工作给予了充分肯定。12月上旬，党建评估工作小组督促各工作小组、各学院党委、机关党总支完成自评工作报告，对自评工作进行检查验收，组织召开评估工作研讨会，各单位交流评估工作情况，进行自评工作总结。

2. 积极开展党建调研工作，注重工作交流，拓宽工作思路。2003年组织部先后三次到各学院，重点就以下几项工作开展调研活动：①本年度优秀党日的申报材料和党支部活动立项申报开展情况；②党员发展审批权限下放后，各学院党委执行的情况，听取基层党支部书记对学生党员发展工作的意见和建议；③征求各学院党委书记对北京市《基本标准》的意见和建议，以便于准备学校的党建和思想政治工作的检查评估。通过调研，及时发现了个别学院在学生党员发展工作中的不规范并给予了指正，及时调整了学生业余党校的审批程序。由于调研工作的充分开展，广大基层党务工作干部对党建评估工作提出了很好的工作建议，使得党建评估的准备工作顺利进行。

2003年，组织部干部先后参加了教育部直属高校暨全国部分部属高校第七次组织工作研讨会，并向大会递交了《主动出击、重心前移，开创在青年教师中培养和发展党员工作的新局面》交流材料；到北京高校调研组织工作，作为组长单位积极组织召开组织工作研讨会，组织片组高校组织部长到东南大学等南方高校调研工作，开阔了工作视野，拓展了工作思路；组织部部长付晨光同志在2003年北京高校党建研究会年会“党建论坛”上做了《关于青年教师党员发展工作中一些问题的思考》的专题发言。

3. 全面总结工作，力求更大进步。3月，组织部牵头对学校近年来的基层党组织建设工作进行了全面总结，撰写了题为《主动调整组织方式和活动方式，以改革的精神加强基层党组织建设》的总结报告。在总报告的基础上撰写了6个专题报告。报告基本涵盖了学校近年来的党建成果和经验总结。10月，组织部全面总结了学校三年来干部选拔任用制度的成绩和面临的新问题，撰写了题为《以“十六大”精神为指导，全面加强学校干部队伍建设》的总结报告。以上两个总结为党建评估工作提供了文字素材和支撑材料。11月，学校向北京市教育工委上报了北京科技大学贯彻落实《党政领导干部选拔任用工作条例》情况的自查报告。

4. 面对非典疫情，及时调整工作重心和时间进度，积极开展工作。面对突如其来的非典疫情，组织部在抽调二名同志到防治办工作的情况下，及时调整工作部署，与各基层党委(总支)协调优秀党日评选和党建评估工作进度，及时起草《关于在防治非典工作中发挥党组织和党员的作用，做好在抗击非典一线发展党员工作的通知》(校党发[2003]9号)，与保卫部、纪委等职能部门一起组织开展广大机关干部值班巡逻和协助检查证件的工作，为学校防治非典工作作出了贡献。

5. 大力开展主题教育活动，在抗击非典的斗争中展现共产党员的先进性。5月份，组织部及时起草了《关于在防治非典的斗争中开展“学习实践‘三个代表’保持先进性”主题教育活动的通知》，要求各基层党组织按照党委的统一部署，大力开展主题教育活动，党员和基层党支部以书面形式总结在抗击非典斗争中的“所思、所为、所得”，组织召开了民主生活会，进一步提高对“三个代表”重要思想的深刻认识。组织部及时就学校“学习实践‘三个代表’保持共产党员先进性”教育活动开展情况编写简报6期，分别在“北京市学习实践‘三个代表’保持共产党员先进性办公室”编印的信息上刊登。6月，学校党委以听取汇报、查看资料等方式检查各学院党委(党总支)开展主题教育活动情况，并向北京市递交了总结报告。

5月，学校党委组织评选了北京高校防治非典型肺炎工作先进基层党组织和优秀共产党员、北京市防治非典型肺炎工作优秀共产党员、首都防治非典型肺炎工作先进个人。

6. 坚持公道正派，认真开展“树组工干部形象”活动。按照中组部和北京市委的要求，在组织部门开展了以“公道正派”为主要内容的“树组工干部形象”活动，先后起草了学校“树组工干部形象”集中学习教育阶段的活动方案，召开两次专题民主生活会，就新时期高校组工干部形象展开讨论，总结成绩，查找不足，按时向北京市上报活动开展的有关情况；在经过多次斟酌后，我们把新时期高校组工干部形象概括为“政治坚定，对党忠诚；坚持原则，为人亲和；业务精练，求真务实；廉洁自律，公道正派”。

7. 建立党员信息库，为党员管理工作做好铺垫。9月，组织部与各基层党委(党总支)一起全面启动党员信息库的建设工作，各基层党委(党总支)计划用一个学期的时间建成学校党员信息库，进一步完善党员管理工作。11月14日，组织部第一次汇总了党员信息库，并对其中的不足进行了及时修正。

(刘新军、万玉刚)

【党校工作】 2003年，党校在校党委的领导下，紧密围绕学校工作重心，充分发挥教育阵地作用，将“十六大”精神和“三个代表”重要思想贯彻到党校的各项培训工作中，按照计划举办干部培训班3期、青年教师骨干党的知识培训班1期，培训人数达300多人次。

3月7至8日党校举办了春季教工党支部书记培训班，全校125名教工党支部书记和二级学院党委(党总支)书记、党委秘书参加了培训班。支部书记们在培训班上聆听了叶笃初教授的新党章辅导报告，学习了“三个代表”重要思想的主要内容，听取了校长、党委书记及学校各职能部门负责人对2003年工作的介绍，明确了2003年度学校的主要工作任务。

党校会同组织部于4月18～19日举办了第十八期中

层干部岗位培训班，共有 17 位同志参加。干部们以集中和自学相结合的方式，明确了“十六大”提出的建设高素质干部队伍的要求，学习了领导工作中的管理智慧和管理艺术，了解了学校各主要职能部门的工作任务、工作要求和重要规章制度，接受了领导素质建设和党风廉政建设的教育。借此机会，党校还建立了干部学习档案，对参加培训的干部填写干部学习考核表，以此作为考核干部的一项重要内容。

青年教师骨干党的知识培训班于 10 月 23 日开班，2004 年 1 月 10 日结业，共有 30 多位青年教职工参加。学员们通过自学、上党课（3 次）、参观天津周恩来和邓颖超纪念馆、集中讨论等形式学习了新党章，接受了党的基本知识、基本路线、优良传统和作风的教育。通过培训班的学习，青年教师骨干和入党积极分子们明晰了党的指导思想，能够正确把握新党章的精髓，提高了对党的性质、纲领、宗旨、任务、纪律的认识，懂得了党员的义务和权利，加深了对党的认识。培训班以闭卷考试的形式结业，综合平时成绩，共向 35 位青年教职工颁发了结业证书。

根据党委《关于在全校兴起学习贯彻“三个代表”重要思想的新高潮的安排意见》的精神，党校会同组织部、宣传部于 2003 年 9 月下旬至 12 月底举办了校、处级干部《“三个代表”重要思想学习纲要》学习班，166 位校、处级干部参加了为期三个月的学习。学习班与校、处两级理论中心组学习相结合，本着以“三个代表”重要思想指导学校实际工作的指导思想，把“三个代表”重要思想的要求切实贯彻好、落实好。

此次学习班具有时间长、形式新、内容实、重贯彻的特点。学习班采用了全新的组织形式，分组学习，集中交流，强化学习的针对性。全校中层干部以主管工作范围为主，分成党群、教学、科研、行政和学生工作 5 个组，校领导分别参加每个组的学习。各小组在小组组长的带领下，按照党校的要求，精选学习材料，确定调研题目，分别制定与工作实际紧密结合的学习安排与调研计划。12 月 26、27 两日 5 个小组就各组的学习成果及调研报告进行了汇总交流，学习班达到了预期目的和效果。

（刘新军、万玉刚）

附　录

北京科技大学 2003 年校处两级干部基本情况统计表

类别	人数	平均年龄	性别		年龄情况				党派		学历情况			
校级	8	52.7	男	女	56 以上	51～55	41～50	31～40	中共党员	其他	博士	硕士	本科	大专
			8	0	4	1	2	1	8	0	3	3	2	0
正处	52	48.7	男	女	56 以上	51～55	41～50	31～40	中共党员	其他	博士	硕士	本科	大专
			42	10	6	17	19	10	50	2	10	15	27	0
副处	106	42.1	男	女	51 以上	41～50	31～40	30 以下	中共党员	其他	博士	硕士	本科	大专
			77	29	26	31	42	7	92	14	24	16	56	10

（刘新军、万玉刚）

宣传工作

【概况】 宣传思想工作是党委和行政工作的一个重要组成部分。北京科技大学党委宣传部是党的基本理论、路线、方针、政策的专门宣传机构,也是宣传和贯彻学校党委和行政各项工作的职能部门。宣传部现设有广播站、校刊编辑部和对外宣传办公室。

宣传部现有编制9人,其中部长1人、副部长1人。2003年,党委宣传部在全校范围内组建了由机关部、处干部,各学院党政干部,教师、学生工作干部等50余人组成的宣传通讯员队伍,为全校信息交流及新闻报道提供了组织保证。同时,建立了两支学生记者队伍,即文字记者队伍和电视记者队伍,配套建立了记者例会、值班编辑(记者)、新闻采编业务培训等制度,从而使新闻网、广播、电视、校报的采访、编辑、发行(播出)流程得以顺畅、有序。

(倪赛力、李 洁)

【理论学习】 2003年,中央发出关于印发《"三个代表"重要思想学习纲要》的通知。6月14日学校党委发出通知,对组织全校党员干部和师生员工认真学习《纲要》作出了安排,通知要求校级领导干部要带头学习,校、院两级中心组在暑假前要组织集中学习,并将《纲要》的学习纳入暑期干部会的主要内容;党员要在"七一"前后,以学习《纲要》为内容,过一次组织生活;教职工的学习要结合抗击非典工作,引导大家通过回顾总结在党的坚强领导下,万众一心,取得抗击非典和发展经济的双胜利,来认识我党实践"三个代表"所体现的先进性、凝聚力和战斗力;发挥"两课"主渠道的作用,把学习《纲要》纳入教学内容,激发学生学习《纲要》的热情和积极性,推进和深化"三个代表"重要思想"三进"工作。

6月中下旬,学校党委印发了《关于组织全校党员干部、师生员工认真学习"三个代表"学习纲要的通知》和《关于在全校兴起学习贯彻"三个代表"新高潮的安排意见》等文件,并精心组织全校教职员工学习、实践"三个代表",在全校范围内兴起了学习贯彻"三个代表"重要思想的新高潮。其间,学校邀请教育部、中央党校、中国人民大学专家及北京市抗击非典先进事迹报告团来校做了专题报告,收到了良好的效果。

(倪赛力、李 洁)

【宣传教育】 1. 抗击非典的宣传引导。非典期间,学校在校园新闻网设立抗击非典专栏,电视、大屏幕24小时滚动当天信息,广播播音4次/天;同时编辑《抗击非典学习参阅》、宣传手册、专刊,出版抗击非典歌曲CD专集等,为做好广大师生员工的思想工作,调动大家同心同德、同心协力抗击非典起到了重要的作用。

2. 学习贯彻"三个代表"重要思想的宣传。2003年,宣传部围绕学习贯彻"三个代表"重要思想,完善落实学校"三个规划",就"如何结合学校实际,兴起学习贯彻'三个代表'新高潮"电视采访了校领导和有关部门负责人,并策划播出了"解读高水平研究型大学"、"两个中心的思考与展望"、"422人才工程建设"等"三个规划"系列节目。

3. 人大代表换届选举宣传活动。人大代表换届选举期间,通过制作选举网页、宣传展板、组织大型宣传日、召开正式代表候选人见面会、编印宣传简报等一系列活动,认真做好海淀区十三届人大代表换届选举的宣传工作。作为学院路街道的最大选区,学校的选举工作得到了海淀区选举委员会学院路街道分会的充分肯定。

4."四五"普法。上半年,宣传部制订了《"四五"普法规则》和年度工作计划。下半年,结合学校实际情况,组织了"12·4"法制宣传日活动,并编印《"四五"普法法律读本》。

5. 年内，宣传部还就党建和思想政治工作先进高校自评、国家重点实验室评估、国家工程中心验收、就业工作会议、教代会、党风廉政建设宣传月、安全工作等，以电视专题、报纸专版、宣传展版等形式给予集中突出宣传，策划了“实话实说就业”、“教代会代表说规划”、“422人才金字塔的壮观”等系列节目。

（倪赛力、李　洁）

【校刊工作】　2003年上半年，校刊印发了抗击非典专刊；下半年尝试改版，形成了新的办报理念：即学校大事报上有，基层、教师当主角，典型推介作导向，深度报道是特色。重点打造三板块——“校处干部‘三个代表’学习笔谈”、“改革参照系”、“新闻人物”。全年共发行校刊10期(951－960期)、44块版。

（倪赛力、李　洁）

【广播电视】　2003年上半年，广播电视工作重点围绕抗击非典工作开展宣传报道和学习教育。宣传工作中电视新闻全天滚动播出，从4月19日到6月20日，广播一日四次，共播出防治办、新闻网、学工部、教务处及各学院、社团稿件480余篇，播出总次数351次。在学校严格封校管理的情况下，用广播和校园电视把最真的信息最及时地传达给广大学生，起到了凝聚人心、保持稳定的作用。

下半年，广播电视宣传更多关注校园热点、师生身边事。在电教和后勤集团的大力支持下，电视新闻延伸到食堂，建立了食堂闭路电视播放系统，为住在校外的师生了解学校近期的信息开通了渠道。策划、组织新的电视栏目《师生身边事》，用意在于“师生利益无小事，镜头对准基层、普通教师和学生”。该栏目自10月份开播，至学期末，共制作节目10期，内容涉及解读三个规划、人才引进、名师获奖、人大代表选举、新生公寓、学生公寓二期工程文明施工、冬季供暖准备、期中教学检查等。同时，广播站加强宣传力度，校园生活节目每周4次，把学校的中心工作、师生生活的各个方面尽快通报给师生。全年播出总次数529次，其中校园生活节目68次，校内稿件660篇。

（倪赛力、李　洁）

【网络宣传】　2003年，党委宣传部进一步完善了北科大新闻网的功能，拓展了网络新闻宣传的新领域，充分发挥了网络宣传及时性、交互性、共享性、服务性等优势，提高了网络宣传的感染力、亲和力和影响力。在不断发展中，新闻网已经形成自己的特色。如：主题区设置紧跟热点，“动漫式”慰问与亲情祝福，基层信息的及时报道，及时形成《校园网信息反馈》等。全年新闻网点击23万人次。新闻网为师生员工、海内外校友以及社会各界提供了全面了解学校的信息窗口。

（倪赛力、李　洁）

【对外宣传】　2003年，学校通过增加规模、提高质量，加大对外宣传力度，扩大了学校的影响力。全年对外宣传总量多达210余条，其中，报纸类消息130余条，电视、网络、广播类消息80余条。CCTV新闻性栏目32条，CCTV“新闻联播”报道达到10条。

依据学校部署，党委宣传部策划、邀请新闻媒体集中报道了“健康校园”、“研究生招生复试”、“网络就业”、“两手抓”，在CCTV、BTV、CETV的“新闻联播”、“新闻30分”、“北京新闻”、“教育新闻联播”重要栏目中密集式宣传了北京科技大学抗击非典校园保卫战工作，两个月报道达到50多条。此外，还报道了“第二届全国大学生机器人电视大赛北科大夺冠”、“企业联袂北科大团购人才”、“千名女大学生演练火灾救生”、“北科大承诺不让一个贫困生辍学”、“师昌绪院士开讲材料发展规划”、“北科大重金设立团队奖”、“北科大为学生成才提供多种机会”等多条新闻，多角度宣传了学校教育教学改革、优化育人环境的成就。

（倪赛力、李　洁）

附　录

北京科技大学2002年末及2003年对外宣传情况(报刊、杂志报道部分)统计表

序号	报道时间	报道媒体	报　道　内　容
1	2002.12.13	北京日报	大学生炒股大赛结束
2	2002.12.13	信报	18名硕士当场"售出"
3	2002.12.13	科技日报	北科大开拓人才培养新思路
4	2002.12.13	中国教育报	神州盛世逢盛会　最喜党心连民心
5	2002.12.13	中国教育报	科研面向乡镇　人才走进田间
6	2002.12.13	北京娱乐信报	北科大禁拿奖学金请客　抽烟酗酒不得申请奖学金
7	2002.12.13	北京娱乐信报	大学校长面对面之北科大　大学也需引入经营
8	2002.12.13	北京娱乐信报	大学校长面对面　多种措施提高人才质量
9	2002.12.13	中国教育报	教育创新是时代的呼唤
10	2002.12.13	中国教育报	北科大:抽烟酗酒请客收回奖学金
11	2002.12.13	中国青年报	北科大举办艺术节喜迎"十六大"
12	2002.12.13	北京晚报	彩虹工程为乡镇企业解难题
13	2002.12.13	北京日报	16所高校3万学生跨校选课
14	2002.12.25	光明日报-时事政治	北科大各项工作有新举措
15	2003.1.13	京华时报	1.3秒山丘夷平台
16	2003.1.13	中国教育报	北科大"导演"A级大爆破绝版作
17	2003.1.13	北京青年报	如此规模的A级爆破有可能成为我国爆破史上的绝版
18	2003.1.13	中国青年报	北京科技大学　辅导员述职学生打分
19	2003.1.13	科学时报	整合学校资源发挥行业特色——访北京科技大学副校长徐金梧
20	2003.1.13	科技日报	珠钢电炉薄板坯连铸连轧技术应用创新研究
21	2003.1.23	科技日报	"彩虹工程"走出京城远嫁淇县
22	2003.2.16	光明日报	青藏铁路施工缺氧技术问题解决
23	2003.2.18	科学时报	北科大高新技术筑起青藏铁路生命线
24	2003.2.23	中国教育报	北科大筑起青藏铁路生命线
25	2003.2.23	光明日报	薄集装箱板有望实现国产化
26	2003.2.27	光明日报	刘应书
27	2003.3.18	科学时报	北科大轧制力智能检测系统通过鉴定
28	2003.3.22	科技日报	我国超级钢开发应用走到国际前列
29	2003.3.23	中国教育报	2002年中国高等学校十大科技进展评出
30	2003.3.23	经济日报	博士专家走淇县
31	2003.3.24	经济日报	新型制氧技术为"生命禁区"输氧
32	2003.3.24	经济日报	我国表面纳米技术研究取得突破　超硬纳米金刚石薄膜开发成功
33	2003.3.25	北京青年报	北科大倡议下　九高校学生长城植绿
34	2003.3.24	中国青年报	北科大2003年招生新专业
35	2003.3.26	光明日报	北科大今年招生有新变
36	2003.3.28	北京日报	高校学生植树
37	2003.3.31	江西日报	高海拔地区制氧技术开发成功
38	2003.4.4	北京信报	解读高考　北科大今年在京招生300人
39	2003.4.11	北京晨报	就业率榜刺激高校神经

续表

序号	报道时间	报道媒体	报　道　内　容
40	2003.4.16	京华时报	北科大改革本科生培养模式出新　新生入校转专业自选动作多
41	2003.4.29	中国教育报	北京科技大学:让心理健康教育活泼起来
42	2003.5.2	中国教育报	青春阳光　健康校园——北京科技大学
43	2003.5.4	京华时报	大学校园内欢庆“五一”
44	2003.5.4	京华时报	北科大今起全面恢复教学秩序
45	2003.5.11	中国青年报	北科大:非典时期的生源战
46	2003.5.12	中国青年报	北科大推出本科生培养新模式
47	2003.5.12	北京娱乐信报	北科大毕业论文答辩改书面评议
48	2003.5.19	中国教育报	时代答卷——走近非典考验下的大学生群体
49	2003.5.18	中国教育报	北科大防治非典不松懈成立督察工作组
50	2003.5.19	中国青年报	非典时期,高校非常措施促就业
51	2003.5.25	北京晚报	网络面试
52	2003.5.26	中国青年报	非典时期的研究生复试如何进行
53	2003.5.28	北京青年报	复试考场不见考生——目击北科大远程研究生复试
54	2003.5.27	光明日报	北京高校灵活进行研究生复试
55	2003.5.28	中国教育报	北科大研究生复试用上视频会议与电话问答
56	2003.5.28	光明日报	北京科技大学利用网络视讯系统进行研究生复试工作(图)
57	2003.5.26	现代教育报	特别报道:大运村　生机盎然
58	2003.5.27	光明日报	纳米技术可让家家户户自制消毒液
59	2003.5.27	中国青年报	北科大今年研究生特殊复试
60	2003.5.28	京华时报	北科大率先用视频挑弟子
61	2003.5.28	北京信报	预防反弹,高校向麻痹说“不”
62	2003.6.2	北京信报	北京科大　北京化工大学研究生　复试成绩录取比例降了一半
63	2003.5.28	科技日报	千里之外复试研究生　现场目击北科大研究生远程复试
64	2003.5.28	现代教育报	网上招聘　可视可点
65	2003.6.5	光明日报	新形式保障公平有效——北京科技大学今年研究生复试工作侧记
66	2003.6.6	北京信报	高校开出面试签约专车
67	2003.6.15	中国教育报	大学校园的“守护神”——记北京高校防控非典时期的保卫人员
68	2003.6.14	中国教育报	首都大学生积极响应志愿服务西部计划
69	2003.6.17	中国教育报	圆西部情怀
70	2003.6.13	现代教育报	北科大同学进行毕业设计和绘图(图)
71	2003.6.18	人民日报	有个名字最闪亮(抗击非典英雄之歌)
72	2003.6.21	光明日报	为考生填报志愿支几招
73	2003.6.20	现代教育报	高校毕业典礼将“变脸”
74	2003.6.18	现代教育报	高校保卫系统在行动
75	2003.6.17	科技日报	北京科技大学本科招生2228名,新增5个本科专业
76	2003.6.23	人民日报海外版	爱的永恒
77	2003.6.30	北京日报	北京科大留学人员创业园开园　刘淇致信祝贺
78	2003.6.30	中国教育报	北科大与中关村科技园区共建创业园
79	2003.6.30	京华时报	北科大创业园开园
80	2003.7.1	人民日报海外版	北科大成立留学人员创业园

续表

序号	报道时间	报道媒体	报 道 内 容
81	2003.6.25	光明日报	以“三个代表”重要思想促进教育改革发展
82	2003.7.3	光明日报	北京科大创业园为“海归派”提供用武之地
83	2003.7.3	中国教育报	高校应成为学习贯彻“三个代表”重要思想的模范 胡锦涛总书记的重要讲话在首都高校引起强烈反响
84	2003.7.5	科技日报	北京科大留学人员创业园营造创业好环境
85	2003.7.29	科学时报	北京科技大学留学人园创业园开园
86	2003.8.21	京华时报	大学生出书忆非典
87	2003.8.15	中国教育报	展现非常时期情感世界 《象牙塔里的这个春天》出版
88	2003.8.20	光明日报	《象牙塔里的这个春天》出版
89	2003.8.21	光明日报	全国高校思想政治教育研究会代表大会召开
90	2003.8.13	中国青年报	成长的故事最动人北科大非典期间征文反映学生心路历程
91	2003.8.30	中国高校科技与产业化	封面人物——杨天钧校长,封面故事
92	2003.8.30	首都之窗	《象牙塔里的这个春天:生于八十年代》
93	2003.9.3	北京日报	国家助学贷款助贫困大学生起跑
94	2003.9.4	人民日报	大学生著书记录抗非典历程
95	2003.9.17	中国青年报	欧元之父蒙代尔被聘为北科大名誉教授
96	2003.9.26	北京晚报	头版头条:近20%学生拿不到学位证
97	2003.9.28	中国教育报	头版头条:大学也开家长会
98	2003.9.29	北京晚报	写给大学生家长的书问世
99	2003.9.30	中国青年报	大学生家长该怎么当 关注倾听参谋——家长角色也需要学习
100	2003.10.3	京华时报	写给大学生家长的一本书
101	2003.10.8	现代教育报	北京科技大学附属小学:培养学生人人有特长
102	2003.10.9	光明日报	“欧元之父”与学子探讨“亚元区”
103	2003.10.15	现代教育报	高校学子深情祝福“神舟”五号飞船顺利返航 北京科大航模表演
104	2003.10.16	光明日报	家长会开进大学
105	2003.10.17	中国教育报	各地高校欢庆我国首次载人航天飞行成功
106	2003.10.30	光明日报	北科大附小建校五十周年
107	2003.10.30	北京教育	谁言寸草心 报得三春晖——记归国长江学者朱鸿民教授
108	2003.11.4	京华时报	机器人大赛
109	2003.11.1	科学时报	发展材料科技 战略规划先行
110	2003.11.11	科技日报	中国材料名师讲坛在北科大设立
111	2003.11.12	中国教育报	北科大举办“中国材料名师讲坛”
112	2003.11.13	光明日报	中国材料名师讲坛开讲
113	2003.11.20	中国教育报	用人单位开始进校招聘毕业生
114	2003.11.27	北京娱乐信报	北科大MBA班考察我区
115	2003.11.21	北京晨报	就业形势严峻 应聘学生无奈自降“身价”
116	2003.11.21	北京娱乐信报	2004年高校毕业生校园招聘会:博士生“遇冷”
117	2003.11.26	中国青年报	北科大重金设立团队奖
118	2003.11.27	新京报	场景火爆 高校毕业生择业呈现三大心理差异

北京科技大学2003年对外宣传情况(电视台、网络报道部分)统计表

序号	报道时间	报道栏目	报 道 内 容
1	2003.1.13	央视新闻频道	高校大学生开始领取首批国家奖学金
2	2003.1.12	新闻联播	我校党委副书记李宝林同志答央视记者问
3	2003.2.6	央视新闻频道	珠钢电炉薄板坯连铸连轧技术应用创新研究
4	2003.4.1	央视新闻30分	北科大新增文理兼收专业——金融工程专业
5	2003.4.8	央视新闻联播	北科大"求是"学会宣讲团为前门街道居民作宣讲
6	2003.5.1	央视新闻30分	"阳光、青春"——北科大校园过"五一"
7	2003.5.7	央视新闻30分	北科大对抗非典医护人员子女招生优惠
8	2003.5.13	央视新闻联播	北科大学生文明行为构筑校园新环境
9	2003.5.21	央视新闻联播	全国高校毕业生就业如期进行
10	2003.5.25	央视新闻30分	北京科技大学非常时期非常面试
11	2003.5.27	央视午夜聚焦	北京科技大学采用视频和电话的研究生复试方式
12	2003.5.29	央视经济半小时	关注毕业生就业
13	2003.5.26	央视新闻频道	北科大明将首用视频面试研究生
14	2003.5.27	央视晚间新闻	北科大启用电视电话面视研究生
15	2003.6.9	央视新闻频道	全国各级政府和高校采取多项措施力促大学生顺利就业
16	2003.6.11	央视经济信息联播	高校毕业生就业形势不容乐观——大学生就业:高校想方设法
17	2003.6.11	央视新闻频道	2003年高校招生网上咨询
18	2003.6.11	央视午夜聚焦	北科大阐述本科生培养新举措
19	2003.6.2	央视新闻30分	高校招收二志愿考生:从拒绝到接纳
20	2003.6.26	央视国际频道	110名北京高校优秀学生获得索尼奖学金
21	2003.6.29	央视新闻30分	北京科大留学人员创业园开园
22	2003.6.28	央视新闻频道	北京科技大学2003届本科毕业生党员"与党同心"主题晚会隆重举行
23	2003.6.28	北京电台新闻广播	2003年高校招生大型直播咨询
24	2003.6.29	新华网	营造良好环境　北京科技大留学人员创业园开园
25	2003.7.17	新华网	首都"大学毕业生基层志愿服务团"报名踊跃
26	2003.8.20	新华网	一场特殊的新书首发式
27	2003.8.20	人民网	《象牙塔里的这个春天》记录大学生非典心路历程
28	2003.8.30	新华网	北科大高自考英语专业班招生
29	2003.11.2	北京人民广播电台	企业联袂北科大团购"人材"
30	2003.5.1	中国教育电视台	特殊时期的难忘节日——北科大的劳动节校园
31	2003.6.3	中国教育电视台	关注北科大视频就业
32	2003.6.29	中国教育电视台	北京科大留学人员创业园开园
33	2003.9.24	中国教育电视台	北科大绿色通道助贫困生顺利入学
34	2003.11.20	中国教育电视台	用人单位开始进校招聘毕业生
35	2003.5.1	北京电视台	北科大火线发展党员
36	2003.5.27	北京电视台	北科大网上就业服务毕业生
37	2003.6.30	北京电视台	北科大留学人员创业园签字并开园
38	2003.10.17	北京电视台	北京欢庆我国首次载人航天飞行成功
39	2003.6.17	北京人民广播电台	2003年高校招生大型直播咨询
40	2003.11.20	北京人民广播电台	企业联袂北科大团购"人材"
41	2003.11.23	北京人民广播电台	千名女大学生"火灾救生"

（倪赛力）

纪检监察工作

【概况】 纪委、监察室合署办公,2003年9月,1名工作人员退休,现有专职工作人员4人。

(曲 雁、夏秀芹)

【党风廉政建设】 1. 召开党风廉政建设工作会议。2003年3月12日,北京科技大学召开党风廉政建设工作会议,传达贯彻中纪委二次全会精神和上级纪检监察工作会议精神。学校党委常委、校长杨天钧主持大会,党委副书记、纪委书记陈世禄在会上对学校2002年纪检监察工作进行了全面总结,对2003年党风廉政建设工作进行了部署。党委书记罗维东作了重要讲话,要求全体党员特别是党员干部要高度重视党风廉政建设工作,切实落实党风廉政建设责任制;要认真研究广大师生员工关心的热点和学校在党风廉政建设上存在的问题,并切实加以解决;注重从监督机制、制度建设、源头治理三方面入手,加大反腐倡廉工作力度,切实预防和解决腐败问题;全体党员干部要自觉从我做起,树立正确的世界观、人生观、价值观,牢固筑起反腐倡廉思想道德防线。

2. 抓好党风廉政建设责任制。为使党风廉政建设责任制进一步落实到基层,在学校党委、纪委统一组织制定落实党风廉政建设责任制基础上,2003年下半年对各单位制定的党风廉政建设责任制进行了完善。在此基础上将党风廉政建设责任制继续向三级单位延伸,即机关各单位将党风廉政建设责任制向下延伸至科级,各学院向下延伸至系所一级。

3. 搞好领导干部廉洁自律。2003年,在召开校级领导班子民主生活会前,纪委配合组织部围绕民主生活会主题和抗击非典的实际情况,采取座谈会和个别谈话相结合的方式,广泛征求意见,整理形成12条关于领导干部廉洁自律的意见,转达给校领导。因受非典影响,学校处级党员领导干部民主生活会结合支部生活一起召开。

(曲 雁、夏秀芹)

【监察工作】 为加强对招生工作的监督,2003年学校成立了招生工作领导小组及招生监察办公室,监察室主任担任招生监察工作办公室主任,并吸收民主党派代表参加。年内纪委、监察室负责同志参加了专转本、硕士研究生、博士生研究生招生的监察工作,参与了本专科生招生,特别是网上录取的全过程。对研究生的招生从考试到录取进行了全过程的监督。

2003年,纪委监察室参加了学生公寓二期、学生三食堂、信息大楼等基建项目招投标工作,以及多次参加了实验室管理处物资和设备采购招投标工作。

2003年,学校成立了治理教育乱收费联席会议和办公室,年内由纪委监察室、财务处牵头对校内16个重点单位进行了检查,进一步规范了学校的收费行为。

(曲 雁、夏秀芹)

【宣传教育】 1. 党风廉政宣传教育月。受非典影响,原定5月中旬至6月中旬开展的党风廉政宣传教育月活动推迟到6月中旬至7月中旬举行。2003年,学校党风廉政宣传教育月主要围绕"在抗击非典斗争中,如何发挥党员干部特别是党员领导干部的模范带头作用,自觉维护党的纪律,努力实践'三个代表'重要思想,保持先进性"这一主题,通过闭路电视、大屏幕、广播、新闻网、校刊、宣传橱窗以及在校园内主干马路悬挂大幅宣传标语、采访主管校领导、在党员干部中开展向郑培民学习、播放《慕绥新、马向东腐败案》和《警钟长鸣》等录像片、校领导讲党课等活动开展了系列的廉政教育,收到了良好的效果。

2. 知识测试。2003年9月12日至9月22日,纪委组织开展了党员干部廉洁从政知识测试活动。为达到教育目的,测试活动扩大了范围,将参加测试的人员由处级延伸到科级党员干部。全校科级以上党员238人参加了测试。知识测试设组织奖和答题优秀奖。根据测试结果，李岩(管庄校区)、李民(统战部)、徐景泉(外语学院)获答题优秀奖；机械学院、管理学院、后勤集团、管庄校区获组织奖。

(曲　雁、夏秀芹)

【制度建设】　为加强党风廉政建设和更好地贯彻民主集中制原则，1996年学校制定了“三重一大”制度，2003年根据学校实际情况对“三重一大”制度进行完善和修订。从保护干部的目的出发，以事前监督为主，将关口前移，建立了北京科技大学廉政谈话制度。为加强基建修缮工程的招标监督管理工作，由纪委牵头制订了加强基建工程招标监督管理暂行办法。加强群众监督，制定了聘请监督员的暂行办法。重新修订了关于《北京科技大学招生录取工作监督暂行办法》。

(曲　雁、夏秀芹)

【案件检查】　2003年共收到群众来信、访件13件，处理13件。特别是年内对冶化中心、印刷厂等重点问题和涉及人员进行了处理。

(曲　雁、夏秀芹)

统战工作

【概况】　截至2003年底，北京科技大学有民主党派成员91人；在职副高级以上职称党外知识分子327人；党外处级干部14人；各级人大代表、政协委员8人(其中党外5人)；归侨侨眷164人；归国留学人员299人；少数民族1 148人(其中：教职工173人，学生975人，学生中来自新疆“民考民”学生现有51人，来自西藏5人)；港澳台学生11人。

(李　民)

【民主党派和党外代表人物工作】　1. 协助民主党派搞好换届工作和组织发展工作。2003年3月31日，校九三支社进行换届选举，这是进入新世纪以来学校党派基层组织的第一次换届。换届中，统战部认真做好思想政治工作，加强与九三学社海淀区委的联系与沟通，协助党派组织完成了九三支社班子的换届工作。4月2日，九三学社海淀区委批准了学校九三支社新一届班子。在党派发展工作中，协助民主党派组织按照程序认真做好发展新成员的考察工作，2003年学校共有3人加入九三学社。

2. 加强民主党派的思想建设，做好党外代表人物的培养工作，发挥民主党派及党外代表参与民主管理、民主监督的作用。在党委的统一安排下，统战部认真组织民主党派负责人及党外代表人士参加学校举办的中层干部学习“三个代表”报告会和十六届三中全会辅导报告会等，通过学习，进一步提高他们对“三个代表”重要思想的认识，增强接受共产党领导的自觉性和走中国特色社会主义道路的坚定性。11月13日，党委书记罗维东应民盟北科大支部的邀请参加了民盟支部活动，向民盟成员详细介绍了学校的发展规划及其他有关情况，并与盟员就提高教学质量、加强师资队伍和干部队伍建设等问题进行了座谈。

积极推荐党外代表人物和民主党派负责人及骨干参加中央统战部、市委统战部等上级有关部门的培训，认真研究选送参加培训的人员，通过培训不断提高他们的理论水平和政策水平。2003年共选送7人参加中央统战部、市委统战部等部门举办的各类培训班。同时，学校进一步发挥民主党派参与学校民主管理、民主监督的作用。民盟支部副主委张少军同志参加了学校招生录取监督工作；九三支社纪洪广同志参加了学校建设工程招投标领导小组的工作。

3. 组织召开双月座谈会、情况通报会。2003年共组织召开了4次统战系统通报会、座谈会，请有关领导和部门负责人分别就学校发展规划、党风廉政建设工作情况、防治非典工作、校园建设、住房制度改革、工资调整等情况进行了通报。有120余人次参加会议。

4. 做好华夏英才基金支持党外专家、学者出版学术著作推荐及评审工作。按照中央统战部的要求，认真做好华夏英才基金支持党外专家、学者出版学术著作推荐工作，北科大推荐张济山同志申报的著作已通过中央统战部审查。统战部还积极协助中央统战部做好有关学科专家、学者出版学术著作评审工作。

（李　民）

【民族工作】 2003年3月，学校在学生处专门设岗，配备了负责新疆“民考民”少数民族学生工作的专职干部，统战部与学生处密切配合，工作中贯彻执行党的民族宗教政策，对于“民考民”少数民族学生反映和出现的问题，及时研究解决，共同做好少数民族学生工作。学校认真做好少数民族节日的慰问工作，11月26日开斋节，为197名少数民族学生和20名教职工代表加餐并发放了慰问品，向他们表示祝贺。

（李　民）

【港澳台侨工作】 1. 加强与港澳台学生的联系，在工作中注意做好港澳台学生人心回归工作，积极帮助他们解决学习、生活中遇到的困难和问题。

2. 开展侨联组织及归侨侨眷调研。为深入贯彻党的“十六大”精神，做好首都新侨乡归侨侨眷工作，按照市委统战部、教育工委、市侨联的工作部署，统战部与校侨联共同配合，完成了侨联组织及归侨侨眷调研工作，并完成了《归侨侨眷重点人士情况统计》工作。

3. 协助校侨联顺利完成换届工作。年内，统战部积极协助校侨联物色、培养中青年侨务工作骨干，先后选送三人参加市委统战部、市侨联举办的培训班，并与校侨联就换届工作多次进行研究，协助做好换届准备工作。12月29日校侨联召开换届选举大会，产生了北京科技大学归国华侨联合会第三届委员会委员：新一届委员会由鲁毅强、沈宝莲、赖石葵、乔利杰、孟江、钱靖、程婕7人组成。随后，第三届侨联召开了第一次委员会，选出了主席、副主席。鲁毅强当选为侨联主席，孟江、钱靖当选为副主席。

（李　民）

【抗击非典工作】 非典期间，统战部和统一战线广大成员在校党委的统一领导下，积极行动起来，齐心协力，共同投身抗击非典的战斗中。统战部及时组织召开情况通报会，做好思想宣传工作；关心看望少数民族学生和港澳台学生，为他们排忧解难。九三支社两名医务人员一直战斗在学校防治非典的第一线，为防治非典工作作出了积极的贡献；材料学院腐蚀与防护中心副主任孟惠民同志（党外）与同事们昼夜奋战，成功研发出便携式含氯消毒液发生器，被评为“北京市统战系统防治非典型肺炎工作先进个人”。

（李　民）

【开展活动】 2003年，统战部组织了系列活动，丰富了统战系统成员的生活。①组织统战系统迎新春联欢会，来自基层党委、总支的统战委员、统战信息员和民主党派成员、归侨侨眷、党外知识分子代表120余人参加了联欢会。②10月8日，组织北京科技大学欧美同学会会员30人参加了在人民大会堂举办的欧美同学会成立90周年庆祝大会。③10月31日，组织统战系统成员55人参观考察了全国精神文明示范村——南宫村。

（李　民）

附 录

2003年北京科技大学民主党派组织及成员状况

党 派	委员会	支部(支社)	小组数	成员数	发展人数	备 注
民革				6		
民盟		1		46		含管庄校区6人
民建				1		
民进						
农工				1		
致公党				1		
九三		1		36	3	
台盟						
总计		2		91	3	

2003年北京科技大学民主党派成员状况

党派名称	成员			职称结构				年龄结构				
	总数	男	女	高级职称	中级职称	初级职称	无职称	29岁以下	30至39岁	40至49岁	50至59岁	60岁以上
民革	6	4	2	4	1		1		1	1		4
民盟	46	29	17	42	4				1	13	5	27
民建	1		1	1							1	
民进												
农工	1	1					1			1		
致公	1		1		1							1
九三	36	23	13	30	3	1	2		2	11	3	20
台盟												
总计	91	57	34	77	9	1	4		4	26	9	52

2003年北京科技大学高级知识分子状况

年龄段	高级知识分子			党外高级知识分子				
	总数	男	女	总数	正高级职称		副高级职称	
					男	女	男	女
29岁以下								
30~39岁	159	104	55	57	1	1	33	22
40~49岁	384	267	117	179	37	9	73	60
50~59岁	241	137	104	74	14	5	23	32
60岁以上	48	36	12	17	10	3	0	4
总计	832	544	288	327	62	18	129	118

2003 年北京科技大学实职干部安排状况

类别	实职干部	党外实职干部											
		总数	成员		职称结构			年龄结构					民主党派
			男	女	高级职称	中级职称	初级职称	29 岁以下	30 至 39 岁	40 至 49 岁	50 至 59 岁	60 岁以上	
担任处级职务	153	14	9	5	13	0	1	0	1	8	5	0	3
担任局级以上职务	8	0											
总计	161	14	9	5	13	0	1	0	1	8	5	0	3

2003 年北京科技大学少数民族学生统计表

民族	研究生		本专科生		合计
	男	女	男	女	
回族	22	13	98	67	200
满族	27	33	129	84	273
蒙古族	14	13	69	45	141
藏族			9	4	13
维吾尔族		1	26	17	44
哈萨克族			7	2	9
壮族	7	4	35	12	58
朝鲜族	9	4	28	15	56
苗族	4		25	12	41
其他民族	15	10	85	30	140
总计	98	78	511	288	975

（李　民）

工会工作

【概况】 2003 年，学校新增外国语学院部门工会，全校部门工会达到 14 个。校工会下设组织、宣传、文体、生活、女工、财务 6 个部，工会办公室负责协调各部门工作并承担教代会的日常工作。校工会现有人员 5 人，其中工会主席 1 人，常务副主席 1 人，副主席 1 人。

（鲍展萍）

【建家工作】 为促进北京科技大学二级建家工作整体再上一个新台阶，2003 年工会认真修订了《北京科技大学建家考核评估办法》，把建家工作的评估标准细化、量化，并以党委文件下发执行。2003 年 11 月，由校党委副书记李宝林、陈世禄带队，学院部门工会主席参加，组成两个考评小组，对 8 个学院、管庄校区、后勤集团等 10 个单位的二级建家工作进行了全面考核评估。经过考核评估，土木与环境工程学院、冶金与生态工程学院、材料科学与工程学院、机械工程学院、信息工程学院、管理学院 6 个学院部门工会和管庄校区部门工会被评为学校“模范教职工之家”。其中机械工程学院部门工会被评为北京市“模范职工小家”，信息工程学院部门工会被评为全国“模范职工小家”，免检进入学校“模范教职工之家”。另外，文法学院、应用科学学院和后勤党委部门工会被评为学校

"优秀教职工之家"。

（鲍展萍）

【教代会工作】 2003年，学校进一步强化教代会职能，充分发挥教代会在民主监督、民主管理的桥梁纽带作用，调动广大教职员工的积极性，为学校的改革和发展献策献计。3月28日，学校召开了第十三届工会会员暨第五届教职工代表大会第五次会议，听取了校长杨天钧关于《北京科技大学总体发展战略规划》的报告和党委书记罗维东关于《北京科技大学加强师德建设工作意见》的讲话。3月31日至4月3日各代表团就两个议题分组进行了讨论，4月4日，召开了代表团团长汇报会。在此基础上，北京科技大学《关于加强师德建设工作的意见》经进一步修改和完善，于4月份以党委文件下发并实施。

根据北京市教育工委、北京市教育工会的要求，2003年12月开展了教代会民主评议领导干部试点工作，民主评议的对象包括：学校党委书记、校长、副书记、副校长、校长助理、正处级干部，共60人。评议内容包括干部的德、能、勤、绩、廉5个方面。评议方式分民主测评和口头评议。12月31日，民主评议领导小组向各代表团团长反馈了评议结果，并向被评议的干部个人作了评议结果的反馈。校工会将民主评议领导干部的结果向北京市教育工委、北京市教育工会作了汇报。

（鲍展萍）

【校务公开与师德建设】 为了继续贯彻落实《教育部、全国总工会关于全面推进校务公开的意见》和中共北京市委教育工作委员会、北京市教育委员会、北京市教育工会联合下发的《关于北京教育系统推行"政务公开、校务公开"的意见（试行）》，使全心全意依靠教职工办好学校的方针落到实处，2003年学校进一步推进了校务公开工作，起草了《2003年校务公开计划》，督促学校机关8个重点部门起草完成了校务公开实施细则，并在校内办公网页上开设了"校务公开"专栏。明确了机关各职能部门的职责分工，提出了加强检查、督促评估的具体措施。同时，建立健全了院务公开制度。

师德建设是建设高素质教师队伍的重要工作，是北京科技大学2003年的重要工作之一。2003年经教代会讨论，4月份下发并实施了《北京科技大学关于加强师德建设工作的意见》。年内还开展了"我谈师德"征文活动。2003年9月教师节评选表彰了25名"师德先进个人"。10月6、7日举办了博士生导师联谊活动，大家达成一个共识：在培养人才的过程中，导师要言传身教，既要培养学生做好学问，又要培养他们做好人，导师应该成为严谨治学、为人师表的典范，成为营造校园学术环境和氛围的主体。

2003年9月26日工会与教务处、人事处一起，举办了以"名师谈教"为主题的北京科技大学青年教师教学基本功培训，请荣获北京市高等学校名师奖的郗安民教授和荣获首届全国高等学校教学名师奖的余永宁教授分别作教学经验介绍，并播放了两位名师的教学录像片。130余名青年教师参加了培训。后经过各个学院层层选拔，推荐22名40岁以下的青年教师于2004年1月3、4日两天进行了全校"青年教师教学基本功比赛"的决赛，其中冯妍卉、袁文霞、张怡3名教师荣获一等奖。

（鲍展萍）

【防控非典工作】 2003年上半年，校工会发挥各级工会组织的作用，在抗击非典中做了大量稳定广大教职工思想情绪的工作；购买各种防护用品；广泛开展户外体育活动；慰问防控非典一线工作人员，为学校"抗非"工作作出了贡献。2003年7月，校工会被北京市教育工会评为"抗击非典先进集体"。

（鲍展萍）

【文体活动】 2003年，校工会积极开展"健康身心、愉快工作"系列活动，丰富了教职工的文化体育生活。3月17日正式恢复工间操活动，给坐班教职工"健康一刻钟"。6月，举办了第二届教职工软式排球比赛，共有34支球队，300名运动员参加了比赛。10月13日至17日，组织了为期五天的健身活动周，做到个人项目与集体项目相结合，趣味项目与专业项目相结合，参加活动的教职工有 2 000 人次，占教职工总数的 2/3，达到了最大限度发动和吸引教职工参加强身健体活动的目的。年内，校工会支持太极拳辅导站开办了太极剑、太极刀、木兰扇学习班，每天有百余人坚持晨练和晚练。2003 年校工会根据教职工的要求和需要，利用双休日多次组织了春季踏青、秋季登山采摘等北京周边游活动。还利用国庆长假和寒假组织去山西、华东三市、云南旅游，吸引教职工及家属 600 余人参加了活动。

（鲍展萍）

【生活福利】 2003 年，校工会继续开展“中国职工互助保险”工作。学校加入“职工安康保险”的教职工人数已达 1 232 人，年内办理职工安康保险 539.5 万元，女职工四种疾病参保 840 人，投保 1 599 份，两位患乳腺癌的女老师获理赔 6 万元。由于工作出色，学校工会被北京市总工会评为职工保险工作一等奖。

在为教职工谋福利、办实事方面，2003 年，工会代售大米 62 吨，粉条 400 多包，红江橙 1 700 余箱，并及时为教职工代购各种物美价廉的生活必需品，深得群众的信任和满意。

年内，工会召开了两次生活福利会，对 26 人进行了定期补助，补助金额 4.21 万元，临时补助 56 人次，补助金额 5.81 万元。

此外，工会还利用暑假期间组织教职工学习驾车技术。共有 218 名同志报名，经过学习、培训，顺利取得了机动车驾驶执照。

（鲍展萍）

附　录

北京科技大学 2001～2003 年度先进集体、先进工作者、师德先进个人名单

先进集体：（10 个）

土木与环境工程学院土木工程系
机械工程学院工程训练中心
新金属材料国家重点实验室
材料科学与工程学院粉末冶金研究所
信息工程学院学生工作办公室
文法学院公共外语系
管庄校区经济管理系
后勤服务集团饮食中心
研究生院
学生处

先进工作者：（52 人）

土木与环境工程学院	孙体昌	王宝学			
冶金与生态工程学院	李京社	张武军			
材料科学与工程学院	谢建新	刘雅政	孙建林	孟惠民	杨　荃
机械工程学院	王长松	王万瑜	丁文英	邹　静	
信息工程学院	郑德玲	牟世堂	王克襄	孙一康	
管理学院	高学东	阚　宏			
文法学院	陆　俊	许　放	刘　瑞		

应用科学学院	邱　宏	廖福成	弓爱军			
管庄校区	毕丽军	马永春	连瑞永	李佩珍	张学仁	
后勤集团党委	张文平	赵　雨	马玉刚	陈国华	邢志清	姚　昕
	庄心怡	高连臣	张效东	李建达	王永顺	
机关二总支	王会中	陈向明				
机关三总支	马龙海	佟建国	季淑娟	苑宝荣		
机关四总支	周永源	贾水库	于成文	王占奎	任玉霞	

师德先进个人:(25人)

土木与环境工程学院	王金安	王化军		
冶金与生态工程学院	程素森	张建良		
材料科学与工程学院	何业东	余永宁	贾成厂	仇卫华
机械工程学院	张少军	范　云	夏德宏	
信息工程学院	王成耀	吴并臻	尤　佳	
管理学院	宋文利	瞿国忠		
文法学院	吕京生	张　虹	郭侃俊	
应用科学学院	申亚男	尹　红	管狄华	
管庄校区	吴丽萍	杨建琴		
体育部	王瑞平			

学生工作

【概况】 北京科技大学学生工作由党委学生工作部、研究生工作部、学校学生工作处、研究生工作处(合署办公)负责。2003年,学生工作部(处)、研究生工作部(处)下设办公室、教育科、管理科、助学办公室、心理咨询与发展中心。共有人员11人。

2003年,北京科技大学学生工作以学习贯彻“三个代表”重要思想为契机,以党建为核心,以学生工作队伍和学生骨干队伍建设为保障,围绕学校中心工作和学生的健康成长成才这个中心任务,在坚持教育改革、不断创新的前提下,积极探索和开辟学生工作新途径,积累新经验,在针对性和实效性上下功夫,优化工作作风,提高服务质量和办事效率,各项工作取得了新的进展。

(陈忠奎)

【学生党建工作】 1. 学生业余党校工作。学校不断完善“两级建校、三级培训”的教育体制,增加办班数量,扩大培训规模,指导各级党校依照多角度、重实践、促思考、讲实效的要求安排教学,拓展学生业余党校的教育功能。2003年出台《北京科技大学学生业余党校工作制度汇编(征求意见稿)》,在规范化、制度化建设上迈出了重要一步。明确提出在教学内容上要保证理论学习、形势政策教育、社会实践和结业考核等内容;在教学方式上采取时事讲座、多媒体教学、党校论坛、班级讨论、经验交流、社会实践、培训总结等多种方式,从多角度加深学员对理论的理解,着重提高学员理论联系实际、分析问题、解决问题的能力。2003年,共举办、联办学生业余党校培训班11期,其中,学生党支部书记、毕业生党员、新生党员、预备党员培训班各1期、入党积极分子培训班7期,共有156名学生党支部书记、424名毕业生党员、77名新生党员、262名预备党员和1 589名入党积极分子,共计2 508人次参加了学生业余党校的学习和培训。全年共发展学生党员750名。本科生党员比例为11.4%,研究生党员比例为38.8%。全校学生党员比例为20.4%。

2. 学生党支部建设。按照优化结构、强化功能、提高活力的基本思路,继续推动以调整组织方式和活动方式为重点的学生党支部建设。2003年下半年,在研究生、高年级本科生中尝试建立班级党支部。到12月底,学生党支部的数量从年初的81个调整到170个,支部生活形式多样、内容丰富,"小支部、大沟通、强凝聚"的格局已基本形成,为学生党建注入了新的活力。材料成型过程控制与模拟仿真梯队党支部,将梯队的学术研讨和交流与组织生活结合起来,将积极分子的培养与科研学习实际相结合,极大地促进了同学们参与梯队中科研工作的积极性,特别是在攻关阶段更能体现出党支部的凝聚力、战斗力,缩短了科研成果形成周期。两年来,材料成型过程控制与模拟仿真梯队共获得省部级奖项3项,人才奖1项,通过成果鉴定4项,实用型授权专利1项,在各梯队中名列前茅;两年发表论文53篇,全院排名第一。

(白　亮)

【学生日常教育与管理】 1. 学风建设。2003年,学校通过举办学风建设研讨会、期中教学检查座谈会、学风宣讲活动、"学术诚信,从我做起"征文活动等,加强学风建设。特别是通过奖学金及先进班集体的评比促进学风建设。精心设计评选方案,充分挖掘评优过程的示范和教育效果。加大宣传力度,形成舆论氛围。组织学生记者深入班级及时采访报道先进个人和集体的感人事迹。通过"评优宣传栏"、"学子在线"网站、学生工作快讯、校园新闻网、校园广播站,大力宣传先进个人和集体的成长轨迹。年内通过近3个月的奖学金及先进个人、先进集体的评选工作在学生中积极倡导"严谨为学"的优良学风。

2. 奖学金及先进班集体评比。年内,学校研究制定了有关奖学金、先进个人及先进班集体评比的实施细则。本着"公平、公正、公开"的原则,采取"个人申报、两级答辩、学生参与、差额评选、隆重表彰、通报情况"的新举措,评选出北京市先进班集体9个、先进班集体标兵17个,北京市三好学生28名、北京市优秀学生干部9名;校级先进班集体63个,特种奖学金416名,人民奖学金2 361名,优秀三好学生340名,三好学生684名,优秀学生干部340名。特种奖学金新增了POSCO奖学金,奖励与钢铁相关的10个专业共37名同学。在评审过程中共进行特种奖学金校级答辩会两场,组织了由22个班级参加的先进班集体答辩会。举行了中信—CBMM吴宝榕铌钢奖学金、POSCO奖学金、招商银行奖学金、建龙奖学金等一系列专场奖学金颁奖仪式。年内,建龙钢铁集团在北京科技大学新增"建龙最佳团队奖",一等奖一个,奖金30 000元;二等奖两个,奖金各20 000元。为了做好"建龙最佳团队奖"的评选,学生处确定了《北京科技大学"建龙最佳团队奖"评选方案》:通过第一阶段的班级申报、学院答辩、形象展示、校级答辩筛选,第二阶段的班级挑战赛,及第三阶段的竞技项目比赛,最后决出建龙最佳团队一等奖:冶金021班;建龙最佳团队二等奖:自研021班、英语012班。

3. 毕业教育。2003届毕业生工作抓住全国上下众志成城抗击非典这一有利契机,以"爱国爱校、创业敬业、诚信合作"作为毕业教育的主题,举办"与党同心——毕业前最后一次党课"大型毕业生党员主题晚会,通过朗诵、歌咏比赛、现场访谈以及在党旗下重温入党誓词等活动,使毕业生党员在离校前再次受到良好的教育,成为做好毕业生工作的核心骨干。编发《踏入社会第一步——毕业生手册》,举办"回顾大学生活,展望职业生涯"主题班日活动,举办以"强化创业意识、弘扬敬业精神"为内容的系列专题片展播活动,加强对毕业生的创业、敬业的教育。通过向每位学生发放毕业文化衫、毕业纪念册，组织“优秀毕业生与校领导合影、座谈”、“导师寄语”、“毕业生教改讨论会”、“毕业生向学校捐赠纪念物”、“我为学弟学妹留点啥”、“金点子”征集评比活动、“班级班史回顾展”等活动形式，开展爱校教育，加强学生与学校之间的交流和理解；通过起草“从居里夫人‘光荣的借款’说起——致贷款毕业生的一封信”、“关于按时还清贷款的倡议书”，提出“为了学弟学妹，我们信守承诺——经世致用，诚信为本，从我做起”的口号和大型签名活动，邀请银行和学校负责贷款事务的老师介绍国家助学贷款的起源和面临的困难，开展“助学兴教功在千秋，明礼诚信奉献社会”诚信教育主题活动，引发毕业生对责任和诚信的深入思考。积极改进2003届毕业典礼及学位授予仪式，举行“全体毕业生宣誓”，“优秀毕业生、赴西部工作毕业生表彰仪式”，引导毕业生树立服务祖国、服务人民的良好意识，在国家最需要的岗位上建功立业。

4. 新生教育。以促进心态调整、角色转变，培养自立、自强、自尊、自爱精神为主题，集中进行入学教育。突出自我管理意识教育、诚信教育、学习生活指导、心理健康教育等内容，强调对新生入学教育必须坚持循序渐进，在集中教育、分散教育的基础上，将新生入学教育贯穿到本学期学生工作的始终。重点引导新生树立良好的班风、学风，做好大学生活规划。开展“我理想中的大学生活”征文比赛活动，使新生真正从思想上、行动上对新时期合格大学生的标准有较为深刻的理解，自觉、严格、主动按照学校的要求规划成长目标，争做优秀大学生。

5. 形势政策教育。2003年度“形势与政策”教育的重点一是举办系列讲座，二是不断扩充“形势与政策”教育的音像资料库，内容紧扣青年人关注的热点话题，每周免费定点放映并向全体学生免费借阅。先后为100余团体和个人办理了借阅手续。三是抓住有利时机，深化教育效果。10月15日，得知“神舟五号”成功发射升空的消息后，在操场大屏幕、学生食堂滚动播出相关报道，第一时间启动“载人航天精神”教育计划。先后举行了“热烈庆祝‘神舟五号’载人飞船胜利升空座谈会”、“北科大学子热烈祝贺中国首次载人飞船航天飞行圆满成功”的大型签名活动、“北京科技大学庆祝中国首次载人飞船航天飞行成功大会”及演讲活动，邀请多位知名专家学者到学校举办“‘飞天梦’背后的精神支撑”系列报告会；先后组织学生参加“庆祝神舟五号载人飞船发射返回成功”的庆典、参观“中国首次载人航天飞行展”、“空军飞行表演”，参加中国载人航天工程“神舟”飞船系统总指挥袁家军和中国载人航天飞行第一人杨利伟为北京高校师生所作的报告会等，受到学生的欢迎。

6. 安全教育。年内，学校编印《北京科技大学学生安全知识手册》，发放到每个学生宿舍，组织广大学生学习安全知识，提高安全意识；修订了《北京科技大学安全教育与管理暂行规定》，邀请社会治安、消防、交通安全方面的警官对新生进行安全教育；开展“交通安全宣传月”活动，通过组织学生观看《珍爱生命——交通事故集》和《消防宣传片》、举办“安全在我身边”征文活动、发出《致首都高校大学生之交通安全倡议书》等，加强对学生的安全教育。同时，充分发挥学生安委会、宿委会自我管理、自我监督的职能，成立了“校园文明纠察队”，协助校保卫处、后勤集团物业中心开展维护校园治安、消防演习、宿舍安全检查等。

7. 经济困难学生的资助工作。年内，学生工作部（处）印发了《国家助学贷款指南》，通过辅导员向学生详细介绍国家助学贷款申请实施细则。2003年全校共有616人申请到了国家助学贷款，合同金额达1 016.5万元。为做好新学年的经济困难学生资助工作，已向经办银行申报了1 700万元的国家助学贷款指标。制定《北京科技大学勤工助学管理办法》，举办“北京部分高校勤工助学经验交流会”，与北京林业大学、北京邮电大学等学校的勤工助学机构进行了工作交流。2003年勤工助学中心已经设立机关兼职岗、报刊亭、精神文明岗400余个,有目的、有选择地联系校外兼职岗位1 200余个,能够长期、稳定地为学生提供勤工助学岗位。在迎新期间专门开设“绿色通道”,使家庭经济困难或其他原因不能及时交纳学费的新生顺利办理入学手续,并为350名经济上特别困难的新生发放临时性补助共计13 000元,为100名特困新生提供了学习、生活用品。全年共为经济困难学生分批累计发放2 000多人次的临时性困难补助共计347 350元。此外,121名品学兼优的经济困难学生接受了“西部助学工程”、“中海油助学金”和“曾宪梓奖学金”的资助,受助总金额479 000元。

8. 网络建设。以“提倡教育新理念,搭建管理新平台,开拓服务新空间,探索沟通新途径,实现工作新局面”为宗旨,在总结工作经验和充分借鉴兄弟院校成功经验的基础上,9月1日“北京科技大学学子在线”(http://student.ustb.edu.cn)正式开通,该网站集教育、管理、服务、宣传和办公于一体,给广大学生提供了优质、便捷的服务。

9. 学生保险工作。2003年,按照自愿原则,共为2 230名本科生和720名研究生代办了《大学生人身意外伤害保险》,总保险金额高达2.24亿元。截至2003年11个月,已顺利完成75起学生人身意外伤害保险理赔工作,理赔金额112 170元。年内,还为在2002年“6.16”蓝极速网吧火灾事件中被烧伤的3名学生领取保金14 000元。

10. 认真落实少数民族政策,加强民族团结。2003年,学校新疆籍“民考民”学生数量继续增加,同时招收了第一批西藏籍学生。学生工作部(处)为“民考民”学生设置了专职辅导员,专门设立了“北京科技大学民考民学生奖学金”。学校严格按照少数民族的生活习惯、民族习俗安排好他们的学习生活。

(李 霄、刘 彦)

【心理健康教育】 1. 积极开展心理健康教育活动。2003年,通过举办“心理健康活动月”、“第三届健康文化节暨预防艾滋病宣传活动”,编辑“心语”专刊、开通心理健康教育网站等加强对学生的心理健康教育。年内,近60个班、约1 700名新生主动报名参加了“心理健康快车”活动。2. 做好心理健康方面的教学工作。年内,为全校本科生开设了《大学生心理素质教育》、《心理学基本原理与方法》两门公共选修课。举办心理讲座近10场,涉及“职业生涯规划”、“爱与成长”、“性心理与性健康”、“心理健康与心理问题预防”等。3. 开展多种形式的心理辅导活动。每周至少提供20小时的心理咨询服务,同时,积极开展团体心理辅导。组建了“压力应对”、“非典时期毕业生成长小组”、“心理协会骨干小组”等成长团体。4. 做好心理健康状况的调查和研究工作。10月份,对全体新生进行了心理测查并撰写了分析报告,对问题突出的19名学生根据实际情况采取了具体有效的措施。2003年下半年,学校正式启动了《大学生班级心理辅导的研究》课题,探索高校心理健康教育的有效方法与途径。

(房 超)

【国防教育与征兵工作】 1. 国防教育。学校国防教育实施“四三四”工程,即“四个依托”、“三个阵地”和“四个时机”。“四个依托”是:依托国防教育日,抓好党政干部的国防教育;依托国防教育职能部门,抓好国防教育骨干队伍的建设;依托军训基地,抓好学生的集中军训;依托社区,抓好家属区居民的国防教育。“三个阵地”是:国防教育展览室、国防协会会员之家、国防教育流动学校(培训部)。“四个时机”是:抓住重大政治事件进行国防教育;抓住征兵的时机进行国防教育;抓住国防教育月的时机进行国防教育;抓住重大节日、纪念日进行国防教育。2003年,学校承担了北京高校以“关心国防建设,学习国防法规,加强国防观念”为主题的第二届国防教育月的主办工作。教育月期间,主要开展了国防教育巡回展、国防知识讲座、军事书报刊进校园、军事影片系列展播、第四届“我与国防”演讲比赛、北京高校第二届国防教育月定向越野赛等活动。

2. 征兵工作。北京市征兵领导小组决定，2003年冬季在包括北京科技大学在内的9所高校中继续开展征集新兵的试点工作，并给北京科技大学下达了征集5名新兵的指标。学校利用多种形式和手段开展了以“弘报国之志，接受祖国挑选；尽光荣义务，追求无悔人生”为主题的征兵宣传活动，同时开展了各种培训班。2003年12月2日，学校6名同学收到了入伍通知书，其中男生5人，女生1人，超额完成上级下达的征兵任务。

（曲　涛）

【队伍建设】 1. 严格选拔。学生处坚持严把“入口关”、保证质量的工作原则，要求所有学生工作干部必须通过校级的笔试、面试和公开答辩、公示等程序，依靠竞争上岗选拔学生工作干部。2003年度，共选拔了6名机关工作人员、8名专职学生辅导员、9名兼职学生辅导员。

2. 充实培训内容。以建立学习型组织为指导思想，强调规范、注重研究，向系统化、制度化发展。形成岗前培训、在岗培训、定期研讨、考察学习等一整套的学生工作干部培训制度。年内，先后举行春秋两季学生工作干部培训会；举办了“2003年学生辅导员和机关工作人员上岗培训班”、“学生工作部（处）、研究生工作部（处）、武装部工作人员培训”、“学生工作系统抗击非典表彰大会暨经验交流会”、“特殊时期大学生思想教育工作座谈会”、“公共危机与大学生成长座谈会”等。举行学习贯彻“三个代表”重要思想研讨会，围绕学习实践“三个代表”重要思想的主要思路和心得体会，按照“一切为了学生”的观念做好学生教育管理服务工作的基本经验，以创建“学习型组织”为目标，加强学生工作队伍建设等主题进行了研讨。注意“迎进来、走出去”，增强与兄弟院校学生工作的交流。10月中旬，学生工作部组织各学院学生工作负责人赴华南高校和企事业单位进行了调研；下半年先后接待了内蒙古师范大学、河南科技大学、北京印刷学院、湖北高校调研团和教育部第四十四期高校管理干部班学员到学校调研。同时注重加强学生工作干部的理论探索和课题研究，由北京市委教育工委编印的《赤诚——2003首都战线抗击非典纪实》一书收录了北京科技大学的两篇文章。

3. 加大考评力度。2003年度，学校对学生工作干部的日常考核与年终考核相结合，从“德、能、勤、绩”等方面提出了更加明确的指标体系，加大了在“科学研究”、“开拓创新”上的考核力度。在考核办法上，坚持“学生工作干部年度公开述职答辩制度”，要求所有学生工作干部都要参加年终考核，扩大学生听众的数量，特别是普通学生的数量。在2003年的考核中，90余名专兼职学生工作干部分别参加了学校和学院组织的民主评议和公开述职。

4. 完善激励机制。2003年，学校结合学生工作干部考核结果，认真评选“防治非典工作先进工作者”、“防治非典工作先进个人”、“防治非典工作学生先进集体”、“2003年学生工作先进集体和个人”，隆重举办“防治非典工作学生先进表彰大会”、“2003年北京科技大学学生工作总结及表彰大会”，充分发挥激励作用，有效增强德育工作干部的事业心和成就感。

（何　进）

【工作调研与对外宣传】 2003年，学校继续开展大学生思想状况滚动调查、高校学生假期返乡调查、学风调查等调研工作。共举行安全稳定、学生思想动态座谈会20余次，下半年举办学风状况座谈会38场，填写《北京科技大学学风状况调查问卷》966份，全体学生工作干部深入到教学一线听课110门次，并认真填写《北京科技大学学生工作干部听课表》，从教师、学生、学生工作干部等多个层次全面了解学风情况，掌握了大量真实的第一手资料，为进一步采取相应措施提供了科学依据。

学生工作部（处）继续办好《学生工作快讯》、“学子在线”网站，加强对外宣传。2003年，共出版《学生工作快讯》144期，稿件200余篇。在电视台及报纸报道方面，年内，中央电视台《新闻30分》报道了北京科技大学2002年度国家奖学金设置情况;《新闻联播》报道了北京科技大学学生非典防治工作,新闻频道正点新闻报道了2003届毕业生党员"与党同心"主题晚会;与中央电视台科教频道合作,将北京科技大学学风建设的优秀成果拍摄成两部专题片:"破解大一难题"、"智闯四级关",在CCTV—10的黄金时间播出。中国教育电视台、北京电视台、《中国青年报》、《中国教育报》、《现代教育报》、《北京青年报》、《北京晨报》、信报、新浪网等媒体先后还就《象牙塔里的这个春天——生于八十年代》、建龙最佳团队奖评选、心理健康快车、第三届健康文化节暨艾滋病知识活动等进行了宣传报道。

(何　进)

共青团工作

【概况】 2003年,北京科技大学共有团员13 894人,社团组织48个,主要包括科技、文艺、学习、公益、体育、实践等六大类。在全校共青团员和社团组织的积极配合下,团委的各项工作得到了充分的开展。4月,非典肆虐京城,北京科技大学共青团在上级党团组织的领导下,积极配合校内外各单位、各部门,协同作战,同心同力,认真落实学校各项非典防治政策,堵住每一个漏洞,防治每一个死角,为学校抗击非典作出了应有的贡献。在年度共青团工作中,校团委围绕学校育人中心工作,着眼共青团工作大局,按照"建设、服务、创新、发展"的工作理念,结合学校共青团工作实际情况,以建设学习型组织为目标,深入、认真学习和贯彻"三个代表"重要思想,以素质拓展为中心,充分整合各类社会资源,努力扩大共青团服务青年全面成长成才的职能,各项工作中都取得了一定的成绩。

(章东辉)

【基层组织建设】 1.落实"党建带团建"的有关决定,加强共青团组织建设和作风建设,培养高素质团学干部队伍。2003年,学校贯彻落实《关于进一步加强基层党建带团建工作的若干意见》、《共青团中央关于加强和改进团的作风建设的决定》和《中共北京科技大学委员会关于进一步加强党建带团建工作的若干意见》精神,加强团学组织的思想建设、组织建设、作风建设,完善《关于加强团学组织干部考核管理的规定》,修订《团学组织制度汇编》,明确团学组织干部思想、工作、学习和生活等各方面的标准和要求,完善学生干部任免制度和建立人才档案库,促进团学干部德才兼备、综合发展。

加大团学组织干部学习、培训工作力度,提高学生干部队伍综合素质。结合学校实际情况,以学校和学院联合的方式,分层次举办了第二十一期、二十二期、二十三期团校。团校针对学员在班级、社团中担任的岗位职务的特点,以班级为独立活动单位,开展了班级特色活动、班级宣讲、优秀团学组织干部经验交流等活动,对不同岗位的学员进行了有针对性的技能培训。同时,团校还立足于对学员个人素质的培养,通过求是园地的制作和每次团校活动之后的学员交流,大大增强了学员的动手能力和表达能力,为以后班级、社团活动的开展奠定了坚实的基础。

重视专兼职团干部的理论学习和工作研究,2003年有多项工作研究成果在全国或北京市获奖,章东辉同志的《实践"三个代表"重要思想,推进共青团工作现代化》获2003年度全国优秀社科论文一等奖,《不经历风雨,怎么见彩虹!》获全国千里马杯"通过SARS看民族精神与当代青年责任"征文比赛金奖;黄武南同志的《发挥共青团主导作用,建设高品质社团》获北京共青团优秀调研成果二等奖。此外,2003年学校共青团系统还发表了工作论文10余篇。

2.团建创新工作。2003

年，学校进一步推进共青团工作重心下移，重视和发挥基层组织的重要作用和能动性，为基层共青团组织自主开展工作创造条件、提供平台。支持学院团委、社团团工委以主题教育、主题团日、推优入党和“达标创优”活动为重点，充分调动各团支部的积极性，以项目化为手段，开展基层组织建设创新活动。①社团团建创新：一年来，社团团建在创新中发展，确立了以需求为导向、竞争发展、有序管理的创新思路；建立共青团学生社团工作委员会（简称学生社团团工委）领导下的一体两翼的学生社团组织结构体系，确立了学校团组织对学生社团的领导和管理地位。把团支部建到社团上，实现了社团团员的“一个团籍、两种身份、多重覆盖”；按照规范管理、竞争发展、项目化实施的模式，积极推进活动创新：依托社团阵地，开展团员青年思想教育；依托专业社团，促进学风建设；依托达标评优，构建社团提升机制，发挥社团“标杆”作用，带动社团整体发展；依托素质拓展训练，繁荣社团文化，实现社团活动丰富多彩；依托业余团校，开展社团干部训练营，培养社团核心竞争力和可持续发展能力；依托社团推优入党，调动社团团员积极性，推进社团建设和发展。把团组织的主导性和学生的主体性结合起来，实现了思想教育的多重覆盖、社团管理的民主规范、项目活动的有序管理，社团团建创新工作初见成效。②研究生团建创新：针对研究生招生规模不断扩大，学科方向不断细化，研究生学习、科研分散性日益突出，活动不易组织等特点，学校在机械学院开展了以学科梯队为单位，纵向设置团支部的试点工作，并先后在四个学科梯队进行了探索和实践。梯队团支部组建后，组织健全、分工明确、工作规范，充分显示出新的活力，研究生团员也以很高的热情投入到支部工作中。

2003年，学校共青团建设工作取得了很多成绩：校团委被评为“2003年度北京市红旗团委”、“北京市基础团务工作先进单位”；国贸012班团支部被评为10个“全国‘五四’红旗团支部标兵”之一；15个集体被评为“北京市先进集体”。

（章东辉）

【团员思想教育】 学习实践“十六大”精神，兴起学习贯彻“三个代表”重要思想的新高潮，团结和带领广大团员青年投身全面建设小康社会的伟大实践是高校共青团工作的光荣使命。2003年，校团委开展了形式多样、生动活泼的学习教育活动，帮助团员青年树立正确的世界观、人生观、价值观，引导他们把国家的前途、民族的未来和个人的长远利益结合起来。

1. 以活动为载体，开展形式多样的理论学习。2003年，校团委在全校范围内开展了“小康中国”主题教育活动，活动以班级、社团为单位，内容包括：“小康中国”宣讲、剪报大赛、征文比赛、摄影比赛等活动，并以剪报摄影展和书画展的形式把班级、社团学习“十六大精神”及“三个代表”重要思想的成果在宣传栏内展出。其中，机械工程学院工业设计02团支部的“设计制作图标徽章”主题团日方案在团市委主办的“学习实践‘三个代表’为团旗增辉”主题团日活动评比中荣获银奖，并被收录进《青春在团旗下飞扬——“学习实践‘三个代表’为团旗增辉”主题团日活动方案集粹》一书。

2. 依托求是学会开展班级宣讲和社区宣讲，力求理论学习的广泛性和实效性。发挥以求是学会为龙头，以求是分会为纽带，以各班求是小组为基础的三位一体的组织体系，以宣讲为手段，以互讲互学为主要方式，建立“班级—宣讲小组”互动机制，深入班级，引导学生自觉学习和实践“三个代表”重要思想。一年来，宣讲小组共深入150多个班级，辅以演讲、辩论、小品、戏剧等丰富多彩的形式，开展了学习贯彻“三个代表”、“十六大”精神、“十六届三中全会精神”等主题宣讲活动，班级覆盖率达到70%，有力地促进了“三个代表”重要思想的“三进”工作。

根据上级党团组织的要求，学校团委还组织了社区宣讲行动。2003年3～4月，以“三个代表”重要思想宣讲团同学为骨干，组织了十余支队伍，深入海淀区、崇文区的多个社区对广大社区居民进行“三个代表”重要思想的宣讲活动。结合实际生活中的典型例子，深入群众，共同营造学习“十六大”精神、“三个代表”重要思想的浓厚氛围。8月，由求是学会的同学们组成“三个代表”社会实践考察团，赴内蒙古乌兰察布盟考察调研，把高校大学生学习“三个代表”重要思想的心得带给西部人民，开创了学校同学到牧区宣讲的先河。

2003年12月，校团委将北京科技大学青年学生学习、实践“三个代表”重要思想的成果汇编成册，正式出版了《旗帜与行动》一书。

3. 结合特殊事件，开展团员先进性和爱国主义教育。4月下旬，校团委在全校开展了“你我同心、预防非典”的特殊主题团日活动。充分发挥共青团组织的凝聚力和向心力，发挥团员青年和学生骨干的先锋模范作用，以点带面，发动广大同学积极行动，主动配合学校落实各项防治措施，为学校抗击非典工作作出了重要的贡献。

2003年10月16日，中国首艘载人飞船“神舟五号”发射成功并顺利返航。团委组织团员青年收看电视报道，前往世纪坛参加“首都各界庆祝神舟五号载人航天飞船飞天成功庆祝仪式”，在校内开展座谈会，学生科协航模队开展航模试飞活动，求是学会开展航天宣讲，各个团支部以“神舟五号”航天飞行为主题，开展以演讲、座谈、讲座等相结合的形式，在全校掀起了爱国主义教育的高潮，并通过中央电视台、北京电视台等媒体向外传播，展现了学校青年学子的风貌。

4. 发挥网络媒体优势，探索思想教育的新形式、新途径。学校充分发挥实事求是网站（http://www.4494.org）网络社区、信息平台和沟通渠道的特点和优势，针对思想政治教育及时性、有效性和广泛性结合难的问题，探索在网上开展思想教育工作的新模式。采用网上团校、讨论区、关键词点击等多种形式，开展“十六大”精神及“三个代表”重要思想的理论学习教育，开展班级、社团理论学习活动的成果展示，让理论学习活动更加深入人心，取得实效。

（黄武南）

【学术科技创新活动】 2003年，学校学生科技创新活动取得了突出的成绩。继2002年获得首届全国大学生机器人电视大赛亚军后，2003年11月3日北科大机器人代表队不负众望，获得了第二届全国机器人电视大赛冠军。

在12月结束的第八届“挑战杯”全国大学生课外学术科技作品竞赛中，北京科技大学代表队获得二等奖1名、三等奖5名的较好成绩。同时，校团委在校园内外积极开展各类学术科技活动，大力激发青年大学生参与学术科技活动的积极性。7月，团委科技部组队参加中央电视台的“异想天开”节目并获最佳创意奖；围绕奥运科技行动，在校内举行了北京科技大学首届DV短片大赛、第六届新生点子创意大赛；开展了数学、物理、英语、计算机、人文等学科竞赛；举办各类讲座、论坛和学术沙龙活动，营造浓厚科技氛围；推动学生创新、创造、创业活动的开展，培养和提高学生科技意识和科技能力。12月14日下午，北京科技大学第三届学生科技大会在学术报告厅召开。大会对前两年的工作作了总结，并对今后的工作进行了规划，会上还表彰了在科技活动中表现出色的集体和个人。北京科技大学第九届“摇篮杯”课外学术作品竞赛的筹备工作在紧张有序的进行中，学生科技大会的召开和“摇篮杯”的举行将进一步推进学校学术科技创新活动，进一步培养学生的创新、创造能力和参与科技活动的积极性，第九届“摇篮杯”将在2004年12月进行终审决赛。

（王　旭）

【社会实践和青年志愿服务活动】 2003年，学校本着在实践中“受教育、长才干、作贡献”，服务人民、奉献社会的宗旨，抓住全面建设小康社会和中华民族伟大复兴的主题，依托大学生素质拓展计划的实施，通过校院组团、自愿组团、个人实践等多种方式，开展了形式多样、内容丰富的社会实践行动。组织“三个代表”宣讲实践、彩虹工程、区校共建等品牌社会实践团队：“三个代表”

宣讲实践深入北京崇文、宣武、海淀等社区和内蒙古察右前旗等牧区，开展宣讲活动，使同学们在实践中领会“三个代表”重要思想的具体内涵。彩虹工程在充分总结已有经验的基础上，将“彩虹工程”的实施由北京周边地区扩展向全国各地，奔赴全国9省16市的112个企业，调查企业在生产经营与管理中的实际项目需求。同时对学校现有科技成果项目进行推广和调研，通过相互了解使学校与企业建立长期联系，学生科协与北京实利德公司签订了技术合作协议。“区校共建”工作组与宣武区和海淀区积极磋商，结合各个实践目标区域的具体情况，开始了以社区青少年中心建设和文艺进社区为重点的2003年暑期区校共建社会实践行动。先后有60余名同学深入宣武、海淀社区，以挂职锻炼、“社区家教援助”、“大学生志愿讲师团”等多种形式，参与了社会实践活动，以“自创形式、自立项目、勇于创新、勤于实践”为宗旨，开展了“夏日文化广场”、“我做一日大学生”等活动，受到了广大社区居民的欢迎。

2003年，学校学生社会实践参与率继续上升，达99.37%；社会实践优秀调研报告数量不断增加，质量连续提高；新增了北京市乡镇企业局和内蒙古察右前旗两个重要基地。由于社会实践成绩显著，学校被评为“首都高校社会实践优秀单位”，并被授予“首都贡献奖”。此外，还被评为“全国社会实践先进单位”，这是学校社会实践工作连续十七年获此荣誉；求是学会“三个代表”重要思想宣讲团获“全国大学生社会实践优秀团队”；求是学会“三个代表”重要思想宣讲团、“防治非典”实践服务团、“建设新北京贡献新奥运”京郊生态考察团、“彩虹工程”科技调研服务团、“区校共建”实践团等团队被评为“首都高校社会实践优秀团队”；章东辉被评为“2003年首都高校社会实践先进工作者”。

学校还积极推进社会实践和志愿服务工作的日常化，通过招募“西部计划”志愿者和“北京基层服务团”志愿者，实际解决就业问题。2003年学校共有19名毕业生参加了“大学生志愿服务西部计划”，8名毕业生参加了“毕业生北京基层服务团”，为学校一次就业率提高了两个百分点。同时继续做好志愿者研究生支教团行动。在连续组建四届研究生支教团（1999、2000年各4人，2001、2002年各6人），分赴山西灵丘、内蒙古察右前旗等地区开展扶贫支教服务工作的基础上，2003年又有6名研究生志愿者，被保留研究生入学资格一年，到中西部贫困地区的中小学担任一年的教师，支援当地的教育事业。

（李欣欣）

【文体活动与社团建设】 1.“青春·阳光·健康·校园”、“同心同德，同抗非典”。“五一”假期期间，校团委按照教育部通知、团市委要求和学校党委工作意见，在校园内开展了以“青春·阳光·健康·校园”为主题，以“小规模、多形式、分散化”的方式，以健身为目的的武术文化表演活动、以弘扬民族文化为主题的安塞腰鼓表演、以“同心抗非典、祝福祖国美好明天”为主题的现场书画表演等校园百项活动，开辟了校园抗击非典的第二条战线。此外，还开展了班级、宿舍篮球赛，四人制、七人制足球赛，羽毛球赛，乒乓球赛，棋类比赛以及踢毽子、跳皮筋等传统体育活动共150余项，号召同学积极锻炼身体，提高身体免疫力，度过一个有意义的五一节。中央电视台新闻30分、北京电视台、《中国教育报》等多家新闻媒体对此进行了报道。

2. 高雅艺术走进校园，提高校园文化品位和层次。2003年是北京科技大学招收艺术特长生的第二年，招收艺术特长生加快了学校艺术团专业化、规模化的步伐。非典期间，由校党委副书记陈世禄作词、艺术团左唳鹤同学作曲，校团委文体部部长郑安阳、艺术团刘少蓉同学演唱并录制的歌曲《相信人类自己》成为了凝聚人心、抗击非典的精神武器。2003年5月18日、23日校艺术团分别开展了“深情的关爱、生命的祝福”慰问活动和“向坚强美丽的白衣天使致敬”特别慰问活动。年内，团委还成功举办了“扬帆启航”迎新晚会、

"金秋扬想"2003 级新生文艺晚会、"北京科技大学 2004 新年音乐会"和庆祝学校建团 50 周年文艺晚会。

学校艺术团还积极与中国教育电视台、北京电视台等媒体合作，制作了多期节目；组团参加了中外影视歌曲大赛，并获得了个人第二名和团体"优秀组织奖"的较好成绩。年内，学校艺术团还参加了"宣武区纪念 7·13 申奥成功两周年暨乐陶然全民健身活动日"和庆祝北京成功申办 2008 年奥运会两周年的"夏日文化广场"的演出活动。

3. 以体育活动为平台，强健青年大学生体魄。一年来，成功举办了"三好杯"篮球赛、七人制足球赛、"社团杯"篮球赛、"社团杯"趣味定向越野赛、CBA 校园篮球赛等趣味性、竞技性活动。同时继续开展乒乓球友谊赛、"一二·九"冬季长跑等传统项目，掀起了学生健身运动的浪潮。

4. 学生社团建设。学校进一步加大对社团建设的支持力度、工作指导和规范管理，坚持"百花齐放，百家争鸣"的方针，大力支持和推进社团建设，为学生提供宽广的拓展自身素质的舞台。鼓励并支持学生创立思想性、实践性强，在繁荣校园文化方面起作用较大的社团组织并开展丰富多彩的社团活动。截至 2003 年底，学校共有学生社团 48 个，每年开展各式各类活动上千次，为广大学生素质拓展提供了广阔的舞台和多种选择。

2003 年，为了更好地推进社团建设，弘扬社团文化，社团团工委举行了社团标志的征集活动，设计并制作了"社团之家"网站，并开展了第六届社团文化节系列活动，取得了很好的效果。

（郑安阳）

【信息宣传工作】 1. 以《北科大青年》、校园快讯为重要媒介，充分有效地利用社会各界媒体，做好校内外信息宣传工作，建立起社会、学校和学生的良好互动。年内，校团委对《北科大青年》（月刊）进行了全新改版，在形式上摒弃了以往报纸的形式，而以一种杂志刊物的形式出现；内容上抛弃了呆板灰色的教条文章，风格更加轻松活泼，受到老师和同学们的喜爱。《校园快讯》（每周一期）则将内容定位为团学新闻，全面、快速地报道学校的各项重大活动、事件，成为广大师生了解校园动态的有效途径。结合实际情况，团委还充分利用报纸、橱窗、展板、广播、网络等手段，做好宣传教育工作。以新闻播报、宣传活动、展览、领导访谈等形式建立起全校师生信息共享的平台，建立起社会、学校和学生的良好互动。

学校还积极与外界媒体建立密切协作关系。目前已经与中央电视台、北京电视台、新华网、《中国青年报》、《北京青年报》、《中国教育报》、《中国青年研究》、《京华时报》、《科技时报》等媒体有着较好的合作关系。以精彩的活动吸引他们或积极参与他们的各种活动，通过他们对学校的非典百项活动、机器人大赛、"三个代表"宣讲团等活动的报道，达到宣传学校、扩大学校社会影响力的目的。

2. 高度重视并深入研究网络对大学生思想的影响，充分利用网络渠道，推进学校共青团工作的信息化建设。充分发挥网络媒体宣传效应和教育载体作用，按共青团理论教育、形象展示、信息交流、生活服务、在线办公服务、素质拓展等工作领域来分块规划，进行网络资源整合，全力打造 5470——北科大青年网站。利用信息化手段，掌握社会和学生动态，通畅互动渠道，探索网络管理与应对体制，做好稳定工作。

目前，5470——北科大青年网站已经拥有团委在线办公、北科大青年新闻资讯、网络校园（个人、班级、社团主页大本营）、幻想空间 BBS、4494（实事求是网站）、IBEIKE（学生之家网站）、素质拓展 7 大网站，实现了在线办公、网络宣传、思想教育、信息服务、在线交流、素质拓展电子认证等多项网络功能。在实现对校内外重大事件进行迅速报道，"让精彩与您同步"的基础上，同时为学生提供了广泛的服务空间。广大学生可以利用网络进行学术交流、课题研讨、课件下载、资源信息共享、填写认证自己的素质拓展记录等，为大学生提供学习、就业和生活服务。北科大青年网已经成为广大同学学习、生活中不可或缺的部分。

校园 BBS 是传递信息的有效平台。学校严格执行《北京科技大学幻想空间 BBS 安全管理规定》，进一步完善网络管理规章制度，对幻想空间 BBS 站实施有效监控管理，担当起校园网络先锋重任，倡导网络文明，繁荣校园网络文化。在两会召开、抗击非典、西北大学事件和台海问题等敏感时期，团委负责人、幻想空间站务委员会、5470 网络团队对 BBS 和其他学生网站实行了 24 小时监控，在保证校园网络安全的同时及时对有害信息进行处理，并建立《监控管理日志》，填写《每周情况分析》，报送学校领导，供决策参考。

（任玉霞）

【学生会与研究生会】 学校在发挥学生会、研究生会“自我教育、自我管理、自我服务”功能的基础上，强化“全心全意为同学服务”的意识，为同学做实事、做好事。以新世纪成才服务计划、常代会维权服务工作为重点，充分发挥学生会作为“优良学风、校园文化、同学利益”的代表作用。

学生会在做好“我爱我师——我心目中最优秀的教师”评选活动、迎新接站、新生文艺汇演等传统项目的同时，积极探索并贯彻落实第二十一次学代会提出的《新世纪成才服务计划纲要》，实施了新世纪成才服务计划一期工程，确定了激发人才、挖掘人才、培养人才、成就人才的工作方针，开展了一系列的有利于青年学生成长、成才的活动。同时常代会饮食中心共建委员会、常代会教宿管理共建委员会、常代会图书馆共建委员会、常代会校医院共建委员会、常代会维权委员会还与校后勤集团、教务处、校医院等部门紧密配合磋商，积极、迅速反映同学意见，解决了一些同学日常学习、生活中的实际问题，赢得了同学的信任和支持。

研究生会不断加强内部管理，建立健全机制，积极扩大服务职能，加强对研究生参与科学研究和科技创新的引导，举办了研究生学术活动月、研究生文化节等活动，并积极组织研究生同学参与“彩虹工程”，在社会实践中检验知识在实际中的应用，在检验中提升自己对所学领域的认识，从而将自己打造为“崇尚实践”的新型研究型人才。

（黄武南）

附　录

北京科技大学学生社团设置情况

类别	名称				
		学习类	求是学会	体育类	国防体育协会
科技类	学生科学技术协会		国防知识爱好者协会		Ourfeet 球迷协会
	网络协会		英语协会		武术协会
	计算机协会		日语协会		原始部落
	“启明星”天文协会		管理协会		自行车协会
	索奥科技中心		校辩论队		健美操协会
	IT 协会		口才与交际		乒乓球爱好者协会
	风暴 DIY 工作室		强学会		台球协会
文艺类	学生艺术团		前途社		弈海方圆棋牌协会
	铁流文学社		物流管理研究协会	实践类	宝玉石协会
	吉它艺术协会	公益类	绿盾环协		学海商潮协会
	科幻爱好者协会		新闻信息中心		汽车爱好者协会
	外国文艺协会		学生红十字会		创新学会
	摄影协会		青年社		创业者协会
	蓝帆诗社		同心社		学生视频工作室
	动漫协会		心理协会		阳光驿站
					青年志愿者协会

（吴　磊）

离退休干部工作

【概况】 2003年底，北京科技大学共有离退休干部1 449人，其中离休干部169人，退休干部、教师1 280人。离退休干部中共有党员715人，总支委员15人。总支分为14个支部，其中离休支部4个，离休党员130人。

（段凤英、张秀峰）

【组织及思想建设】 为使党员在思想上适应时代发展的需要，支部坚持每月举办1~2次组织生活制度。2003年，采取自学、听辅导报告、外出参观等形式，主要学习了党的“十六大”精神，通过学习使党员吸收新思想、新观念，看到新发展、新变化，力求学有成效。组织参加北京市委教育工委老干部处组织的报告会，参观了宋庆龄、郭沫若故居，参观了新建后的什刹海景区。同时，总支委员会坚持民主集中制，每月召开一次例会，重要事情集体讨论决定。

2003年，离退休干部处还建立了党员信息库，加强了对党员的管理及统计工作。为进一步贯彻落实《北京市老干部工作责任制》，起草了《北京科技大学离退休干部工作领导责任制》和《北京科技大学离退休干部工作领导责任制实施细则》两个文件。

（段凤英、张秀峰）

【两项待遇】 1. 政治待遇方面：坚持司局级干部、处级干部和党员干部每月一次阅读文件日制度。给离休的原校级干部订阅报纸和向离休干部赠送校刊，离退休干部处每月出版一期《金色园地》刊物，阅览室订阅28种报刊和杂志供离退休干部阅读。2003年，学校领导三次向离退休干部通报学校情况；有17名离退休干部代表参加了学校第五届教职工代表大会第五次会议，并参与了学校发展规划和师德建设两个议题的讨论。

2. 生活待遇方面：学校根据国办发【2003】93号和教人司【2003】383号文件精神，自2003年7月1日起，为离退休人员增加了离退休费；自10月1日起学校自筹资金为离退休人员调整了生活补贴。年内还组织离退休人员进行了一次体检，其中离休干部免费，退休干部体检费部分由学校补贴；组织“102”人员进行了体检；为900多人办理了住房补贴申请表。年内，学校还下拨特困基金50 000元，对有困难的老同志进行了补助。

（段凤英、张秀峰）

【文体活动】 学校积极开展适合老年人的文艺、体育活动，促进老年人的身心健康。2003年上半年受非典影响，集体活动开展较少。下半年除各活动组的正常活动外，先后组织了健康讲座5次，市内参观、旅游、健康休养10次，到外地旅游2次，举办运动会1次，为高龄老人集体祝寿活动1次，参观老年公寓2次，举办“坝上草原风情”摄影展1次，举办新年联欢会1次，举办新春游艺会1次，举办书画、摄影作品展各1次。老同志书法组参加高校科技工作者书画展送展作品11件，有4人获三等奖；绘画组参加市高校科技工作者书画展送展作品9件，2人获二等奖，1人获三等奖；摄影组参加摄影赛3次，各有1人获好新闻奖、优秀奖、优秀作品奖和一等奖；门球队参加学院路地区门球赛5次，获红叶杯（70岁以下）冠军，夏季门球赛亚军。

（段凤英、张秀峰）

【条件建设】 学校努力改善现有老干部活动站条件，2003年学校为活动站改造了电线线路，为老同志提供安全的活动空间。配置了两台计算机、1台激光打印机、一架钢琴和一台DVD播放机，并为老干部工作办公室开通了校园网。

（段凤英、张秀峰）

【关心下一代工作委员会】 2003年5月，教育部办公厅转发《教育部关心下一代工作委员会关于进一步加强全国教育系统关心下一代工作委员会工作的意见》,要求各高校结合实际做好这一工作。依据文件精神,学校对关工委组织进行了调整和充实。6月市教委下发《关于在全市教育系统关工委进行表彰先进与经验交流工作的通知》,学校报送了北京科技大学教学督导组参评先进集体、朱金才参评先进个人的材料,起草了《北京科技大学关心下一代工作志愿者协会章程(草案)》。12月,北京市委教育工委、市教委召开表彰大会,北京科技大学教学督导组获北京教育系统关心下一代工作先进集体,朱金才同志获先进个人提名奖。

（段凤英、张秀峰）

【工作队伍自身建设】 根据北京市委教育工委在老干部部门中开展"树组工形象"活动的要求,离退休干部处提出工作人员要以"三颗心"精神搞好离退休工作,即真心实意对待老干部,耐心细致对待老干部工作,热心周到建设老干部之家。离退休干部工作人员对待离退休干部工作一丝不苟,在工作中团结互助、主动协作已成为风气。10月份北京市市委教育工委老干部处对市属和双管院校落实《北京市老干部工作责任制》情况进行自查和分片检查,北京科技大学离退休干部工作均取得了"优秀"的成绩。

（段凤英、张秀峰）

人　　物

中国科学院、中国工程院院士

魏寿昆
中国科学院院士

魏寿昆，男，汉族，天津市人，生于1907年9月16日。九三学社社员。1923～1929年就读于北洋大学，1929年获矿冶系工学学士。1930年考取天津市公费留德。1931～1936年留学德国。1935年获德国累斯顿工业大学化学系工学博士。1935～1936年在德国亚琛工业大学钢铁冶金研究所从事博士后进修一年。现任北京科技大学教授、中国科学院资深院士、九三学社中央顾问、日本钢铁学会名誉会员及中国金属学会荣誉会员。兼任《中国科学技术专家传略》冶金卷(2)编委会委员，《材料研究学报》、《中国有色金属学报》及 *Transactions of Non－ferrous Metals Society of China* 编委顾问。中华人民共和国建国前曾任辽宁海城大石桥滑石矿助理工程师，北洋大学矿冶系助教，北洋工学院、西北联合大学、西北工学院、西康技艺专科学校、贵州农工学院、重庆大学、北洋大学及唐山交通大学教授、系主任、教务主任等职。又任重庆矿冶研究所钢铁研究室主任、代理所长及重庆材料试验处冶金组主任。中华人民共和国建国后曾任北洋大学工学院院长兼冶金系教授，天津大学副教务长兼冶金系教授，北京钢铁学院教务长兼理化系教授、图书馆馆长、副院长等职。中华人民共和国建国后曾兼任北京市政协第一至第四届委员，第五至第七届常务委员及第六届工作组委员会高教组组长；九三学社第六及第七届中央委员会常委兼中央文教委员会主任，第八及第九届中央参议委员会常委；中国金属学会筹备委员会秘书长，第一至第四届中国金属学会常务理事；中国金属学会冶金过程物理化学学会第一及第二届理事长，荣誉理事长；中国有色金属学会首届常务理事及中国高等教育学会首届理事；国家科委冶金学科组常务副组长，国务院学位委员会工科学科首届评议组成员；《中国大百科全书》(矿冶卷)冶金编委会副主任，《中国科学技术专家传略》冶金卷(1)编委会委员，全国冶金学名词审定委员会主任；《金属学报》首届编委会委员，《化工冶金》及《计算机与应用化学》编委会顾问，以及 *Rare Metals*（*Quarterly*）及《稀有金属》编委会常委。

教学工作：从事教学及科研已逾70年，主要讲授“普通冶金学”、“钢铁冶金学”、“有色金属冶金学”、“选矿学”、“金相学”、“钢铁热处理”、“冶炼厂设计”、“冶金计算”、“耐火材料”、“高温测量学”、“试金学及实验”、“电冶金学”、“普通化学”、“定性分析化学及实验”、“定量分析化学及实验”、“物理化学”、“染色化学”、“工业分析”、“水质分析”、“矿物学”、“岩石学实习”、“吹管分析”、“德语”、“冶金炉”(流体力学)、“专业炼钢学”、“活度理论”、“冶金过程热力学”(钢铁脱硫)、“炼钢冶金物理化学”等28门课程;1981年国务院学位委员会批准为全国首届博士生导师,至今已培养硕士生及博士生30余人。

科研方面:在20世纪30年代后期及40年代初期主要从事小型钢铁工业技术的改进及国内矿产资源综合利用的研究;以四川白云石采用CO_2选择性溶解后,经“静置后处理法”制得含0.5%杂质(CaO及R_2O_3)的MgO;用碳还原制备金属钼,纯度达94%,利用硅铁还原钼酸钙制成含Mo40%的钼铁。50年代引入活度理论,对冶炼反应进行了深入的热力学分析研究;60年代发展了炉渣脱硫的离子理论,提出了高炉渣中计算S^{2-}离子活度系数公式。70年代至80年代在国内首先提出了固体电解质电池定氧技术并应用于测定热力学参数,同时研究了国内共生矿杂质的热力学行为及去除机理和完善了选择性氧化理论并提出转化温度概念的广泛应用。80年代末期至90年代初与王之玺院士等人走遍祖国大地及沿海港口,对中国铁矿及煤炭资源和钢铁工业发展远景进行了调研并提出咨询报告。又深入进行曲活度相互作用系数的研究,发现用同一实验数据采用不同的运算方法得到分歧的数据,深获国际友人好评。科研成果“锰基合金热力学行为及其脱磷的研究”、“华南铁矿冶炼脱砷的基础理论”均获原国家教委科技进步一等奖;“共生矿分离的基础研究——铌在铁液及钢渣中的行为”获原国家教委科技进步二等奖;“共生矿金属分离的基础研究——金属液中元素选择性氧化及有害元素去除的热力学”获国家自然科学三等奖;又获1997年度何梁何利科学技术与技术进步奖。此外,还获有北京钢铁学院、中国科学院及中国地质学会从事工作50年荣誉证书奖状,以及原国家教委老骥伏枥金马奖章等。中华人民共和国建国前获得专利5项,即:“利用碳酸钠或碳酸铵自白云石提制镁氧的新法”、“利用静置后处理法自白云石去钙提镁的新法”、“人造镁氧制造镁砖的配料方法及加强黏性的风化法”、“制造特纯钼酸铵或钼酸采用铝铁共沉淀新法”、“提炼纯钼的二步还原新法”。出版专著5部,即:《平炉炼钢厂设计》(商务印书馆,1954)、《专业炼钢学——平炉构造及其车间布置》(冶金工业出版社,1958)、《活度在冶金物理化学中的应用》(中国工业出版社,1964)、《冶金过程热力学》(上海科学技术出版社,1980)、《魏寿昆选集》(冶金工业出版社,1990);未付印书稿3部即:《冶炼厂设计》(北洋大学讲义科,1950)、《炼钢冶金原理》(北京钢铁学院出版科,1977)、《冶金过程物理化学导论》(九三学社贵州省委员会、贵州科学院及贵州金属学会,1984)。发表论文170余篇。

柯 俊

中国科学院院士

柯俊，男，汉族，1917年6月23日出生，浙江黄岩人。1938年毕业于武汉大学化学系，曾在原经济部工作，负责原材料的验收、运输和保管工作。1942年派驻印度，曾在印度塔塔钢铁厂工作。1944～1953年赴英国伯明翰大学，1948年获自然哲学博士，从事钢铁组织结构的研究，并担任理论金属学系讲师及博士生导师。1954年至今，在北京钢铁学院(现北京科技大学)任教，主讲过“金属物理”、“相变与扩散”、“金属物理研究方法”及“材料科学与工程方法论”，先后任北京钢铁学院教研室主任、系主任、副院长。1980年当选中国科学院技术科学部学部委员，曾任学部常委，现为资深院士。国家自然科学奖、何梁何利奖获得者，加拿大麦克麻斯特大学、英国萨瑞大学荣誉理学博士，日本金属学会、印度金属学会荣誉会员，中国科学技术史学会名誉理事长，中国科技考古学会筹备委员会主任，中国科学院金属研究所名誉研究员，原中国金属学会、有色金属学会常务理事，北京科技大学顾问，北京大学古代文明研究中心顾问。

1948年至今，一直从事合金中相变的研究，首次发现并提出贝茵体切变机制，在钢的过热性能及合金钢的贝氏体相变研究中取得突破性成果，发展成世界这一现象的主流学说，1956年获国家自然科学三等奖；1956年初主持筹建北京钢铁学院(现为北京科技大学)金属(材料)物理专业及金属(材料)物理化学专业，培养有关冶金及金属材料研究人才，在国际上享有很高的声誉；1958～1964年间，积极为国家节约战略金属物资，开发国内急需的新材料制备工艺及质量研究(如：节约镍钴的电热丝电热材料、电表用硬磁材料、稀土元素在钢中的应用)，接近当时世界先进水平，1964年获全国新产品工艺奖；1977年以来，对微量元素对钢的组织和性能影响及作用机理开展研究，1981年获原国家教委科技进步二等奖；1974年以来，开拓了探索作为人类历史发展的物质基础和对中华民族统一、生存和发展具有根本性作用的冶金的历史研究(特别是生铁及生铁制钢)，获国家自然科学三等奖及原国家教委科技进步二等奖各一次。90年代，在中国科学院及原国家教委的领导下，起草了原国家教委关于“超级钢研究”的攀登B“国家重点科研”的论证(现已转为国家973项目，任专家组顾问)；而后把主要精力转向另一个具有战略性高度的高等工程教育改革工作，与中国科学院和原国家教委的科学家、教育家(如张光斗、张维、路甬祥、师昌绪院士)们一起共同探讨面向21世纪的中国高等工程教育改革并调研，1994年起草了中国科学院技术学部送李岚清同志的专题报告，并于1996年承担了原国家教委“面向21世纪高等工程教育教学内容和课程体系改革计划”项目中“材料类专业人才培养方案及教学内容体系改革的研究与实践”课题，同年在北京科技大学主持了冶金及材料工程拓宽专业的试点班，志在培养学生工程意识、自学能力、独立工作能力和创新能力，2001获国家级教学成果一等奖。目前，正在积极开展研究生教育状况的调研，积极推进研究生教育改革。

肖纪美
中国科学院院士

肖纪美，男，汉族，湖南省凤凰县人，生于1920年12月。材料科学家、金属学专家和冶金教育家、中国科学院院士。1943年毕业于交通大学唐山工学院，1948年2月赴美国留学。1949年1月获美国密苏里大学冶金工程硕士学位，1950年8月获冶金学博士学位。曾在美国林登堡钢铁热处理公司实习一年半，随后在爱柯产品公司和美国坩埚钢公司任研究冶金师五年半。1957年7月冲破美国政府的重重阻挠，回中国参加社会主义建设。1957年10月到北京钢铁学院（现北京科技大学）任教授至今。先后任金属物理教研室主任、材料失效研究所所长、环境断裂开放实验室主任。1978年被聘为国家科委冶金新材料组和腐蚀科学学科组成员；1980年当选为中国科学院学部委员（1993年改称院士）。1991年，任中国科学技术协会第四届全国委员会委员。历任中国腐蚀与防护学会第一、二届副理事长，第三、四届理事长；中国金属学会理事，材料科学学会理事长、荣誉会员；中国稀土学会常务理事；中国材料研究学会顾问，并在中国兵工学会、中国航空学会、中国宇航学会、中国机械工程学会所属的材料专业委员会任职。1999年至2000年任中国博士后科学基金会副理事长，为中国博士后制度的建立作出了贡献。1977年至1996年先后获得北京科技大学优秀教师、北京市教育系统先进工作者、全国冶金教育劳动模范称号。1989年国务院侨办授予全国优秀归侨称号，中国科学院授予对中国科学事业作出贡献的荣誉章；1984和1991年，两次当选为北京市海淀区人民代表，1980至1995年担任国际性学术刊物《冶金学报》（*Adta Metallurgica*）及《冶金快报》（*Scripta Metallurgica*）的中国编辑；1999年原美国腐蚀工程师协会（NACE）授予“资深会员”称号。1996年原国家科委和教委授予“全国高校先进科技工作者”称号，1977年至1999年，共获得部级奖励27项，享受国务院政府特殊津贴。

教学方面：40多年来，为北京科技大学金属物理专业和材料物理系的本科生、研究生主讲过《热力学》、《金属材料学》、《腐蚀金属学》、《合金相理论》、《金属物理》、《断裂力学》、《断裂化学》、《金属的韧性与韧化》、《合金能量学》、《材料学的方法论》等课程或讲座，并应邀到20多个省市的50所大学及95个学术研究单位讲学。先后12次应邀在国际专业学术会议上作大会特邀报告，并受邀到美国、德国、加拿大、日本、澳大利亚、新西兰、巴西等国讲学，在国际材料界赢得了较高的学术声誉。传播材料学的知识方法，在国内材料学界有广泛的影响。先后编写教材，出版专著15部，共计560多万字，其中《合金能量学》及《合金相及相变》分别于1988年及1992年被原国家教委评为全国优秀教材。《材料的应用与发展》1990年获全国优秀科技图书二等奖，并根据该书内容编导拍摄成20集电视科教片，已在中央电视台教育频道正式播放2次。1989年3月，以师昌绪院士为组长的评审专家组认为：“这是中国电化教育领域的创举，为干部继续教育作出了贡献。”《材料学的方法论》1995年获全国优秀科技图书二等奖。此外，他合作主编的《金属腐蚀手册》获1991年华东地区优秀科技图书一等奖；《材料的表面与界面》及《中国稀土理论与应用研究》先后于1993年及1995年获高教领域出版著作的优秀图书奖。从1962年至今，先后培养博士及硕士研究生53名。

科研方面：从事金属材料的基础理论研究。早在20世纪50年代中期，对铬锰氮奥氏体不锈钢的相图、相变和力学性能方面进行了系统研究。首次提出了节镍奥氏体不锈基本成分设计和力学性能计算的新方法，获得了美国专利。回国后，继续深入研究节镍不锈钢和耐热钢的新钢种。主要从事合金钢、晶界吸附、脱溶沉淀、晶间腐蚀、应力腐蚀断裂及氢致开裂等领域的研究工作，对中国铬锰氮系不锈钢的发展作出了重要贡献。1981～1985年是国家科委两个基础重点项目："金属腐蚀机理研究"及"金属材料微观结构和力学性能研究"的主持人，1986～1990年是国家自然科学基金重大项目"金属材料断裂规律及机理研究"的负责人，1993～1997年是国家自然科学基金与国家攀登计划共同资助的"材料损伤、断裂机理和宏微观力学理论"重大项目的负责人。在进行金属材料力学性能的教学和科研过程中，十分重视对工程构件的断裂分析和研究。1974～1985年先后开展对中国冶金、机械、石油、化工、电力、建筑、兵器、航空、航天、原子能等工业部门13个项目工程材料与构件的断裂分析和安全性评价，并提出相应的预防和改进措施，形成了一套完整的工程材料与构件的断裂方法，在国防工业学术会议上进行介绍，得到同行专家和工业部门的好评。1983年获国防科工委及冶金部攻关成绩优异奖。1996年获国家教委科技进步一等奖。首次提出了"断裂化学"这个分支学科，成为"断裂力学"、"断裂物理"、"后断裂"学科的三大理论支柱之一，对发展断裂力学理论和断裂学科作出了重要贡献。1985年创建了北京科技大学失效研究所，1986年建立了国家教委所属的"环境断裂开放实验室"。1977～1986年，以其为首的科研集体，针对国家建设中存在的实际问题和发展前沿科学的需要，对金属材料的应力腐蚀和氢致开裂机理开展了系统的研究。实验研究中发现在多种系统中压应力可以导致金属材料的应力腐蚀开裂；同时查明了稀土元素提高低合金结构钢抗硫化氢应力腐蚀的机理；实验发现扭转型裂纹或缺口试样都能引起氢致开裂；证实氢能促进塑性变软，提出了氢致软化机理。通过对金属材料相图中含氢相所产生的各种变化、形变、相变、化学变化及对氢致开裂影响作用等的系统分析，统一了现有各种氢致开裂的机理。被国内外同行誉为"最系统的研究"、"在世界范围内处于科学进展的领先地位"。在材料科学与工程方面，先后与合作者共同发表论文300多篇。由于在这方面的突出贡献，1987年获国家自然科学二等奖。近20年来，在学术上不断提出新的思想和观点，发展新的学科体系，主张微观与宏观结合，自然科学与社会科学及人文学科相结合，建立"材料学"与"宏观材料学"新的学术体系，在这方面发表论文50余篇。

高庆狮
中国科学院院士

高庆狮，男，福建厦门人，生于1934年8月。计算机科学家，计算机总体设计专家。1957年毕业于北京大学数学力学系，1980年当选为中国科学院院士(学部委员)，是计算技术领域最早的两名院士之一。第五届、第六届全国人民代表大会代表。曾任：中国科学院计算技术研究员，加拿大Alberta大学和TUNS大学高级访问教授，以及美、加、日等国的大学和研究所的访问教授。曾任中国第一颗人造卫星地面计算控制中心早期设计负责人之一(负责计算机部分，后由中科院移交给军方)。现任北京科技大学教授，智能、语言与计算机科学研究所所长，中国科学院计算技术研究所终身研究教授，大连理工大学兼职教授。从事大型和巨型计算机体系结构研究和工程设计(1957～1980)、并行算法(1973至今)、机器翻译(1980至今)、人类智能及其模拟和应用(1980至今)和网络安全(2000～2002)。在系统结构研究和工程设计方面，他是中国第一台自行设计的大型通用电子管和第一台大型通用晶体管计算机体系结构设计负责人之一，中国第一台十万次/秒以上晶体管计算机(专为两弹一星服务，被誉为“功勋计算机”的109丙机)体系结构设计负责人，中国第一台超大型向量计算机新体系结构原理提出者和总体设计负责人，中国第一个管理程序(在109丙机上)总体设计负责人。1973年5月，在当时距规划目标200～500万次/秒飞行体设计的需要相差甚远的背景下，提出了“纵横加工向量机”原理(该原理与1976年公布的，被誉为新一代巨型机GRAY－I相同)，并设计了适合国情的，可以全部(包括芯片)国产化的亿次巨型机方案。1978年，提出了“虚共存细胞结构纵横加工向量机”原理，在此基础上，设计了十亿次和百亿次巨型机方案。他提出的“素数地址快速计算”被美国Computer Architecture News，21 (2)所收录。在并行算法方面，1974年提出了优化的“纵横加工并行算法”(比美国杂志上相近的论文早13年)，之后又全面扩大优化算法的使用范围(被SCI和EI检索)，并提出著名的Bitonic和Odd－even排序的“k－bitonic排序算法”(被SCI和EI检索)。1980年，科学院转向面向未来的巨型机系统，他开始研究人类智能及其模拟和应用，提出了人类智能活动的基本方法模型之一“宏变换”，发表了一组有关论文(包括多项式、线性、常数和局部搜索算法，全部比美国的同类算法早)。在机器翻译方面，20世纪80年代提出了基于带变量和不带变量的语言模式(pattern，包括非句子)和条件文法的“类人机译原理”；90年代又提出基于变换的多语言互译新方法；2000年开始，全力研究实用(无语无伦次和无正错混杂)的多语言机器翻译系统，并且申请了专利(该专利被列为全国重点专利招商引资项目，有关论文已被SCI和EI检索)。在网络安全方面，提出了第一个从计算机系统结构角度来防止病毒攻击和盗窃的方案，并申请了专利(该专利获国家知识产权局和辽宁省政府合办的中国国际专利技术与产品交易会金奖，同时已被列为全国重点专利招商引资项目，有关论文已被SCI和EI检索)。高庆狮教授指导过和正在指导的博士硕士研究生有90多名，曾经参加并指导两批研究生及有关人员创汇百万美元以上。在国内外一级学报及国外国际会议等发表过 *Semantic Language and Multi－Language MT Approach*，*A Novel Computer Architecture to Prevent Destruction by Viruses*，*K－Bitonic sort*，*Multiway Merging and Sorting*，*The Chinese Remainder Theorem and the Prime Memory System*，*A Class of Valid Linear Skewing Schemes Approach for Conflict Free Memory System*，*The Principle of Selected Jumping Searching*，*A Discover System that Can Solve the N Queens Problems (N(4) on a Constant Time*，*The Principle of Macro－Transform*，*The Principle of Human*

- like Machine Translation, *Vector Computer* 757, *The Cellular Vector Computers of VHP with Virtual Common Memory*, *The Principles of a Pipeline Vector Computer of VHP*, *Another Parallel Algorithm for the Efficient Solution of a Class of Recursive Computations*, *Internal and External Uniform Language*, 高速多位一除原理等 70 多篇学术论文(其中作为第一作者近 50 篇)和三部专著——《向量巨型计算机》(科学出版社, 1984)、《计算机体系结构论文选编》(新华出版社, 1985)、《智能系统基础与技术》(北京大学出版社, 1990)。此外,还有(面向)智能(应用)计算机系统论证报告、向量计算机 757 系统结构、计算机 650 系统结构、109 丙机功能和逻辑设计、通用大型晶体管计算机 109 乙机系统设计与逻辑设计、通用大型电子管计算机 119 机系统设计与逻辑设计等 30 多篇有关重大工程的论证报告。近两年多,作为第一发明人,已经申请 4 项专利;获国家级一等奖两个(集体,一项是理论提出者和总体设计负责人,另一项是系统结构设计负责人之一)、科学院特等奖 1 个(集体)、全国科学大会科技重大成果奖 4 个(集体)。1978 年被评为全国科技大会先进工作者(全国劳模),1984 年被国家科委授予第一批有突出贡献专家称号。

周国治
中国科学院院士

周国治，男，汉族，广东潮阳人，生于1937年3月。1960年7月毕业于北京钢铁学院（现北京科技大学）冶金系，并提前留校在理化系任教。1979年赴美国麻省理工学院进修。回国后，1984年被破格提升为教授、博士导师，并获首批“国家有突出贡献中青年专家”称号。此后，多次出国讲学和合作科研，曾在美国麻省理工学院、波士顿大学等多所大学任客座教授。1995年当选为中国科学院技术科学部院士。现为北京科技大学教授，第十届全国政协委员，中国金属学会理事，国际矿业冶金杂志编委，上海大学、上海交通大学、安徽工业大学、重庆大学等多所大学兼职教授。

教学方面：周国治主要讲授“物理化学”、“化学热力学”、“电化学”、“冶金热力学”、“相图计算”、“冶金动力学”、“统计热力学”等课程。所指导的博士论文曾获得2000年全国优秀博士论文奖。

周国治的科研领域主要在“冶金和材料物理化学”方面。其主要贡献可概括为如下3个方面：1. 多元熔体和合金的物理化学性质的计算。导出了一系列各类体系的熔体热力学性质和相图的计算公式，概括了一些新原理和方法。提出的新一代溶液几何模型解决了国际上30多年来几何模型存在的固有缺陷，为实现模型的选择和计算的完全计算机化开辟了道路。近期这方面的工作又有了进一步的进展，几何模型已发展成统一化模型，并将热力学性质的计算进一步扩展到多种物理化学性质的计算中。2. 氧离子迁移的理论和应用。周国治及其科研小组系统地研究了氧离子的迁移规律，并将这一理论成果应用到各种工艺过程中，提出了“无污染脱氧”、“无污染提取”等冶金新概念和新工艺，并为描述和模拟各类冶炼过程打下了基础。这方面的成果已取得了多项专利。3. 材料在微小颗粒下的物理化学行为研究。主要研究材料在微小颗粒下的物理化学性质和反应机理，已成功地被应用于纳米材料、储氢材料和Sialon材料中。

周国治的许多科研成果已被国内外专家学者以“周模型”和“周方法”应用到合金、熔盐、炉渣、半导体材料等多种体系，用来处理热力学和动力学问题。研究成果也被系统地编入多部高校教科书和专著中用来指导博士和硕士生的论文工作。先后发表论文150余篇，获得中国专利二项，获得美国专利三项，获国家自然科学三等奖一项、国家教委科技进步一等奖一项、冶金部科技进步一等奖一项，以及国家教委科技进步二等奖二项。

陈难先
中国科学院院士

陈难先，男，汉族，浙江杭州人，生于1937年10月。1962年北京大学物理系毕业，后在北京钢铁学院任教，1962～1980年间任助教、讲师；1980～1986年在美国宾夕法尼亚大学、维拉诺互大学及IBM公司担任访问学者和研究员，并于1984年获宾夕法尼亚大学电气工程与科学博士。现为博士生导师。2000年5月任清华大学理学院学术委员会主任。曾任北京科技大学应用物理所所长，北京科技大学副校长。兼任国家高技术功能材料专家组组长，《中国物理快报》副主编，全国政协委员，中国民主促进会中央常务委员，中国和平统一促进会理事，中华职业教育社理事长，中国材料研究会理事，全国政协华侨委员会委员等职。现任中国材料研究会和中国物理学会理事，科技部国家863新材料模拟设计实验室主任，国家863计划第一届监督委员会副主任(主持工作)。曾获1981年CDC公司技术发明奖，1991年北京市优秀教师奖，1993年国家自然科学二等奖，1994年国际理论物理中心资深研究员奖，2001年国家863计划十五年重要贡献奖，香港理工大学2001年度杰出华人学者奖。1997年当选为中国科学院数理学部院士。

教学方面：主讲“电动力学”、“振动波动学”、“热力学”、“分子物理”与“数论反演变换及其物理应用选讲”等课程。

科研方面：1. 建立了比热逆问题的普遍解，推广和统一了爱因斯坦解与德拜的解。1990年世界著名杂志Nature发表整版评论，认为这是开创性工作，方法巧妙得“像帽子里变出兔子来一样”。这项工作在此基础上1998年又有新的进展，刊登在国际著名杂志Physical Review上。同样方法还解决了黑体辐射逆问题，在天体物理中已有广泛应用。2. 在国际上开创用数论方法由结合能曲线得出原子间对势的简捷而严格的公式，并结合虚拟结构设计解决了一系列原子间、离子间和原子与离子间相互作用势的建立问题。并和国际先进软件平台接轨，建立了面向国家目标和有系列性、含自主原创性内容的科技部材料模拟设计实验室。3. 针对我国稀土资源丰富，建立了国际上未曾解决的稀土原子相关的原子间相互作用势。对1:12，2:17，3:29等上百种新型稀土化合物的结构参数的计算得到了迄今为止最好的结果。并预测了4:41的结构特征，与中科院物理所合作，在实验上作出了初步确认。这可能是我国在稀土化合物研究上突破的一个方向。在国际著名杂志上发表了关于新型稀土金属间化合物的原子级模拟的文章多篇。4. 建立了第一原理离子相互作用势的系统方法，并用分子动力学模拟高压相变和熔解等等，计算结果与实验符合。这类方法已推广到化合物半导体。5. 建立了以第一原理计算与数论反演为基础的界面两侧离子－原子间相互作用势的公式。上述工作早期的部分地区曾得到英国Nature杂志主编整版评论，认为是开创性工作，方法十分巧妙。另外，Physical Review，Physics Letters等重要杂志也都有专门评述，命名陈定理。1998年哈佛大学Bazant也有20多页专论，评论其一系列工作，认为在数论反演方法对凝聚态物理的应用方面有首创性。1998年开始，MIT(麻省理工学院)已由此而开出一门新课来。在结合物理应用的有关方面，领导的小组一直是国际领先的。其代表作主要有《锂石墨光谱从头计算及其离子激光之起源》和《变型莫比乌斯定理的物理应用》；译著有《傅里叶变换及其物理应用》、《振动波动物理学》；主要论文有 *Zhang S*，*Chen NX*，*Determination of the B1-B2 transition path in RbCl by Möbius pair potentials*，*PHILOS MAG* 83(12)：1451-1461 *APR* 21 2003；*Chang H*，*Chen NX*，*Liang JK*，*et al*.，*Theoretical study of phase forming of* $NaZn_{13}$*-type rare-earth intermetallics*，*JA PHYS-CONDENS MAT* 15(2)：109-120 *JAN*

22 2003; *Zhang S, Chen NX, Lattice inversion for interionic pair potentials, J CHEM PHYS* 118 (9): 3974-3982 *MAR* 1 2003; *Zhang S, Chen NX, Energies and stabilities of sodium chloride clusters based on inversion pair potentials, PHYSICA B* 325(1-4): 172-183 *JAN* 2003; *Hao SQ, Chen NX, Shen J, Phase stability and site preference of* $Nd_2Fe_{17-X}T_X$ (T = V, Ti, Nb) *and* $Nd_{2-X}Zr_xFe_{17}$, *JALLOY COMPD* 343(1-2): 53-59 *SEP* 16 2002; *Zhang S, Chen NX, Ab initio interionic potentials for NaCl by multiple lattice inversion, PHYS REV B* 66(6): *art. no.* 064106 *AUG* 1 2002; *Ge XJ, Chen NX, Zhang WQ, et al., Selective field evaporation in field-ion microscopy for ordered alloys, J APPL PHYS* 85(7): 3488-3493 *APR* 1 1999; *Cong, WX, Chen NX, Gu BY, Recursive algorithm for phase retrieval in the fractional Fourier transform domain, APPL OPTICS* 37 (29): 6906-6910 *OCT* 10 1998; *Chen NX, Ge XJ, Zhang WQ, et al., Atomistic analysis of the field-ion microscopy image of Fe3Al* (*vol* 57, *pg* 14203, 1998) *PHYS REV B* 58(13): 8842-8842 *OCT* 1 1998; *Wei YC, Chen NX, Square wave analysis, J MATH PHYS* 39(8): 4226-4245 *AUG* 1998 等。

葛昌纯

中国科学院院士

葛昌纯,男,汉族,浙江平湖人,生于1934年3月6日。中共党员。1952年毕业于北京交通大学冶金物理冶金专业。1952~1984年先后在冶金部钢铁冶金总院冶金室、压力加工室、粉末冶金室担任专题负责人、高级工程师、研究室副主任。1980年10月~1983年4月作为德国洪堡基金会研究员在Max-Planck材料科学研究所和柏林工大非金属材料研究所从事粉末冶金和先进陶瓷研究,获Dresden技术大学工学博士学位。1985年起在北京科技大学从事研究和教学工作,晋升为教授、博士生导师。1988年被人事部评定为“国家有突出贡献中青年专家”,1990年被国家教委和国家科委评定“全国高校先进科技工作者”。2001年被选为中国科学院院士。兼任中国金属学会粉末冶金专业委员会特种材料与制品学术委员会主任委员,*Key Engineering Materials International Journal of SHS Materials Technology* 和《粉末冶金工业》等国际、国内刊物的编委。

教学方面:培养博士生8名,硕士生12名。

科研方面:长期从事材料科学研究,主要研究领域是粉末冶金和先进陶瓷。1960~1984年负责研制用于生产浓缩铀235的孔径为纳米量级的分离膜,创建起中国第一个比较完整的包括金属和非金属、粉末合成材料制造和性能检测的纳米材料实验室,是国家一等发明奖“乙种分离膜的制造技术”的第一发明人,冶金部科技成果二等奖“戊种分离膜的制造技术”的第一发明人,为中国“两弹一星”事业作出了重大贡献。科研项目“以复合氮化物助烧结剂的氮化硅基陶瓷的研究”获教育部科技进步二等奖1项,冶金部科技进步三等奖1项;“燃烧合成氮化硅陶瓷的应用基础研究”获北京市科技进步三等奖。1997~2000年提出、论证和指导完成了“863”课题“耐高温等离子体冲刷的功能梯度材料研究”,并通过验收。“以氮化物做烧结助剂的氮化硅陶瓷”获得发明专利(87101293.6)。1985年创办起特种陶瓷粉末冶金研究室,并和其他教授先后创建起中国第一个粉末冶金博士点和北京科技大学非金属材料博士点。在国内外各类核心刊物上主要发表论文有 *SHS Research in Lab Special Ceramics. P/M at USTB Beijng*, *New Development of SHS Composites in LSCPM*, *USTB of China*, *Present Status and Trends of SHS FGM* (*Keynote lecture*)等164篇,其中被SCI收录15篇,被ISTP收录11篇,被CSCD收录8篇,被EI收录19篇。专著一部。

陈先霖
中国工程院院士

陈先霖，男，汉族，四川遂宁人，生于1928年9月。1949年毕业于上海交通大学机械工程系。1954年至今任教于北京钢铁学院（现北京科技大学）机械系。历任机械系冶金机械教研室主任、机械系副主任、研究生院副院长。现任机械工程学院教授，为中国首批博士研究生导师。1995年当选为中国工程院院士。曾任：国务院学位委员会第一、二、三、四届学科评议组成员；中国金属学会冶金设备学会理事长；中国机械工程学会机械设计学会管委会委员；中国金属学会《钢铁》杂志编委。曾被国家科委及冶金部联合表彰为“六·五”国家科技攻关“有重要贡献人员”及冶金部通令嘉奖为“深化移植引进技术工作中先进科技工作者”。1995年被评为全国教育系统劳动模范并授予人民教师奖章。

教学方面：曾讲授《炼钢机械》、《轧钢机械》、《有限元法》、《板形控制理论》等本科和研究生课程，主编全国高校通用教材《炼钢设备》（中国工业出版社）。已培养出博士生16人和硕士生20余人。

科研方面：长期从事冶金机械力学、强度分析和重大冶金设备运行性能研究。针对武钢、宝钢、攀钢、鞍钢等大型钢铁企业由国外引进的大型冷、热宽带钢轧机和国内设计制造的大型转炉设备在运行中出现的重大科学技术难题，主持完成了多项国家科技攻关项目，取得多项重要研究成果：1. 宽带钢轧机辊形与板形的研究：建立了专用于辊系受载变形分析的特殊有限元模型，论文在第四届国际轧钢会议（法国）发表，并担任板形分会议主席。与武钢合作首创的“变接触支持辊”应用于武钢一米七冷连轧机、宝钢2030冷连轧机及武钢一米七热连轧机，提高了板形质量、降低了轧辊消耗，应用效益显著。曾获国家级科技进步一等奖。2. 冷轧工作辊使用性能和条件的研究：武钢由国外引进的一米七带钢冷连轧机频频发生工作辊辊颈与轴承粘结事故，经研究发现主要原因是原设计中存在轴承负载能力不足、润滑方式欠当、轴承座结构不合理等重要问题，得到国外设计制造厂家的认可，促使其改正了为武钢、宝钢提供的大型宽带钢轧机的设计。获国家级科技进步三等奖。3. 攀钢120吨转炉托圈安全性研究：该托圈是支承及带动总重近千吨的转炉炉体倾动的要害部件，在主腹板中发现存在大量分布裂纹缺陷，经实测研究判定可继续安全使用，避免了因更换托圈而造成重大停产损失。10年实践证明结论正确。获中国机械工程学会全国机械装备失效分析先进项目一等奖。研制的托圈应力分析及倾动机构动力学计算软件应用于鞍钢180吨转炉新型托圈设计。4. 攀钢120吨转炉主轴（直径800mm）失效分析：属70年代初期应用弹性系统振动力学及断裂力学理论分析解决实际生产中发生的重大零件断裂事故的先期工作之一，曾在行业范围内引起广泛重视，发表的研究报告有多种刊物转载。在国内外各类核心刊物上发表论文有：*A Specialized Finite Element Model for Investigating Controlling Factors Affecting Behavior of Rolls and Strip Flatness*, *Varying Contact Back - up Roll for Improved Strip Flatness*, *CVC Technology in China's Largest Cold Strip Mill*, *Stress Analysis of BOF Trunnion Ring and Dynamics of Tilting Drive*,《新一代高技术薄带冷轧机的发展趋向》，《冷轧薄板轧机的板形控制性能分析》，《宽带钢热连轧机板形控制系统的开发》（均为第一作者）等60余篇。

胡正寰
中国工程院院士

胡正寰，男，汉族，湖北孝感人，生于1934年7月。1956年毕业于北京钢铁工业学院。毕业后留校一直从事教学与科研工作。先后任助教、讲师、副教授、教授。现为北京科技大学博士生导师，中国工程院院士。曾任：冶金机械教研室主任、机械系副主任、研究所所长。曾兼任：中国塑性工程学会理事长、特种轧制专业委员会主任、北京科技大学科协副主席、北京市政府专业顾问。现任：国家高效零件轧制研究与推广中心主任。1977～1997年任政协北京市第五、六、七、八届委员。1977～1991年先后获冶金部先进科技工作者、冶金部先进教育工作者、北京市先进科技工作者、国家级有突出贡献科技专家、全国“五一”劳动奖章等称号。

教学方面：为本科生讲授“轧钢设备”课，为研究生讲授“特殊轧制”等选修课。共培养博士生和硕士生40多名。

科学研究方面：从事轴类零件轧制楔横轧与斜轧高新技术研究、开发与推广工作40多年。主要成就有以下三个方面：1．是中国轴类零件轧制技术主要开创人。从1958年起从事零件轧制技术研究工作。他领导的课题组，现已掌握并推广应用，使中国成为世界上少数掌握全面该项高新技术的国家之一，他是中国该技术公认的主要开创人。该成果被国家科委列入《中华人民共和国重大成果选集（1977～1988）》。2．为中国轴类零件轧制技术处于国际先进水平做出重要贡献。领导的课题，经鉴定确认为国内领先、国际上先进的成果主要有：①在零件轧制理论内容上有：轧件的旋转条件、基本轧齐曲线方程、斜轧轧辊的辊形曲面等；②研制成功复杂、高精度、多品种轴类零件100多种；③设计出高刚度、工艺性能优良的系列化零件轧机10多种，已列为国家专业标准。④建成零件轧制模具研制中心，实现模具CAD、部分实现模具CAM。3．在科技转化生产力上成绩显著。他领导的课题，被原国家科委、国家教委与冶金部等列为重点推广项目。在全国24个省市建成并投产100多条零件轧制生产线，其中7条卖给美国等国。研制成功并投产的零件300多种，包括：汽车、拖拉机、摩托车等发动机的轴类零件以及球磨机与轴承中的钢球等，累计生产300多万吨，经济效益显著。由于科技转化工业突出，在1995年召开的全国科技大会上，被国家科委成果司评为“全国十大典型推广项目”之一。在国内外发表论文60多篇，专著5本。其中《斜轧与楔横轧》是国内外零件轧制方面有代表性的专著，该书获全国优秀科技图书奖。先后获全国科学大会、国家发明、国家科技进步等国家级奖5项。省、部级科技进步一、二等奖10多项。

陈国良
中国工程院院士

陈国良,男,江苏宜兴人,生于1934年3月。1951年考入北洋大学(天津大学)冶金系,1952年因院系调整,先到清华大学,最后在北京钢铁学院金相热处理专业学习,1955年9月毕业并留校工作至今;1979~1981年在美国哥伦比亚大学,1989~1990年在田纳西大学和德国马普所学习和研究。曾任北京科技大学高温合金教研室主任、材料科学与工程系主任,新金属材料国家重点实验室主任,现任北京科技大学新金属材料国家重点实验室学术委员会主任、教授,中国工程院院士。是中国知名学者,曾多次组织国内和国际专业会议任会议主席及做特邀报告。兼任教育部科技委委员、材料学会常务理事、国外INTERMETALLICS杂志编委和美国金属INTERNATIONAL MATERIALS REVIEW委员会委员等职。

教学方面:已培养硕士研究生、博士研究生、博士后60多人,有些学生或其论文被评为全国优秀硕士毕业生或全国百篇优秀博士论文。60年代初,为了解决国家急需的高温合金高级技术人才,创建高温合金专业和高温合金教研室,培养了高温合金本科生及进修教师480余名。80年代,在大力发展研究生和学位制度建设,推动和组织高技术新金属材料研究,积极有效培养青年学术带头人骨干力量等方面取得重大进展;1987年,在国家教委金属材料专业博士点评估中名列全国之首,又被评为科技部和教育部的全国科研先进集体,全国重点学科。90年代初,负责组建新金属材料国家重点实验室,建设了一个高水平的新金属材料国家级研究基地。1995年实验室顺利通过国家验收,1998年又通过了国家教委评估。以后他改任实验室学术委员会主任,2003年实验室又顺利通过国家评估。目前该实验室的在所研究领域的工作水平已与国际同步,有些领域达到国际领先水平。

科研方面:能紧跟国家需要和学科发展,在学术发展的前沿,不断扩展新的研究领域,取得创新性重大成果。他的研究领域广阔,重点为高温合金物理冶金和合金设计、高温部件力学冶金及寿命估算、金属间化合物新型结构材料、大块金属玻璃材料、其他新金属材料及其制备新技术新工艺等。60年代后期,他牵头合作研究,解决了当时中国主要歼敌机发动机的涡轮盘材料故障。全面研究了生产和应用中各关键科学技术问题,生产出了高质量的、技术上有自己特色的轮盘和环件,已经大量成功使用。1981年底负责试制中国炼油工业烟气能量回收装置烟气轮机的轮盘、叶片、螺栓和轴等高温部件,15年来研制了两代烟气轮机转子高温部件系列,并已成功长期使用。目前,中国能量回收装置烟气轮机的生产和使用已达到国际先进水平。他在发展具有中国特色的含镁高温合金系列、高温合金物理冶金和力学冶金中作出重要贡献,其代表论文被1980年国际高温合金会议选举为唯一的最佳论文奖。他发展的疲劳蠕变交互作用断裂特征图理论和热端部件寿命估算方法,都已经在生产实际中应用。80年代中开始研究金属间化合物结构材料,在国内外率先发展使用温度更高的高温钛铝金属间化合物合金,开辟了高铌含量钛铝金属间化合物合金系,得到国内外广泛的重视,已经引起世界各国广泛兴趣,成为国内外研究热点。90年代中期,在国内率先开展了普通铸造大块金属玻璃的研究并取得突破,组织国内国家级合作研究,在国内召开首次大块玻璃国际会议,应邀在大块金属玻璃国际会议做邀请报告,取得很大成功。

陈国良院士共获得国家科技进步二等奖一项,三等奖一项;国家发明奖四等奖二项;部级科技进步奖一等奖六项,二等奖五项,三等奖七项;专利八项。发表了《有序金属间化合物结构材料物理金属学基础》、《金属间化合物结构材料》、《高温合金学》、《金属材料学》等8本著作和译著,学术论文320多篇。

知名专家学者

一、国务院学位委员会委员(1人)

杨天钧

二、国务院学位委员会学科评议组第四届成员(4人)

陈先霖　杨天钧　孙祖庆　廖国华

三、北京市学位委员会委员(1人)

孙祖庆

四、国家有突出贡献的中青年专家(16人)

周国治　刘庆国　钟廷珍　胡正寰　李连诗　傅　杰　葛昌纯　张公绪
朱允言　褚武扬　高泽标　高庆狮　杨天钧　冯铭翰　王燕斌　高征铠

五、部级有突出贡献的中青年专家(原冶金部评,13人)

谢锡善　陈国良　陈景榕　李承基　林　实　管克智　周纪华　邹家祥
陈难先　张圣弼　周寿增　田乃媛　赵立合

六、"长江学者奖励计划"特聘教授(5人)

乔利杰　张济山　朱鸿民　曲选辉　谢建新

七、国家自然科学基金委员会"国家杰出青年科学基金"入选者(4人)

乔利杰　曲选辉　谢建新　张　跃

八、教育部"跨世纪优秀人才培养计划"入选者(10人)

毛卫民　徐金梧　刘国权　田文怀　张　跃　张欣欣　曲选辉　孙冬柏
惠希东　倪　文

九、新世纪百千万人才工程国家级人选(3人)

毛卫民　谢建新　曲选辉

十、北京市高等学校青年学科带头人(31人)

刘建平　万发荣　廖福成　张欣欣　杨　扬　李仲学　臧　勇　唐伟忠
乔利杰　黄继华　童朝南　康永林　潘永泉　张济山　谢建新　田文怀
王志良　韩建友　张晓丹　倪　文　温　治　王　沁　李　阳　张　跃
高学东　陆　俊　郃卫华　翟启杰　张宗贤　黄典冰　郑敏辉

十一、北京市高等学校优秀青年骨干教师(89 人)

张 杰　任学平　龙 毅　杨晓明　齐慧滨　吴春京　夏德宏　王 平
杨海波　陈广平　程国全　包燕平　董绍华　张少军　杜振民　郭志猛
黄效国　郗安民　权良柱　储方杰　彭 漪　于晓红　尹怡欣　郑秋宝
李长荣　王新东　申亚男　杨 鹏　成国光　张建良　王 立　韩静涛
张 伟　张清东　李苏剑　宋 波　何积铨　陈章华　夏 新　王维才
李文军　陈闽红　张 健　冯 澎　马星桥　吴 平　周湘斌　章荣江
何民庆　王国彪　董建新　毛卫民　贾志新　李京社　张家泉　王忠民
刘 克　赵海雷　徐 尔　尹 红　戴淑芬　魏玉杰　王爱红　于 祥
周振平　申 江　刘惠敏　王元玮　徐福昌　胡海萍　田毅盛　庞永军
陈 清　肖玉新　许世静　王小萍　李维佳　张文清　方 智　高永生
邓 陟　刘新宇　闫凤桥　李毅红　李明楚　马中艇　胡 颖　丁玉龙
刘绍军

十二、教育部“高等学校青年教师奖”获得者(2 人)

董建新　邢献然

十三、教育部“优秀青年教师资助计划”(原国家教委“资助优秀年轻教师基金”)入选者(15 人)

葛昌纯　万发荣　李育苗　原 魁　王新东　李仲学　徐金梧　康永林
张欣欣　邢献然　王 沁　倪 文　李 阳　乔 兰　肖建国

十四、教育部“高等学校优秀骨干教师”(2 人)

邢献然　闵乐泉

十五、2001 年人事部批准享受政府特殊津贴人员(5 人)

谢建新　王 立　李谋渭　张文明　唐 荻

十六、2003 年度学校在岗博士生指导教师(185 人)

学科、专业	导 师 姓 名
采矿工程	李仲学　蔡嗣经　袁怀雨　胡乃联　于润沧*　徐九华　杨 鹏
工程力学	蔡美峰　汪旭光*　高 谦　乔 兰　尚新春　王金安
车辆工程	张文明　饶绮麟*　王国彪　罗维东　石博强
矿物加工工程	王淀佐*　张 强　孙传尧*　倪 文　孙体昌
安全技术及工程	魏复盛*　宋存义　蒋仲安
岩土工程	高永涛
钢铁冶金	苍大强　杨天钧　殷瑞钰*　李士琦　王新华　赵 沛*　陈伟庆　田乃媛 高征铠　吴胜利　安胜利*　储少军　张建良　刘 浏*　吴 铿　包燕平　李京社
冶金物理化学	魏寿昆　周国治　乔芝郁　林 勤　董元篪*　张家芸　方克明　王福明　王新东 朱鸿民　邢献然　鲁毅强　张世超*　李文军　宋 波　王习东
有色金属冶金	邱定蕃*

续表

学科、专业	姓　　名
科学技术史	孙淑云　李延祥
材料加工工程	康永林 谢建新 韩静涛 刘雅政 吴春京 唐　狄 毛卫民 王自东 任学平
材料物理与化学	柯　俊 肖纪美 褚武扬 陈难先 贺信莱 王燕斌 吴杏芳 张　跃 柳得橹 乔利杰 万发荣 田文怀 邱　宏 罗　胜 王中林* 张统一* 杨　槐
材料学	王　润 陈国良 葛昌纯 吕反修 孙祖庆 刘国权 毛卫民 张济山 李福燊 王金相* 李晓刚 龙　毅 吴其晔* 杨王玥 何业东 吴荫顺 李长荣 黄继华 果世驹 唐伟忠 郭志猛 孙冬柏 杜振民 张　弘* 李惠东* 李惠琪* 曲选辉 贾成厂 孙加林 林均品 沈卓身 奚廷斐* 惠希东 杨　滨 路民旭 杨　平 张波萍 董建新
机械设计及理论	陈先霖　胡正寰　徐金梧　李谋渭　王长松　朱超甫　杨　荃 张　杰 臧　勇 刘建平　卞致瑞　张康生　韩建友　张清东
机械制造及其自动化	董绍华　翁海珊　李苏剑
机械电子工程	郗安民
热能工程	张欣欣　殷晓静*　赵立合　王　立　温　治　刘应书　郑连存
控制理论与控制工程	高庆狮　杨　扬　余达太　杨炳儒　郑德玲　刘　玠*　李华德　童朝男　王志良 穆志纯　林　闯*　闵乐泉　杨卫东　王　沁　刘贺平　郑雪峰　尹怡欣　刘　克 张朝晖　王　京　史建军*　李崇坚*
管理科学与工程	高学东　张　群　李铁克　高俊山　佘元冠　王道平　刘　澄　周天勇*
凝聚态物理	吴　平　王凤平　潘礼庆

注：带"*"者为受聘担任北科大博士生导师的单位专家。

人大代表、政协委员

人大代表

全国人大常委会委员　　陈难先
北京市人大代表　　陆国市
海淀区人大代表　　左　鹏　　孙维约　　鲍展萍

政协委员

全国政协委员　　周国治
北京市政协副主席　　陈难先
北京市政协常委　　张济山
海淀区政协常委　　刘贺平

校友风采

一、在北京科技大学学习和工作过的中国科学院院士

姓　名	工作单位和职务	毕业学校
魏寿昆	北京科技大学教授	北洋大学
吴自良	中科院上海微系统与信息技术研究所研究员	北洋大学
柯　俊	北京科技大学教授	武汉大学
张兴钤	中国工程物理研究院研究员	武汉大学
肖纪美	北京科技大学教授	唐山交大
邹世昌	中科院上海微系统与信息技术研究所研究员	唐山交大
王崇愚	钢铁研究总院教授	北京钢院相 54
徐祖耀	上海交通大学教授	唐山交大
高庆狮	北京科技大学教授	北京大学
陈难先	北京科技大学教授	北京大学
李依依	中科院金属研究所研究员	北京钢院铁 57
周国治	北京科技大学教授	北京钢院冶 60
叶恒强	中科院金属研究所研究员	北京钢院金物 62
葛昌纯	北京科技大学教授	唐山交大

二、在北京科技大学学习和工作过的中国工程院院士

姓　名	工作单位和职务	毕业学校
范维唐	中国煤炭工业协会会长	北京钢院矿 56
徐匡迪	中共中央委员，全国政协副主席，中国工程院院长、党组书记	北京钢院冶 59
殷瑞钰	钢铁研究总院名誉院长	北京钢院钢 57
陈先霖	北京科技大学教授	上海交大
周邦新	上海大学研究员	北京钢院相 56
涂铭旌	四川大学教授	北京钢院 55 研究生班
崔　昆	华中科技大学教授	北京钢院 54 研究生班
雷廷权	哈尔滨工业大学教授	北京钢院 55 研究生班
胡正寰	北京科技大学教授	北京钢院机 56
陈国良	北京科技大学教授	北京钢院相 55
柯　伟	中科院金属研究所研究员	北京钢院相 57
钟　掘	中南大学教授	北京钢院机 60
关　杰	西安重型机械研究所副总工程师	北京钢院机 63
刘　玠	中共中央候补委员，鞍山钢铁集团公司董事长、总经理	北京钢院机 64
才鸿年	中国兵器装备集团公司顾问	北京钢院钢 62
何季麟	宁夏东方钽业股份有限公司董事长	北京钢院物化 69

三、担任省部级以上党、政领导的部分校友

姓　名	职　务	在校班级
罗　干	中共中央政治局常委、中央政法委书记	轧 57
刘　淇	中共中央政治局委员、北京市市委书记	铁 64
徐匡迪	中共中央委员，全国政协副主席，中国工程院院长、党组书记	冶 59
黄孟复	全国政协副主席、全国工商联主席	铁 67
张吾乐	十五届中纪委委员、原国家有色工业局局长、原甘肃省省长	机 60
李登柱	十五届中纪委常委、中央国家机关纪工委书记	轧 59
范长龙	中共中央候补委员、沈阳军区参谋长	信息国防 2000
刘　玠	中共中央候补委员、中国工程院院士	机 64
王永明	浙江省副省长	机 72
贾锡太	福建省副省长	轧 67
靳善忠	山西省副省长	管研 92
马锡广	宁夏回族自治区常务副主席	轧 68
冯炯华	宁夏回族自治区副主席	粉 68
赵公卿	重庆市副市长	相 68
沈国俊	十五届中纪委委员、四川省纪委书记	钢 62
郝振贤	四川省政协常务副主席	相 65
葛红林	成都市委副书记、成都市市长	材博 86
付双建	河北省副省长	管理工程 91
李敏宽	全国政协副秘书长、台盟中央副主席	矿机 63
龚世萍	辽宁省政协副主席	相 69
桂中岳	陕西省人大常委会副主任	矿 61
郑新立	中央政策研究室副主任	矿 69
王　军	甘肃省委常委、兰州市市委书记	相 70
单亦和	保利集团董事长、党委书记，原大型企业监事会主席	冶 68
李克诚	中国石油天然气集团总公司监事会主席	相 66
应文华	原国内贸易部副部长	机 62
陆　江	原国内贸易部副部长	轧 63
范维唐	原煤炭工业部副部长	矿 56
殷瑞钰	原冶金工业部副部长	钢 57
陆叙生	原物资部副部长	钢 57
朱新均	原国家语言文字工作委员会党组书记	铸 60
周荣昌	原内蒙古自治区人大常委会副主任	轧 55
朱宗葆	原上海市副市长	机 61
马仲才	原山东省人大常委会副主任	机 60
王宏民	江苏省人大副主任、原南京市市长	铁 64
朱志辉	原云南省委副书记、原华东冶金学院党委书记	铁 56
张广宁	中共广州市委副书记、广州市市长	管理工程大专 81

孙安民	北京市副市长	机 72

四、担任司、局和地、市级正局级领导的部分校友

姓　名	职　务	在校班级
楼大鹏	国际田联副主席、亚田联主席、原国家体委司长	机 59
袁　隐	国务院办公厅局长	相 67
刘铁男	国家发改委工业司司长	冶 74
王世民	最高人民法院司法行政管理局局长	稀 72
梁　才	中国钢铁协会秘书长	轧 65
王汀明	湖南省株洲市市委书记	铁 70
孙建群	河北省廊坊市市委书记	机 70
赵禄祥	河北省人事厅厅长	轧 68
高盈民	陕西省企业工委常务副主任	冶 70
程　光	上海市虹口区区长	管研 88
张长富	国家经贸委机关服务局局长	机 68
刘树和	外国专家局经济技术专家司司长	机 76
许华忠	国家经贸委市场流通司司长	铁 65
孙本先	四川省攀枝花市市委书记	矿 65
张泽宇	山西省省长助理、山西省经贸委主任	矿 68
徐金堃	国家自然科学基金委综合计划局局长	金物 66
李国栋	黑龙江省齐齐哈尔市政法委书记	铸 70
殷晓静	中央统战部三局局长	炉 77
陈明德	广州市副市长	工业工程 2001

五、部分曾任正局级领导职务现已离退休或调动的校友

姓　名	职　务	在校班级
闫承宗	北京市经委主任	轧 54
余宗森	冶金工业部外事司司长	轧 54
谢汝煊	广西南宁市市长	铸 62
谷向阳	青海省重工业厅厅长	冶 65
于瀛洪	河北省冶金工业厅厅长	铁 65
乔致奇	国家环保总局监督管理司司长	铁 64
何泽民	河南省洛阳市人大常委会主任	相 61
冯冶益	中纪委北京培训中心主任	轧 60
李其世	上海市冶金工业局局长	函授冶 61
李腊望	四川省黄金管理局局长	轧 64
雷秀祥	四川省建材工业局局长	机 64
王大名	河北省秦皇岛市市委书记	机 61
姜文韬	江苏省冶金工业厅厅长	铁 67
王克昌	天津市冶金工业局局长	轧 60

吕耘方	黑龙江省冶金工业厅厅长	金物
汪同建	甘肃省建材工业局局长	矿机 64
王乃立	上海市旅游局局长	轧 57

六、部分在高等学校、科研院所、文化部门担任主要职务的校友

姓　名	职　务	在校班级
刘建平	天津大学党委书记	机 73
董元篪	安徽工业大学校长	物化博 80
高兆祖	北京有色金属研究总院党委书记	粉 66
张玉卓	煤炭科学研究总院院长	矿博 90
张先青	北京工业设计院院长	轧 63
韩景春	钢铁研究总院党委书记	思政 84
单尚华	冶金规划研究院院长	矿 70
庄瑞征	秦皇岛冶金设计研究院院长	相 64
曹胜利	冶金工业出版社社长	选 72
刘海峰	中国财经报社社长	政教 78

七、曾任高等学校、科研院所、文化部门主要领导，现已离退休的部分校友

姓　名	职　务	在校班级
仇春霖	北方工业大学校长	轧 57
王起桢	北方工业大学党委书记	机 57
张　挺	北京农学院党委书记	铁 59
王希周	北京电子信息工程学院党委书记	轧 59
杨静云	北京市委党校党委书记、常务副校长	机 61
许　秀	北京建工学院党委书记	铸 61
齐鸿恩	江西冶金学院院长	机 59
刘正义	华南理工大学党委书记、校长	金物进修
刘景云	广东机械学院院长	北京科技大学调出
黎樵燊	广东工业大学校长	相 57
霍银海	冶金自动化研究院党委书记	机 62
朱耀中	冶金部情报研究所党委书记	北京科技大学调出
张成吉	钢铁研究总院党委书记	铁 57
樊源兴	中国冶金报社党委书记	矿 57
张训毅	中国冶金报社社长	铁 61
江仲圣	北京冶金设备研究院院长	机 59
严圣祥	北京钢铁设计研究总院院长	轧 64

八、在企业中担任主要职务的部分校友

姓　名	职　务	在校班级
刘　玠	鞍山钢铁集团公司董事长、总经理	机 64

刘本仁	武钢集团公司董事长、总经理	自动化进修 73
蔡登楼	鞍山钢铁集团公司副总经理	机 67
林滋泉	鞍山钢铁集团公司副总经理	轧 68
张晓刚	鞍山钢铁集团公司副总经理	材研 81
马国强	宝山钢铁集团公司副总经理	管研 84
赵如月	宝山钢铁集团公司纪委书记	铁 66
王　毅	首钢总公司副总经理	冶 78
魏　新	北大方正集团董事长	高温 78
李晓波	太原钢铁公司总经理	压加 84
林企增	太原钢铁公司副董事长	冶 62
党　歌	长治钢铁公司董事长、党委书记	钢 78
杨盘铭	太原钢铁公司副总经理	矿 70
朱昌逑	马鞍山钢铁公司总经理	机 70
刘如军	邯郸钢铁公司总经理	铁 73
王国兴	邯郸钢铁公司党委书记	函授铁 64
陈启祥	济南钢铁股份公司董事长	轧 74
郭洪成	包头第一机械集团公司董事长	冶 67
吴松春	浙江省中旅集团公司总经理	铁 67
朱津秋	上海有色集团公司总经理	机 76
秘增信	中信集团副总经理	压加 78
俞　兵	联想集团副总裁	电 85
毛小兵	中国西部矿业公司董事长	电 81
冯国熙	北京自来水公司董事长	矿 66
韩永义	乌鲁木齐铁路局党委书记	铸 69
崔锡武	中国黄金总公司总经理	矿 66
白葆华	中国钢铁工贸集团公司总裁	轧 65
王天义	唐山钢铁公司董事长、总经理	机 70
张永昌	唐山钢铁公司党委书记	铸 69
沈　伟	陕西精密合金公司总经理	钢 77
刘克忠	承德钢铁公司总经理	铁 63
杨东民	中国国际工程咨询公司副总经理	钢 78
徐和谊	北京现代汽车集团董事长	铁 78
闫胜科	石家庄钢铁有限责任公司总经理	轧 70
吴玉林	石家庄钢铁有限责任公司党委书记	铁 67
刘明忠	新兴铸管股份有限公司总经理	冶 76
刁海章	鲁中冶金矿山公司党委书记	矿机 65
李成群	中国冶金矿业总公司党委书记	冶 72
邹　健	中国冶金矿业总公司总经理	选 77
施嘉良	新余钢铁公司总经理	机 70
张振纲	天津钢管公司董事长	钢 63

张建平	天津钢管公司党委书记	函授管理
顾强圻	舞阳钢铁公司总经理	冶 70
赵占华	陕西钢厂党委书记	铸 69
杨复强	合肥钢铁集团公司党委书记	轧 68
王庐嘉	合肥钢铁集团公司总经理	机 75
何建昌	华北冶金建设公司经理	矿 70
林仁杰	西安钢铁公司董事长	轧 66
杨福国	宁夏石嘴山钢铁厂党委书记	轧 67
吴建民	吉林铁合金集团公司总经理	相 68
金树安	峨眉铁合集团公司总经理	冶 74
张心健	锦州铁合金集团公司党委书记	高温 70
陈　明	十三冶金建设公司经理	机 64
王绍成	十九冶金建设公司党委书记	炉 68
程敏直	西安冶金机械厂党委书记	铸 70
鞠祖荣	扬州冶金机械厂厂长	轧 69
胡梓清	乐山冶金机械轧辊厂党委书记	铸 66
杨东升	邢台机械轧辊公司党委书记	冶 66
高成涛	洛阳铜加工厂厂长	机 61
张勇钢	(无锡)西姆莱斯钢管公司总经理	相 73
宋　力	福建省烟草总公司总经理	机制 75
梁相钦	深圳自来水集团公司总经理	自 68
张清富	中国光大国际经济技术合作公司总经理	机 73
周伟坪	中国青年旅行社控股股份有限公司总经理	政教 78

九、曾在企业担任主要领导职务现已离退休或调动的部分校友

姓　名	职　务	在校班级
李　成	太原钢铁公司总经理	轧 54
刘　琦	中国钢铁工贸集团公司党委书记	铁 61
杭永益	马鞍山钢铁公司总经理	铁 64
王满仓	成都飞机发动机公司党委书记	稀 63
马俊才	济南钢铁公司总经理	机 59
沈克林	中国重型机械总公司总经理	机 57
陈守勋	湘潭钢铁公司总经理	冶 61
林承模	舞阳钢铁公司总经理	相 65
侯树庭	上海第五钢铁厂厂长	函授冶 62
陈英栋	新余钢铁总厂党委书记	函授冶 64
王鸿锷	上海第一钢铁厂党委书记	成教管 89
田锡恩	唐山钢铁公司总经理	钢 63
李前煦	南京钢铁公司总经理	钢 61
刘建功	武汉钢铁公司总工程师	相 65

刘炳南	武汉钢铁公司副总经理	机 64
王跃祖	首钢总公司党委副书记	夜大 58
谢有润	首钢总公司副总经理	机 64
王宪固	西宁特殊钢公司党委书记	相 66
罗忠琳	陕西精密合金公司总经理	金物 66
董稼祥	中国冶金矿业总公司总经理	矿 61
吕聿信	长城特殊钢公司总经理	轧 66
孙公权	上海一钢集团总经理	冶 66
汪铁钢	上海矽钢片厂厂长	轧 57
潘世良	邯邢冶金矿山管理局党委书记	矿 65

十、荣获全国劳动模范称号的校友

姓　名	获奖时工作单位	在校班级
邓　键	上海斯米克焊材公司	物化 66
常纯哲	上海钢铁工艺技术研究所	机 60
单亦和	西宁特殊钢厂	冶 68
周惠敏	山东冶金科学研究院	材料 77
傅庆馥	山东省淄博市博山水泥厂	56
马俊才	济南钢铁集团公司	机 59

注：1. 所列校友排名不分先后；

2. 以上统计情况定有差错和疏漏，敬希广大校友补充、指正。

2003年党发校发文件目录

2003年北京科技大学党发文件目录

校党发[2003]1号　关于孙铁、何柏芝同志职务任免的通知
校党发[2003]2号　关于刘新军、何柏芝同志职务任免的通知
校党发[2003]3号　关于成立“北京科技大学党建和思想政治工作评估领导小组”的通知
校党发[2003]4号　关于加强师德建设工作的意见
校党发[2003]5号　关于加快发展北京科技大学科技园的若干意见
校党发[2003]6号　关于严明纪律确保非典型肺炎防治工作顺利进行的通知
校党发[2003]7号　北京科技大学处级干部选拔任用工作规定
校党发[2003]8号　关于印发《北京科技大学2003年党风廉政建设和反腐败工作主要任务分工》的通知
校党发[2003]9号　关于在防治非典工作中发挥党组织和党员的作用　做好在抗击非典一线发展党员工作的通知
校党发[2003]10号　关于在防治非典斗争中开展“学习实践‘三个代表’,保持先进性”主题活动的通知
校党发[2003]11号　关于认真组织开展2003年党风廉政建设宣传月活动的安排意见
校党发[2003]12号　关于转发《中共中央纪委监察部关于坚决刹住用公款大吃大喝歪风的紧急通知》的通知
校党发[2003]13号　关于组织全校党员、干部和师生员工认真学习《“三个代表”重要思想学习纲要》的通知
校党发[2003]14号　关于评选2001～2003年度先进集体和个人的通知
校党发[2003]15号　关于王建辉同志职务任命的通知
校党发[2003]16号　关于文法学院调整及干部任免的通知
校党发[2003]17号　关于批准纪委给予庞润琛开除党籍处分的决定
校党发[2003]18号　关于给予高庆昌开除党籍处分的决定
校党发[2003]19号　关于表彰2001～2003学年学校先进集体、先进工作者、师德先进个人及抗击非典防控先进集体、个人的决定
校党发[2003]20号　关于在全校兴起学习“三个代表”重要思想新高潮的安排意见
校党发[2003]21号　北京科技大学党建和思想政治工作检查评估实施方案
校党发[2003]22号　北京科技大学建设“教职工之家”工作考核评估办法

校党发[2003]23 号　北京科技大学 2003 年校、处级干部年度考核实施办法
校党发[2003]24 号　关于开展教代会民主评议领导干部试点工作的通知
校党发[2003]25 号　关于邱宏等四位同志任职的通知

2003 年北京科技大学校发文件目录

校发[2003]1 号　北京科技大学危险化学品安全管理条例
校发[2003]2 号　关于成立北京科技大学危险化学品安全管理工作领导小组的通知
校发[2003]3 号　关于给予梁亮按自动离职处理的决定
校发[2003]4 号　关于对秦鸣等五名考试作弊学生的处理决定
校发[2003]5 号　关于成立知识产权管理服务中心及刘月娥同志任职的通知
校发[2003]6 号　关于组织编辑《北京科技大学年鉴》的通知
校发[2003]7 号　关于 2003 年我校执行政府采购工作的通知
校发[2003]8 号　关于调整产业集团筹备工作机构的通知
校发[2003]9 号　北京科技大学 2003 年工作要点
校发[2003]10 号　关于给予宋华英自动离职处理的决定
校发[2003]11 号　北京科技大学艺术特长生管理办法
校发[2003]12 号　北京科技大学校园网收费管理办法
校发[2003]13 号　关于对罗建中作自动离职处理的决定
校发[2003]14 号　关于对李秀英作自动离职处理的决定
校发[2003]15 号　关于对宋京辉作自动离职处理的决定
校发[2003]16 号　关于对胡小念等 20 名考试作弊学生的处理决定
校发[2003]17 号　关于恢复教职工“工间操”活动的通知
校发[2003]18 号　关于解除鞠成军、廉俊颖同学留校察看的决定
校发[2003]19 号　关于举办第四届青年教师教学基本功比赛的通知
校发[2003]20 号　关于对曹成铉作自动离职处理的决定
校发[2003]21 号　北京科技大学本科生成绩考核及成绩管理办法
校发[2003]22 号　北京科技大学本科生校内转专业办法(试行)
校发[2003]23 号　关于中外合作办学管理工作的暂行规定
校发[2003]24 号　北京科技大学保密工作管理规定
校发[2003]25 号　关于冶金学院更名的通知
校发[2003]26 号　关于 2002 ~ 2003 学年度第二学期本科期中教学检查的通知
校发[2003]27 号　关于无房教职工房补发放的补充规定
校发[2003]28 号　北京科技大学住房面积未达标教职工差额住房补贴发放实施细则
校发[2003]29 号　关于全面开展安全检查的通知
校发[2003]30 号　北京科技大学环境保护管理办法
校发[2003]31 号　关于成立“北京科技大学科技园管理委员会”及“北京科技大学科技发展有限公司董事会、监事会”的通知

校发[2003]32 号　关于加强我校非典型肺炎防治工作的意见
校发[2003]33 号　北京科技大学关于计划外研究生收费的暂行办法
校发[2003]34 号　北京科技大学防治非典型肺炎工作方案
校发[2003]35 号　关于给予信息工程学院及李滨江同志通报批评的决定
校发[2003]36 号　北京科技大学防治非典型肺炎工作补充方案
校发[2003]37 号　关于伏瑞龙等同志任职的通知
校发[2003]38 号　关于给予赵清开除公职处分的决定
校发[2003]39 号　关于改革体制,规范管理,促进科技产业发展的若干意见
校发[2003]40 号　关于给予文法学院李婉平同志通报批评的决定
校发[2003]41 号　关于调整职工住房公积金计提基数的通知
校发[2003]42 号　北京科技大学 2003 年硕士学位研究生复试工作补充意见
校发[2003]43 号　关于做好 2003 年度专业技术职务评聘工作的意见
校发[2003]44 号　关于专业技术人员职务晋升后任期的暂行规定
校发[2003]45 号　北京科技大学专业技术职务评聘工作程序及相关规定
校发[2003]46 号　北京科技大学申请教师系列高级职务必备条件
校发[2003]47 号　北京科技大学申请工程技术等系列高级职务必备条件
校发[2003]48 号　关于学校产业调整中人员隶属关系划转的决定
校发[2003]49 号　关于给予姚学贺等七名同学违纪处分的决定
校发[2003]50 号　关于给予王超同学留校察看处分的决定
校发[2003]51 号　关于给予梁卿自动离职处理的决定
校发[2003]52 号　关于给予买吾拉江等五名违纪同学处分的决定
校发[2003]53 号　关于成立北京科技大学留学人员创业园领导小组、办公室的通知
校发[2003]54 号　关于解除徐伟等 26 名学生留校察看的决定
校发[2003]55 号　北京科技大学后勤集团占用资产清查工作方案
校发[2003]56 号　关于对加拿大麦克麻斯特大学进行调研的通知
校发[2003]57 号　北京科技大学对外科技交流保密提醒制度实施办法
校发[2003]58 号　北京科技大学定密工作的补充规定
校发[2003]59 号　北京科技大学关于经济分配政策制度的暂行规定
校发[2003]60 号　关于王会中等同志任职的通知
校发[2003]61 号　北京科技大学机动车管理暂行规定
校发[2003]62 号　关于评选北京科技大学防治“非典”工作学生先进集体和个人的通知
校发[2003]63 号　关于开除秦建丽公职的决定
校发[2003]64 号　关于取消庞润琛退休待遇的决定
校发[2003]65 号　关于给予张伯年自动离职处理的决定
校发[2003]66 号　关于给予王凤婷自动离职处理的决定
校发[2003]67 号　关于给予李孝林自动离职处理的决定
校发[2003]68 号　关于给予高庆昌开除公职留用察看处分的决定
校发[2003]69 号　北京科技大学非机动车辆管理规定
校发[2003]70 号　北京科技大学外来人口管理规定
校发[2003]71 号　北京科技大学校园管理暂行规定(试行)

校发[2003]72 号	北京科技大学房屋出租管理若干规定
校发[2003]73 号	关于给予特列克·努阿合买提及邹华刚两名同学处分的决定
校发[2003]74 号	关于调整部分产业单位校内用房的通知
校发[2003]75 号	关于公布北京科技大学第二届(2003 年)本科教学优秀奖的通知
校发[2003]76 号	北京科技大学招生录取工作监督暂行办法
校发[2003]77 号	关于赵雨、张林同志职务任命的通知
校发[2003]78 号	北京科技大学关于进一步加强毕业生就业工作的意见
校发[2003]79 号	北京科技大学关于加强各类培训班管理的暂行规定
校发[2003]80 号	关于表彰北京科技大学防治非典工作学生先进的决定
校发[2003]81 号	北京科技大学关于购买嘉铭园住房教职工的物业管理费及供暖费补贴办法
校发[2003]82 号	北京科技大学关于实行教育收费公示制度的工作意见
校发[2003]83 号	关于设立北京科技大学治理教育乱收费联席会议及办公室的通知
校发[2003]84 号	北京科技大学关于校园内悬挂横幅标语的管理规定
校发[2003]85 号	关于成立河北校区筹建办公室及干部任职的通知
校发[2003]86 号	关于加强国庆节期间安全保卫工作的通知
校发[2003]87 号	关于 2002 ~ 2003 学年度第二学期期末考试作弊学生的处理决定
校发[2003]88 号	北京科技大学关于开展收费检查工作的通知
校发[2003]89 号	关于给予胡东燕按自动离职处理的决定
校发[2003]90 号	关于给予宁宝柱按自动离职处理的决定
校发[2003]91 号	关于给予曾宪锋按自动离职处理的决定
校发[2003]92 号	关于公布第五届校优秀教材、第九届校优秀讲义评奖结果的通知
校发[2003]93 号	关于给予机械工程学院杨亮同志勒令退学处分的决定
校发[2003]94 号	关于"本科教学督导组"更名及公布新一届"教育教学督导组"成员名单的通知
校发[2003]95 号	北京科技大学防治传染性非典型肺炎应急预案
校发[2003]96 号	北京科技大学关于开展 2003 年冬季征兵工作的通知
校发[2003]97 号	关于 2003 ~ 2004 学年度第一学期本科期中教学检查的通知
校发[2003]98 号	关于同意远程教育学院合作建设校外学习中心的批复
校发[2003]99 号	北京科技大学 2003 年度献血工作安排
校发[2003]100 号	北京科技大学关于设立"民考民"学生奖学金的暂行规定
校发[2003]101 号	北京科技大学 2004 届本、专科毕业生就业工作暂行规定
校发[2003]102 号	北京科技大学 2004 届毕业研究生就业工作暂行规定
校发[2003]103 号	北京科技大学学生办理出国(境)手续暂行规定
校发[2003]104 号	关于解除信息工程学院吕雪飞同学留校察看的决定
校发[2003]105 号	北京科技大学关于违反财经制度的处罚规定(试行)
校发[2003]106 号	北京科技大学实施"政府采购"暂行办法(货物部分)
校发[2003]107 号	北京科技大学高水平人才培养与资助实施办法
校发[2003]108 号	北京科技大学高层次创新人才基金管理办法
校发[2003]109 号	北京科技大学高层次人才引进工作实施办法(试行)

校发[2003]110号　关于调整岗位津贴标准的通知
校发[2003]111号　关于调整离退休人员生活补贴的通知
校发[2003]112号　北京科技大学房屋修缮工程预算结算编制及审核办法
校发[2003]113号　北京科技大学后勤集团设备管理规定
校发[2003]114号　关于给予海萨尔·胡马汗勒令退学处分的决定
校发[2003]115号　关于进一步加强参评全国优秀博士学位论文工作的补充规定
校发[2003]116号　北京科技大学选聘博士生指导教师实施细则
校发[2003]117号　关于给予李成华警告处分的决定
校发[2003]118号　关于调整工资及相关问题的通知
校发[2003]119号　北京科技大学保密工作奖惩办法(暂行)
校发[2003]120号　北京科技大学关于国防科技工作保密管理补充规定
校发[2003]121号　北京科技大学教职工校外购房补贴办法
校发[2003]122号　关于给予文法学院赵艳娜留校察看处分的决定
校发[2003]123号　北京科技大学关于2003年"研究生教学改革、研究项目及学位授权点建设项目基金"资助项目的通知
校发[2003]124号　北京科技大学2003年度教职工申请购买宝盛北里住房实施细则
校发[2003]125号　关于积极发展博士后工作的通知
校发[2003]126号　北京科技大学关于借用教室的暂行规定
校发[2003]127号　关于进一步做好学校安全工作的通知
校发[2003]128号　北京科技大学停车泊位租用及管理办法(暂行)
校发[2003]129号　关于解除库尔班江、艾合买提江两名同学留校察看的决定
校发[2003]130号　关于给予刘翔、梁飞两名同学处分的决定

北京科技大学2003年大事记

1 月

6日 北京科技大学与长治钢铁(集团)有限公司共同签署"全面合作协议书",双方在科研、产业开发等方面建立起长期的合作关系。

10日 举行北京科技大学党委书记调整宣布大会。罗维东同志就任北科大党委书记。中共教育部党组成员、人事司司长李卫红,中共北京市委教育工委副书记李明,北科大原党委书记刘建平、新任党委书记罗维东、校长杨天钧等党政领导班子全体成员,学校两院院士、党委委员、纪委委员,学校中层正职干部及部分民主党派、教师代表出席了大会。

15日 成立北京科技大学科技园建设领导小组,校长杨天钧担任组长。

举行"工业设计系"成立挂牌仪式。该系为艺术类,设在机械工程学院。

23日 周国治院士当选为政协第十届全国委员会委员。

24日 成立知识产权管理服务中心,该中心为事业单位,挂靠科技处,中心主任为副处级岗位。

26～29日 举行2002年度学生工作干部述职大会,全校87名学生工作干部参加了述职和答辩。

2 月

13～14日 召开寒假党委常委扩大会议。会议围绕"学校发展战略与规划"、"2003年学校工作计划"两个议题进行了认真的讨论和研究。

17～20日 澳大利亚联邦科学与工业研究矿冶部高级研究员孙守义博士来校访问,并作了"澳大利亚熔融还原技术"、"冶金科技英文写作"两场专题学术报告。

19日 美国密执安大学副教授史建军受聘为信息工程学院客座教授。

25日 召开全校中层以上干部会议,安排部署2003年学校工作及"两会"期间安全稳定工作。

27日 美国工程信息公司(EI)总部钟似璇先生应邀来校作关于EI信息的使用、最新EI服务界面、EI的收刊原则等内容的学术报告。

28日 后勤服务集团邮电营业所正式开业。

3 月

4日 召开新疆"民考民"学生大会。校党委副书记陈世禄在会上作了讲话,表示学校将进一步加强对新疆"民考民"学生的指导、管理工作,切实帮助他们解决学习、生活中存在的各种问题。

5日 成立"党建和思想政治工作评估工作领导小组",罗维东同志任组长。

11日 召开"北京科技大学2003年党风廉政建设工作会议"。传达了中纪委二次全会、全国教育纪检监察工作会议、北京市党风廉政建设工作会议精神,并对学校2003年党风廉政建设工作进行了部署。

15～16日 举行首届工业设计专业(艺术类)招生考试,共招收北京、河北、山东、山西、内蒙古五省市、自治区的考生20人。

17日 召开就业工作会议,分析了学校就业工作面临的形势,提出了进一步做好就业工作的对策和指导性意见。

21日 举行第二届MPA(公共管理硕士)开学典礼。

21~22日 新金属材料国家重点实验室顺利通过科技部组织的国家重点实验室评估专家组的评估,评估结果为良好。

21~25日 美国波斯顿大学教授乌达·珀尔(Uday B.Pal)应邀来校访问,与孙祖庆副校长、周国治院士就两校校际交流事宜进行了商讨,并达成了初步合作意向。

28日 召开第五届教职工暨第十三届工会会员代表大会第五次会议,会议审议了《北京科技大学总体发展战略规划》和《北京科技大学加强师德建设工作意见》等文件草案,听取了关于学校2002年工作完成情况和2003年工作计划的报告。

31日 北京科技大学九三支社进行换届选举,刘柏谦任主任委员。

4 月

2日 举行2003届研究生毕业典礼暨学位授予仪式,全体校领导出席典礼并为"优秀毕业研究生"、"优秀学位论文"获得者颁发了荣誉证书,向52名博士、586名硕士毕业生授予了学位证书。

冶金学院更名为冶金与生态工程学院。

成立"北京科技大学科技园管理委员会"及北京科技大学科技园科技发展有限公司的董事会、监事会。

3日 比利时鲁汶技术学院136名师生来校访问。

12日 北京高校勤工助学经验交流会在北京科技大学举行。北京林业大学、北京邮电大学、中央民族大学、北京工业大学、中国青年政治学院参加了此次经验交流会。

23日 应用科学学院成立"北京科技大学现代物理研究中心微电子研究所"。

29日 教育部部长周济同志来校检查非典防控工作的落实情况,考察了北京科技大学运用纳米技术研究开发的含氯消毒液制备技术,对学校有关工作作了重要指示。

5 月

26日 召开非典防控情况通报会,进一步安排部署学校抗击非典工作。

27~30日 进行研究生招生复试工作,采取电话、视讯、网络视频等方式,保证了复试工作的圆满完成。

6 月

5日 教育部召开"全国教育系统非典型肺炎及其他传染病预防与控制网络视频会议",北京科技大学党委书记罗维东在会上作了题为"众志成城,坚决打赢防控非典校园攻坚战"的工作报告。

召开中关村科技园与北京科技大学全面合作洽谈会。中关村科技园管委会常务副主任戴卫、副主任夏颖奇等与北京科技大学校长杨天钧、副校长徐金梧、权良柱,校长助理谢辉等就双方在科技、产业方面的合作进行深入的交流。

24日 世界卫生组织宣布解除对北京的旅游警告,同时将北京从疫区名单中删除。北京科技大学随即调整部分非典防治措施,结束为期两个月的校园封闭式管理。在抗击非典斗争中,全校师生员工万众一心、众志成城,取得了校内外学生和校内教职工无一人患非典或疑似非典的成绩,防治非典工作获得阶段性重大胜利。

27日 举行"国家'863'项目——信息获取及对抗用巨磁致伸缩/稀土超磁致伸缩材料产业化签字仪式"。北京科技大学与海南力气大实业投资有限公司在仪式上签署了合作协议,决定共同投资组建"稀土超磁致伸缩材料有限责任公司"。公司注册资本5 000万元人民币,其中北京科技大学技术出资1 500万元。

29日 举行"北京科技大学与中关村科技园区管委会共建北京科大留学人员创业园签字暨开园仪式"。北京市副市长范伯元、北京市科委主任马林、中关村管委会常务副主任戴卫、教育部科技司副司长雷朝滋、北京市教委副主任张国华、北京市外经贸委副主任周河、中国农业大学副校长付泽田等政府部门、高等院校、金融界、新闻界领导和嘉宾150余人出席了仪式。中共中央政治局委员、北京市委书记刘淇为北京科大留学人员创业园开园发来了贺信。

北京科技大学科技园向北京市中小学捐赠了100台由北科大研制生产的含氯消毒液发生器。

6月中旬 机械工程学院申请的"艺术设计"、"流体机械及工程"、"动力机械及工程"3个硕士学科点顺利通过专家评审工作。

7 月

1日 举行"2003届本科生毕业典礼暨学位授予仪式"。

举办党风廉政建设宣传教育月专题党课。党委书记罗维东以"贯彻'三个代表'重要思想,弘扬抗击非典伟大精神,进一步推动学校改革和发展的各项工作"为题作了专题讲座。

9日 北京市委教育工委组织北京高校防治非典工作先进事迹报告团来校作防治非典先进事迹报告。

10日 北京科技大学、石家庄钢铁有限责任公司签署合作协议,决定共建"石钢—北科大汽车用钢(棒材)研究中心"。

冶金与生态工程学院成立冶金研究中心,原炼铁研究所、炼钢研究所、电冶金研究所隶属于冶金中心,不再保留系所建制。

机械工程学院成立物流工程系。

8 月

21日 国际柔道联合会官员Besson到北京科技大学听取了学校拟建2008年奥运会柔道比赛场馆的报告,并现场考察了拟建场馆的场地,对在北科大建设2008年奥运会柔道比赛场馆表示满意。

22~24日 召开2003年暑期党委扩大会议。会议就"兴起学习贯彻'三个代表'重要思想新高潮"、"学校发展规划"和"2003年下半年学校主要工作"几个议题进行了认真深入的讨论和研究。

29日 举行外国语学院成立大会。外国语学科、专业从文法学院分离,组建了外国语学院。

9 月

3日 召开科技产业工作会,对上半年科技产业系统的整体工作进行了总结,对下半年科技产业工作进行了部署。

9日 召开离退休干部会,党委书记罗维东、校长杨天钧向离退休干部通报了学校有关情况及发展规划制定实施情况。

10日 召开庆祝2003年教师节暨表彰先进大会,对2001~2003年度10个先进集体、52名先进工作者、25名师德先进个人进行了表彰,同时表彰奖励了北京科技大学非典防控先进集体和先进个人。

11日 邀请中央"三个代表"宣讲团成员、中国人民大学校长纪宝成教授来校作了关于深入学习贯彻"三个代表"重要思想的辅导报告。

15日 举行北京科技大学与唐山港陆钢铁有限公司1250热连轧三电控制系统合同签字仪式。根据合同,北京科技大学将承担港陆钢铁公司1250热连轧三电控制系统项目,合同总金额8 750万元人民币。

诺贝尔经济学奖获得者、享有"欧元之父"美誉的美国著名经济学家罗伯特·蒙代尔教授应邀来校就"亚元区"建立等热门话题作了演讲。演讲结束后,北京科技大学校长杨天钧向罗伯特·蒙代尔教授颁发了"北科大名誉教授"聘书。

16日 举行"863"项目——"金属粉末注射成形技术"产业化合作签字仪式。北京科技大学与江苏东台华夏时代科技实业有限公司就"金属粉末注射成形技术"的产业化签署了合作协议。根据协议,北京科技大学以国家"863"项目"粉末注射成形技术"使用权作为出资1 000万元,东台华夏时代科技实业有限公司出资4 000万元组建"粉末注射成形技术有限责任公司",共同推动这一高新技术的产业化。

18日 国家教育行政学

院第二十二期进修班、第 19 期培训班学员来校考察。

18~21 日 2003 级本科生、研究生入学。2003 年，学校共招收本科生 2 598 名，硕士研究生 1 350 名，博士研究生 400 名。

19 日 举行新学生公寓楼入住仪式。新学生公寓总建筑面积近 3 万平方米，容纳 2003 年新生 4 000 余人入住。

22 日 举行 2003 级新生开学典礼。

24 日 成立北京科技大学独立学院筹建办公室，张文明同志兼任办公室主任，王斌、林林同志兼任办公室副主任。

24 日 应用科学学院成立生物科学与技术系。

27 日 召开校、处两级干部“三个代表”重要思想学习班动员大会。

28 日 在 2003 年全国大学生英语竞赛北京赛区决赛中，管理学院国贸专业丁宁同学荣获特等奖；文法学院行政专业陈冀周同学和土木与环境工程学院环境专业蔡光同学荣获一等奖。

10 月

6~7 日 举办“博士生导师联谊活动”，陈先霖院士、胡正寰院士及近百名博士生导师参加了联谊活动。

14 日 北京市教工委宣教处和北京科技大学党委宣传部、学生工作部共同举办兴起学习贯彻“三个代表”重要思想新高潮报告会，邀请中国电子科技集团公司企划部部长巨建国先生作了题为“用工程技术语言研读‘三个代表’，谈学生职业生涯设计”的报告。

举行“2003 年北京科技大学暑期社会实践总结表彰大会”。2003 年，北京科技大学再次被评为“全国社会实践先进单位”、“首都高校社会实践优秀单位”，并获得“首都贡献奖”。

15 日 举行学生公寓二期工程开工典礼。北京科技大学学生公寓二期工程规划建筑面积 7 万多平方米，将于 2004 年暑期竣工，届时可供 4 000 多名学生住宿。

16 日 教育部直属高校工作办公室主任高文兵来校为全校中层以上干部作了题为“高校规划及学校定位与目标”的报告。

19~22 日 召开北京科技大学 2003 年远程、函授教育工作会议。

26 日 举行北京科技大学第四十二届学生田径运动会。管理学院、机械工程学院、文法学院分获女子团体前三名，管理学院、机械工程学院、信息工程学院分获男子团体前三名、男女团体前三名。

27 日 举行 2002~2003 年度校级特种奖学金答辩会。评选出国家一等奖学金 33 人、招商银行一等奖学金 10 人、建龙精英奖学金 10 人。

28 日 北京科技大学发明成果在第十四届全国发明展览会上获得 5 项金奖、4 项银奖。

30 日 召开 2003~2004 年度第一学期本科期中教学检查工作布置会，对本科期中教学检查工作进行了布置。

11 月

1 日 举行八三届校友毕业 20 周年联谊会，200 多名校友返校欢聚一堂。

3 日 北京科技大学学生代表队在第二届全国大学生机器人电视大赛中获得冠军。

举行 2002~2003 学年度先进班集体、优秀团支部答辩会，评选出校先进班集体 63 个，校先进班集体标兵 17 个，推荐北京市先进班集体 9 个、建龙最佳团队奖候选班集体 7 个。

6 日 教育部党组成员、人事司司长李卫红一行 5 人莅临北京科技大学检查指导工作。

举行“金秋扬想”——2003 级新生文艺汇演。

7 日 召开校学位评定委员会，以无记名投票方式进行表决，新增博士生指导教师 36 人。

8 日 聘请台北科技大学校长张天津博士为北京科技大学名誉教授。

高效轧制国家工程研究中心通过国家发改委、教育部组织的专家组的验收，并得到了较高的评价。

10 日 举行“中国材料名

师讲坛”开讲仪式暨第一讲。国家自然科学基金委员会、科技部、教育部、钢铁研究总院、北京有色金属研究总院有关领导出席了仪式。中国科学院、中国工程院院士师昌绪先生应邀作了题为“关于制定中国《材料科学技术发展战略》的思考”的首场讲座。

台湾朝阳科技大学代表团来校访问，双方就人才培养、教师交流及进一步加强两校合作等方面进行了座谈。北京科技大学校长杨天钧、副书记李宝林出席了座谈会。

13～14日　北京科技大学与中国腐蚀与防护学会、装甲兵工程学院联合举办“陆军武器装备防腐蚀工程应用与发展”研讨会。会上，腐蚀与防护领域的院士、专家及军内有关部门就海陆空相关装备中的腐蚀与防护情况、研发成果、未来发展等进行了深入的交流。

17日　召开教代会民主评议领导干部动员大会，全校中层干部和教代会代表参加了大会。

18日　举行“学习中国工会十四大精神报告会”。邀请中国工会十四大代表、北京市教育工会张振民主席作了辅导报告，各学院党委、机关党总支书记及全校工会干部等140多人参加了报告会。

19日　举行“学习十六届三中全会精神报告会”。邀请中央党校谢鲁江教授来校作了题为“学习三中全会精神，推进社会主义市场经济体制改革”的辅导报告。全校中层以上干部、民主党派代表及教师代表共二百多人参加了报告会。

19～21日　组织学生义务献血，全校2001级共810名同学参加了义务献血。

20日　举办2004届毕业生就业招聘会，同时开通北京中关村双高人才网，为毕业生求职开辟了新的途径。

27日　举行POSCO(浦项)奖学金颁奖大会。

29日　举行“北京科技大学2003～2004学年学生党支部书记培训班”开班仪式，党委副书记李宝林作了动员讲话。

29～30日　召开研究生教育工作发展规划研讨会，总结了北京科技大学近五年来研究生教育的工作经验，分析了存在的主要问题，对研究生教育工作发展规划及相关工作进行了深入的讨论。

11月底　2003年全国大学生电子设计竞赛结果揭晓。北科大机械工程学院孙学彬、孟凡伟、蒋林明组成的代表队获得北京赛区一等奖及全国一等奖，信息学院梁锋、冯涛、杨熠组成的代表队获得北京赛区二等奖，信息学院张琳琳、黄通焕、丘国盛和熊锋、刘晓飞、朱玉民组成的两个代表队获得北京赛区三等奖。信息学院牟世堂老师在此次全国大学生电子设计竞赛中获优秀辅导教师奖。

12　月

1日　召开期中教学检查总结汇报会，通过对本科教学的多项考察，综合日常教学管理过程和各学院教学质量总体检查信息，得出了“教学质量均在良好以上”，“教风均为良好”，“教学秩序在正常至良好范围之内”的评价。

2日　举行“北京科技大学与青海大学管理人员挂职交流协议书签字仪式”。根据协议，北京科技大学将在学校管理方面对青海大学给予支持。

召开离退休干部会议，党委书记罗维东向全体离退休干部通报学校的财务状况。

4日　由北科麦思科公司主要设计的850mm中宽带钢热连轧生产线在北台钢铁集团全线热负荷试车成功，标志着由国内自主开发、全部国产化的850mm全液压中宽带钢热连轧生产技术已经成熟。

日本京都大学工学部精密计测与加工研究室垣野義昭教授和茨木創一博士来校访问并作了题为“模具制造智能CAM系统的开发及其应用”的学术报告。

9日　举行纪念“一二·九”火炬接力赛。管理学院、机械学院、信息学院分获前三名。

10日　海淀区第十三届人大代表换届选举进行投票。北京科技大学左鹏、孙继约、鲍展萍当选为海淀区第十三届人民代表大会代表。

举行新兵入伍欢送会，北科大6名学生到武警上海总队、大连旅顺海军、济南空军通信团、北京卫戍区防化团服役。

10～12 日 北京科技大学会议中心经审核、验收，通过 ISO9000 认证。

12 日 材料学院研究生学术活动节——“院士讲坛”开讲，柯俊院士作了题为《试答“我们离诺贝尔有多远”》的报告。

13 日 北京科技大学与邯郸纵横钢铁有限公司签订合作协议。根据协议，纵横钢铁公司在北科大设立“北京科技大学纵横基金”，从 2004 年至 2006 年连续设立 3 年，共计人民币 120 万元。

14 日 举行 2004 届毕业生供需见面会。共 110 家用人单位应邀参会，为毕业生提供了 2 000 多个岗位。招聘会上，共有 50 多名毕业生与用人单位签订了就业协议，很多毕业生与用人单位达成了初步意向。

17 日 北科大学生艺术团在国家图书馆音乐厅举行“北京科技大学 2004 新年音乐会”。

19 日 举行“中国工商银行北京市分行、北京科技大学银校合作协议签字仪式”。根据协议，中国工商银行北京市分行为北京科技大学提供 10 亿元的贷款授信额度，并为学校的校园基本建设、教学科研项目开展、仪器设备购置、职工住房购买、学生“国家助学贷款”申请、校园卡建设等提供金融支持和帮助。

20 日 举行北京科技大学共青团成立 50 周年庆祝活动。

21～23 日 教育部直属高校发展规划专家组来校考查、指导学校发展规划制定工作。教育部直属高校工作办公室主任高文兵、以西安交通大学原校长徐通模为组长的专家组就《北京科技大学发展战略规划》、《学科和师资队伍建设规划》、《校园建设规划》进行了考查并接受咨询。

25 日 举行“2002～2003 年度建龙奖学、奖教金颁奖典礼”。典礼后唐山建龙集团领导与我校 2003 届毕业生进行了座谈。

26 日 举行校、处级干部“三个代表”重要思想学习班总结交流会。学习班共分党群、教学、科研、行政和学生工作 5 个小组，各小组结合 3 个月的学习和调研体会对学校的各项工作进行了分析和研究，形成了学习和调研报告。

2003 年毕业生名录

2003 年本科毕业生名单

土木与环境工程学院

丛　波	高　蕊	林星杰	刘　毅	刘　薇	刘丽娟	彭建华	任智刚
盛　沣	王　澎	王申健	项　晨	谢　涛	徐德枫	杨　伟	杨　铖
姚方伟	余万明	岳　涛	张　禹	张　昊	周　洁	龚晓淼	郭润洲
何　岚	侯晓东	牛玉成	彭　丽	沈　劼	孙优娜	肖　辉	曾　艳
汪爱国	迟金宝	葛　鹏	胡　雪	黄　曼	黄寒梅	冷　茜	李　颖
李金侠	李然然	刘琰萍	邱慧琴	饶雪峰	桑　亮	师　磊	石　晶
汪德罡	王　晶	王　义	王荣辉	王小宁	王振宇	谢　静	张　谷
张广宇	周羽化	冷廷双	孙继军	王　岩	王阳木	张　弢	孙　鹏
陈凯华	程　燕	甘　静	蒋　专	寇　珏	李洪源	连　静	刘　淼
刘海珠	吕绿洲	马　丽	孟凡强	欧盛南	任同伟	汪翠萍	王　凡
王　璐	王慧丽	王延奎	阎淑祎	郑志明	周韦呐	扈洁琼	郭　磊
江桂华	雷怀民	李　岩	温艳军	薛海涛	曾万波	付海冬	蔡　静
陈　娟	付　乐	郭　硕	李　茜	李　婷	李燕明	李志清	李壮举
刘　航	刘　宇	马海涛	孙歆硕	许晶晶	薛俊良	赵　博	周冬冬
朱光阔	闫晓燕	李子强	罗　成	冀成刚	梁昌彬	罗　韬	齐　峰
文吉英	叶若舟	袁海华	朱　宇	席广丛	李成立	吴颖硕	王增福
谢　芳	陈元晟	邓建萍	黄艳萍	纪星奇	李　峰	刘亚明	秦丽华
石杰红	孙勇争	汪宏伟	肖　旭	张　磊	郑　宇	黄来庆	李宏斌
陆　帆	乔建伟	万里祥	王洪涛	王肖鸣	熊天齐	赵甲实	郑三华
佟慧超	陈　俊	梁　涛	丁云龙	李　军	杨伟龙	毕　超	倪义刚
汤　伟	杨　彪	杨忠波	何　猛	侯晓武	侯昭飞	胡　洁	胡文琳
李　恒	李万胜	李立强	林圣源	刘　芳	柳　郁	唐保荣	夏训清
谢君琦	熊海兵	徐皖峰	许　园	杨国斌	喻　林	张　伟	张晨光
孙　汉	阿丽峰	李念年	孙海松	肖　滨	徐　宁	徐　伟	于成昊
焦申华	安玉霞	鲍　薇	蔡凤维	蔡钦佩	曹　斌	曹铁志	陈跃进
方　鹏	冯少华	郭建峰	李鸿波	梁　杰	满都拉	上亚锋	宋文杰
陶潇鹭	王　猛	肖　平	邢占利	熊　科	张　云	周　准	鄢圣超

闫振华	谭 磊	唐 团	汪 徽	王丹丹	敬 辉	宋玉龙	安 婷
白丽伟	陈海燕	陈振清	崔华芳	丁 威	高新平	李 辉	李 铭
李冬萍	李咏和	刘 晨	马 玲	石 勇	孙恩吉	汪文明	王文娟
张巨华	张卫虎	钟洋贵	周 微	范 峰	韩 璞	李宝峰	王 磊
李德臣	陈超峰	傅少锋	吴 强	郑 敏			

冶金与生态工程学院

郭 倩	焦虎丰	李 奇	林绪宾	刘 佳	沈 峰	石超民	陶 毅
王 东	魏雪晴	吴国庆	姚国伟	尹慧超	张志平	郑锡村	左康飞
靳艳英	周 天	郭宏海	鲁 明	苏庆杰	王君顺	王维维	叶亚宁
张海滨	周晓波	万成勇	邱 怡	阎 波	陈高兴	陈丽云	程鹏辉
盖鑫磊	甘 硕	何 鹏	姜晓东	李 瑜	林 佳	毛 耘	潘宏涛
谈建华	王宝辉	肖赛君	杨文刚	郁 昕	章 俊	张 贵	朱 一
朱京希	黄林森	王先进	孙伟涛	周怀坡	张 明	张 涛	张红兵
李佳佳	吕宏杰	魏国柱	邱成国	才新义	柴国恩	郭晓东	侯丽娟
黄方伟	姜 敏	康定伟	李 健	梁 刚	梁 磊	刘 波	潘 宁
钱 亮	秦红霞	唐培新	王定涛	王一成	张利君	闫永芳	吴学兵
钟云涛	高 飞	王宏钢	于 洋	余 健	张 坤	朱甫伯	李晓敏
石元礼	白 琴	郭晓菲	郝经伟	呼晓明	金利玲	吕冬瑞	罗 君
马富涛	孙 波	田筠清	吴华峰	吴松巧	阳 军	于洪波	张 飞
张 军	张 铭	张作程	徐关林	尹宪伟	张壬寅	张胜根	赵宏博
褚胜忠	林建峰	舒 赟	韦 泽				

材料科学与工程学院

王华伟	任 勃	梁天安	范才彪	王石钟	柳成渊	章传国	郝建鸿
黄 维	李 竞	李 强	李远旭	梁永锋	刘晓东	马轲菲	潘 成
荣维俊	宋姝璇	王 丹	王 东	杨双燕	郑小兰	周祖源	杨瑞丽
周淑梅	韩清萍	李 禅	刘红艳	刘新超	张路明	张敏文	郑 聃
杨 青	王宗波	郭晓华	庄文彪	刘洪涛	冉景发	植恒毅	段桂花
高 琳	郭 佳	何小雪	贾 涛	李 科	连玉栋	梅雪珍	孟丽媛
王 力	徐鹏飞	张 萌	张 征	周友军	李文军	曹 锐	李 昆
马端骋	潘 竑	邵 伟	张国庆	王 强	唐明强	姜 栋	陈治安
何 岸	焦 隽	廖庆亮	刘 伟	刘智勇	马新闻	庞晓露	陶 凯
王 娟	王立贤	王群要	王小红	吴运焱	夏明赟	杨 飞	杨海莲
张淑洁	赵 亮	周 献	张 伟	程 菲	高峻旗	李 玮	李彦锋
杨贵山	杨庆敏	文培云	张 晔	白 亮	郭振文	韩生宁	刘 娟
申 曦	王立波	王向晕	吴 茂	谢 彬	徐衍坤	张 辉	张桂环
周 栋	包萨日娜	李 敏	刘纪勇	沈姗姗	袁 驰	曾 建	张 芳
张玉洁	时 权	陈 程	陈小磊	韩秀丽	黄丽芳	金明秀	李昆仑
刘 斌	刘丽英	庞利佳	孙 晶	童金涛	夏 威	张颖瑞	张从发

周伟峰	柴智勇	段再超	宋德伟	熊 炜	张国莺	赵 强	郑志飞
王黎青	杨炼坡	张耀东	李金凤	吴 福	郝洪波	胡兆魁	蒋凤兵
金 柯	李 智	李晓玲	毛洪明	牛 静	舒 波	苏少锐	孙巧菊
杨 星	杨海兵	阳岸恒	叶苑锦	尹华英	袁志攀	张巧莉	周 云
董 凯	黄 鹏	蒲强华	孙 旭	赵 韵	周 斌	汪 君	邢军锋
白云龙	耿春雷	侯世颖	李 斐	李守林	刘李斌	潜 欢	阮景红
申 磊	王启芳	徐 丹	尹法章	余 杰	周志飚	何 磊	黄秋实
黄万胜	孟彦杰	姚 舜	余仕聪	江 镳	吕 鑫	蔡雪焘	曹小超
陈 东	陈 洁	陈亚飞	范东伟	胡宇宁	李 昂	李 快	刘 茹
魏俊俊	徐仕龙	姚 靓	于 洋	周 涛	闫利波	滕振科	弓 长
刘 涛	刘 永	王 进	邹利华	李学军	王德省	丁 雷	乔光利
白 爽	蔡 强	冯 春	高 瑜	李 桐	钮 葶	乾小乾	宋 佳
孙 山	汪 洋	武 明	杨 然	于春功	朱小矿	任婷婷	丁 研
韩 刚	侯大令	刘 磊	刘亚东	牛孝昊	乔忠平	王志高	徐宁安
杨 峰	杨 佳	瞿春艳	刘学一	成志飞	程 科	胡 杨	黄贤良
李兴旺	李艳红	刘 明	刘 莎	刘静静	刘笑飞	冉凡勇	康 芸
王 赛	夏 雯	徐 斌	徐 磊	杨粉荣	尹朝丽	余柱锋	曾次清
张 微	张大伟	陈晶益	翟振华	任 冲	张云飞	赵 朔	王 博
梁江涛	吴 斌						

机械工程学院

杜 江	高 燕	高凌辉	胡 浩	康 瑶	柯尊凤	刘 魁	刘季烨
刘庆玉	唐薇薇	田小龙	王轶平	伍章明	姚聚峰	于 龙	詹慧剑
张大琦	张树俊	张义力	赵 勇	赵延强	郑 皓	杜晓栋	李 斌
高志永	邓壮山	冯欣军	葛拥军	顾长明	郭晶华	李 萌	梁瑞凤
梅宝兴	任红梅	生静宇	徐海伟	杨 帆	张 磊	胡 寅	郑玲玲
何立军	李 颖	李官平	刘 磊	刘文杰	谭 勇	吴 印	杨建明
张 飞	张学文	李明晟	庄海丹	陈 勇	吴文昭	杨 磊	李 枳
廖明艳	邵 峰	王海霞	王艳苹	吴 冬	武新丽	徐 星	许建柱
杨新元	余顺利	袁佳康	詹海兵	张跃鹏	彭国宏	胡文杰	李兆琨
宋慧峰	孙汝超	王婉秋	杨 洋	张宏宝	张敬伟	张其峰	任文波
袁洪昌	郭文权	戚晓宇	王瑞杭	李建玺	杨开封	裴超宇	白 剑
段明南	郝燕飞	洪云飞	胡典章	贾永茂	康铁宇	李 想	李洪波
刘 斌	马鹤坤	邱 彦	王 健	易宏宇	赵红超	周剑波	郭 军
韩广秀	李元宇	周小鹏	吕 鹏	武 刚	马海涛	蔡胜利	郭 望
和 锦	林 帆	刘俊豪	孙伟丰	王国玉	薛建军	杨 波	衣忠波
殷 伟	于 野	张 明	奚浩兵	颉 晖	齐 欧	任冠星	魏 强
郑方章	姜申波	陈 斌	高 茜	黄 磊	李光祖	李慧斌	孟 浩
肖 尧	谢敏理	熊家伟	杨 光	曾正强	张 通	朱长勇	朱冬梅
陈抒彦	崔媛媛	刘惠璞	马 岩	秦允海	孙建辉	赵 薪	苗秀宽

王建波	李申	张卫	邓健	胡伟	李勇	李会民	李仲达
刘晶	刘永录	田进权	田丽莉	薛德勇	杨鹏	应荣梁	张恒
张风港	张金侠	张晋玄	郑荣	晁国量	李凤伟	孙恩涛	王豫
王建宝	吴小亮	杨洋	王亚亭	张晓明	侯建平	倪海侠	韩鹏勃
韩志清	黄贵东	揭刚	李碧玲	刘文达	卢家兴	吕拔	彭鹏
秦丕法	谭明君	谭喜涛	杨俊	赵月琴	邵健	冯威	刘健
刘宁	张武	张兴	陈胜	安月明	程江	戴雪芝	高栋
郭如	霍永春	李超	刘杰	彭华	邱开红	石中赢	宋小飞
宋艳霞	童大伟	王汇	王谦	熊黎明	杨小兵	王洪海	张博
宗航	康羽	薄伏龙	藏永平	曹汝磊	郭勇刚	何晓藏	卢卫凌
王荣兵	杨帆	张铭宏	朱咸中	杨纯勇	狄彦强	樊艳	方小平
顾海涛	黄倩	李伟	李趁义	刘宏辉	毛莹	司俊龙	隋莹
孙鑫	孙金龙	吴成瑞	徐超	杨涛	张昊	张欣茹	朱婵娟
刘建	陈家怡	孟福建	邵鼎	朱强	晏跃文	马立平	刘耀
孟进伟	庞和平	李良	边琳	郭梁	韩国庆	李民	梁彦
刘伟岸	娄雪玲	罗嗣兵	施慧勇	徐磊	袁晓强	张刚	张魁
张燕	张楹	赵义琴	陈建邦	杜岩	李震	李月恒	夏永
肖丹	杨坚	李欣	李季享	李金穗	李树柯	李志远	刘训华
皮霓静	钱永刚	王明	王永	王伟强	魏峥	徐志超	姚磊
张法波	张富甜	赵建光	芮守祯	安俊博	傅飞	何麒	姜世龙
李上吉	石光辉	易莎	周森	刘袆瑶	银虎	杨佳	

信息工程学院

黄海欢	陈开旺	程柏	崔玉晨	单涛	郭敬	郝荣	侯立伟
金亚	孔宇	李娜	李永林	林伟玲	刘潇	吕进	倪崇佺
宁梓杰	石巍	孙坤明	王卓君	王婷婷	云杨	张磊	张楠
周志强	祖云飞	袁新波	陈浩源	党会建	杜大鹏	郭云龙	江培蕾
李刚	李刚	刘涛	刘颖	沈晓冬	石岩	孙晶	汪蕾
王磊	王天颖	姚九强	于正	于琳琳	张俊	张雷	张玉
朱博	湛得安	刘哲	喻舟	郝鹏	洪凡富	冷志勇	李明
李志远	里刚	刘洋	罗浩	罗琛	孙鑫	孙傲程	王玮
王炜	魏亮	魏潇	温惠容	岳庆	张晖	笪利	栗欣
彭宇源	宋永生	谭春庆	徐丹丹	韩晗	李昂	张卫	陈非凡
都亭	方红树	高鹏	黄丹丹	蒋浩强	龙滔	秦臻	秦海超
施向东	宋嵩	汤超	唐伟龙	王慧	王伟	王潇潇	许诺
张晅	张洪博	赵祎	赵颖男	周济	周杨	陶源	王轩
赵巍	孔维	王旭	朱江浩	毕铮	蔡晓霞	邓宇	丁丽
冯科锦	胡威	李崴巍	刘宾	刘芳	齐秀凤	邱俊珺	特艳龙
王华	王颖	王文佳	张国松	张进强	张振华	赵欣	钟成
李烁	聂常斌	李庆恩	林剑峰	申桐	王强	吴文彦	主昊

俞　鹏　蔡晋昌　陈建军　陈育彬　杜　飞　方　浩　胡雪梅　黎　亮
李春锋　梁　渝　林　亮　刘　伟　明黎民　孙传举　万　勇　王林芝
王思叶　王泽蕴　吴　媛　夏　晖　薛国栋　杨宇航　张永旺　赵　薇
左泽华　刘志强　范恩波　李光华　姚国凤　闻　峥　付晟森　班耀飞
范小磊　奉昌玉　高　欣　宫志恒　郭　淼　黄振利　李蓬勃　李向庆
刘　清　刘莉娜　刘向鑫　孟祥龙　宋　杰　孙少波　万亚东　王　平
王　耀　辛　莹　熊　敏　张晨明　张宏伟　张亚楠　赵云霞　郑明潇
周长华　王　辉　梁　健　徐　昊　柏晓石　温海雄　井　梁　安盛宇
白原勇　鲍翀宇　韩璐璐　何　潇　胡　赟　黄河峰　黄智峰　金聚蕾
雷　宇　刘　伟　刘旭东　刘一朋　刘宇卓　龙　萍　马美嵩　乔　敏
秦双双　冉　冉　石　林　宿慧萍　王思毅　向　晖　谢海滨　张庆亮
周艳春　左　智　刘广飞　游　忠　夏玉宏　尹　航　王明亮　高　杰
蔡祖伟　戴　鹏　郭涛涛　贺　理　李　红　李　岩　李炳煜　梁艳平
刘　瑜　刘黎明　吕晓韬　罗　萍　马晨阳　邱　博　冉　夏　撤　龙
苏　妹　孙　然　田海燕　武　琳　杨　畅　杨　光　张　聪　张　艳
赵　嘉　车宝臻　陈　驰　王　魁　蔡　啸　蔡　鑫　丛　林　董嘉佳
郭蕾蕾　霍文锋　李　华　李　杨　李　桦　李凯芳　李贤仁　李星光
刘　莎　陶　智　万　谦　王　萌　王　鹏　王志帅　徐　镭　薛瑞尼
杨　枢　杨望星　于洪坡　张　莹　张德申　赵　然　郑鹤琳　宗晨曦
闫　波　王叔智　周　玮　陈　斌　王　怡　王　维　刘　宇　陈媛媛
丁明勇　杜应提　方　新　冯　强　郭　鹏　金洁华　李　蕊　梁国庆
林　川　马丽英　宋　霆　王　荣　王　为　徐赵辉　袁诚亮　张卫武
赵　洪　赵　珂　周　聪　谭志刚　胡　超　徐　薇　高　阳　秦　萍
苏志松　白　烨　陈　建　陈　宁　段潋姿　胡宇贞　蒋震威　孔庆新
雷　振　李大军　廖　娟　林龙信　刘　杰　柳　瑾　欧连军　邱　铭
孙广东　唐　罡　王　伟　王　晓　王萍萍　许　星　续　江　张　洋
张　争　赵晨光　朱宝善　梁忠奇　朱　江　刘国平　安垌俊(朝鲜)
朴亿哲(朝鲜)　金成敏(朝鲜)

管理学院

宣丹妮　陈　星　陈　雯　迟　红　邓远宁　董　栋　傅志华　高　慧
胡　晨　黄华颖　李　蕾　李　龙　李建光　梁伟文　刘　薇　吕　佳
任红岩　史建勇　汪　蓉　王　星　王　正　王娟芳　王松鹤　吴伟华
张　伟　张　毅　张保柱　周英博　章周斌　张　鑫　卢绪铭　黄春涛
王生虎　白　帆　白　廉　陈敏飞　杜　冰　甘　露　谷红岩　何声浪
黄麒宇　皇甫玉婷　李　静　李　月　李冠良　李如玥　刘　佳　刘　靖
刘建民　龙　亮　罗　青　彭　露　乔志强　万国朝　王　磊　王广京
王清云　王天夫　徐承东　尹亚莉　张　硕　张潮喜　张文娟　赵　林
覃丽华　黄颖怡　李海涛　李　芳　林　阳　艾丽娜　敖上博　卜生军
陈　鹏　陈凤洁　程　君　甘　露　胡　伟　金　爽　李　侃　卢　强

秦 涛	任柏涛	史 祎	孙树慧	王 宇	吴 楠	徐景晓	杨 柳
杨再步	曾凌燕	张 涛	张 雯	张庆芝	张亚玲	朱 彬	朱 杉
张 亮	夏新雷	曹金武	陈 曦	杜 冰	付艳蕾	郭彦伟	胡敢峰
贾莉萍	李 宁	李卫丽	马 岚	牛 犇	潘华锦	邵 龙	宋 欣
唐 琳	万黎明	王 山	王 岩	邢书伟	熊小敏	杨 楠	张 莹
张 园	张瑞圣	张维明	赵 磊	赵新竹	闫 军	缪加明	禚 瑜
王 明	李 阳	余 涛	周 钧	刘亚非	陈宇峰	杜 洁	顾 军
郝新宇	何 锐	胡 敏	胡仔健	姜 丽	李志雨	刘 蕊	刘宏玉
刘婷婷	陆秀臣	毛琳琳	彭京京	任小京	申书英	沈叶丹	孙晓凤
田 勋	王 玉	王梦雅	王瑞祥	吴惠明	严 峻	杨 菁	张 帆
张 燃	刘 博	曹 晖	戴 璟	刚健华	胡昕昕	刘庆国	杨海灵
陈毅然	仇春娣	封 晔	顾 零	韩 津	韩晓凡	胡 伟	黄斯婉
贾 佳	解祁博	李 博	李 然	李斯斯	刘 佳	刘艺文	孟 群
邱 敏	宋忠伟	苏健英	汪正红	王 乐	王 威	王思博	阎柏楠
尹保荣	张 京	张 宇	郑 姣	周益群	田 珣	王小兵	张文益
罗 灿	袁 蕾	肖海东	邓 嘉	邓皓楠	段鸿博	何 艳	贾 磊
姜晓青	孔祥峥	李 敏	李 言	李建辉	李志远	刘进田	秦海映
任 远	石 宁	万继川	王 莉	王 璐	王吉祥	徐 健	徐圆圆
尹 雯	张 磊	张海瑞	赵 莹	周 婷	邹 琦	强建锋	张 琼
曹诗男	陈 玲	陈 勇	高 薇	勾彩虹	韩韶华	何奇骑	焦春生
金 彤	李 峰	李天侠	刘 峰	刘蜀娜	刘晓燕	刘源源	聂 鑫
秦建国	王 教	王 迎	吴 超	刁 彪	叶 楠	虞海龙	章添香
张丽琼	周 丹	王志文	吴 杰	吴 琼	张立民		

文法学院

常光玮	陈 炎	陈兰芳	程英吉	崔修沧	崔玉洁	翟洪敏	韩淑玲
李 芳	李 静	李 毅	李红霞	刘 明	刘红蕊	石 薇	隋璐璐
孙语濛	王 芳	王媛媛	夏庆轩	杨 博	于 蕊	于海波	张 萌
张笑寒	赵明明	赵维娟	周文展	朱 萌	李 楠	毛亚楠	陈子羿
丁 莎	丁晓华	韩晓华	韩银兰	姜惠娴	孔 薇	李 亮	李 勇
梁春燕	林 琳	刘 鹏	刘 琼	龙 凤	那 莎	齐 祎	秦 涛
任 强	时宪东	宋雪梅	王 宁	王 瑶	王凤英	辛 妍	伊秋晨
张 巍	张洪玲	张晓彦	左晓飞	佟 欣	邬 媛	刘 影	刘媛媛
车琳婧	范丽丽	冯 静	冯春蕊	高晓峰	郭俊丽	韩 梅	李文军
李志红	林大伟	刘 方	潘小俪	任志芳	商 靓	宋海波	田 宇
田卓伟	王汉民	王建强	王一星	王兆东	王筱静	薛凌云	杨 洋
张 燕	张翠萍	张良田	赵 娟	马 凯	安真真	白 亮	蔡美娜
成 志	丁 磊	杜 晶	杜 磊	胡衍峰	孔令洁	冷春霞	梁 莉
刘 嘉	刘金毫	刘兴纬	娄鹤凡	牛 玥	孙江丽	董慧子	王 欢
王 娟	王 亮	王景生	王巧玲	王晓娜	王燕华	羡丽丽	张 娟

张　莉	张素艳	赵丽君	熊　芳	白　鹭	曹雪冬	陈军营	陈曲颖
丁　俊	杜　芬	胡　慧	李　伟	李　楠	马　岩	齐东峰	秦晓惠
石傲兰	王菲菲	王世伟	王自平	谢　冰	熊　勇	徐文超	邹　琳
徐燕山	杨　越	杨　焱	袁俊娥	詹敏学	张　涛	赵　宇	赵秀丽
邹　琳	黄　攀	姚鹤立	陈金蕾	闫　卿	车建生	邓　婕	冯宇平
高　燕	韩晓梅	黄　捷	李洪涛	刘景凤	刘　煜	卢书忠	马　青
孟光宏	申凯欣	舒　宇	孙良花	谭志国	王　聪	王　谦	魏刚龙
徐志洪	严　丽	于　涛	湛长英	张　鹏	赵　静	赵　萌	邹建辉
曹　迎	陈　岩	冯　浩	高　峰	哈劲松	侯居东	李　钢	李　伟
刘红梅	刘小溪	刘　烨	刘志彬	吕志东	史　岩	孙　宏	孙源鸿
汪海英	王红霞	王乙好	谢曲音	曾莉莉	张　静	张战波	赵克研
周云飞	陈凤花	邓　蕾	高　飞	郭　茜	韩　勇	黄　武	李　静
李　燚	马　涛	苗　萌	钱　皓	戎江丹	盛　瑞	宋　玉	孙学辉
涂　骏	王红梅	王　玉	香红丽	许爱民	杨　莉	原小池	张春阳
张　然	赵　恒	赵　薇					

应用科学学院

苑文欣	钱承敬	韩　芸	胡　劲	胡　月	胡建文	刘　吉	墨淑敏
宋文婧	孙翠霞	孔令芳	赵俊杰	周志虎	管浩宇	刘晨光	刘潇潇
胡少海	吴泓橙	蒋英贤	郭慧鹏	海永强	贾培培	李　辉	李　杰
李建坡	李永生	刘　洋	柳剑峰	齐俊利	宋启玲	王　斐	王静芳
邢奇凤	杨　程	姚　康	易　缤	曾小强	张　鹏	张　威	张锦霞
马玉清	樊本虎	霍建星	汪　洋	王　阳	王世浩	曾晓翘	张　瑞
张荣鑫	张少青	畅小军	邢明亮	严可以	蔡　欢	曹　岩	程　宁
杜文涛	方新满	荆建一	雷海林	李　科	李　猛	李传福	李婷婷
梁　晨	刘　伟	刘中兵	王　晨	王　默	谢贵明	杨　波	阳　军
苑晓科	张　莉	赵　红	陈　吉	范　涛	国振华	胡　为	梁艳影
秦　星	沈　磊	陈艳燕	董占宾	方　炜	付擎宇	高　卓	郝卓庭
李伯华	廖可征	刘伟妍	温　敏	夏　凡	徐玉洁	薛道铭	赵　健
邹　晨	邹未光	马　军	乔法芝	宋付林	宋继洲	许晓昕	薛润东
衣文迪	赵　楠	赵凌旭	周鹏程	胥　杰	郝　赫	王　健	刘金珠
史秀梅	石立华	黄维光	梁　栋	陈　鑫	高艳彦	李　靖	刘　鹏
钱　浩	石绪光	孙东汉	孙景春	唐文斌	王　刚	王清晓	王屹东
王志远	夏凯鹏	许晓英	杨林平	赵　静	赵　鑫	何鹏飞	沈海红
雷　岩	李得全	李贵春	张　超	张远政	王少铁	周晓坤	赵　建

2003 年毕业并获得博士学位的研究生名单

姓名	导师	学科、专业
熊代余	于亚伦	工程力学
王永青	汪旭光	工程力学
万林海	蔡美峰	工程力学
刘文永	蔡美峰	工程力学
杨建辉	蔡美峰	工程力学
赵　奎	蔡美峰	工程力学
谭文辉	蔡美峰	工程力学
胡立臣	丁予展	车辆工程
高玉根	丁予展	车辆工程
周知进	方　湄	车辆工程
尹凤福	李谋渭	机械设计及理论
王峰丽	李谋渭	机械设计及理论
张建宇	邹家祥	机械设计及理论
杨久霞	邹家祥	机械设计及理论
任冠华	陈立周	机械设计及理论
李　婧	陈立周	机械设计及理论
刘北英	胡正寰	机械设计及理论
杨宏青	胡正寰	机械设计及理论
康永强	胡正寰	机械设计及理论
张武军	徐金梧	机械设计及理论
谭强强	方克明	冶金物理化学
刘中兴	周国治	冶金物理化学
钟先梅	周国治	冶金物理化学
周　云	董元篪	冶金物理化学
席明哲	石力开	材料加工工程
甄子胜	钟雪友	材料加工工程
于　浩	康永林	材料加工工程
洪慧平	康永林	材料加工工程
张文泉	谢建新	材料加工工程
张沛学	谢建新	材料加工工程
张永军	韩静涛	材料加工工程
陈　冷	毛卫民	材料学
李　涛	王　润	材料学
韩景智	王　润	材料学
余仲宝	刘庆国	材料学
王　超	刘国权	材料学
秦湘阁	刘国权	材料学
宋建华	吕反修	材料学
张恒大	吕反修	材料学
齐俊杰	孙祖庆	材料学
丁宝峰	吴荫顺	材料学
胡敦芫	张济山	材料学
张　辉	李文超	材料学
高立春	李文超	材料学
董超芳	李晓刚	材料学
李　丹	李福燊	材料学
王周福	洪彦若	材料学
张厚兴	洪彦若	材料学
陈仕华	洪彦若	材料学
顾华志	洪彦若	材料学
余泉茂	胡本芙	材料学
薛文东	钟香崇	材料学
王大巍	殷　声	材料学
王　军	殷　声	材料学
孙世清	殷　声	材料学
李荣华	殷　声	材料学
艾家和	谢锡善	材料学
徐　江	谢锡善	材料学
滕　蛟	朱逢吾	材料物理与化学
史海生	吴杏芳	材料物理与化学
华文深	吴杏芳	材料物理与化学
刘　英	陈难先	材料物理与化学
张国华	罗　胜	材料物理与化学
王元立	柳得橹	材料物理与化学
吴开明	贺信莱	材料物理与化学
王　毅	褚武扬	材料物理与化学
李茂林	卢寿慈	矿物加工工程
孟　洪	卢寿慈	矿物加工工程
彭昌盛	卢寿慈	矿物加工工程
孙体昌	松全元	矿物加工工程

姓　名	导　师	学科、专业
李克庆	方祖烈	采矿工程
李翠平	李仲学	采矿工程
刘保顺	李祥仪	采矿工程
胡德斌	李祥仪	采矿工程
王艳辉	蔡嗣经	采矿工程
应尚军	蔡嗣经	采矿工程
于　勇	李士琦	钢铁冶金
吴光亮	李士琦	钢铁冶金
张延玲	李士琦	钢铁冶金
张彩军	蔡开科	钢铁冶金
杨吉春	蔡开科	钢铁冶金
刘华飞	张欣欣	热能工程
托马斯	张欣欣	热能工程
林　林	张欣欣	热能工程
任雁秋	高仲龙	热能工程
朱宏祥	温　治	热能工程
徐　海	温　治	热能工程
薛为民	王志良	控制理论与控制工程
王粉花	孙一康	控制理论与控制工程
张世涛	余达太	控制理论与控制工程
李志民	李华德	控制理论与控制工程
魏利平	李华德	控制理论与控制工程
吕晓琪	杨炳儒	控制理论与控制工程
张远奇	杨炳儒	控制理论与控制工程
李　岩	杨炳儒	控制理论与控制工程
陈新中	杨炳儒	控制理论与控制工程
周　颖	杨炳儒	控制理论与控制工程
唐　菁	杨炳儒	控制理论与控制工程
梁瑞鑫	郑德玲	控制理论与控制工程
郑利强	涂序彦	控制理论与控制工程
班晓娟	涂序彦	控制理论与控制工程
陈　绪	高庆狮	控制理论与控制工程
卢虎生	高学东	控制理论与控制工程

（刘云清、张云仙）

2003年毕业并获得硕士学位的研究生名单

姓　名	导　师	学科、专业
张田华	佘元冠	工商管理
许　文	张莲英	工商管理
梁　栋	张莲英	工商管理
王宝恒	张　群	工商管理
高亚军	李宗元	工商管理
姚宏波	李铁克	工商管理
原敬东	李铁克	工商管理
韩泽生	李铁克	工商管理
傅爱武	肖　明	工商管理
魏冠明	肖　明	工商管理
丁红宇	施大德	工商管理
乐　缨	施大德	工商管理
李铁卿	殷焕武	工商管理
陆新荣	殷焕武	工商管理
马靖东	贾建华	工商管理
李长麟	贾建华	工商管理
陈晓倩	贾建华	工商管理
胡　明	贾建华	工商管理
魏建平	高学东	工商管理
王贵平	高俊山	工商管理
陈　芳	崔　旬	工商管理
许启明	梅绍祖	工商管理
阮笑雷	梅绍祖	工商管理
赵毅凝	梅绍祖	工商管理
杜红霞	韩良智	工商管理
邵海清	韩良智	工商管理
李绍山	裴利芳	工商管理
赵　云	樊彩霞	工商管理
黄玉莲	樊彩霞	工商管理
王　岩	戴淑芬	工商管理
李志勇	戴淑芬	工商管理
苏长永	戴淑芬	工商管理
高克林	王世杰	工程力学
班海涛	王德胜	工程力学

姓 名	导 师	学科、专业
包自成	乔 兰	工程力学
陈云周	牟在根	工程力学
陈海峰	纪洪广	工程力学
李廷刚	李长洪	工程力学
王争华	林大泽	工程力学
曲兆军	高 谦	工程力学
潘启辉	高 谦	工程力学
沈志斌	龚 敏	工程力学
宋盛华	张欣欣	工程热物理
张书臣	郭鸿志	工程热物理
陈 东	温 治	工程热物理
薛红霞	刘向军	马克思主义理论与思想政治教育
金 铧	刘 勤	马克思主义理论与思想政治教育
姜 雪	佟玉兰	马克思主义理论与思想政治教育
王明红	张 健	马克思主义理论与思想政治教育
王云芳	杜晓智	马克思主义理论与思想政治教育
徐 奕	杜晓智	马克思主义理论与思想政治教育
郭秀晶	杜晓智	马克思主义理论与思想政治教育
高 彬	杜晓智	马克思主义理论与思想政治教育
尹兆华	肖建国	马克思主义理论与思想政治教育
王美春	肖建国	马克思主义理论与思想政治教育
杨志强	陆 宁	马克思主义理论与思想政治教育
柯红岩	陆 宁	马克思主义理论与思想政治教育
钟 玉	陆 俊	马克思主义理论与思想政治教育
莘 锋	陆 俊	马克思主义理论与思想政治教育

姓 名	导 师	学科、专业
牟承碧	周湘斌	马克思主义理论与思想政治教育
王爱凤	颜 锋	马克思主义理论与思想政治教育
唐 牧	叶亚平	分析化学
冯爱霞	朱 腾	分析化学
闫冬霞	朱 腾	分析化学
洪 勇	朱 腾	分析化学
关润伶	李文军	分析化学
苗睿瑛	李文军	分析化学
李永寿	范慧俐	分析化学
刘雪芹	夏 新	分析化学
田卫学	温美娟	分析化学
刘冰冰	温美娟	分析化学
程慧琼	温美娟	分析化学
王倩杏	鲁毅强	分析化学
张丽红	鲁毅强	分析化学
张英新	鲁毅强	分析化学
俞黎华	鲁毅强	分析化学
隋 洁	鲁毅强	分析化学
魏志华	管荻华	分析化学
夏兴昌	方安祥	计算机应用技术
阮 越	王成耀	计算机应用技术
徐长斌	王成耀	计算机应用技术
田玉凤	王 沁	计算机应用技术
彭丽平	王 沁	计算机应用技术
鲁冬梅	王 沁	计算机应用技术
马小珩	王秀美	计算机应用技术
李灿华	王秀美	计算机应用技术
陈友凤	王秀美	计算机应用技术
张怀亭	王忠民	计算机应用技术
杨 嵩	王忠民	计算机应用技术
陈薇薇	王忠民	计算机应用技术
武 涛	王忠民	计算机应用技术
孟 凯	王秉钦	计算机应用技术
王 勇	包 宏	计算机应用技术
孙 毅	刘宏伟	计算机应用技术
刘孝国	刘 萍	计算机应用技术
孟庆平	李 恪	计算机应用技术

姓名	导师	学科、专业
景云华	杨扬	计算机应用技术
王霞	杨炳儒	计算机应用技术
卡哥沙尼	杨炳儒	计算机应用技术
张运涛	杨炳儒	计算机应用技术
王旭辉	郑雪峰	计算机应用技术
杜丰梅	郑雪峰	计算机应用技术
杨旭东	郑雪峰	计算机应用技术
林程勇	郑雪峰	计算机应用技术
吴畏	郝卫红	计算机应用技术
丁茂祥	郝红卫	计算机应用技术
王宏志	郝红卫	计算机应用技术
孙晓平	涂序彦	计算机应用技术
郭腾冲	涂序彦	计算机应用技术
魏明珠	涂序彦	计算机应用技术
石升辉	王成耀	计算机软件与理论
袁航	王成耀	计算机软件与理论
丁文芳	刘萍	计算机软件与理论
王安俊	刘萍	计算机软件与理论
张岩	李秀山	计算机软件与理论
李旭光	李秀山	计算机软件与理论
秦奕青	李秀山	计算机软件与理论
崔树林	李秀山	计算机软件与理论
张红泉	李恪	计算机软件与理论
黄琼峰	李恪	计算机软件与理论
刘芙荣	杨炳儒	计算机软件与理论
李宗海	杨炳儒	计算机软件与理论
李萍	杨炳儒	计算机软件与理论
刘勇	夏克俭	计算机软件与理论
莫东松	夏克俭	计算机软件与理论
彭晓东	夏克俭	计算机软件与理论
李光朋	石博强	车辆工程
刘旺科	刘立	车辆工程
陈鹏	刘立	车辆工程
张大鹏	张文明	车辆工程
哈维尔	张文明	车辆工程
闫建辉	周志鸿	车辆工程
王震勤	王维才	企业管理
李秋妍	王维才	企业管理
朱瑞杰	全介	企业管理
邹萍	全介	企业管理
刘艳	刘志伟	企业管理
李海东	佘元冠	企业管理
张明	宋文力	企业管理
张秀洋	张莲英	企业管理
李正玉	张莲英	企业管理
栾军	张群	企业管理
刘伟	李铁克	企业管理
邹宗华	李铁克	企业管理
徐世江	汪淑涓	企业管理
翟晶梅	施大德	企业管理
王彩霞	殷焕武	企业管理
王晓征	贾建华	企业管理
高在康	贾建华	企业管理
任化莉	高学东	企业管理
黄艾舟	梅绍祖	企业管理
陶贤文	韩良智	企业管理
吕小威	管志安	企业管理
吴国罡	管志安	企业管理
王飞	樊彩霞	企业管理
周宁	樊彩霞	企业管理
温凯婷	樊彩霞	企业管理
徐爱华	潘永泉	企业管理
闫志浩	瞿国忠	企业管理
陈文丰	瞿国忠	企业管理
洪钊峰	瞿国忠	企业管理
赵冬妹	瞿国忠	企业管理
任秀丽	杨鹏	安全技术及工程
郝秀清	汪莉	安全技术及工程
王青松	金龙哲	安全技术及工程
何理	蒋仲安	安全技术及工程
于兰兰	卢惠民	有色金属冶金
王文越	邹兴	有色金属冶金
胡雪梅	马祥华	机械电子工程
田瑞博	王长松	机械电子工程
江东海	史小路	机械电子工程
何健	史小路	机械电子工程
于海兰	刘鸿飞	机械电子工程
高洪英	刘颖	机械电子工程

姓　名	导　师	学科、专业
张明明	朱超甫	机械电子工程
李晓辉	朱超甫	机械电子工程
刘颖鑫	许万凌	机械电子工程
焦　刚	许万凌	机械电子工程
魏月强	张　杰	机械电子工程
王　柳	张清东	机械电子工程
李　卓	杨德斌	机械电子工程
丁广文	陈　工	机械电子工程
李晓红	周剑英	机械电子工程
陈洁文	周剑英	机械电子工程
姚香贵	周剑英	机械电子工程
石　炜	郗安民	机械电子工程
武晋平	郗安民	机械电子工程
杨朝霖	徐　科	机械电子工程
马俊超	黄效国	机械电子工程
田志强	黄效国	机械电子工程
洪　杰	黄效国	机械电子工程
刘　芳	于晓红	机械设计及理论
杨　勇	卞致瑞	机械设计及理论
赵立族	尹长治	机械设计及理论
王文献	王长松	机械设计及理论
高　岚	王国华	机械设计及理论
元　勇	王宝雨	机械设计及理论
石　江	王　转	机械设计及理论
张春英	冯爱兰	机械设计及理论
秦卫东	孙志辉	机械设计及理论
黎　燕	许继倩	机械设计及理论
代拴师	闫晓强	机械设计及理论
李庆利	张少军	机械设计及理论
李海霞	张　杰	机械设计及理论
吴　平	张清东	机械设计及理论
汤小娇	李应强	机械设计及理论
杨鹏飞	李应强	机械设计及理论
翁卫兵	李苏建	机械设计及理论
吴　忠	李　威	机械设计及理论
许剑桦	杨　荃	机械设计及理论
张立杰	杨海波	机械设计及理论
丁卫霞	苏兰海	机械设计及理论
郭志军	胡福泰	机械设计及理论
蔡　霞	翁海珊	机械设计及理论
邵举平	董绍华	机械设计及理论
马少华	臧　勇	机械设计及理论
殷　萍	臧　勇	机械设计及理论
曹永强	张世荣	机械制造及其自动化
何　非	贾志新	机械制造及其自动化
陈世祺	程国全	机械制造及其自动化
孟振峰	程国全	机械制造及其自动化
孙长城	韩蕴秋	机械制造及其自动化
赵　磊	韩蕴秋	机械制造及其自动化
郭宏升	滕向阳	机械制造及其自动化
李金富	方克明	冶金物理化学
张红飞	王新东	冶金物理化学
谢丽君	王福明	冶金物理化学
徐　军	乔芝郁	冶金物理化学
袁勃艳	朱鸿民	冶金物理化学
关　月	宋　波	冶金物理化学
张作泰	李文超	冶金物理化学
陈冬火	林　勤	冶金物理化学
魏利娟	项长祥	冶金物理化学
尚海艇	郭兴敏	冶金物理化学
司新辉	申亚男	应用数学
李明芳	许三星	应用数学
于建华	张志宏	应用数学
明春英	张晓丹	应用数学
常国栋	汪飞星	应用数学
王静涛	闵乐泉	应用数学
王凤英	陈明文	应用数学
李红军	范玉妹	应用数学
科　内	胡志兴	应用数学
沈政伟	廖福成	应用数学
李美霞	毛卫民	材料加工工程
陈洪涛	毛卫民	材料加工工程
鄢德重	王先进	材料加工工程
田军花	王自东	材料加工工程
孙业海	王自东	材料加工工程
项　荣	王连忠	材料加工工程
杨晓丽	付晨光	材料加工工程
毛建军	任学平	材料加工工程

姓　名	导　师	学科、专业
李声宏	任学平	材料加工工程
吕玉芬	刘　航	材料加工工程
李　慧	刘雅政	材料加工工程
陈文琢	刘　靖	材料加工工程
肖邦国	孙建林	材料加工工程
付美丽	初元璋	材料加工工程
赵　辉	初元璋	材料加工工程
于治民	吴春京	材料加工工程
邓有福	吴春京	材料加工工程
郎泽保	周　成	材料加工工程
杨　予	赵志毅	材料加工工程
韩晓迪	赵志毅	材料加工工程
王晓虎	赵爱民	材料加工工程
刘　涛	唐　荻	材料加工工程
李靖华	唐　荻	材料加工工程
王吉文	康永林	材料加工工程
李　翔	康永林	材料加工工程
覃　强	谢建新	材料加工工程
霍雨涛	谢建新	材料加工工程
陈　涛	韩静涛	材料加工工程
段丽红	韩静涛	材料加工工程
刘晋珊	蔡庆伍	材料加工工程
李智敏	仇卫华	材料学
李云峰	毛卫民	材料学
李丽辉	龙　毅	材料学
戴雨兰	龙　毅	材料学
王　静	刘庆国	材料学
高　阳	刘庆国	材料学
钟云龙	刘国权	材料学
刘志凌	吕反修	材料学
余　水	孙冬柏	材料学
任颖丽	孙加林	材料学
吴殿锋	孙加林	材料学
李林香	孙先飞	材料学
刘丽宏	齐慧滨	材料学
杨振波	何积铨	材料学
马英晓	余永宁	材料学
袁译宙	吴卫江	材料学
王南野	张正义	材料学
李子硕	张正义	材料学
谭育新	张丽英	材料学
夏芋栗	张济山	材料学
童震松	李久青	材料学
陈明元	李长荣	材料学
金　鹰	李长荣	材料学
田士勇	李江涛	材料学
李泉明	李辉勤	材料学
夏　晖	李　福	材料学
邹玉娥	杜振民	材料学
刘丰收	杨王玥	材料学
田朝旭	杨　平	材料学
陈美英	杨　滨	材料学
丛光伟	沈卫平	材料学
刘飞华	沈卓身	材料学
陈　志	陈　宁	材料学
盖靖锋	陈国良	材料学
彭长涛	陈诺夫	材料学
张　亚	陈菊芳	材料学
李金鸿	孟惠民	材料学
秦东钦	林均品	材料学
缪家士	林均品	材料学
牛欣华	果世驹	材料学
邵伟然	柳得橹	材料学
陈南京	柳得橹	材料学
诸　荣	洪彦若	材料学
曾　凡	胡尧和	材料学
逄文新	赵忠贤	材料学
卢　艳	唐伟忠	材料学
陈利民	唐伟忠	材料学
扶　志	徐利华	材料学
张　黛	徐晓伟	材料学
罗青云	贾成厂	材料学
赫运涛	贾成厂	材料学
阮娟芳	郭可信	材料学
梁多多	郭可信	材料学
陈存敬	郭志猛	材料学
高　峰	郭志猛	材料学
金　勇	傅　杰	材料学

姓　名	导　师	学科、专业
汤　虹	强文江	材料学
范诗闻	惠希东	材料学
韩　凌	惠希东	材料学
何　冬	董建新	材料学
张圣德	董建新	材料学
刘　攀	谢锡善	材料学
李海峰	马纪东	材料物理与化学
王勇围	王燕斌	材料物理与化学
高红叶	田文怀	材料物理与化学
罗欣莲	石发荣	材料物理与化学
孙　丽	朱逢吾	材料物理与化学
李金树	吴杏芳	材料物理与化学
翟　浩	张　跃	材料物理与化学
韩　旭	顾有松	材料物理与化学
何健英	高克玮	材料物理与化学
马志华	杨　扬	系统工程
李笑歌	杨　扬	系统工程
王　宁	汪飞星	系统工程
王同庆	范玉妹	系统工程
陆　平	范玉妹	系统工程
郝晓云	范玉妹	系统工程
张成阳	穆志纯	系统工程
向　飞	王　立	制冷及低温工程
赵　玲	王　立	制冷及低温工程
史彧宏	张欣欣	制冷及低温工程
孔东风	李化治	制冷及低温工程
赵树峰	李化治	制冷及低温工程
郝丽娟	李化治	制冷及低温工程
刘建林	史孝群	固体力学
叶绍仲	吴兰鹰	固体力学
金明昱	尚新春	固体力学
许凤光	黎立云	固体力学
王　震	张树泉	矿产普查与勘探
张英利	徐九华	矿产普查与勘探
王立权	谢玉玲	矿产普查与勘探
杨跃军	王化军	矿物加工工程
帖春英	王化军	矿物加工工程
张建云	孙体昌	矿物加工工程
王瑞明	孙春宝	矿物加工工程

姓　名	导　师	学科、专业
韩艳芳	宋存义	矿物加工工程
李正要	汪　莉	矿物加工工程
姜　艳	林　海	矿物加工工程
赵　鹏	宋存义	矿物学、岩石学、矿床学
艾晓玲	李建平	矿物学、岩石学、矿床学
王国清	倪　文	矿物学、岩石学、矿床学
王寅生	倪　文	矿物学、岩石学、矿床学
王丽君	徐九华	矿物学、岩石学、矿床学
苏海云	毛市龙	采矿工程
王桂玲	刘胜富	采矿工程
吴　刚	刘胜富	采矿工程
马伟斌	宋卫东	采矿工程
冯瑞芳	宋卫东	采矿工程
袁宝兴	陈广平	采矿工程
高　博	明世祥	采矿工程
黄国伦	明世祥	采矿工程
祖云强	高永涛	采矿工程
徐兴宾	高永涛	采矿工程
王金华	李秀辉	科学技术史
孙齐松	王　平	钢铁冶金
罗飞飞	王安仁	钢铁冶金
栗　伟	王新华	钢铁冶金
袁晓鹏	王新华	钢铁冶金
张海忠	包燕平	钢铁冶金
陈东奎	田乃媛	钢铁冶金
杨新娥	成国光	钢铁冶金
刘艳敏	朱　荣	钢铁冶金
王彦锋	许中波	钢铁冶金
邱爱华	吴胜利	钢铁冶金
张二华	吴　铿	钢铁冶金
王　妤	张建良	钢铁冶金
姚利丽	张炯明	钢铁冶金
郑雪蓉	李士琦	钢铁冶金
姚志超	李士琦	钢铁冶金

姓名	导师	学科、专业
阎红军	李京社	钢铁冶金
祁四清	杨世山	钢铁冶金
许伟迅	杨世山	钢铁冶金
李立建	苍大强	钢铁冶金
李　翔	苍大强	钢铁冶金
吕日兴	周国治	钢铁冶金
黄　虹	金山同	钢铁冶金
陶红标	赵　沛	钢铁冶金
汪红兵	徐安军	钢铁冶金
金　豪	殷瑞珏	钢铁冶金
杨利彬	贾彦忠	钢铁冶金
杨　湘	郭汉杰	钢铁冶金
张吉才	高征铠	钢铁冶金
冯　超	高　斌	钢铁冶金
严月祥	傅　杰	钢铁冶金
赵瑞华	傅　杰	钢铁冶金
郭映波	储少军	钢铁冶金
孙　磊	程素森	钢铁冶金
国宏伟	程素森	钢铁冶金
范方国	薛庆国	钢铁冶金
秦素梅	于　帆	热能工程
邢改兰	刘应书	热能工程
余谦虚	刘应书	热能工程
柯　萍	张欣欣	热能工程
苏　华	杨　晶	热能工程
吴唐燕	赵立合	热能工程
杨永清	赵立合	热能工程
李小民	夏德宏	热能工程
张　虎	殷晓静	热能工程
程小虎	郭鸿志	热能工程
胡泽强	温　治	热能工程
霍　芳	温　治	热能工程
乔建科	马正午	控制理论与控制工程
孙美菊	尹怡欣	控制理论与控制工程
石志国	王志良	控制理论与控制工程
谷学静	王志良	控制理论与控制工程
陈锋军	王志良	控制理论与控制工程
林文永	王志良	控制理论与控制工程
于丽杰	王　京	控制理论与控制工程
田　瑜	王　京	控制理论与控制工程
朱　锋	王　京	控制理论与控制工程
苏建明	王　京	控制理论与控制工程
陶红勇	王　京	控制理论与控制工程
夏培容	石中锁	控制理论与控制工程
刘春瑞	刘　克	控制理论与控制工程
吴昱军	刘　克	控制理论与控制工程
胡巧会	刘贺平	控制理论与控制工程
魏晨晖	刘贺平	控制理论与控制工程
黄绍辉	孙一康	控制理论与控制工程
李　光	孙韶元	控制理论与控制工程
李　健	李华德	控制理论与控制工程
苗敬利	李华德	控制理论与控制工程
黄立景	李华德	控制理论与控制工程
孙海燕	杨卫东	控制理论与控制工程
周智霖	杨卫东	控制理论与控制工程
镇方超	杨卫东	控制理论与控制工程
祁　飔	陈　明	控制理论与控制工程
段慧达	郑德玲	控制理论与控制工程
徐国保	郑德玲	控制理论与控制工程
唐征花	钟延炯	控制理论与控制工程
王　路	童朝南	控制理论与控制工程
张利兵	童朝南	控制理论与控制工程
王忠礼	穆志纯	控制理论与控制工程
容　浩	穆志纯	控制理论与控制工程
梁　舜	穆志纯	控制理论与控制工程
闫彦斌	毛祖桓	教育经济与管理
杜秀梅	毛祖桓	教育经济与管理
周　成	毛祖桓	教育经济与管理
金正燮	毛祖桓	教育经济与管理
夏海兰	毛祖桓	教育经济与管理
蔡　歆	毛祖桓	教育经济与管理
鞠成军	毛祖桓	教育经济与管理
王　琳	孙淑芬	教育经济与管理
李　宁	孙淑芬	教育经济与管理
郭玉广	孙淑芬	教育经济与管理
黄朝晖	孙淑芬	教育经济与管理
廉俊颖	孙淑芬	教育经济与管理
李忆华	许　放	教育经济与管理

姓 名	导 师	学科、专业
苏燕羽	许 放	教育经济与管理
杨金花	宋 莉	教育经济与管理
朱 深	张 兴	教育经济与管理
王红英	杨晓明	教育经济与管理
王海骊	杨晓明	教育经济与管理
冯会茹	杨晓明	教育经济与管理
杨华玲	杨晓明	教育经济与管理
夏建刚	杨晓明	教育经济与管理
魏宇清	杨晓明	教育经济与管理
王丹奎	王绍纯	检测技术与自动化装置
刘跃峰	吴并臻	检测技术与自动化装置
许鸣珠	吴并臻	检测技术与自动化装置
张利欣	吴并臻	检测技术与自动化装置
庄 严	陈先中	检测技术与自动化装置
李艳霞	陈先冲	检测技术与自动化装置
张根昌	胡纪伍	检测技术与自动化装置
尹 娜	赵家贵	检测技术与自动化装置
赵小燕	赵家贵	检测技术与自动化装置
毛艳娟	孙昌国	模式识别与智能系统
王伦国	孙昌国	模式识别与智能系统
颜 静	孙昌国	模式识别与智能系统
霍玉菡	孙昌国	模式识别与智能系统
朱晓蕾	余达太	模式识别与智能系统
杨红旺	余达太	模式识别与智能系统
郭 坡	余达太	模式识别与智能系统
孔 键	储方杰	模式识别与智能系统
徐 郡	储方杰	模式识别与智能系统
秦 璟	储方杰	模式识别与智能系统
张翠荟	宋文力	管理科学与工程
汤乐明	张 群	管理科学与工程
肖 健	李宗元	管理科学与工程
刘光航	李铁克	管理科学与工程
朱奇红	李铁克	管理科学与工程
王 婷	贾建华	管理科学与工程
王文贤	高学东	管理科学与工程
王立敏	高学东	管理科学与工程
张海晖	高学东	管理科学与工程
韩纪强	潘永泉	管理科学与工程
张友林	于 文	凝聚态物理
孙春鹏	王凤平	凝聚态物理
王思峰	田 跃	凝聚态物理
蔡恩静	吴 平	凝聚态物理
吕 曜	陈难先	凝聚态物理
李伟星	陈难先	凝聚态物理

（刘云清、姜禾娇）

2003 年获得学位的研究生或毕业的研究生名单

姓 名	导 师	学科、专业	备 注
彭志奇	于亚伦	工程力学	获博士学位
吴 巍	杨天钧	钢铁冶金	博士生毕业
彭宏庆	杨炳儒	控制理论与控制工程	博士生毕业
陈 刚	邢献然	有色金属冶金	硕士生毕业
刘宸月	杨 竞	机械设计及理论	硕士生毕业

（刘云清、张云仙、姜禾娇）

2003年以同等学力获得博士或硕士学位的在职人员名单

姓名	导师	学科、专业	学位
高永涛	蔡美峰	工程力学	博士
姜春林	高永涛	工程力学	硕士
刁永凯	王昭顺	计算机应用技术	硕士
王素贞	王昭顺	计算机应用技术	硕士
胡文岭	王昭顺	计算机应用技术	硕士
王瑞江	包　宏	计算机应用技术	硕士
张秋月	王维才	企业管理	硕士
李国会	宋存义	安全技术及工程	硕士
顾　春	李安贵	应用数学	硕士
司徒常青	王志良	控制理论与控制工程	硕士
张子萍	林文兴	模式识别与智能系统	硕士
喻　斌	高学东	管理科学与工程	硕士
庞雪峰	管志安	管理科学与工程	硕士

（姜禾娇、张云仙）

2003年获得硕士专业学位的在职研究生名单

姓名	导师	学科、专业	学位
付　伟	佘元冠	工业工程	工程硕士
丁长忠	尹怡欣	计算机技术	工程硕士
刁慕军	尹怡欣	计算机技术	工程硕士
智　林	尹怡欣	计算机技术	工程硕士
葛　杨	尹怡欣	计算机技术	工程硕士
殷玉祥	王志良	计算机技术	工程硕士
陈巾巾	王　沁	计算机技术	工程硕士
丁红兵	王忠民	计算机技术	工程硕士
王　劲	王忠民	计算机技术	工程硕士
李　建	王忠民	计算机技术	工程硕士
于波涛	王绍顺	计算机技术	工程硕士
马　欣	王绍顺	计算机技术	工程硕士
孙　力	王绍顺	计算机技术	工程硕士
吴才新	王绍顺	计算机技术	工程硕士
郗祖奎	王绍顺	计算机技术	工程硕士
孙环永	王昭顺	计算机技术	工程硕士

姓　名	导　师	学科、专业	学　位
蒋金明	石中锁	计算机技术	工程硕士
孙少云	刘宏伟	计算机技术	工程硕士
薛　晶	刘宏伟	计算机技术	工程硕士
王　光	刘贺平	计算机技术	工程硕士
郭晓光	刘贺平	计算机技术	工程硕士
林　忠	刘增良	计算机技术	工程硕士
马海江	孙　义	计算机技术	工程硕士
武国平	孙　义	计算机技术	工程硕士
薛智水	余达太	计算机技术	工程硕士
解彦春	杨卫东	计算机技术	工程硕士
宁保民	杨炳儒	计算机技术	工程硕士
王景全	郑雪峰	计算机技术	工程硕士
任炳海	郑雪峰	计算机技术	工程硕士
孙国健	郑雪峰	计算机技术	工程硕士
陈卫东	郑雪峰	计算机技术	工程硕士
范长龙	郑雪峰	计算机技术	工程硕士
郑锁忠	郑雪峰	计算机技术	工程硕士
徐　升	郑雪峰	计算机技术	工程硕士
郭江天	郑雪峰	计算机技术	工程硕士
鹿向民	郑雪峰	计算机技术	工程硕士
张铁英	穆志纯	计算机技术	工程硕士
周玉磊	冯俊小	动力工程	工程硕士
韩春林	马祥华	机械工程	工程硕士
王全旺	尹忠俊	机械工程	工程硕士
郑智勇	王长松	机械工程	工程硕士
陶春伟	冯爱兰	机械工程	工程硕士
王立胜	史小路	机械工程	工程硕士
肖江山	史小路	机械工程	工程硕士
温　庄	史小路	机械工程	工程硕士
杨益清	刘鸿飞	机械工程	工程硕士
朱大勇	刘　颖	机械工程	工程硕士
李　晖	刘　颖	机械工程	工程硕士
唐海燕	刘　颖	机械工程	工程硕士
包朝亮	朱超甫	机械工程	工程硕士
刘东生	朱超甫	机械工程	工程硕士
荣三京	朱超甫	机械工程	工程硕士
赵光宇	朱超甫	机械工程	工程硕士
顿长勇	朱超甫	机械工程	工程硕士
谢建民	朱超甫	机械工程	工程硕士

姓　名	导　师	学科、专业	学　位
石兴绵	许万凌	机械工程	工程硕士
贾云海	许万凌	机械工程	工程硕士
王化胜	陈　工	机械工程	工程硕士
李钢燕	陈　工	机械工程	工程硕士
周豪鸣	陈　工	机械工程	工程硕士
项英华	陈　工	机械工程	工程硕士
李孟闯	周剑英	机械工程	工程硕士
金　磊	周剑英	机械工程	工程硕士
纪国庆	郗安民	机械工程	工程硕士
黄志刚	郗安民	机械工程	工程硕士
张卫东	王习东	冶金工程	工程硕士
熊万平	王　平	冶金工程	工程硕士
曾强国	王福明	冶金工程	工程硕士
齐新霞	包燕平	冶金工程	工程硕士
岳　峰	包燕平	冶金工程	工程硕士
吕瑞国	田乃媛	冶金工程	工程硕士
王振宙	朱　荣	冶金工程	工程硕士
李洪民	吴　铿	冶金工程	工程硕士
吕龙厅	张炯明	冶金工程	工程硕士
李　勇	李　宏	冶金工程	工程硕士
许　勇	李京社	冶金工程	工程硕士
杨明生	李京社	冶金工程	工程硕士
路朝晖	李京社	冶金工程	工程硕士
尹卫平	杨世山	冶金工程	工程硕士
贾红玉	杨世山	冶金工程	工程硕士
罗国民	苍大强	冶金工程	工程硕士
金长佳	陈伟庆	冶金工程	工程硕士
南晓东	陈伟庆	冶金工程	工程硕士
张永明	贾彦忠	冶金工程	工程硕士
刘振林	高征铠	冶金工程	工程硕士
刘雄章	仇卫华	材料工程	工程硕士
赵　健	任学平	材料工程	工程硕士
张玉强	刘雅政	材料工程	工程硕士
关　岩	孙加林	材料工程	工程硕士
潘　波	孙加林	材料工程	工程硕士
韩献忠	孙建林	材料工程	工程硕士
刘社牛	初元璋	材料工程	工程硕士
林少田	初元璋	材料工程	工程硕士
刘学智	吴卫江	材料工程	工程硕士

姓　名	导　师	学科、专业	学　位
李雪冬	吴春京	材料工程	工程硕士
王义芳	张　跃	材料工程	工程硕士
黄孟魁	张　跃	材料工程	工程硕士
杨　红	李江涛	材料工程	工程硕士
杨锦文	李晓刚	材料工程	工程硕士
聂向晖	李晓刚	材料工程	工程硕士
高秋江	李晓刚	材料工程	工程硕士
赵立军	李福新	材料工程	工程硕士
孙宇飞	沈卫平	材料工程	工程硕士
臧辰峰	沈卫平	材料工程	工程硕士
李　斌	洪彦若	材料工程	工程硕士
刘　微	赵志毅	材料工程	工程硕士
吴晓辉	赵志毅	材料工程	工程硕士
欧阳瑜	赵志毅	材料工程	工程硕士
任向阳	赵海雷	材料工程	工程硕士
辛英杰	赵海雷	材料工程	工程硕士
张子强	唐　荻	材料工程	工程硕士
化金良	徐利华	材料工程	工程硕士
卢艳青	徐利华	材料工程	工程硕士
栾　舰	徐利华	材料工程	工程硕士
方　兴	徐晓伟	材料工程	工程硕士
张　玲	徐桂英	材料工程	工程硕士
冯翔宇	韩静涛	材料工程	工程硕士
申荣法	韩静涛	材料工程	工程硕士
王公海	王化军	环境工程	工程硕士
纪进科	王化军	环境工程	工程硕士
张炳旭	王化军	环境工程	工程硕士
彭　宇	王化军	环境工程	工程硕士
李一龙	孙体昌	环境工程	工程硕士
孙全君	宋存义	环境工程	工程硕士
李　强	宋存义	环境工程	工程硕士
张启汉	张文明	环境工程	工程硕士
李玉亭	张文明	环境工程	工程硕士
花　蕴	张　强	环境工程	工程硕士
杨凤民	张景来	环境工程	工程硕士
马　杰	杨　鹏	环境工程	工程硕士
臧立波	肖宝清	环境工程	工程硕士
王春江	高永涛	环境工程	工程硕士
王福玉	高　谦	环境工程	工程硕士

姓　名	导　师	学科、专业	学　位
杨志强	高　谦	环境工程	工程硕士
杨喜珍	高　谦	环境工程	工程硕士
赵千里	高　谦	环境工程	工程硕士
尹伯悦	蒋仲安	环境工程	工程硕士
高元宝	陈广平	矿业工程	工程硕士
许跃军	胡乃联	矿业工程	工程硕士
赵仁铠	胡乃联	矿业工程	工程硕士
赵传卿	胡乃联	矿业工程	工程硕士
滕洪孟	胡乃联	矿业工程	工程硕士
边广增	蔡美峰	矿业工程	工程硕士
郝树华	蔡美峰	矿业工程	工程硕士
莫文丛	蔡美峰	矿业工程	工程硕士
焦富春	蔡美峰	矿业工程	工程硕士
裴佃飞	蔡美峰	矿业工程	工程硕士
杜树浩	蔡嗣经	矿业工程	工程硕士
包敦武	尹怡欣	控制工程	工程硕士
李玉衡	刘贺平	控制工程	工程硕士
刘长军	王维才	工商管理	工商管理硕士
刘　春	王维才	工商管理	工商管理硕士
刘培勋	王维才	工商管理	工商管理硕士
孟繁英	王维才	工商管理	工商管理硕士
刘晓伟	全　介	工商管理	工商管理硕士
吴永钢	佘元冠	工商管理	工商管理硕士
董继钢	佘元冠	工商管理	工商管理硕士
党　军	宋文力	工商管理	工商管理硕士
张　宏	张莲英	工商管理	工商管理硕士
沈　儒	张莲英	工商管理	工商管理硕士
徐　铁	张莲英	工商管理	工商管理硕士
郁　连	张　群	工商管理	工商管理硕士
张日辉	张　颖	工商管理	工商管理硕士
吕青山	李宗元	工商管理	工商管理硕士
陈　珩	李宗元	工商管理	工商管理硕士
郑大鹏	李宗元	工商管理	工商管理硕士
余英武	李铁克	工商管理	工商管理硕士
李　晓	李铁克	工商管理	工商管理硕士
李　胜	施大德	工商管理	工商管理硕士
袁　航	施大德	工商管理	工商管理硕士
刘　菁	胡德旺	工商管理	工商管理硕士
吕宏伟	贾建华	工商管理	工商管理硕士

姓　名	导　师	学科、专业	学　位
朱明亮	贾建华	工商管理	工商管理硕士
张利民	贾建华	工商管理	工商管理硕士
王　宏	高学东	工商管理	工商管理硕士
刘振刚	高学东	工商管理	工商管理硕士
李志刚	高学东	工商管理	工商管理硕士
李拥军	高学东	工商管理	工商管理硕士
李有龙	高俊山	工商管理	工商管理硕士
徐晓春	高俊山	工商管理	工商管理硕士
焦国利	高俊山	工商管理	工商管理硕士
孙　鹏	崔　旬	工商管理	工商管理硕士
王少军	曹成铉	工商管理	工商管理硕士
陈　忠	梅绍祖	工商管理	工商管理硕士
张卫江	韩良智	工商管理	工商管理硕士
席　力	韩良智	工商管理	工商管理硕士
陈福军	雷秋惠	工商管理	工商管理硕士
李　伟	管志安	工商管理	工商管理硕士
李国华	管志安	工商管理	工商管理硕士
王天才	裴利芳	工商管理	工商管理硕士
李　军	裴利芳	工商管理	工商管理硕士
姚　钢	樊彩霞	工商管理	工商管理硕士
祝瑞荣	樊彩霞	工商管理	工商管理硕士
王晓楠	潘永泉	工商管理	工商管理硕士
吴　菁	潘永泉	工商管理	工商管理硕士
安　翔	霍　旬	工商管理	工商管理硕士
石正国	戴淑芬	工商管理	工商管理硕士
吴永博	戴淑芬	工商管理	工商管理硕士
颜云浩	戴淑芬	工商管理	工商管理硕士
孙昌松	瞿国忠	工商管理	工商管理硕士
张　鹏	瞿国忠	工商管理	工商管理硕士
曾为民	瞿国忠	工商管理	工商管理硕士

（姜禾娇）

与比利时鲁汶工学院合作培养并授予鲁汶工学院硕士学位人员名单(45人)

姓　名	英文拼写	学科、专业	姓　名	英文拼写	学科、专业
于　昕	Yu Xin	多媒体与虚拟现实	陈青松	Chen Qingsong	多媒体与虚拟现实
王　开	Wang Kai	多媒体与虚拟现实	陈　莉	Chen Li	多媒体与虚拟现实
王学斌	Wang Xuebin	多媒体与虚拟现实	孟利东	Meng Lidong	多媒体与虚拟现实
王　群	Wang Qun	多媒体与虚拟现实	孟晓欢	Meng Xiaohuan	多媒体与虚拟现实
王　鑫	Wang Xin	多媒体与虚拟现实	林志英	Lin Zhiying	多媒体与虚拟现实
刘俊峰	Liu Junfeng	多媒体与虚拟现实	罗　威	Luo Wei	多媒体与虚拟现实
刘荣华	Liu Ronghua	多媒体与虚拟现实	苗　苗	Miao Miao	多媒体与虚拟现实
朱晓东	Zhu Xiaodong	多媒体与虚拟现实	郑　煜	Zheng Yu	多媒体与虚拟现实
许　静	Xu Jing	多媒体与虚拟现实	侯　龙	Hou Long	多媒体与虚拟现实
齐金博	Qi Jinbo	多媒体与虚拟现实	姜德宏	Jiang Dehong	多媒体与虚拟现实
余小燕	Yu Xiaoyan	多媒体与虚拟现实	施灿涛	Shi Cantao	多媒体与虚拟现实
张永顺	Zhang Yongshun	多媒体与虚拟现实	陶　伟	Tao Wei	多媒体与虚拟现实
张宏磊	Zhang Honglei	多媒体与虚拟现实	高　静	Gao Jing	多媒体与虚拟现实
张宜嘉	Zhang Yijia	多媒体与虚拟现实	黄　震	Huang Zhen	多媒体与虚拟现实
李云海	Li Yunhai	多媒体与虚拟现实	曾　明	Zeng Ming	多媒体与虚拟现实
李绍鹏	Li Shaopeng	多媒体与虚拟现实	温海滨	Wen Haibin	多媒体与虚拟现实
李　康	Li Kang	多媒体与虚拟现实	蒋宏潮	Jiang Hongchao	多媒体与虚拟现实
李梓龙	Li Zilong	多媒体与虚拟现实	雷　鸣	Lei Ming	多媒体与虚拟现实
李　鑫	Li Xin	多媒体与虚拟现实	廖望坤	Liao Wangkun	多媒体与虚拟现实
杜　冰	Du Bing	多媒体与虚拟现实	蔡　滢	Cai Ying	多媒体与虚拟现实
汪　敏	Wang Min	多媒体与虚拟现实	潘　攀	Pan Pan	多媒体与虚拟现实
苏　醒	Su Xing	多媒体与虚拟现实	薛　楠	Xue Nan	多媒体与虚拟现实
辛　慰	Xin Wei	多媒体与虚拟现实			

(韩伯涛、姜禾娇)

附　　录

北京科技大学校董会组成

（2002年4月）

名誉主席：

王光英　全国人大常务委员会副委员长
刘　淇　中共中央政治局委员、北京市委书记
徐匡迪　中国工程院院士，全国政协副主席，中国工程院院长、党组书记
吕　东　中国工业经济协会会长、原国家经委主任
师昌绪　中国科学院院士、中国工程院院士、原中国工程院副院长

主　席：

钱伟长　全国政协副主席

副主席：

吴溪淳　中国钢铁工业协会会长
刘　玠　中国工程院院士、鞍山钢铁（集团）公司总经理
罗冰生　首都钢铁（集团）公司董事长
刘本仁　武汉钢铁（集团）公司总经理
刘汉章　邯郸钢铁（集团）公司董事长
徐乐江　上海宝钢（集团）公司副总经理
白葆华　中国钢铁工贸（集团）公司总裁
杨长恒　中国冶金建设集团公司董事长
陈传禄　澳洲三科企业、北京三科集团有限公司总裁
刘建平　天津大学党委书记
杨天钧　国务院学位委员会委员、北京科技大学校长（常务副主席）

特邀董事：（按姓氏笔画为序）

才鸿年　中国工程院院士、中国兵器装备集团公司顾问
马仲才　原山东省人大常委会副主任
马锡广　宁夏回族自治区常务副主席
王　军　甘肃省委常委、兰州市委书记
王永明　浙江省人民政府副省长
王汀明　湖南省株洲市委书记

王守祯　山西省运城市市长
王宏民　江苏省人大常委会副主任、原南京市市长
王崇愚　中国科学院院士、北京钢铁研究总院教授
付双建　河北省副省长
冯炯华　宁夏回族自治区副主席
叶恒强　中国科学院院士、原中国科学院金属研究所所长
孙本先　四川省攀枝花市人大常委会主任
孙建群　河北省廊坊市委书记
关　杰　中国工程院院士、西安重型机械研究所副总工程师
朱新均　全国政协委员、原国家教委党组成员、原国家语言文字工作委员会党组书记
应文华　原国内贸易部副部长
吴自良　中国科学院院士、中科院上海微系统与信息技术研究所研究员
张永汕　美国工程科学院院士、威斯康辛大学教授
张兴钤　中国科学院院士、中国工程物理研究院研究员
张吾乐　中纪委常委、原甘肃省省长
李克成　中国石油天然气集团总公司监事会主席
李克清　深圳科技电镀公司总经理
李依依　中国科学院院士、原中科院金属研究所所长
李登柱　中纪委常委、原中直机关工委书记
沈国俊　中纪委委员，四川省委常委、纪律检查委员会书记
陆　江　原国内贸易部副部长
陆叙生　原冶金部副部长、原中国华通物产企业集团董事长
邹世昌　中国科学院院士、中科院上海微系统与信息技术研究所研究员
单亦和　中国保利集团公司董事长、党组书记
周邦新　中国工程院院士、上海大学教授
周荣昌　原内蒙古自治区人大常委会副主任
范维唐　中国工程院院士、原煤炭工业部副部长
柯　伟　中国工程院院士
郝振贤　四川省政协常务副主席
钟　掘　中国工程院院士、中南大学教授
桂中岳　陕西省人大常委会副主任
袁　隐　国务院办公厅(副部级)
殷瑞钰　中国工程院院士、北京钢铁研究总院名誉院长
徐祖耀　中国科学院院士、上海交通大学教授
涂铭旌　中国工程院院士、四川大学教授
赵公卿　重庆市副市长
贾锡太　福建省副省长
龚世萍　全国政协常委、辽宁省人大副主任
崔　崑　中国工程院院士、华中科技大学教授
雷廷权　中国工程院院士、哈尔滨工业大学教授

楼大鹏　国际田联副主席，中国田协主席、奥运会组委会体育主任
靳善忠　山西省副省长

常务董事：（按姓氏笔画为序）

马鸿烈　酒泉钢铁（集团）公司总经理
毛小兵　中国西部矿业公司董事长
王天义　唐山钢铁（集团）公司总经理
白葆华　中国钢铁工贸（集团）公司总裁
刘　玠　中国工程院院士、鞍山钢铁（集团）公司董事长
刘本仁　武汉钢铁（集团）公司总经理
刘汉章　邯郸钢铁（集团）公司董事长
刘建平　天津大学党委书记
沈文荣　江苏沙钢集团有限公司董事长、总裁
李长顺　济南钢铁集团总公司总经理
李殿禄　辽宁省泰隆集团公司董事长
朱昌逑　马鞍山钢铁股份有限公司总经理
何季麟　中国工程院院士、宁夏东方钽业股份有限公司董事长
吴溪淳　中国钢铁工业协会会长
张志祥　唐山建龙实业有限公司董事长
杨长恒　中国冶金建设集团公司董事长
杨天钧　国务院学位委员会委员、北京科技大学校长
陈川平　太原钢铁（集团）有限公司董事长
陈传禄　澳洲三科企业、北京三科集团有限公司总裁
林东鲁　包头钢铁（集团）有限责任公司董事长兼总经理
罗冰生　首都钢铁（集团）公司董事长
罗泽中　攀枝花钢铁（集团）公司总经理
俞　兵　联想集团有限公司高级副总裁
赵　沛　北京钢铁研究总院副院长
施　设　北京钢铁设计研究总院院长
徐乐江　宝钢集团公司副总经理
屠海令　北京有色金属研究总院院长
董晓民　内蒙烟草专卖局（公司）局长
魏　新　方正集团董事长

董事：（按姓氏笔画为序）

王　檀　河北省冶金工业办公室主任
王长勇　昆明钢铁集团有限责任公司党委副书记、总经理
王剑志　四川川投长城特殊钢股份有限公司副总经理
王新国　原中国第一冶金建筑公司副总经理
冯炳文　广东韶钢（集团）公司副总经理
史济春　安阳钢铁集团公司副董事长、总经理
申铁勋　中国冶金设备总公司副总经理

孙纪本　　邯郸纵横钢铁公司董事长
乔贵祥　　宣化钢铁集团公司董事长、总经理
刘　宇　　大连钢铁集团有限责任公司副书记、副总经理、总工程师
刘　铭　　西安冶金机械有限公司副总经理
刘克忠　　承德钢铁集团有限公司董事长兼总经理
刘同有　　原金川有色金属公司副总经理
刘明忠　　新兴铸管股份有限公司总经理
宋　力　　福建省烟草专卖局(公司)局长
吴仁宝　　华西集团董事长、党委书记
吴健民　　中国铁合金工业协会会长、原吉林铁合金集团公司董事长
张　俊　　中国华北冶建总公司副总经理
张振纲　　天津钢管公司董事长
李　健　　北京冶金设备研究院副院长
邹　健　　中国冶金矿业公司总经理
邹世昌　　原中国科学院上海冶金研究所所长
陈人贞　　宝钢集团常州冶金机械厂厂长
沈克林　　原中国重型机械总公司总经理
周　方　　新冶高科技集团有限公司副总经理
周　康　　冶金自动化研究院院长
周荣阁　　吉林省油田管理局副局长
罗忠琳　　陕西精密合金股份有限公司董事长
胡清熊　　宝鸡钛业股份有限公司董事长
施嘉良　　新余钢铁有限责任公司总经理
赵　侠　　新疆八一钢铁(集团)公司总经理
赵永和　　南京钢铁集团有限公司副总经理
赵克斌　　重庆钢铁设计研究院院长、党委书记
饶绮麟　　北京矿业研究总院副院长
党　歌　　长治钢铁(集团)有限公司董事长、党委书记
唐飞来　　南昌钢铁有限责任公司副董事长、总经理
唐民伟　　重庆钢铁(集团)有限责任公司董事长、党委书记
殷文忠　　衡阳钢管厂厂长、党委书记
董文军　　冶金部建筑研究总院院长
袁世臻　　邢台钢铁股份有限公司董事长
顾强圻　　舞阳钢铁有限责任公司总经理
高　崇　　北钢集团有限责任公司、北满特殊钢股份有限公司董事长兼党委书记
高成涛　　原洛阳铜加工厂厂长
曹俊江　　陕西钢厂党委副书记
曹慧泉　　湘潭钢铁集团有限公司常务副总经理、总工程师
梁林宝　　江苏沿山实业集团总公司董事长
阎胜科　　石家庄钢铁有限责任公司董事长兼总经理

董中浩　　香港明彩控股有限公司集团主席
谢裕生　　中国科学院过程工程研究所学位委员会主任、原所长
赖潮泰　　香港合俊控股有限公司董事长
魏佑山　　莱芜钢铁集团有限公司副总经理

秘书长：

李宝林　　北京科技大学党委副书记

常务副秘书长：

蔡希亮　　原北京科技大学副校长

副秘书长：

谢　辉　　北京科技大学校长助理，党委办公室、校长办公室主任，统战部部长

办公室主任：

刘　晋　　北京科技大学党委、校长办公室

北京科技大学校友会组织机构及人员组成

（2002 年 4 月）

名誉会长：王　润　刘少华　李　文　李静波　戚以新　符　荣　魏寿昆　赵续生

会　　长：杨天钧

副 会 长：李宝林　蔡希亮　谢　辉

办公室主任：刘　晋

北京科技大学校友分会及联系人

序号	校友分会	联系人	工 作 单 位
1	上　海	孙公权	上钢一厂
2	广　东	吴大梅	广东工业大学图书馆
		罗　飞	华南理工大学自动化学院
3	白　银	魏卓林	甘肃白银市市委宣传部
4	甘　肃	石秀英	甘肃省信息中心研究室
5	新　疆	夏云安	新疆钢铁设计院设计二室
6	安　徽	许永贵	安徽工业大学
7	洛　阳	雷华梧	中国一拖工程机械联营公司齿轮分厂
8	太　重	郝军荣	太原重型机械(集团)有限公司技术中心
9	包　头	刘　祯	包头钢铁公司初轧厂
10	唐　秦	高云旺	唐山钢铁集团公司
11	天　津	高树良	天津市冶金规划设计院
12	柳　州	程吉强	柳钢技术中心材料及应用技术研究室
13	广　西	刘永芳	广西冶金厅

续表

序号	校友分会	联系人	工作单位/职务
14	武　汉	姜春芳	武汉钢铁(集团)公司中兴所
15	宁　波	纪　松	浙江宁波百丈东路东端五二研究所
16	涟　钢	安家强	湖南娄底市涟源钢铁公司
17	株　洲	蔡　达	湖南株洲硬质合金厂
18	成　都	梁锦唐	四川成都西南交通大学出版社
19	二十冶	郑　军	上海宝山区盘古路77号中国二十冶技术处信息科
20	福　州	王　江	福建省冶金设计院
21	深　圳	许　明	深圳市自来水集团公司
22	哈尔滨	朱丽芳	哈尔滨市环保局
23	宝　鸡	邓惟德	陕西宝鸡有色金属加工厂
24	鞍　山	徐继昌	鞍山热能研究院
25	廊　坊	范振昌	河北省廊坊市人民政府
26	南　京	陆启龙	南京市南湖育英村39号
27	武　安	梅开新	河北武安中国新兴铸管有限公司生产部
28	水　城	石嘉铨	贵州水城钢铁公司经理办
29	西　安	张多三	西安冶金机械厂
30	连云港	李　畅	江苏省连云港职业技术学院
31	徐　州	刘肃人	徐州市江苏省机电研究所
32	秦皇岛	赵立志	秦皇岛市冶金矿山设计院
33	攀枝花	张晓明	第十九冶建公司企管处
34	开　封	姜鸿昌	河南开封汽车配件厂
35	大　连	宗先泰	大连钢铁公司奥凯气体公司
36	承　德	王春鹏	河北承德钢铁厂设计室
37	济　南	陈五升	山东省济钢设计院
38	宣　化	张月惠	河北省宣化钢铁公司技术中心
39	邯　郸	郑义全	河北省邯郸钢铁公司原料部
40	安　阳	刘　楠	安阳钢铁集团股份有限公司供应处
41	烟　台	胡兆奎	烟台冷冻机总厂活塞制冷机厂
42	长　钢	沈剑峰	四川江油市长城特钢证券投资部
43	浙　江	陈朝中	浙江省冶金研究院
44	海　南	王　越	海口市秀英港2区海南广播电视大学
45	苏　州	赵凤桐	苏州市盘门外里新村3幢106室
46	舞　阳	常跃峰	舞阳钢铁公司科技部
47	河　北	祁化昆	河北石家庄钢铁公司
48	山　东	周惠敏	山东济南市七里河路北段一号开发区产学研基地七号楼
49	鞍　钢	林滋泉	鞍山钢铁公司
50	江　西	赵国权	江西省冶金集团公司资产运营部
51	山　西	樊中业	太原钢铁公司太钢电视台
52	香　港	邓旭洋	香港京泰集团实业公司
53	北　美	马春野	
54	越　南	李建南	

与北京科技大学建立校际合作关系的国外及港澳台大学(38 所)(截至 2003 年 12 月 31 日)

校 名	国别/地区	建立时间
东京工业大学(*Tokyo Institute Technology*)	日 本	1980
九州工业大学(*Kyushu University of Technology*)	日 本	1984
神奈川大学(*Kanagawa University*)	日 本	1985
北海道大学(*Hokkaido University*)	日 本	1986
冈山理科大学(*Okayama University of Science*)	日 本	1987
麦克麻斯特大学(*Mcmaster University*)	加拿大	1982
蒙特利尔工学院(*Ecole Polytechnique Montreal*)	加拿大	1987
里海大学(*Lehigh University*)	美 国	1982
宾夕法尼亚大学(*University of Pennsylvania*)	美 国	1982
加利福尼亚大学(*Califonia University*)	美 国	1987
密西根工业大学(*Michigan Technical University*)	美 国	1989
亚琛工业大学(*Aachen Technical University*)	德 国	1981
多特蒙德大学(*University of Dortmund*)	德 国	1987
皇家工学院(*Royal Institute of Technology*)	瑞 典	1984
律尼奥大学(*Lulea University*)	瑞 典	1984
乌龙冈大学(*University of Wollongong*)	澳大利亚	1985
西里西亚工业大学(*Silesian Technical University*)	波 兰	1986
保尔·萨巴蒂大学(*Paul Sabatier University*)	法 国	1986
玛丽皇后学院(*Queen Mary College*)	英 国	1988
利物浦大学(*University of Livepool*)	英 国	1988
密道尔赛克斯大学(*Middlesex University*)	英 国	1994
莫斯科钢与合金学院(*Moscow Institute of Steel & Alloy*)	俄罗斯	1989
顺天国立大学(*Sunchon National University*)	韩 国	1993
河内百科大学(*Honoi University of Technology*)	越 南	1996
台北技术学院	中国台湾	1996
巴拉那联邦大学(*Universidade Fderal do Parana*)	巴 西	1996
昌原国立大学(*Changwon National University*)	韩 国	1997
弗赖贝格矿业技术大学(*Technische Universitat Bergakademie Freiberg*)	德 国	1997
鲁汶工程技术学院(*Louwain Institute of Technology*)	比利时	1997
拉塞雷纳大学(*The University of La Serena*)	智 利	1997
九州大学(*Kyushu University*)	日 本	1997
皇家墨尔本理工学院(*The Royal Melbourne Institrte of Technology*)	澳大利亚	1998
南洋理工大学(*Nangang Technological University*)	新加坡	1998
国立塔什干理工大学(*Tashkent State Technical University*)	乌兹别克斯坦	1998
朝阳科技大学	中国台湾	2001
昆山科技大学	中国台湾	2002
得克萨斯大学阿灵顿分校(*University of Texas at Arlington*)	美 国	2002
东北大学(*Tohoku University*)	日 本	2002

建立全面合作关系的部分国内政府机关、企事业单位

序号	单位名称	合作内容	主要参加单位	签订时间
1	上虞市人民政府	科技开发与成果转化、技术咨询与服务、人才培养等	北京科技大学	1999.10
2	北京市宣武区	科技、经济、社会诸方面开展全面合作	北京科技大学	2000.01
3	中国工商银行北京市分行	银行为学校提供贷款，学校为银行提供科技开发、人才培训、技术支持等	北京科技大学	2000.04 2003.12
4	江苏华西集团公司	建立华西集团—北科大冶金工程技术冶金所，建立人才培训基地，共同申报科研课题及成果等	北京科技大学	2000.05
5	包头钢铁公司	技术合作、科技攻关、人才培养等	北京科技大学	2000.06
6	青海省人民政府	科技开发与成果转化、技术咨询与服务、干部培训和人才培养等	北京科技大学	2000.06
7	宁夏回族自治区人民政府	科技开发与成果转化、技术咨询与服务、干部培训和人才培养等	北京科技大学	2000.06
8	青海大学	学科建设、人才培养、学术与工作交流等	北京科技大学	2000.10
9	北京有色金属研究总院	科技开发、成果转化、人才培养、信息交流等	北京科技大学	2000.12
10	唐山建龙实业有限公司	厂方在学校设立建龙奖学金并提供教学实习、实践基地，学校为对方提供人才培养、技术支持、进行科技合作等	北京科技大学	2000.12 2003.04
11	包头钢铁学院	学科建设、科技攻关、人才培养等	北京科技大学	2001
12	武汉钢铁(集团)公司	技术合作、科技攻关、人才培养等	高效轧制工程中心	2001
13	二重机械(集团)公司	技术合作、科技攻关、人才培养等	高效轧制工程中心	2001
14	济南钢铁(集团)公司	技术合作、科技攻关、人才培养等	北京科技大学	2001
15	江苏八菱集团公司	技术合作、科技攻关、人才培养等	北京科技大学	2001
16	太原钢铁(集团)公司	技术合作、科技攻关、人才培养等	北京科技大学	2002.03
17	长治钢铁(集团)有限公司	科技攻关、教学实习、人才培养等	北京科技大学	2003.01
18	石家庄钢铁有限责任公司	双方共同建立汽车用钢(棒材)研究中心	北京科技大学	2003.07
19	邯郸纵横钢铁有限公司	资金、人才、技术等方面的交流与合作	北京科技大学	2003.10
20	武警北京指挥学院	人才培养、教学实习等	北京科技大学	2004.03